U0651525

内容提要

    本书按照河北花生全产业链编写，各章节内容体现了花生产业链的各个链条，全书内容丰富，全面反映了河北花生的理论与技术创新，有助于花生生产者和技术人员更好地了解河北花生产业发展的历史、现状和前景，同时突出了技术的实用性和可操作性，便于指导河北花生生产实践。全书共分九章，系统介绍了河北花生的概况、遗传与育种、良种繁育与推广、栽培研究与发展、病虫草害与防控、机械化生产、加工与利用、市场贸易和产业发展模式等，可供广大花生科技工作者、农业院校师生、农业技术推广人员、花生生产组织者和花生种植者等阅读和参考。

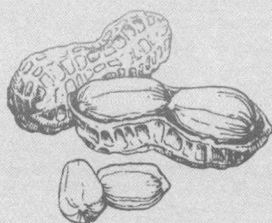

河北花生

刘立峰　李玉荣　主编

中国农业出版社

北　京

编　委　会

主　编：刘立峰　李玉荣

副主编：（按姓氏拼音排序）

程增书　崔顺立　董秀英　郭　巍　韩　鹏

郝建军　侯名语　李秀坤　刘红芝　刘盈茹

宋亚辉　陶佩君　王　瑾

参　编：（按姓氏拼音排序）

毕志乐　陈焕英　陈增树　范　燕　郭秀云

韩进录　何美敬　何孟霞　贾新旺　蒋晓霞

金欣欣　靳道祥　李　丽　李瑞军　李文平

刘晓光　刘志军　卢萍萍　陆秀君　默瑞宏

穆国俊　裴广芬　齐丽雅　史　峥　孙伟明

王　涛　杨永庆　幺　田　张　恭　张瑞芳

赵　丹　赵赓九　赵楠楠　赵晓顺　赵雪飞

郑宝智

审稿人：（按姓氏拼音排序）

程增书　崔顺立　董秀英　郭　巍　郝建军

侯名语　李秀坤　李玉荣　刘红芝　刘立峰

刘盈茹　宋亚辉　陶佩君

据记载，河北省种植花生始于清朝，由南方引入珍珠豆型小花生品种。19世纪末，普通型大花生传入河北省，至今已有140多年的栽培历史。花生是河北省第三大农作物，也是河北省第一大油料作物，面积和总产连续多年居全国第三位。河北省花生育种和栽培研究始于20世纪60年代。

河北省科研院所、大专院校和部分种子企业的科技人员对花生进行了系统研究，经历了花生种质资源的搜集、整理，系统育种到杂交育种、诱变育种，再到分子标记、近红外光谱模型等技术辅助选择的杂交育种过程，创制了一批具有高油、高蛋白、高糖、早熟、抗病、抗倒、耐盐碱等特色的花生新种质，培育出一批高油、高油酸、高产、抗病抗逆、适合机械化的花生新品种。随着科技水平和生产水平的提高，花生单产逐步提高，一般地块在 6 000 kg/hm²，高产田达 7 500 kg/hm² 以上，种植花生的经济效益大幅度提高，花生成为高产高效作物，花生种植成为农民致富、乡村振兴的重要抓手。河北省滦县（2018 年改名为滦州市）是全国首批油料生产试点县及国家油料生产基地县，也是国家花生出口基地县，"滦县花生"为中国国家地理标志产品，在国内外享有"东路花生"的美誉。河北省大名县是全国油料百强县、国家区域性花生良种繁育基地县、我国北方重要的花生良种繁育和生产基地。大名花生市场是我国北方较大的花生集散地，是多家大型粮油企业的主要原料供给地。新乐、高碑店的鲜食花生享誉省内外，这两地生产的鲜食花生是北京、天津市场最主要的货源。

近十多年来，河北省花生的科学研究、生产技术和产业化等方面均取得了长足发展，在花生种质资源创制和新品种选育、良繁体系建设和产业化模式探讨等方面取得了喜人的成就。因此，有必要全面、系统地总结河北省花生的育种成果和栽培技术及产业化发展经验，由河北农业大学、河北农林科学院粮油作物研究所等河北省花生教学、科研单位携手中国农业出版社编写出版的《河北花生》一书，从河北花生全产业链出发，系统介绍了河北省花生的理论与技术创新以及产业发展的历史、现状和前景，为我国花生生产和产业化发展提供了重要借鉴。本书的编著出版是国家花生产业技术体系和河北省油料产业技术体系在河北省花生主产区工作进展和研究成果的集中体现，将对我国花生研究整体水平提升、河北省花生产业化发展产生积极的推动作用。

中国工程院院士、河南省农业科学院院长

张新友

2022 年 6 月

　　花生是河北省第三大农作物，同时也是河北省第一大油料作物。20世纪70年代末以来，河北省花生年均种植面积34.48万 hm^2，总产量93.2万 t，面积占全国总面积的9.4%，总产占全国总产的8.9%，面积和总产均居全国第三位。

　　河北省花生相关研究始于20世纪60年代，主要开展了花生种质搜集整理、引进、鉴定以及花生新品种的系统选育等工作。20世纪70—80年代，重点开展了花生资源的搜集、整理、品种的引进、鉴定工作，并开始了杂交育种工作。先后鉴定出伏花生、徐州68-3、徐州68-4、伏系1号、白沙1016、天府3号、海花1号等，选育出以冀油4号为代表的冀油系列花生品种，实现了河北省花生品种从农家种到育成种的更新，提高了花生产量。20世纪90年代至2015年，先后以高产、多抗、高产高油等为目标开展了花生优异种质引进与创制、花生杂交、诱变育种，培育出以冀花2号、邢花1号、冀花4号、冀花5号、冀农花1号、冀农花2号、冀农花3号、唐花9号等为代表的高产高油冀花、冀农花、邢花、唐花系列花生品种，实现了河北省花生品种以高产为主向优质高产品种的更替，且自育品种占主导地位。2016 年至今，以高油酸、高产为基础目标，以进一步改良和提高花生品质、抗性、适宜机械化为主攻目标，育种技术也从以杂交育种、诱变育种为主，逐步过渡到分子标记、近红外光谱模型和核磁共振等技术辅助选择的杂交育种，培育出一批油、食专用型花生新品种，如冀花 11、冀花 16、冀花甜 1 号、冀农花 12、冀农花 16、冀农花 18 等；同时开展了品种品质、产量农艺性状相关基因定位、标记开发及基因挖掘工作。针对品种特点、生产中存在的问题，集成机械化生产作业，配套栽培、植保等系列高产高效绿色生产技术，实现了花生轻简高质高效绿色种植，大幅度提高了花生产量和品质。

近十多年来，河北省花生在科研、生产和产业化等方面均取得了长足发展，在花生种质资源创制和新品种选育、良繁体系建设和产业化模式探讨等方面取得了喜人的成绩。因此，有必要全面、系统地总结河北省花生的育种成果和栽培技术及产业化发展经验，编写出版《河北花生》。

全书共分九章，系统介绍了河北省花生的概况、遗传与育种、良种繁育与推广、栽培研究与发展、病虫草害与防控、机械化生产、加工与利用、市场贸易和产业发展模式等方面内容。全面总结了河北省花生种质资源、育种、栽培、推广、机械化和加工以及产业化等方面取得的重要研究进展，为河北省乃至全国花生生产和产业化发展提供了技术支撑，可供广大花生科技工作者、农业院校师生、农业技术推广人员、花生生产组织者和花生种植者等阅读和参考。

　　本书受到国家现代农业产业技术体系建设专项（CARS‐13）、华北作物改良与调控国家重点实验室项目（NCCIR2023CX‐11）、河北省现代农业产业技术体系建设专项（HBCT2018090202）、河北省现代种业科技创新专项（21326316D）资助。特此感谢！

编　者

2022 年 6 月

目录

MULU

序

前言

第一章

概　论

据记载，河北省种植花生始于清朝，由南方引入珍珠豆型小花生品种。19 世纪末，普通型大花生传入河北省，至今已有 140 多年的栽培历史。河北省花生相关研究始于 20 世纪 60 年代，创制了一批有高脂肪、高蛋白、高糖、早熟、抗病、抗倒、耐盐碱等特色的花生新种质，培育了一批高产、高油、高油酸、抗病抗逆、中早熟、适合机械化的花生新品种，集成了系列花生高产高质高效栽培技术，促进了河北省花生科技水平和生产水平的提高，花生单产由 20 世纪 70 年代末的 1 307 kg/hm² 提高到 3 876 kg/hm²，示范田产量在 6 000 kg/hm² 以上，高产田产量在 7 500 kg/hm² 以上，花生的经济效益大幅度提高，花生种植已经成为河北省农民致富、乡村振兴的主要抓手。

花生是河北省第三大农作物，也是河北省第一大油料作物。河北省滦县*是全国首批油料生产试点县及国家油料生产基地县，也是国家花生出口基地县，"滦县花生"为中国国家地理标志产品，在国内外市场享有"东路花生"的美誉。河北省大名县是全国油料百强县、国家区域性花生良种繁育基地县、我国北方重要的花生良种繁育和生产基地。大名花生市场是我国北方最大的花生集散地，是山东鲁花集团有限公司、益海嘉里金龙鱼粮油食品股份有限公司等大型企业的主要原料供给地。新乐、高碑店的鲜食花生享誉省内外，是北京、天津市场最主要的货源。因此，河北省花生生产的稳步发展有利于保障河北省以及我国油料生产稳定发展和食用植物油战略安全。

---

   * 2018 年改名为滦州市。为统一表述，书中仍用滦县。——编者注

花生是豆科作物，也是重要的油料作物，既可进行根瘤固氮，实现用地与养地的结合以替代休耕，又兼顾油料生产，具有单位面积产量高、产油量高等优势。在相同生产条件下，种植花生与种植其他作物相比，不仅比较效益高，还可以起到改良土壤、增加后茬作物产量的作用。由于花生根瘤固氮肥田，约有 2/3 的氮养分供给当季花生，其余 1/3 留在土壤中，相当于施用 $300\sim375\ \mathrm{kg/hm^2}$ 标准氮肥。因此，花生是小麦、玉米等的良好的前茬作物。在相同条件下，花生后作种植小麦、玉米，与在其他茬口种植相比可增产 10%～15%。花生适合与小麦、玉米、棉花、油葵等多种粮棉油作物间作套种，这些种植模式可实现用地与养地相结合，能充分利用生态优势提高资源利用率，同时提高粮油综合生产能力，有效缓解"粮油争地、人畜争粮"的矛盾，增加农民收入。

随着农业种植结构的调整及种植结构向质量型、效益型转变，种植花生的比较优势更加突出。与大豆、油葵、芝麻等油料作物比较，花生含油量、单位面积产油量高，是提高油脂总产量和缓解食用油供需矛盾的首选作物。与粮棉类作物比较，花生的单位面积产值和纯收益明显高于小麦、玉米、谷子、棉花等作物，是促进农民增收的优选作物，在粮棉油作物种植结构调整中具有明显优势。

总之，在河北省花生主产区，花生产业为当地的主导产业，花生种植是农民收入的主要来源，在农业种植结构调整和区域经济发展中占有重要地位。

第一节　河北省自然生态条件及花生生产区概况

河北省地处我国种植面积最大、总产及提供商品花生和出口花生最多的黄淮流域花生产区，该区无论气候条件还是土壤条件都比较适合花生生产。

一、自然生态条件

河北省地处华北东南部，位于 $36°05'$—$42°40'$ N、$113°27'$—$119°50'$ E，在环渤海地区的中心地带，内环北京、天津，北部、西北部与内蒙古交界，东北部与辽宁接壤，西与山西为邻，东南部、南部衔山东、河南两省。河北省属北温带湿润半干旱大陆性季风气候，春季干燥多风，夏季炎热多雨，秋季昼暖夜凉，冬季寒冷少雪。

日照：全省年日照时数为 $2\,450$~$3\,100$ h，由南向北逐渐增加。

热量：全省年平均气温 0~13 ℃，由东南到西北逐渐降低，长城以北平均气温低于 10 ℃，长城以南平均气温为 10~14 ℃；全省日平均气温稳定通过 10 ℃的积温，长城以南为 $3\,800$~$4\,650$ ℃，太行山山地以及平原地区年积温 $3\,600$~$4\,400$ ℃，冀南平原南端年积温超过 $4\,500$ ℃。

无霜期：全省无霜期 80~220 d，由南向北逐渐降低，南部地区无霜期 200 d 以上，北部山区，沿长城一带及怀来、承德河川盆地无霜冻期 140~170 d。

降水量：全省年平均降水量 350~800 mm。地区分布不均，总的趋势是东南部多于西北部。全省春季降水量 40~80 mm，约占全年降水量的 10%；夏季降水量，燕山南麓一带 500~600 mm，东部平原及太行山山区 400~500 mm，其余地区 230~400 mm，占全年的 65%~75%；秋季降水量 70~130 mm，约占全年的 15%；冬季降水量 6~20 mm，占全年的 2%。降水年内分布不均，主要集中在 7 月、8 月。

土壤：全省土壤类型多样，呈带状分布，栗钙土、棕壤、褐土、潮土面积较大。多数土壤质地为壤质、占 60.2%，其次是沙壤土、占 20.5%，沙土占 5.75%，黏壤土占 9.8%，黏土占 3.76%。全省耕种土壤耕层有机质、全氮、有效磷含量偏低，土壤锌、铁、钼、硼、锰等微量元素短缺。全省土壤 pH 6.6~8.5 的居多，南高北低，冀东花生主产区土壤 pH 低于 6，冀南花生产区（大名）土壤

pH 高于 8。

河北省花生生长季节气候具有雨热同期的特点，除张家口、承德的坝上高原区和 13.56%的黏土和黏壤土区外，均适合花生生长。

二、花生种植状况

河北省除张家口、承德高原区外，北自长城，南到漳河流域均有花生种植。花生主要集中在冀东、冀中南平原一带，其他地区零星种植。花生主要分布在燕山、太行山低山丘陵盆地和河北平原区，主要集中于滦河、永定河、沙河、滹沱河、漳河等河流泛区。这些地区无霜期 170 d 以上，>15 ℃积温在 3 000 ℃以上，年降水量 400~800 mm，多集中在 7 月、8 月，占年降水的一半以上，年日照时数 2 700 h 左右。种植花生的土壤有 86%为沙土、沙壤土和壤土。

花生栽培制度多为二年三熟制，部分为一年一熟制，少量为一年两熟制。丘陵旱地中低产田以一年一熟制为主，平原区一般两年三熟，花生种植以春播为主，即春播花生—冬小麦—夏玉米或夏甘薯、夏大豆等，低产田亦有一年一作花生。冀中南有灌溉条件的高产区少量一年两熟，花生种植以夏播为主，即冬小麦—夏播花生麦油一年两熟、冬油菜—夏播花生油油一年两熟。随着机械化的发展，麦后直播花生在发展，替代了麦行套种、大沟麦套种、小沟麦套种。花生主要种植方式有平种、垄种、起垄地膜覆盖等。

三、花生种植区划

依据花生种植区的自然生态条件，按行政区划，全省花生种植区可分为冀北、冀东和冀中南三大花生产区。

(一)冀北丘陵零星花生产区

该区地处河北省北部，包括张家口、承德坝下、青龙等地，花生种植面积约占 1%。土地多是山坡丘陵盆地，土层浅而瘠薄，水土流失严重。年平均气温 10 ℃左右，≥15 ℃积温 2 600~3 000 ℃；最热月平均气温 20~25 ℃。年降水量 600~700 mm，日照 2 800 h。栽培制度为一年一熟制,适宜种植早熟、耐瘠薄、高产稳产的珍珠豆型和多粒型花生品种,采用地膜覆盖还可种植中间型和普通型中粒花生品种。

(二)冀东花生主产区

该区位于河北省东北部,包括秦皇岛市(青龙除外)、唐山市和廊坊市所辖各县(市)。常年花生种植面积 10 万 hm^2 左右,约占全省面积的 30%。土壤质地一半以上为沙壤土和壤土,土质细,沙层厚,通透性强,抗涝易旱,易受风蚀。年平均气温 10~12 ℃,≥15 ℃积温 3 000~4 200 ℃,最热月平均气温 25.0~26.5 ℃,无霜期 170~190 d。年降水量 600~800 mm,日照 2 700~2 800 h。栽培制度以一年一熟制为主,间有两年三熟制,以春花生为主。对花生品种的生育期要求不甚严格,以中熟和早熟种为宜。以种植高产优质普通型和中间型大花生为主,珍珠豆型小花生也有种植。

(三)冀中南花生产区

该区包括保定市、石家庄市、沧州市、衡水市、邢台市和邯郸市的山前平原区,常年花生种植面积 24 万 hm^2 左右,约占全省面积的 69%。年平均气温 12~14 ℃,≥15 ℃积温 4 200 ℃以上;最热月平均气温 26.5~27.5 ℃,无霜期 190~205 d。年降水量 500 mm 左右,日照 2 600~2 700 h。该区域西部为丘陵盆地,气候干旱,土壤瘠薄,该区花生栽培制度为一年一熟,适宜中小粒型品种;中部为山前平原区,种植花生的土壤多为较肥沃的沙壤土和壤土,有少量黄河泛滥冲积形成的沙土,该区花生栽培制度多为两年三熟制,适宜发展一年两熟制。该区对品种类型要求不太严格,普通型、珍珠豆型、中间型花生品种均适宜种植。

黑龙港在河北省东部低洼平原区,属于黄淮海平原的北部、华北平原的东部,该区域主要包括沧州市、衡水市、邢台市和邯郸市的部分县(市)。该区旱涝灾害频发,土壤盐渍化严重,本区域花生栽培制度以一年一熟制为主,间有二年三熟制,种植品种多为中间型和普通型中熟、早熟大粒种,少量为珍珠豆型品种。

第二节　河北省花生发展概况

河北省种植花生约有 140 年的历史，快速发展阶段是在新中国成立以后，在育种、栽培技术、病虫害防治等方面都发生了翻天覆地的变化。

一、花生生产发展历程

1950—1959 年为花生生产恢复阶段。1949 年新中国成立后，农村土地改革和初级社、高级社等生产合作社运动解放了生产力，为花生生产的发展注入了生机和活力。人民政府实行土地改革和农业合作化，推广优良品种，改进生产技术，提高收购价格，花生生产稳步上升，花生单产水平也出现较大幅度提高。此阶段花生年均种植面积 22.4 万 hm^2，单产 1 238.6 kg/hm^2，总产 27.7 万 t，单产和总产分别比 1949 年增加 23.8% 和 19.2%。其中最高年份 1956 年种植面积 28.1 万 hm^2，单产 1 218 kg/hm^2，总产 34.17 万 t，分别比 1949 年提高 20.69%、21.47% 和 46.97%。

1960—1963 年为花生生产衰落阶段。由于人民公社化运动、"大跃进"以及严重自然灾害的影响，花生生产大幅度下降。严重的自然灾害不仅导致花生直接大幅减产，还导致粮食大幅减产，从而对花生生产也有一定程度的影响。此阶段花生年均种植面积 11.2 万 hm^2，单产 661.5 kg/hm^2，总产 7.43 万 t，分别比 1950—1959 年的年均水平下降 47.3%、46.5% 和 73.2%。1962 年跌至最低，全省仅种植 8.1 万 hm^2，单产 648 kg/hm^2，总产 5.22 万 t，分别比 1949 年下降 65.4%、35.3% 和 77.5%。

1964—1978 年为花生生产低产徘徊阶段。随着国民经济的调整，从 1964 年开始花生生产呈逐步恢复态势，但仍处于徘徊不前的状态。该阶段主要是受到"以粮为纲"指导思想的影响，且处于计划经济和集体经营时期，发展速度比较缓慢。但这一阶段，花生育种与栽培技术研究与推广工作得到了较快发展，在防治花生病虫害方面也获得了重大突破，为以后花生生产发展做好了技术储备。此阶段花生年均种植面积 13.6 万 hm²，单产 1 005 kg/hm²，总产 13.67 万 t。

1979—2003 年为花生生产快速发展阶段。1978 年十一届三中全会之后，随着农村经济体制改革和市场开放搞活，通过实行农村家庭联产承包责任制和调整种植业结构，落实发展油料生产政策，对农民种植花生的积极性起到了极大的推动作用，这一阶段成为河北省及我国花生生产发展速度最快、持续时间最长的一段发展时期，花生播种面积、总产和单产都有了较大幅度的增长。此阶段花生年均种植面积 34.19 万 hm²，单产 2 080.4 kg/hm²，总产 75.7 万 t。其中：2001 年花生种植面积 49.45 万 hm²，为历史年最大种植面积；2003 年花生总产 148.1 万 t，为历史年最高总产量，单产达 3 026 kg/hm²，首次突破 3 000 kg/hm²。

2004 年以后花生生产进入稳定发展阶段。2004 年在全国范围内实施的粮食补贴政策对花生生产造成了一定程度的负面影响，花生种植面积出现了一定幅度的下降，但由于花生单产水平仍在不断上升，花生总产量下降幅度较小。2008 年以后，随着城乡居民对花生及其加工制品的消费需求越来越高，国家开始出台有利于花生生产的政策，花生生产稳步发展。从 2010 年开始，全国 12 个省（市）的农户种植花生会获得良种补贴，又一次提高了农户花生生产的积极性。这一时期，信息技术、现代生物技术、机械化生产技术为花生科技进步作出了重要贡献，优质高产专用新品种、优质高效栽培技术和机械化播种收获在花生生产实践中得到普遍应用。

随着花生生产的发展，河北省花生在全国的地位也在发生变化（表 1-1）。1978 年以前，河北省花生种植面积居山东省、广东省、广西壮族自治区之后，排在全国第 4 位。1979 年种植面积 19.55 万 hm²（占全国总面积的 9.42%），总产 23.1 万 t（占全国总产的 8.2%），排在全国第 3 位。1985 年开始，河南省花生种植面积快速增长，在全国排在第 3 位，河北省排在第 4 位。1994 年以来，河北省花生种植面积超过广东省，再次回到全国第 3 位并长期稳定在全国第 3 位。在花生单产方面，1983 年之前，河北省花生平均单产水平很少突破 1 500 kg/hm²，1984 年平均单产突破 1 500 kg/hm² 之后稳步上升，1993 年平均单产突破 2 000 kg/hm²，2003 年突破 3 000 kg/hm²，2010 年突破 3 500 kg/hm²。

表 1-1　1978 年以来河北省历年花生种植面积、总产量及单产水平

年份	种植面积（万 hm²）	总产量（万 t）	单产（kg/hm²）
1978	13.31	17.4	1 307
1979	19.55	23.1	1 182
1980	23.71	35.8	1 510
1981	26.24	35.1	1 338
1982	25.89	38.7	1 495
1983	24.82	36.0	1 450
1984	24.01	40.0	1 666
1985	33.16	58.0	1 749
1986	34.03	47.6	1 399
1987	31.00	53.4	1 723
1988	30.14	46.0	1 526
1989	30.22	48.4	1 602
1990	29.63	57.8	1 951
1991	29.88	60.2	2 015
1992	30.42	50.0	1 644
1993	32.91	69.5	2 112
1994	36.29	90.1	2 483
1995	37.17	94.7	2 548
1996	37.41	100.5	2 686
1997	39.97	106.8	2 672
1998	42.52	118.5	2 787

（续）

年份	种植面积（万 hm²）	总产量（万 t）	单产（kg/hm²）
1999	43.05	118.0	2 741
2000	46.33	132.6	2 862
2001	49.45	144.3	2 917
2002	47.98	140.5	2 927
2003	48.96	148.1	3 026
2004	44.89	137.9	3 072
2005	43.88	140.3	3 198
2006	37.76	121.9	3 228
2007	39.15	130.7	3 338
2008	40.99	140.1	3 418
2009	38.97	134.0	3 438
2010	36.74	129.2	3 517
2011	36.02	128.9	3 579
2012	35.45	126.9	3 581
2013	35.56	130.1	3 659
2014	35.25	129.2	3 666
2015	34.29	127.4	3 716
2016	34.23	129.7	3 789
2017	26.68	103.4	3 876
2018	25.81	98.5	3 814

注：表中数据为根据中华人民共和国农业农村部网站、国家统计局的相关数据进行整理。

二、花生育种科技发展概况

（一）花生育种目标及育成品种特性

花生育种目标是针对生产存在的问题和市场需求而制定的，不同育种阶段目标不同。河北花生经历了以高产为育种目标、以高产高油为育种目标、以高产高油高油酸为育种目标三个阶段。

第一阶段：新中国成立到20世纪90年代末。该阶段花生生育期长、病害较重，产量低（2 250 kg/hm²），因此，该阶段花生育种的主要目标是高产，兼顾早熟、抗病，培育了以冀油4号、冀花2号为代表的高产、中早熟花生品种。

第二阶段：20世纪90年代末至2005年。随着花生生产的发展、种植业结构的调整和人民生活水平日益提高，针对我国植物食用油紧缺、生产中花生品种含油量低的问题，将育种目标调整为高产优质（高含油量）、抗病，培育了以冀花4号为代表的高产高油（57.65%）花生品种。

第三阶段：2006年至今，针对花生及其制品保质期短、饱和脂肪酸含量高等问题，以高产、高油酸、油食专用型花生品种为育种目标，培育了以冀花11、冀花19、冀农花6号、冀农花10号等为代表的高产高油酸油用型花生品种，以冀花13、冀花16、冀农花12、冀花18等为代表的高产高油酸食品加工专用的花生品种，以冀花521等为代表的高产高油酸低脂肪高含糖量适合烘炒、鲜食专用的花生品种。目前提出了以高产高油高油酸为基础目标，正在培育适合机械化、适合一年两熟的早熟花生品种及耐盐碱、抗病、高生物活性成分含量的花生新品种。

（二）花生育种技术

河北省花生育种技术的研发滞后于育种需求，曾一度落后于山东、河南和广东等省。新中国成立至20世纪60年代初，河北省花生育种主要采用筛选鉴定；20世纪60年代后，以引种为主，同时对引进品种进行系统选育，通过优中选优育成新品种；20世纪70年代初开始有性杂交系统选育培育花生新品种。20世纪90年代以后开展了花生栽培种与野生种远缘杂交、外源DNA导入技术、物理诱变（⁶⁰Coγ射线辐射）、化学诱变［甲基磺酸乙酯（EMS）］、太空育种（空间诱变）、近红外技术（NIRS）、分子标记辅助选择育种等。

三、花生栽培科技发展

20 世纪 70 年代开始，伴随着花生新品种的育成与推广应用，花生栽培技术不断被研发与改进，有力促进了花生单产水平的提高和生产的全面发展。

（一）中低产田花生增产技术研发与应用，创出高产典型

20 世纪 80 年代中期，河北省花生中低产田面积占花生总面积的 70%，平均单产仅 1 500 kg/hm²，低的有 450～600 kg/hm²。1988 年河北省把花生中低产田技术开发列入重点推广项目，并加入全国花生中低产田技术开发协作组，据唐山、秦皇岛、石家庄、保定、衡水、沧州 6 个地市统计，1988 年完成开发面积 4.43 万 hm²，平均荚果产量 2 040 kg/hm²，比开发前 3 年平均单产增加 457.5 kg/hm²。同期唐山市（地区）农业科学院（所）、廊坊市农业局、迁安县农业技术推广服务中心、大名县农业局等针对花生中低产田特点和原因研发了轮作、选用优种、深耕、施足有机肥，增施化肥、浇水增墒保证苗齐苗壮，狠抓治虫、防治病害，喷施微肥保持叶片功能等高产栽培技术，创出高产典型。2008 年大名县农业局在中等肥力生茬沙壤地进行高产试验 0.23 hm²，经大名县农业局与马陵公社联合实产验收，平均单产 7 540.5 kg/hm²。2007—2009 年大名县农业局开展了花生高产竞赛有奖活动，有效提高了全县花生单产水平，出现了一批单产超 7 500 kg/hm² 的种植户。

（二）花生地膜覆盖高产栽培技术

1978 年我国引进花生地膜覆盖栽培技术，1980 年花生地膜覆盖栽培技术开始在唐山市应用。科技人员围绕地膜覆盖展开了配套技术研究。河北省农技推广总站、迁安县农业局、唐山市东矿区农业局、乐亭县陶庄乡、沧州市农业科学院、平山县农业技术推广中心等从品种选择、选地（地势平坦、土层深厚、土壤肥力较高的沙壤土或壤土）、起垄、施肥、种植密度、精细覆膜、适时播种（比不覆膜常规播种提早 10～15 d）、喷除草剂、适时抠膜、助苗出膜、田间管理、

肥水效应、增产机理等方面进行了研发，明确了花生地膜覆盖栽培可促进根系生长、协调植株生长和发育的矛盾、促进干物质积累，从而提高了花生产量，提出了花生地膜覆盖"一优、二适、三推、四防"配套综合增产技术，"一优"即选用优种，"二适"即适期适量播种，"三推"即拓展种植区域、推行轮作倒茬，"四防"即防病、防虫、防旺长、防早衰。集成推广了花生地膜覆盖栽培技术，提高了花生产量。

（三）花生与小麦等间作、套种及麦后直播栽培技术

小麦和花生是河北省两大主要粮油作物，为了增加花生产量，河北省冀中南有小麦间作、套种花生的种植习惯，20 世纪 70—90 年代开始麦田套种花生，定州市是河北省小麦套种花生的最大生产市，80% 以上的花生均为套种。为提高间作、麦套花生产量开展了与种植模式、品种、播期、种植密度等相关的栽培技术研究，集成了麦田套种花生不同种植模式高产栽培技术，实现了小麦花生双高产。

河北省中南部为了增加亩*收益，还开展了花生与玉米、棉花、芝麻、瓜菜、牧草、林木等的间套种，与油菜、西瓜、大蒜、白菜、胡萝卜、大葱、早春甘蓝、黑麦草复种，提高了亩收益。

（四）花生品种配套综合栽培技术

进入 21 世纪以来，花生品种多样化，为了最大限度发挥新品种的产量潜力，针对不同的品种研究相应的配套栽培技术，河北省农科院粮油作物研究所和河北省农技推广总站针对品种特点、生育规律和需水特点，将花生新品种高产优质配套栽培技术、机械化地膜覆盖栽培技术、无公害高油花生安全生产技术、高油酸花生绿色高质高效生产技术、高油酸花生轻简高效生产技术、花生水肥一体化技术、夏播花生化肥农药减施增效技术、夏播花生起垄滴灌水肥一体化技术等栽培技术集成为花生高产高质高效栽培技术体系。2020 年河北省现代农业产业技术体系油料创新团队总结出"河北省高油酸花生绿色高效

---

* 亩为非法定计量单位，15 亩＝1 hm²。——编者注

栽培十大关键技术"，即土壤科学深耕轮作技术、备种包衣技术、一播全苗技术、科学施肥技术、合理灌溉技术、精准化控与防早衰技术、病虫害草害绿色防控技术、灾害性天气应对技术、全程机械化技术、安全收获与贮藏技术。通过保障单位面积株数、增加单株有效果数、提高单果重量实现花生产量的提高。

（五）花生主要病虫害防治技术研究

蛴螬、金针虫是花生的主要地下害虫，棉铃虫、菜青虫、蓟马等是地上部咬食茎叶的主要害虫，每年均有不同程度的发生，尤其是20世纪90年代河北省大面积推广抗虫棉以来，棉铃虫逐渐成为危害花生的主要害虫，2015年开始蓟马发生较重，严重年份减产50%以上。花牛叶部病害（黑斑、褐斑、网斑、焦斑）是我国最常见的花生植株叶部病害。花生根茎腐病也称"鼠尾""烂根"，在不同年份、花生不同生长阶段均会发生，造成死苗减产。20世纪60年代以来，河北省科技厅、农业农村厅及科研院校非常重视花生病虫害的防治，历经60多年的研究，明确了花生主要地下害虫种类、生活习性与发生规律及防治关键期，明确了河北省花生主要叶部病害的发生条件、防治适期、有效药剂种类，集成了以农业防治（深耕、轮作）、物理防治（食诱剂、性诱剂、紫光灯防虫）、生物防治（绿僵菌等）、生态调控（花生田旁种植蓖麻、荞麦等）与科学合理使用农药（种衣剂包衣或拌种、喷施杀菌剂）相结合的病虫害防治技术，防治技术的应用防效明显，保障了花生产量的提高。

四、扶持花生产业发展的相关政策

花生产业发展离不开政府的政策支持，不同年代政策的调整对花生产业发展产生了重要影响。2007年以来花生生产越来越受到政府的高度重视。

（一）花生发展相关政策

1977年河北省根据国务院批转农林部《关于大力发展油料生产，尽快改善食油供应的意见》建立滦县、滦南、迁安等一批花生生产基地，带动了花生生产发展。

1980 年，为了确保集中产油区口粮不低于临近产粮区水平，河北与山东、河南、江苏、辽宁的多数地方实行了"五定"政策，即定油料面积、定产量、定交售任务、定自产粮、定口粮标准，基本核算单位实行"基本口粮加奖励"的办法，调动了花生产区花生生产的积极性，推动了花生生产的发展。

2007 年 9 月，《国务院办公厅关于促进油料生产发展的意见》中指出："着力培育东北及内蒙古高油大豆、长江流域'双低'（低芥酸、低硫苷）油菜、黄淮海榨油花生以及特色油料等优势产业带""重点推广高油大豆、'双低'油菜、高产花生新品种，加快普及大豆密植、油菜轻简栽培、花生地膜覆盖等技术"。2010 年花生良种补贴被列入中央 1 号文件，大力发展花生生产基地县建设被提出。2010年以来，为推进农业供给侧结构性改革和实施地下水压采工程，河北省把发展花生产业作为农业调结构、农民增收的重要抓手，通过系列政策扶持，进一步扩大产业规模，提升生产品质和效益，全省花生生产保持了良好的发展态势。

2008 年 1 月，河北省人民政府办公厅发布关于促进油料生产发展的通知，要求加大油料生产扶持力度，建立对油料生产大县（市）的奖励政策，加快油料生产基地建设，在廊坊、唐山、秦皇岛重点发展地膜花生，冀中南平原河泛区充分利用荒地开发优质花生种植。加快优良品种的推广步伐，重点推广高产花生，加强配套技术集成创新，加快普及花生地膜覆盖等技术。

2011 年，河北省出台《河北省食品工业"十二五"规划》，在食用油精深加工板块，提出发挥冀中南平原河泛区、冀东、黑龙港、坝上及北部山地等地的油料作物优势，集中产区资源优势，稳步发展花生油、棉籽油、大豆油等大宗油脂加工，加快花生蛋白质粉、花生粉等植物油副产品及生物活性物质等产品的开发，提高油料综合利用程度。

2012 年出台《河北省现代农业发展规划（2012—2015 年）》，提出建设花生生产优势区。

2017 年 12 月，河北省政府印发了《河北省农业供给侧结构性改革三年行动计划（2018—2020 年）》，出台农业补贴政策，全省种植业保险保费补贴品种包括小麦、玉米、棉花、花生等，其中，花生每亩补贴 350 元。

2018 年 8 月，河北省政府又印发了《关于深入推进农业供给侧结构性改革加快发展农业特色产业的意见》，同年河北省持续推进种植业结构调整，大力发展花生等油料作物种植面积。其中，新增高油酸花生种植面积 20 万亩，增长 100%。按照河北省出台的花生产业提质增效方案，在冀东、冀南、冀中和黑龙港四个花生优质产业区，集中打造迁安、滦县、滦南、昌黎、易县、新乐、行唐、深州、大名、定州 10 个高油酸花生绿色高质高效栽培示范基地，发展 10 万亩的高油酸花生栽培核心区。唐山、邯郸、石家庄、保定等花生主产地市，结合农业结构调整，大力发展高油酸花生，新乐、滦县、迁安、大名等花生主产区依托项目对高油酸花生也给予了政策补贴，形成了初具规模的高油酸花生繁种与生产基地。

2019 年 1 月河北省农业农村厅制定了《特色种业发展推进方案（2019—2022 年）》，将花生列入省政府确定的十大类 27 个特色优质农产品，要求全产业链打造、全价值链提升。在《河北省 2018—2020 年农业机械购置补贴机具补贴额一览表》中，对购买花生收获机、花生摘果机、花生脱壳机进行相应的农机补贴。

2020 年河北省农业农村厅发布强农惠农政策。推进农业绿色发展、粮油绿色高产高效创建。支持种植大户、家庭农场、农民合作社、农机专业服务组织、农业龙头企业等新型农业经营主体，以重点县为单位，突出包括高油酸花生在内的谷物和油料作物生产，集成推广"全环节"绿色高质高效技术模式，增加绿色优质农产品供给。高油酸花生每亩物化补助不超过 200 元，其中，优质种子每亩补助 120 元，全程绿色防控（实施种子包衣、杂草防治、病虫害防治等）每亩物化补助不超过 80 元。农业资源保护及新能源利用方面，耕地轮作制度试点，在石家庄、唐山、廊坊等市实施玉米与花生、大豆轮作，增加油料供给，发挥根瘤菌固氮作用，提高土壤肥力。季节性休耕制度试点，在廊坊、保定、沧州、衡水、邢台、邯郸等地地下水漏斗区开展季节性休耕试点 200 万亩，补助标准为每亩补助 500 元。将小麦玉米一年两熟改为只种植一季玉米、花生、谷子、杂粮杂豆等作物一年一熟，减少地下水用量。

（二）花生产业研究平台

1. 组建河北省现代农业产业技术体系油料产业创新团队 2018年 3 月，河北省农业农村厅、财政厅对二期现代农业产业技术体系进行优化补充调整，组建了油料产业创新团队，为花生产业的发展提供了有力支撑。

2. 成立河北省花生产业技术研究院 2020 年 11 月，河北省（唐山）花生产业技术研究院成立。河北省（唐山）花生产业技术研究院由唐山润泽粮油食品有限公司联合河北农业大学等 9 家单位共同组建，旨在探索以企业为主体、产学研用相结合的新型农业产业化发展模式，打造集具有国内先进水平的花生产业技术创新、科技成果转化、科技资源共享交流、关键共性技术研发和行业发展咨询服务五大功能于一体的平台。研究院的建设有利于引领传统花生产业转型升级、全面提升特色产业自主创新能力。

3. 建设农业创新驿站 2020 年承担河北省农业农村厅创新驿站建设任务（与花生相关），创新驿站涵盖了两个新型经营主体，一个是承担滦县花生驿站建设任务的新型农业经营主体滦县百信花生种植专业合作社，一个是承担大名花生驿站建设任务的新型农业经营主体大名县鑫鑫种业有限公司。省级支持每个创新驿站 35 万元，市县配套不低于 35 万元。创新驿站通过基础设施、科技支撑、科技服务、品牌培育、宣传推介、资金保障等措施，针对当地产业发展难题或瓶颈开展品种、技术、机械装备等的引进，通过孵化形成全产业链本地化、成熟化技术标准或规程，集成推广菜单式、傻瓜式技术模式，通过培训宣传辐射周边产业发展，引领带动服务乡村产业振兴，同时培育品牌。

4. 成立油料产业集群 2021 年河北省农业农村厅成立油料产业集群，并投入 1 000 万元支持高油酸花生产业发展。

5. 成立高油酸花生种业联盟 2021 年河北省种子管理总站成立了高油酸花生种业联盟，将科研、生产、种业、加工企业等有机联合，投入 50 万元支持高油酸花生产业发展。

第三节　河北省花生科技事业成就

新中国成立后，河北省多家科研院校、企业先后开始花生研究与产业发展工作，同时得到农业农村部、河北省科技厅、河北省农业农村厅、河北省农业科学院、河北省教育厅及各地市农业部门的项目支持，创制了一批优异特色花生新种质，集成了系列花生高产高质高效栽培技术，促进了河北省花生产业的快速发展。

一、花生重点科技成果

新中国成立后，特别是十一届三中全会以来，河北省花生科技事业蓬勃发展，取得国家、省部级获奖成果 23 项，地市级其他类获奖成果 17 项，详见表 1-2。

表 1-2　河北省花生获奖成果

年份	项目名称	奖励类别及等级	完成单位
1978	伏系 1 号花生	河北省科学大会奖	唐山市农业科学研究院
1981	花生新品种冀油 2 号	河北省科技进步四等奖	唐山市农业科学研究院
1982	花生优良品种开农 8 号试验示范	河北省科技进步四等奖	邢台市农业科学研究院
1983	花生新品种冀油 3 号	河北省科技进步四等奖	邢台市农业科学研究院
1984	花生地膜覆盖技术	河北省科技进步三等奖	唐山市农业科学研究院

（续）

年份	项目名称	奖励类别及等级	完成单位
1984	花生品种资源植物性状研究	河北省科技进步三等奖	唐山市农业科学研究院
1987	花生连续覆膜减产原因及解决途径研究	唐山市科技进步二等奖	唐山市农业科学研究院
1988	河北省花生品种资源目录与品种志	河北省科技进步三等奖	唐山市农业科学研究院
1990	高产优质抗病花生品种冀油 4 号	河北省科技进步二等奖	邢台市农业科学研究院
1991	高产优质抗病花生品种冀油 4 号	国家科技进步三等奖	邢台市农业科学研究院
1991	花生病毒病综合防治技术	河北省科技进步三等奖	唐山市农业科学研究院
1993	沙地花生带状轮作种植技术	唐山市科技进步一等奖	唐山市农业科学研究院
1994	高产早熟花生新品种冀油 6 号	邢台市科技进步一等奖	邢台市农业科学研究院
1997	冀油 5 号花生高产高效技术示范	河北省开发办科技进步三等奖	唐山市农业科学研究院
1998	高产特早熟花生品种冀油 9 号	邢台市科技进步一等奖	邢台市农业科学研究院
1998	稳产创汇型花生唐油 4 号	唐山市科技进步二等奖	唐山市农业科学研究院
2001	花生新品种唐油 4 号繁育与推广	唐山市科技推广一等奖	唐山市农业科学研究院
2002	春夏播兼用型花生新品种冀花 2 号的选育及应用	河北省科技进步二等奖	河北省农林科学院
2002	高产优质中熟花生新品种邢花 1 号	邢台市科技进步一等奖	邢台市农业科学研究院
2004	春夏播兼用型高产花生新品种冀花 2 号的推广应用	河北省科技进步三等奖	河北省农林科学院
2005	高产特早熟花生品种邢花 2 号	邢台市科技进步一等奖	邢台市农业科学研究院

（续）

年份	项目名称	奖励类别及等级	完成单位
2006	夏播高产花生新品种冀花3号选育及应用	河北省科技进步三等奖	河北省农林科学院
2009	高产高油花生新品种冀花4号选育及应用	河北省科技进步一等奖	河北省农林科学院
2009	优质高产中熟花生新品种邢花3号	邢台市科技进步一等奖	邢台市农业科学研究院
2012	高产优质早熟小花生新品种邢花4号	邢台市科技进步一等奖	邢台市农业科学研究院
2013	高产油用大果花生新品种冀花5号、6号的选育及应用	河北省科技进步二等奖	河北省农林科学院
2013	高油花生新品种及配套技术示范推广	全国农牧渔业丰收奖二等奖	河北省农林科学院
2013	高产中熟大果花生新品种邢花5号	邢台市科技进步二等奖	邢台市农业科学研究院
2013	冀东地区花生田蛴螬的发生规律及无公害防治技术研究	唐山市科技进步三等奖	唐山市农业科学研究院
2014	太行山区优质高效花生新品种筛选及配套栽培技术集成与示范	河北省山区创业奖三等奖	石家庄市种子管理站、河北省农林科学院
2014	高产中早熟大花生新品种邢花6号	邢台市科技进步一等奖	邢台市农业科学研究院
2015	优质花生高产高效栽培技术集成与推广	河北省农业技术推广项目一等奖	河北省农业技术推广总站、河北省农林科学院
2016	高产广适邢花系列花生新品种的选育及应用	河北省科技进步三等奖	中国农业科学院、河北省农林科学院

（续）

年份	项目名称	奖励类别及等级	完成单位
2016	适宜机械脱壳与收获、高产、优质大果花生新品种选育	教育部科技进步二等奖	河北农业大学
2016	冀东花生根腐病综合防治技术研究	唐山市科技进步二等奖	唐山市农业科学研究院
2017	高产高油花生新品种邢花7号的选育及应用	邢台市科技进步一等奖	邢台市农业科学研究院
2019	全国高油酸花生全产业链融合发展模式构建与应用	全国农牧渔业丰收奖农业技术推广合作奖	河北省农林科学院
2019	花生高油种质发掘创制与新品种培育	中国农业科学院杰出科技创新一等奖	中国农业科学院、河北省农林科学院
2020	高油花生种质创制、品种选育及应用	湖北省科技进步一等奖	中国农业科学院、河北省农林科学院
2021	花生高含油量种质发掘创制与新品种培育及应用	神农中华农业科技奖二等奖	中国农业科学院、河北省农林科学院

（一）优异花生品种

种子是作物生产的关键，正如习近平总书记在2022年4月10日考察海南省三亚市崖州湾种子实验室时所强调的"种子是我国粮食安全的关键。只有用自己的手攥紧中国种子，才能端稳中国饭碗"。早在1984年，唐山市农业科学研究院对河北省花生种质进行了系统鉴定，其"花生品种资源植物性状研究"结果获河北省科技进步三等奖。花生科技人员培育了适合在河北省种植的优良品种并进行了大面积推广，为河北省花生生产保驾护航。

高产类型品种中，冀油4号表现尤为突出。该品种是河北省推广面积最大的本省自育品种和生产主栽品种，由邢台农业科学研究所选育，其突出优点是：①产量构成因素合理，经济性状优良，高产稳产；②抗叶斑病，耐病毒病，第一对侧枝基部匍匐状，抗逆性好；③

荚果曲棍形，三仁果率高达 15%～30%，便于自主留种保纯；④具有较强的抗倒、抗旱、耐瘠薄能力和广泛的适应性。至今生产上仍有一定种植面积。该品种在 1990 年获河北省科技进步二等奖和河北省第五届技术交易会金奖。1991 年获国家科技进步三等奖，是河北省历史上唯一获得国家科技进步奖的花生品种。

花生是油料作物，含油量是花生的重要品质性状，河北省育种工作者培育了以冀花 4 号为代表的一系列高产高油品种。该品种由河北省农林科学院粮油作物研究所选育，具有高产、高含油量、不感根茎腐病、抗叶斑病、耐病毒病、抗旱、耐涝、抗倒性强、早熟、适应性广等突出特点。该品种的育成使河北省花生高油育种跨入国内领先水平，解决了长期困扰我国花生育种优质与高产同步提高的难题，解决了我国北方花生生产上高产品种不高油、高油品种产量低的问题，实现了河北省花生由高产到高产高油的又一次品种更新。高产高油花生新品种冀花 4 号的选育及应用 2009 年获河北省科技进步一等奖。

随着我国农业机械化水平的提高以及农村农场逐渐出现的"用工荒"，适合机械化的花生品种应时而生。河北农业大学培育的冀农花 1 号、冀农花 2 号表现突出，是河北省较早的在花生高产、优质等育种目标中兼顾"宜机性"的品种，在黄淮海花生主产区推广面积 300 多万亩，2015 年获教育部科技进步二等奖。冀农花 1 号不仅果型、籽仁外观优，大果出仁率高，而且适合机械化脱壳，机械脱壳破损率显著低于一般品种。冀农花 2 号株高适中，直立抗倒，果柄韧性好，非常适合用半喂入联合收获机收获。两个品种均具有较强的抗倒、抗旱、耐瘠薄能力。

（二）栽培技术创新性成果

针对河北省花生生育特点、花生产区耕作制度及自然生态条件，开展了花生高产栽培理论与技术研究，集成了一系列花生高产栽培技术规程或标准，取得多项创新性科技成果。

1. 花生地膜覆盖技术研究与应用 1980 年唐山市农业科学研究院从辽宁引进花生地膜覆盖技术并进行试验示范。春季覆膜能增温

1.3～3.2℃，旱时土壤含水量提高 0.2%～0.8%，涝时土壤含水量又显著降低，改善土壤通透性，促进养分分解，有利于通风透光、促进花生的生长发育，幼苗根重提高 33.2%～50.0%，根瘤数量多、质量好，有利于生殖生长，荚果提早发育、品质好。花生地膜覆盖技术于 1984 年获河北省科技进步三等奖。

但连续覆膜种植也有缺陷：增加土壤养分的消耗，影响土壤理化性状的变化，使土壤肥力下降；叶斑病发生早、发病重，加重植株早衰，影响荚果的发育，降低了荚果品质。唐山市农业科学研究院经多年试验研究，明确了连年覆膜导致花生减产的原因及解决途径，研究成果"花生连续覆膜减产原因及解决途径研究"于 1987 年获唐山市科技进步二等奖。

随着地膜生产工艺的改进、轮作方式的采用及生长调节剂的使用等多项生产技术的进步，花生覆膜种植延续至今，在花生增产上发挥了重要作用。

2. 沙地花生带状轮作种植技术　1985—1986 年，唐山市农业科学研究院针对沙地花生倒茬导致病虫害严重，进而使花生减产的问题开展了小麦、花生、大豆（或菜）小倒茬的间套轮作方式研究，即小麦播种幅宽 50～60 cm（2～3 行地膜）、花生幅宽 80～90 cm（2 行地膜），小麦收获后种植大豆或蔬菜。该模式实现了经济效益和生态效益双丰收。"沙地花生带状轮作种植技术"于 1993 年获唐山市科技进步一等奖。

（三）花生品种配套技术的推广

为充分发挥品种特性及产量潜力，必须要有相应的栽培技术。冀花 4 号、冀花 5 号和冀花 6 号是高产高油花生品种，配以起垄覆膜＋根瘤菌拌种种植技术、春播区适期晚播、麦田套种花生中小麦提前收获、花针期叶面喷施磷酸二氢钾＋杀菌剂等技术，达到了增产、增收的目的。该技术研究成果"高油花生新品种及配套技术示范推广"于 2013 年获全国农牧渔业丰收奖农业技术推广成果奖二等奖。

选用优良花生品种，促进优良花生品种的规模种植，将优良品种与播期、种植方式、施肥、灌溉、地膜覆盖、综合防治病虫害等栽培技术措施优化组合，组装集成高产优质配套栽培技术是栽培技术的研究重点。河北省农技推广总站、河北省农林科学院的"优质花生高产高效栽培技术集成与推广"于2015年获河北省农业技术推广项目一等奖。

（四）花生病虫害防控技术

1. 花生病害综合防治技术　"花生病毒病综合防治技术"是河北省科学技术委员会下达、唐山市农业科学研究院和河北农业大学共同承担完成的应用研究课题，研究明确了河北省花生病毒种类、发生频率和分布，明确了传毒媒介的种类、自然带毒率传毒重要性，首次发现麦长管蚜传播花生病毒；在以上研究的基础上提出了切实可行的综合防治技术。研究成果"花生病毒病综合防治技术"于1991年获河北省科技进步三等奖。

在冀东地区，花生根腐病一直是困扰花生生产的难点。唐山市农业科学研究院通过调查植株发病症状、采集病株、室内分离纯化致病菌、进行致病力回接等试验研究，筛选出高效化学防治药剂，并研究出其相应的施药方法，集成了一套冀东地区花生根腐病的综合防治技术。研究成果"冀东花生根腐病综合防治技术"于2016年获得唐山市科技进步二等奖。

2. 冀东地区花生田蛴螬的发生规律及无公害防治技术　冀东地区花生田蛴螬优势种类为暗黑鳃金龟，唐山市农业科学研究院通过调查蛴螬的发生规律、防治关键时期筛选对蛴螬致病力强的绿僵菌菌株和防治蛴螬的高效、低毒、低残留药剂，研究出绿僵菌与毒死蜱配套防治花生田蛴螬的无公害防治技术。研究成果"冀东地区花生田蛴螬的发生规律及无公害防治技术"于2013年获得唐山市科技进步三等奖。

二、花生标志性区域品牌

冀东的滦县、冀南的大名县及冀中的新乐市是河北省最具代表性的三大花生主产区，代表了河北省花生产业发展水平。

（一）冀东滦县花生

滦县有着几千年的农耕文明，独特的地理、地质和生态环境及气候孕育了"滦县花生（东路花生）"，成为国家级商品油料生产基地。滦县有"中国花生之乡""全国首批油料生产试点县""国家油料生产基地县"等多个与花生有关的称号，也是河北省传统花生生产大县和国家花生出口基地，常年花生种植面积 1.8 万 hm²。滦县花生为滦县特产、中国国家地理标志产品。滦县花生以果白、果大、粒饱、色鲜、味美等著称，在国内外市场享有"东路花生"的美誉。滦县地处滦河、沙河平原冲积扇的中轴地带，是唐山市百万亩花生产区的中心、河北省乃至全国的花生主要产区之一。

1996 年，滦县被农业部特产之乡命名委员会命名为"中国花生之乡"。2000 年，滦县花生在北京国际农业博览会上被评为名优农产品。2002 年，滦县花生在第六届中国（廊坊）农产品优种交易会上被评为优质农产品。2014 年 12 月，国家质量监督检验检疫总局批准对滦县花生实施地理标志产品保护。2017 年以来，滦县大力支持花生产业发展，深入推进农业供给侧结构性改革，优化产业布局，推动花生种植结构向质量型、效益型、品牌型转变，积极打造京津冀优质花生产业高地。滦县高油酸花生生产已成为河北省农业特色产业典型。2019 年滦县花生（东路花生）在河北省第三届系列农业品牌评选活动中被评为"二十大农产品区域公用品牌"之一。滦县以东路花生地理标志产品为依托，积极引导相关企业提升品牌意识，积极争创知名、著名商标。目前滦县花生已有"冀生""大昭农合""奥尔特"三个省级著名商标，品牌优势正在逐步形成。滦县孟家屯花生交易市场是冀东地区最重要的花生交易集散地，拥有固定摊位 1 000 余个，相关从业人员超过 8 000 人，辐射范围包括滦南、迁安、卢龙、昌黎等花生产区，主要面向北京、天津、内蒙古等市场，在北京和天津的市场占有率均超过 30%，在西南和东南部省份也有一定份额，同时还出口欧美及东南亚国家，年交易量超过 10 万 t，年交易额超过 6 亿元。滦县花生出口创汇位居国内前列。

（二）冀南大名花生

大名县位于河北省东南部的河北、山东、河南三省交界处，属黑龙港流域，20 世纪 50 年代大名县就被河北省定为花生基地县，常年花生种植面积 2.3 万 hm² 以上（最高 3.4 万 hm²），是河北省花生之乡、中国花生之乡、全国油料百强县和国家花生农业标准化示范区。2000 年举办了首届中国大名花生节，并把每年 9 月 26—28 日定为中国大名花生节。

花生是大名县的支柱产业和特色产业。2004 年大名县成立了花生产业协会，它是群众性团体组织，在花生产业发展中发挥着重要作用，会员包括技术推广、科研、种子企业、加工企业人员和花生种植户，形成了种子繁育、商品生产、销售加工产业化发展模式。2005 年成立了花生产业推进指挥部，由县领导直接指挥领导，政府给予经费支持，推进基地建设、项目引进、产品开发、发展规划，极大地促进了花生产业的发展。2004 年大名县被中国特产之乡宣传组委会评为"中国花生之乡"，经过多年在经营方式和种植方式上的探索创新，产出的花生远近闻名，堪称"冀南一绝"。以花生为支柱产业，2006 年"大名县一县一业一园科技示范工程"被列入河北省科技厅项目，2008 年被指定为"一县一业一园富民强县农业科技示范县"。大名花生市场是我国北方最大的花生集散地，是山东鲁花集团有限公司、益海嘉里金龙鱼粮油食品股份有限公司等大型企业的主要原料采集地。大名县南李庄花生交易市场始建于 1992 年，被农业部批准为第十二批"农业部定点市场"，是"全国粮油市场二十强"，是河北省最大的花生交易市场，也是长江以北最大的花生交易集散地之一，年交易量达 25 万 t，交易额超过 10 亿元。2015 年大名县花生产业集群进入河北省 50 亿元以上产业集群名录。2019 年大名县被农业农村部认定为第二批国家区域性良种繁育基地（花生）。2020 年大名县入选第三批河北省特色农产品优势区。2019 年以来，大名县致力打造高油酸花生生产大县，到 2022 年全县高油酸花生种植面积已达到 16 万亩，成为闻名全国的高油酸花生生产大县，大名县现代农业示范园区（高油酸花生）被拟认定为第一批省级现代农业示范园区。

（三）冀中新乐花生

新乐市是河北省产油大县，种植花生历史悠久。新乐被誉为"河北花生米之乡"，"新乐花生"为国家地理标志保护产品。20世纪80年代后期，在注重发挥传统花生生产特点及优势的基础上，充分利用冀中及京津周边地区的地理优势，大力发展鲜食花生生产，新乐楼底的"马路"鲜花生果市场闻名省内外，新乐市已经成为河北省新的花生主产区，而且是种植花生附加值较高的地区，大大促进了该地区花生生产的发展，推进了花生产业化进程。

1982年新乐花生米市场成立，2012年新乐市成立新乐市民乐花生种植专业合作社。2017年，新乐市花生种植面积达8 000 hm²，每年向日本、澳大利亚、新加坡、马来西亚等国出口花生果90 t、花生米150 t，全年交易额达3亿元。新乐市承安镇花生米市场是"河北省十大农副产品批发市场"之一，日最高上市摊位4 000个，上市量超过1 000 t，该市场已成为华北地区重要的花生米价格形成中心，主要市场有北京、天津、山西、陕西、内蒙古、河南、山东等省份，部分出口日本、澳大利亚、东南亚等地，年成交额多达10亿元。新乐市是"国家商品粮基地县""国家优质粮生产基地县"，2020年入选第三批河北省特色农产品优势区。近年来，新乐市把发展高油酸花生种业作为加快农业供给侧结构性改革的重要内容，谋划建设了高油酸花生现代农业产业园，力争打造花生种业高地、推进农业结构调整、促进乡村产业振兴。

高油酸花生现代农业产业园主要建设国家高油酸花生产业创新基地、科研育种区、良种繁育区、高效种植示范区、花生交易市场、高油酸花生加工中心6个功能板块，着力实施高油酸花生良种繁育体系构建工程、种业创新能力提升工程、经营主体培育工程、绿色高效种植示范工程、花生产业振兴工程5项重点工程，力争将园区发展成为国家粮油作物良种供给保障区、华北区域种业创新发展引领区、华北区域农业产业融合先行区、河北省乡村产业振兴示范区，示范带动本地及周边高油酸花生种植和产业融合发展，成为区域乡村振兴的典范。

三、相关专利、技术规程及书籍编纂

（一）国家发明专利

2014 年河北农业大学发明了"一种花生短周期组织培养方法"，专利号：CN201310100062.5。2021 年河北农业大学发明了"一种农杆菌介导的花生快速遗传转化方法"，专利号：CN202110141212.1。2017 年河北农林科学院粮油所发明了"一种高产高油广适花生品种的选育方法"，专利号：CN201310335471.3。2021 年 11 月河北农业大学建立了不同种皮颜色花生种子蔗糖含量近红外测定模型，并申报了专利。

（二）制定并颁布实施技术规程

通过研究集成了地膜高产栽培、春播高产栽培、麦后夏播、病虫害防治、花生膜下滴灌水肥一体化等系列高产配套技术，共制定河北省地方标准 23 项（表 1－3）。

表 1－3　河北省现行花生生产技术规程（标准）

序号	标准号	标准名称	实施日期
1	DB13/T 5492—2022	高油酸花生黄曲霉毒素防控技术规程	2022/03/31
2	DB13/T 5279—2020	高油酸花生轻简高效栽培技术规程	2020/12/19
3	DB13/T 2873—2018	花生新黑地珠蚧田间调查技术规范	2018/12/31
4	DB13/T 2921—2018	花生膜下滴灌水肥一体化生产技术规程	2018/12/31
5	DB13/T 2759—2018	地理标志产品 新乐花生	2018/10/21
6	DB13/T 2617—2017	花生-饲用黑麦轮作技术规程	2017/12/22
7	DB13/T 2598—2017	花生品种真实性与纯度鉴定 SSR 法	2017/12/22
8	DB13/T 2278—2015	冀中南夏直播花生生产技术规程	2016/02/01
9	DB13/T 2221—2015	"冀农花 1 号"花生品种春播高产栽培技术规程	2016/01/01

（续）

序号	标准号	标准名称	实施日期
10	DB13/T 2187—2015	彩色花生系列品种栽培技术规程	2015/07/01
11	DB13/T 2150—2014	地理标志产品 滦县花生（东路花生）	2015/03/01
12	DB13/T 2151—2014	地理标志产品 滦县花生（东路花生）生产技术规程	2015/03/01
13	DB13/T 2024—2014	冀中南冬油菜-花生轮作栽培技术规程	2014/06/30
14	DB13/T 1528—2012	花生地下害虫综合防治技术规程	2012/04/30
15	DB13/T 1205—2010	高油花生品种冀花 4 号栽培技术规程	2010/05/04
16	DB1311/T 030—2005	冀花 2 号花生公顷产量 6 000～6 750 kg 生产技术规程	2005/11/30
17	DB1305/T 036—2005	邢花 1 号花生栽培技术规程	2005/06/05
18	DB1305/T 19—2002	邢花 2 号花生品种	2002/10/30
19	DB1304/T 118—2002	出口花生无公害高产栽培技术规程	2002/10/20
20	DB1305/T 18—2002	邢花 1 号花生品种	2002/10/30
21	DB1304/T 094—2001	无公害农产品生产技术规程 花生	2001/05/01
22	DB1305/T 04—2000	花生地膜覆盖栽培技术规程	2000/08/12
23	DB1305/T 05—2000	花生病、虫、草、鼠害防治技术规程	2000/08/12

（三）书籍编纂

近年来，河北农业大学和河北省农林科学院相继参编了《中国花生遗传育种学》《中国花生栽培学》《中国花生品种及其系谱》《高油酸花生》《高油酸花生产业纵论》《中国高油酸花生》等书籍。2006年，河北省农林科学院编写了《优质花生良种及栽培关键技术》一书，介绍了适宜河北及我国北方种植的花生优良品种，总结提出了花生增收的 5 项技术措施。此 5 项栽培技术涵盖花生生产中不同地力水平、不同种植方式及不同用途花生种植的全部技术，对提高花生单产、增加总产、缓解我国食用油供需矛盾、提高食用花生占比、满足城乡居民的消费需求起到了积极的推动作用。2012 年河北省农林科学院参编了《农业实用技术知识1 365问答》，以问答形式介绍了花生高产栽培及病虫害防治中的56项技术，内容丰富，通俗易懂，符合农民习惯，受到农民的欢迎。

参 考 文 献

北方五省花生丰产技术考察组，1980. 北方五省花生栽培技术情况调查报告［J］. 花生科技（4）：1-7.

程增书，2006. 优质花生良种及栽培关键技术［M］. 北京：中国三峡出版社.

河北省种子公司，1990. 河北省审定认定的农作物品种大全（1975—1989）［M］. 石家庄：河北科学技术出版社.

何美敬，刘阳杰，崔顺立，等，2018. 花生种质资源果腐病的抗性评价［J］. 植物遗传资源学报（4）：780-789.

全国农业技术推广服务中心，2005. 全国农作物审定品种名录［M］. 北京：中国农业科学技术出版社.

山东省农业厅，1984. 冀、鲁、皖三省建设商品花生基地县考察报告［J］. 花生学报（3）：1-4.

省农作物研究所豆油室，1977. 麦田套花生，粮油双高产［J］. 河北农业科技（2）：19-20.

孙伟明，时晨，张梦涛，等，2018. 花生侵脉新赤壳菌果腐病生防芽孢杆菌的分离鉴定及防病效果［J］. 微生物学报，58（9）：1573-1581.

唐山地区农科所，1975. 沙薄地创花生高产［J］. 花生科技（3）：9-10.

兴连娥，岳增良，2012. 农业实用技术知识1 365问答［M］. 石家庄：河北科学技术出版社.

杨大俐，董秀英，檀彦军，1999. 河北省花生生产回顾与展望［J］. 花生科技（增刊）：65-67.

赵贵元，王永强，刘建光，等，2020. 冀南棉花—花生间作高效栽培技术［J］. 中国棉花，47（12）：32-33.

周进宝，万永红，2003. 河北省农作物优良品种：1990—2003年省内审（认）定品种［M］. 北京：中国农业科学技术出版社.

第二章

河北省花生遗传与育种

河北省作为全国花生种植大省，有着丰富的适宜当地种植的花生种质资源。新中国成立后，育种工作者对花生产量、含油量、油酸含量、糖含量性状进行了遗传解析，并育成了适宜河北省种植的花生品种。

第一节　河北省花生种质资源

花生种质资源是花生新品种选育和重要农艺性状遗传研究的基础材料。据史料记载，河北省花生种植最早是在清朝光绪年间，通过引种、后代选择形成了河北省的地方种质。

一、种质资源类型

新中国成立后，我国花生科学家开始对种质资源进行收集和调查。唐山市农业科学研究院于 1977 年参与全国花生品种资源调查和总结，将国内主要花生品种归为 5 种类型，对各类型花生种质的特征特性进行了详细描述（表 2 - 1）。当时对 5 种类型的描述具体到数字，涉及的播期等比较适合冀东的自然生态条件，贴近生产实践。

表 2 - 1　不同类型花生的特征特性（1977 年）

性状	普通型	龙生型	珍珠豆型	多粒型	早熟大粒型
株型	直立	匍匐	直立	直立	直立
株高（cm）	32.9～36.0	21.1～29.5	32.2～49.7	44.6～64.8	36.9～39.0

（续）

性状	普通型	龙生型	珍珠豆型	多粒型	早熟大粒型
分枝数（条）	23.0～26.0	24.1～36.0	12.5～14.5	7.8～17.0	8.8～11.4
有效枝（条）	15.2	15.3～19.7	9.0～10.4	6.7～11.3	7.5～10.2
侧枝长（cm）	40.1～42.6	45.8～62.1	38.2～54.4	55.7～78.1	44.8～45.4
结果范围（cm）	11.4～11.8	18.4～26.7	8.5～9.7	12.7～18.8	11.3～12.3
百果重（g）	157.9～185.3	119.9～161.3	130.8～133.7	141.8～156.1	176.1～184.4
单株结果数（个）	46.3～51.1	57.9～81.4	36.2～39.8	30.0～31.2	41.8～48.0
单株果重（g）	62.5～65.0	55.0～85.0	40.0～42.5	25.0～30.0	45.0～67.5
出米率（%）	65.9～70.4	61.6～69.9	69.9～72.3	73.1～74.5	68.0～69.8
生育期（d）	149～157	156～157	128～131	125～127	133～135
播种期	5月中旬	5月中旬	5月中旬	5月中旬	5月中旬
开花期	6月下旬	7月上旬	6月下旬	6月下旬	6月下旬
成熟期	10月上中旬	10月中旬	9月中旬	9月中旬	9月下旬
有效积温（全生育期）	高	较高	较低	较低	较低

　　1979—1984 年，唐山市农业科学研究院参与全国花生种质资源调查，经过多年鉴评，将花生类型总结归纳为人们熟知的 4 种类型（表 2-2），去掉了早熟大粒型。根据开花习性，将征集的 127 份河北省花生品种资源分为 2 个亚种 3 个类型：38 份连续开花亚种的珍珠豆型和 6 份多粒型，83 份交替开花亚种的普通型。各类型分别占29.9%、4.7% 和 65.4%。在调查的同时向全国征集了交替开花亚种的龙生型，并充实了珍珠豆型和多粒型材料，填补了河北省花生品种资源的空白。河北省 409 份材料中：珍珠豆型 188 份，占 46%；多粒型 24 份，占 5.9%；普通型 142 份，占 34.7%；龙生型 39 份，占9.5%；其他类型 16 份，占 3.9%。

　　人们普遍将我国花生（*Arachis hypogaea* L.）分为两个亚种、

四大类型：交替开花亚种和连续开花亚种，交替开花亚种包含普通型和龙生型，连续开花亚种包含多粒型和珍珠豆型。各类群及其性状如表 2-2 所示。在 20 世纪 90 年代以前，河北省花生种质多为普通型、珍珠豆型，龙生型和多粒型较少。随着多年引种及新品种的创制与利用，河北省中间型比例上升。中间型花生由不同亚种杂交产生，该类花生有时主茎上着生花序，但分枝上花的着生形式是交替的，有时主茎上不着生花，但分枝上花的着生形式是连续的。

表 2-2　栽培种花生不同类群和不同类型的性状对比（改自孙大容，1998）

类群、类型 性状	交替开花类群		连续开花类群	
	普通型	龙生型	珍珠豆型	多粒型
分枝系统	交替开花	交替开花	连续开花	连续开花
主茎花枝	无	无	有	有
叶形	倒卵圆形	倒卵圆形	椭圆形	椭圆形
叶色	深绿	深绿	淡绿	淡绿
种子休眠性	强	强	弱	弱
生育期	长	长	短	短
种皮色	乳白、粉、红、褐	乳白、粉、红、褐	浅红、褐、花色	浅红、褐、花色
荚果性状	茧状	曲棍状	葫芦形	圆棍形
荚果龙骨	无	明显	无	无
荚果横缢	无或浅	有、深	有、深	不明显
果喙	无或圆钝	尖或弯	不明显	无
荚果空腹	大	无或小	小	小
种子形状	椭圆形	圆柱形	近圆形	不规则
种皮色	淡红	暗褐、花斑	乳白、红	乳白、红、紫
种子表面	光滑	凹痕、棱角	光滑	光滑
茎枝茸毛	不明显	密而长	不明显	不明显
茎枝花青素	无或不明显	有	无或不明显	深
分枝习性	直立、丛生、蔓生	匍匐	直立	直立、后期倾倒

二、种质的收集和整理

花生从 19 世纪末传入河北省至今，已有 140 多年的栽培历史。河北省开始种植花生时，引进的是南方的珍珠豆型小花生品种，适宜冀东种植，开创了河北省花生品牌"东路花生"。新中国成立后，花生种质资源的大批量收集与鉴定开始进行，经历了以下几个阶段。

（一）第一阶段（新中国成立前后至 20 世纪 60 年代初）

本阶段主要是对河北省当地品种进行收集和整理。当时的地方品种以珍珠豆型小花生和普通型大花生为主，少量为多粒型花生。通过搜集、整理、鉴定，评选出承德小花生、卢龙小花生、抚宁多粒、抚宁小紫粒、秦皇岛立秧、滦县立秧、滦县大花生、秦皇岛爬蔓、深县半串蔓、新河一窝猴、大名莲花盆等一批适合河北省不同地区的花生良种，这些良种推广后在生产上发挥了显著作用。

（二）第二阶段（20 世纪 60—70 年代）

这个阶段是河北省花生大引种的阶段。唐山市农业科学研究院从山东省花生所引进"伏花生"，与当地品种"一窝猴"进行对比试验，确立伏花生具有适宜密植、成熟早、结果集中、果仁饱满等丰产性好的特点。并于 1969 年从伏花生中选育了伏系 1 号（冀油 1 号）。之后，唐山市农业科学研究院于 1969 年、1972 年引入徐州 68 - 3 和徐州 68 - 4，1971 年引入白沙 1016，1974 年引入天府 3 号和开农 8 号，1979 年引入花 37 等。邢台市农业科学研究院于 20 世纪 70 年代引进外地品种与伏花生进行品比试验，鉴定各地提供品种的适应性，选择出适合在本地种植的直立中熟大花生徐州 68 - 3、徐系 7 号以及直立早熟中粒花生伏北 1 号。引进的代表性品种及其信息见表 2 - 3。大果、高产品种的引进，提高了花生产量，丰富了河北省花生种质资源，为育种打下了基础。

表 2 - 3　1977 年河北省引进的花生品种资源

生态类型	品种名称	品种来源
普通型	蓬莱一窝猴	山东省花生所
	花 17	山东省花生所
珍珠豆型	伏花生	山东省花生所
	粤油 551	山东省花生所
龙生型	西洋生	江苏省徐州地区农业科学研究所
	罗江鸡窝	河南省开封地区农业科学研究所
多粒型	四粒红	辽宁省阜新市风沙所
早熟大粒型	徐州 68 - 4	江苏省徐州地区农业科学研究所
	湖北 15041 - Ⅱ	湖北省油料研究所

（三）第三阶段（20 世纪 80 年代）

此阶段，河北省自育品种与引进优良品种同步推广，取代了地方品种，河北省花生种质资源日益增多。河北省育种单位先后利用系统和杂交技术，培育出冀油 2 号、冀油 3 号、冀油 4 号、冀油 5 号、冀油 6 号、冀油 7 号 6 个花生新品种。同时，从外省引进了高产、抗病的花生品种。1983 年从山东引进的海花 1 号产量高、抗病性强、适应性广，名列河北全省推广品种之首，替代了伏花生而居主导地位。此阶段在河北省推广面积较大的引进品种还有天府 3 号、花 37、徐州 68 - 4 和白沙 1016，这些自育和引进品种在河北省花生生产发展中发挥了重要作用。冀油 4 号和海花 1 号果大高产、适应性广，白沙 1016 和天府 3 号果小、饱满、口味好，含油量较高。

1980 年对 215 份全国花生种质资源特征进行调查，其中包含抚宁多粒、伏系 1 号、昌黎一窝猴和滦县立秧等 30 个河北省花生品种。

1981—1983 年对 480 份全国花生种质资源进行调查。其中，河北省种质为 144 份。

1984 年，全国花生种质资源调查收集工作告一段落。409 份河北省种质资源中包含河北省征集的农家品种资源 97 份、新育成材料 30 份、向国外征集的花生品种材料 282 份，为河北省花生育种工作奠定了物质基础。

（四）第四阶段（20 世纪 90 年代）

此阶段，河北省自育品种增多，河北省各育种单位育出冀油 8 号、冀油 9 号、冀花 2 号、邢花 1 号、唐花 7 号、唐油 2 号、唐油 3 号、唐油 4 号、唐油 5 号 9 个花生新品种。其间，还引进了鲁花 9 号和鲁花 11 号，审定了鲁花 14、花育 16 等品种。

（五）第五阶段（2001 年至 2010 年）

此阶段，各育种单位育成了优质、高产、抗病等专用型花生新品种。20 世纪 90 年代末开始，针对市场需求，育出早熟高产花生冀花 3 号、高产高油花生冀花 4 号、冀花 5 号，早熟花生邢花 2 号、邢花 3 号，高产花生唐 94 - 1 等专用型花生新品种。

（六）第六阶段（2010 年至今）

此阶段育成的花生新品种数猛增，高产、高油、高油酸、鲜食等专用型花生新品种增多。河北省各科研单位保留的地方农家品种有 200 余份，利用种质资源育成冀花系列、冀农花系列、邢花系列、唐花系列花生品种近 200 个。目前每年有 15～20 个高产、优质、抗病、抗逆、宜机、专用型花生新品系参加国家北方片、黄淮海中南片、东北片以及河北省区域测试试验。

此外，此阶段河北省各科研单位积极引进国内外的优异种质，也丰富了河北省花生种质资源。2012—2013 年，河北农业大学从奥本大学引进了美国花生微核心种质资源 103 份。河北省农业科学院引进早熟、高油的 03 - 213，味甜的 99 - 1507，红皮、抗病、高油的 R1549，抗黄曲霉的 J11，低脂肪的特 21 共 5 份材料。CTWE、开选 016、AT - 201（美国）、SPI098 等品种是河北省各育种单位引进的高油酸种质。

三、种质资源的鉴定、创新与利用

（一）花生种质资源鉴定

1. 表型鉴定 新中国成立后，在收集花生种质资源的同时，对植物学性状、抗病性、产量等表型进行了鉴定。植物学性状的鉴定是花生类型确定的基础，河北省花生种质资源的类型详见本节第一部分。

1977 年，唐山市农业科学研究院在引种鉴评工作中根据生物学特性进行了分类，并对各类型品种进行了抗逆性鉴定。在各类型花生品种中，龙生型花生的耐旱性最强，珍珠豆型中的粤油 551 的耐旱性较弱。龙生型、珍珠豆型中的粤油 551 和早熟大粒型中的徐州 68-4 耐涝性较强。普通型中的蓬莱一窝猴及多粒型中的抚宁多粒耐涝性较弱。抗虫性主要是抗蚜虫性，龙生型及普通型中的蓬莱一窝猴表现较强。珍珠豆型中的粤油 551、多粒型中的抚宁多粒及早熟大粒型中的湖北 15041-Ⅱ 表现较弱。抗倒伏性：龙生型、早熟大粒型及普通型中的蓬莱一窝猴、珍珠豆型中的粤油 551 均表现较强，多粒型表现较弱。对于抗病性主要鉴定的是抗叶斑病，龙生型、普通型中的蓬莱一窝猴、早熟大粒型中的湖北 15041-Ⅱ 在植株生长发育的中后期及后期抗叶斑病性始终表现较强。珍珠豆型中的伏花生及早熟大粒型中的徐州 68-4 在生长中期表现较一般。普通型中的花 17、珍珠豆型中的粤油 551 生长中期抗叶斑病性表现一般，生长后期则表现较强。多粒型中，四粒红生长前期表现较弱，而生长后期则转弱为强。多粒型中的抚宁多粒生长前期表现较弱，后期表现一般。抗毒素鉴定结果表明，龙生型中的罗江鸡窝抗性较强；普通型、珍珠豆型中的伏花生及多粒型中的四季红均表现较弱。

1984 年，经过对 409 份河北花生种质的产量、品质和抗病性的鉴定，初步掌握了各品种的主要经济性状，并从中筛选出一批高产、优质、抗病材料：早熟的 21 份、丰产的 64 份、大果的 8 份、高出仁率的 21 份、高含油量的 23 份、高蛋白的 28 份、抗病的 34 份。

唐山市农业科学研究院于 1985 年开展了花生品种资源抗病性鉴定总结工作，供试材料 648 份，鉴定结果：中抗叶斑病品种 7 份，遵化立秧、大粒花生、望都花生、新乐大筛果、辛农一窝猴、抗 1011、抗 103；高抗斑驳病毒病品种 3 份，抚宁多粒、抗 1217、ICG7881；中抗花叶病毒病品种 136 份，其中遵化立秧、大粒花生、抗 1011、抗 1035、抗 1217 表现较突出。

2014—2015 年河北农业大学对引进的 104 份美国花生微核心种质资源进行了农艺性状考察和抗病性鉴定。鉴定结果表明，美国微核心种质多为匍匐型，主茎高变异范围为 24.50～89.50 cm，侧枝长为 39.37～99.23 cm，单株果数和单株果重分别为 8.75～46.33 个和 8.49～29.54 g，百果重为 80.76～216.72 g，单株粒数为 18.25～58.00 个，单株粒重为 9.89～33.36 g，百仁重为 25.52～74.18 g，出仁率为 52.58%～76.08%。抗病性鉴定结果表明，部分美国微核心种质在褐斑病和网斑病上表现出高抗性。

河北农业大学鉴定了部分河北花生种质资源中的总黄酮含量，种子胚中总黄酮含量在 0.60 mg/g 以上的种质两份（平山中粒和深县小拔果），并鉴定到与总黄酮含量相关的 SSR 标记。

总之，通过花生种质资源的表型性状鉴定，明确了河北省花生种质的特点，为新品种选育与遗传研究提供了优异材料。

2. 遗传多样性鉴定　分子标记技术的普及和应用推动了遗传多样性鉴定研究。对河北省花生种质资源的遗传多样性鉴定采用的多是 SSR 分子标记。河北农业大学利用 SSR 标记对河北省不同类型花生地方品种遗传多样性进行了分析。研究结果表明普通型花生地方品种的遗传多样性明显大于多粒型和珍珠豆型，品种间的亲缘关系与地理来源关系不大。表明河北省花生地方品种的多样性程度较高（图 2-1）。

深县四粒红
平山中粒花生
油豆
特色多粒
宁晋小花生
元氏一窝猴
芦龙小花生
承德小花生
衡水一窝猴
抚宁小紫粒
景县小花生
巨鹿小花生
深县小拔果
抚宁多粒
河间小拔果
玉田一窝猴
遵化立秧
抚宁老爬蔓
肃宁大筛果
新乐大筛果
盐山乌鸦窝
曲阳半蔓
新河大一窝猴
抚宁大粒
大名莲花生
丰润大花生
清苑一窝猴
饶阳花生
新乐大拔茬
易县一窝猴
秦皇岛立秧
滦平大花生
扬母一窝猴
高邑一窝猴
文安爬蔓
盐山半撒蔓
深县大半蔓
望都花生
河间半爬蔓
任丘铁把
定县大花生
元氏半蔓果
景县一窝猴
石家庄花生
文安一窝猴
保定红
河间半爬蔓
隆尧一窝猴
秦皇岛爬蔓
霸县花生
交河一窝猴
大红袍
内丘一窝猴
涿县一把揪
大粒花生
任丘一窝猴
献县老窝
北大冉
河间大花生
抚宁九秕楼
滦县立秧
抚宁立秧
广宗扫角
束鹿花生
昌黎一窝猴
高邑半蔓
大名一把揪
大名大秧花生
武邑花生
香河一窝猴
河北大粒敦
大城花生
迁安花生
抚宁花生
迁西立秧

I

1

II

2

3

0   0.87   1.75   2.62   3.50   4.37

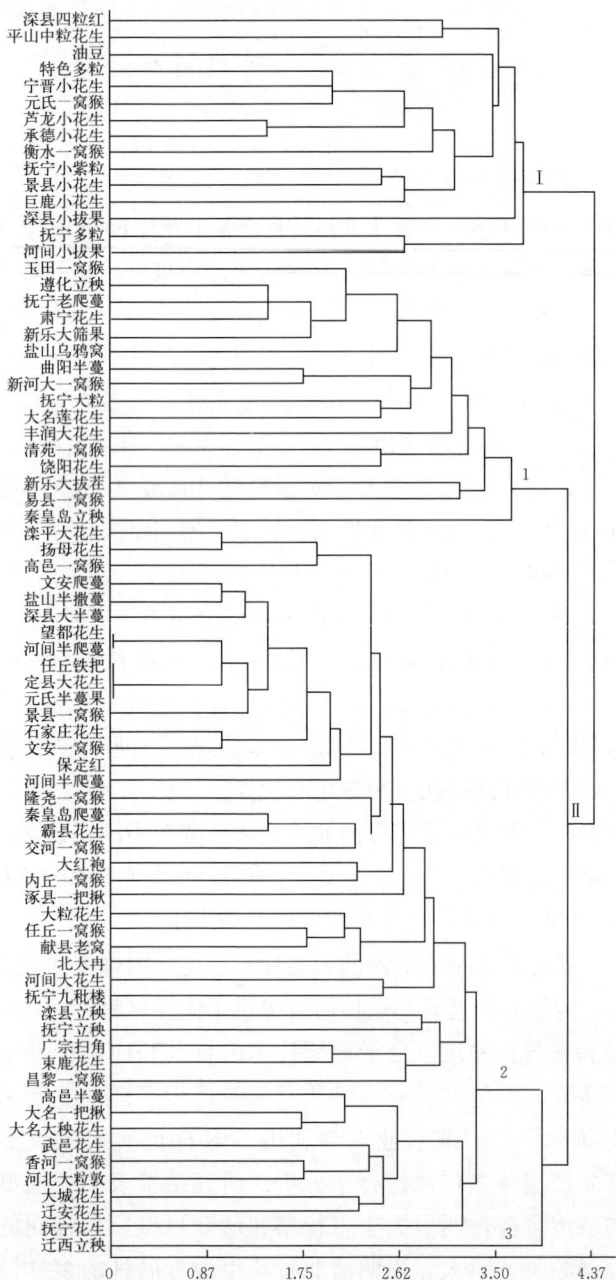

图 2-1 河北省花生地方品种基于 SSR 标记的聚类树状图（崔顺立等，2009）

河北省农林科学院选用 154 对 SSR 引物对 68 个大面积推广种植品种进行检测，旨在了解自 20 世纪 50 年代以来我国花生品种更替所引发的 SSR 位点遗传多样性变化情况。研究结果表明，在花生品种更替过程中，主栽品种等位基因丰富度增加，而等位基因分布均匀度尚未发生显著改变。

（二）河北省花生种质资源的创新与利用

"广泛搜集，妥善保存，深入研究，积极创新，充分利用"是花生种质资源研究工作的方针。在广泛搜集、鉴定、妥善保存的基础上，河北省各研究单位对花生种质开展了深入的研究和利用。

1. 利用各种育种技术选育新品种　利用河北省搜集的种质进行系统选育、诱变、杂交、分子标记辅助选择等各项育种技术，选育出适合河北省种植的品种。冀花系列、冀农花系列、邢花系列、唐花系列等花生品种在生产上被大面积推广应用。

"十三五"期间，河北省农林科学院、河北农业大学和邢台市农业科学研究院联合成立花生育种团队，利用改进提高的常规与分子检测相结合技术进行种质资源的创制和新品种的选育。创制出高油酸（80.2%～83.0%）、高油（55.0%～61.9%）、耐烂果病（烂果率<5%）、耐旱、早熟（春播 124 d、夏播 110 d）等不同类型花生种质 96 份，选育出不同专用型花生新品种 25 个。其中优质（高油酸、高油）花生新品种 18 个，均通过农业农村部登记。冀花 11、冀花 16、冀花 18、冀花 19、冀花 21、冀花 25、冀花 572、冀花 915、冀农花 6 号、冀农花 8 号、冀农花 10 号、冀农花 12 等高油酸花生品种的油酸含量为 77.6%～81.8%，油酸/亚油酸在 11.9～31.9。高油品种 6 个，分别为冀花 20、冀花 22、冀花 23、冀花 24、冀农花 9 号、邢花 7 号，含油量均大于 55%，分布范围为 55.13%～56.97%。高产品种 5 个，分别为冀农花 5 号、冀农花 7 号、邢花 6 号、邢花 9 号、邢花 10 号，增产 3.2%～9.6%。特色食用型花生品种有冀花甜 1 号、冀花甜 2 号，含糖量在 7% 以上。

利用诱变引发变异，可达到创新花生种质的目的，廊坊市农业科学研究院采用钴 60 诱变，用化学诱变方法对高油酸亲本进行辐照，每年辐照达 10 000 粒左右，目前已选择出综合表现优异的种质 14 份、高产种质 5 份、高油酸种质 9 份。

2. 编写花生品种志促进品种推广利用 对河北省各单位收集的国内外 409 份花生种质进行植物学特征观察与分类、品质分析和抗性鉴定，并编辑成《目录》和《品种志》。《品种志》介绍了品种来源、特征特性、产量表现，提出了应用意见，为河北省花生生产、科研和教学提供服务。

第二节 河北省花生重要性状 QTL 定位

花生栽培种是异源四倍体（AABB，$2n=4x=40$），携带来自 *Arachis duranensis* 的 A 基因组和 *Arachis ipaensis* 的 B 基因组。河北花生以普通型为主，龙生型、珍珠豆型和多粒型较少。普通型花生染色体核型为 $2n=4x=16m+3sm$（1SAT）$+1^{st}$（m：中着丝点染色体；sm：近中着丝点染色体；SAT：带随体染色体；sm：近端着丝点染色体）；龙生型染色体核型为 $2n=4x=17m+2sm$（1SAT）$+1^{st}$；多粒型花生染色体核型为 $2n=4x=12m+7sm$（1SAT）$+1^{st}$；珍珠豆型花生染色体核型为 $2n=4x=17m+1sm$（1SAT）$+2^{st}$。各类型花生染色体形态学具体指标见表 2-4、表 2-5。

花生细胞遗传学的研究为其育种奠定了理论基础，20 世纪 90 年代以来，分子生物学发展迅速，花生遗传学的研究现已深入到分子水平。相较于形态学标记、细胞学标记、生化标记，分子标记具有多态性高、不受环境限制和影响等特点，已被广泛用于种质资源多样性、遗传图谱构建、目的基因定位和分子标记辅助选择等各个方面。利用分子标记构建连锁图谱，在遗传连锁图上进行 QTL（数量性状位点）定位研究，更有助于研究花生的遗传机制，并推动花生育种工作。

表2-4　普通型和龙生型花生品种的染色体形态学指标

染色体编号	龙生型			普通型		
	染色体长度（μm）	长臂（μm）	短臂（μm）	染色体长度（μm）	长臂（μm）	短臂（μm）
1	14.4	8.0	6.4	12.1	7.2	4.9
2	14.1	7.3	6.8	11.9	6.1	5.8
3	13.2	7.1	6.1	11.2	6.0	5.2
4	13.0	6.5	6.5	10.8	6.2	4.6
5	12.2	6.5	5.7	10.1	6.0	4.1
6	12.0	6.4	5.6	10.0	5.8	4.2
7	11.5	6.4	5.1	9.4	5.2	4.2
8	10.9	6.2	4.7	9.0	4.9	4.1
9	10.3	5.6	4.7	8.7	5.0	3.7
10	9.6	5.1	4.5	8.2	4.7	3.5
11	9.5	5.3	4.2	8.1	4.6	3.5
12	9.1	4.9	4.2	7.9	4.5	3.4
13	8.3	4.3	4.0	7.4	4.2	3.2
14	8.1	4.2	3.9	7.3	4.1	3.2
15	8.1	4.1	4.0	7.0	3.7	3.3
16	8.0	4.1	3.9	6.3	3.5	2.8
17	7.7	4.0	3.7	5.7	3.7	2.0
18	5.8	3.9	1.9	5.0	3.7	1.3
19	4.9	3.7	1.2	4.5	3.5	1.0
20	12.2（2.7*）	6.1	3.4	10.1（2.2*）	5.1	2.8

注：*为随体长度。

表 2-5　多粒型和珍珠豆型花生品种的染色体形态学指标

染色体编号	多粒型			珍珠豆型		
	染色体长度（μm）	长臂（μm）	短臂（μm）	染色体长度（μm）	长臂（μm）	短臂（μm）
1	14.7	9.1	5.6	15.1	8.4	4.6
2	12.8	8.1	4.7	14.2	8.0	6.2
3	12.4	7.8	4.6	14.0	8.1	5.9
4	12.3	7.9	4.3	13.5	7.9	5.6
5	12.2	7.9	4.3	13.1	7.8	5.3
6	12.0	7.5	4.5	12.2	7.1	5.1
7	12.0	7.7	4.3	12.0	6.9	5.1
8	11.9	7.8	4.1	11.7	6.7	5.0
9	11.8	7.2	4.5	11.2	6.5	4.7
10	11.5	7.2	4.3	11.0	6.3	4.7
11	11.1	7.0	4.1	11.0	6.5	4.5
12	10.5	6.5	4.0	10.2	6.0	4.2
13	10.1	6.3	3.8	10.0	6.0	4.0
14	9.6	6.0	3.6	9.9	5.8	4.1
15	9.3	5.2	4.1	9.1	5.2	3.9
16	8.9	5.0	3.9	8.0	4.9	3.1
17	8.6	5.0	3.6	7.5	4.6	2.9
18	6.3	4.3	2.0	5.9	4.5	1.4
19	5.3	4.1	1.2	5.7	4.5	1.7
20	12.1 (2.4*)	6.1	3.5	12.1 (2.6*)	6.1	3.4

注：*为随体长度。

一、分子标记在花生研究中的应用

核苷酸排列的差异可以通过不同的方法检测，形成不同类型的分子标记。栽培种花生经过了长期的人工选择育种及驯化过程，其遗传多样性降低、基因多样性变窄、基因组的遗传变异小于 13%，这使得分子标记的多态性较低，可用于构建花生遗传连锁图谱的分子标记更少。在花生研究上常用的标记有 RAPD（随机扩增多态性 DNA 标记，random amplified polymorphic DNA）、RFLP（限制性内切酶片段长度多态性，restriction fragment length polymorphism）、SSR（简单序列重复，simple sequence repeats）和 SNP（单核苷酸多态性，single nucleotide polymorphism）等。

（一）RAPD、RFLP 在河北花生遗传研究上的应用

RAPD 和 RFLP 标记属于开发得比较早的分子标记，2002 年前在花生上应用广泛，主要集中在花生属种间关系及分子图谱构建的研究方面。通过在各花生种间进行 RAPD 和 RFLP 标记研究进行聚类、主坐标分析，推测花生栽培种很可能不是同时具有 A、B 两个染色体组，而是有来自两个 A 染色体组的同源多倍体；A、B 两个染色体组间的差异可能不像核型分析所预期的那么大。目前，普遍认为花生栽培种的祖先为二倍体花生野生种 *A. duranensis*（AA）和二倍体花生野生种 *A. ipaensis*（BB）。

利用 RAPD、RFLP 引物所能揭示的花生栽培种 DNA 多态性极其贫乏，野生种甚至同一野生种的不同材料间 DNA 的多态性则较为丰富，因此利用 RAPD、RFLP 构建的遗传连锁图为花生亲和野生种的连锁图谱。Haward 等（1993，1994）利用 *A. stenosperma* × *A. cardenasii* F_2 群体构建出花生 RFLP 图谱。该图谱覆盖的图距为 1 400 cM，据估计代表了花生栽培种基因组 80% 的覆盖率，涉及 11 个连锁群，但分辨率只有 20 cM。编码与脂肪酸生物合成有关酶基因的 3 个 cDNA 克隆已定位于图谱上。Gacia 等（1996）利用 *A. stenosperma* × *A. cardenasii* 与 *A. stenosperma* 回交群体构建了基于 RAPD 的图

谱，其中包含了与抗线虫有关的 RAPD 标记。

（二）SSR 在河北花生遗传研究上的应用

SSR 凭借其共显性、操作简单、成本低、多态性高等特点在花生遗传研究上得以迅速发展，在花生栽培种间遗传多样性、连锁图谱构建、标记辅助选择等方面得以广泛应用。

1. SSR 标记的开发　开发花生 SSR 标记主要有两条途径：①构建基因组文库，然后再利用微卫星探针筛选基因组文库，最后克隆测序并开发 SSR 标记；②通过对已获得的大量 EST 序列或转录组序列进行分析开发 SSR 标记。在通过第一种途径开发 SSR 标记方面，前人用 SSR 文库富集技术从花生基因组中分离 SSR，同时发现花生基因组中微卫星序列 GA/CT 的重复程度较高，进一步通过 SSR 引物的设计和验证，最后筛选出 19 对具有多态性的 SSR 引物。Moretzsohn（2004）利用基因组文库富集技术开发了 67 个 SSR 标记，但只有 3 个 SSR 标记在栽培花生中扩增出多态性，接着，他们又开发了 271 个 SSR 标记。Macedo（2012）开发了 146 对 SSR 引物，对 22 份栽培种花生进行了多态性筛选，有 78 对引物扩增出多态性。

利用生物信息学开发源于 EST 序列或 BAC 序列中的 SSR 标记，也是 SSR 标记的重要来源。Luo（2005）根据 cDNA 文库开发了 44 个栽培种花生的 EST‑SSR 标记，其中，超过 20% 的 EST‑SSR 标记可在 24 个栽培种花生中检测到 DNA 多态性。Songetal（2010）对花生 EST 进行测序并开发分子标记，从 12 000 个 EST 中发现了 610 个包含一个或多个 SSR 的 EST，三碱基重复（66.3%）和二碱基重复（28.8%）的最多。Guo（2012）利用来源于栽培种花生的 101 132 条 unigene 和来源于花生属的 9 517 条 GSS 序列分别开发了 2 138 个 EST‑SSR 标记和 97 个 GSS‑SSR 标记。

2. 花生 SSR 多态性鉴定　目前，在花生上已开发了近万个 SSR。亲本间 SSR 多态性研究结果表明，栽培花生间的变异远小于野生花生，AA 基因组的 K7988（*A. duranensis* L.）与 V10309（*A. stenosperma*

L.）两亲本间的多态性为 46.8％，而栽培花生的两亲本间多态性低至 2.46％。栽培花生间多态性 SSR 量少，对已开发的近万个 SSR 进行多态性的特点分析，有针对性地应用到栽培花生品种的鉴定上，可以省去很多物力、人力。

河北农业大学通过筛选栽培花生间具有多态性的 SSR 分析总结了多态性 SSR 的特征。筛选到的多态性 SSR 标记中，ARS××的多态性最高，80％多态性 SSR 位点片段长度为 150～300bp，18.8％多态标记的重复基序为 GA，其次为 AG、TC，两者分别占 12.5％、12.5％；多态标记中二核苷酸、三核苷酸重复基序的重复次数在 15 次以上的占 60％。

3. 利用 SSR 构建花生遗传连锁图谱　SSR 在花生栽培种间的多态性高于 RAPD 和 RFLP，利用 SSR 构建了多张花生栽培种的遗传连锁图。首先构建的是 AA 基因组和 BB 基因组野生种花生的遗传连锁图。Moretzsohn（2005）利用两个 AA 基因组野生种花生（*A. duranensis*× *A. stenosperma*）杂交产生的 F_2 为研究群体，构建了第一张基于 SSR 标记的花生 AA 基因组的遗传连锁图谱，该图谱总长度为 1 230.89 cM，含有 170 个 SSR 标记。随后，对该图谱进一步加密，获得了一张包含 10 个连锁群、369 个标记的遗传连锁图谱。之后，该研究团队又利用两个 BB 基因组野生种花生（*A. ipaensis* K30076× *A. magna* K30097）杂交衍生的 F_2 群体，构建了一张基于 SSR 标记的花生 BB 基因组遗传连锁图谱，该图谱覆盖花生基因组的 1 294 cM，包含 149 个标记，标记间平均密度为 8.7 cM。Nagy 等（2012）以两个野生种花生 *A. duranensis*（PI475887×Grif15036）杂交获得的 F_2 为作图群体，构建了一张高密度的 AA 基因组的遗传图谱，该图谱总图距为 1 081.3 cM，总共包含 1 724 个标记。Guo 等（2012）利用 BB 基因组野生种 *A. batizocoi* 杂交组合 K9484（PI298639）×GKBSPSc30081（PI468327）产生的包含 94 个株系的 F_2 作为作图群体，构建了一张 BB 基因组的遗传连锁图谱，该图谱总长度为 1 278.6 cM。Shirasawa 等（2013）利用 A 基因组、B 基因组

RIL 群体及 AB 基因组分别构建了 A 基因组、B 基因组和 AB 基因组遗传连锁图谱，这 3 个图谱的总长度分别为 544 cM、461 cM 和 1 442 cM，将这些遗传连锁图与其他已发表的 13 张遗传连锁图谱整合，得到一张新的花生遗传连锁图谱，该图谱总长度为 2 651.0 cM，包含 3 689 个标记。

我国的花生遗传连锁图谱构建研究工作起步相对较晚，2007 年，姜慧芳等（2007）以 RIL 群体为材料，构建了一张遗传图谱（总长 603.9 cM，29 个 SSR，8 个 LG）。Hong 等（2008，2010）先后以粤油 13 为母本，将其分别与父本珍珠黑、阜 95 - 5、J11 杂交产生的 3 个重组自交系作为作图群体，分别构建了 3 个花生栽培种的遗传连锁图谱，并将 3 张图谱整合成一张复合图谱，该复合图谱的总长度为 885.4 cM，包含 22 个连锁群和 175 个 SSR 标记，平均标记距离为 5.8 cM。张新友等（2010）以 4 个 RIL 群体为研究材料，构建了 4 个遗传连锁图谱，并以图谱中共有的 SSR 标记作为桥梁，最后构建了一个栽培花生复合遗传连锁图谱（总长 953.88 cM，101 个 SSR 标记，17 个 LG）。Huang 等（2015）和 Chen 等（2017）分别利用不同的作图群体和 SSR 标记构建了 2 个栽培花生遗传图谱，这 2 个遗传图谱的总长度分别为 1 877.3 cM 和 1 557.48 cM，图谱上所包含的分子标记数分别为 470 个和 609 个，标记间平均距离分别为 4.0 cM 和 2.56 cM，这两个图谱上的分子标记数较前人的研究有了很大提高。

河北农业大学在 2014 年发表的花生栽培种遗传连锁图谱含 117 个 SSR 位点，涉及 22 个连锁群，标记间的平均距离为 8.82 cM，全长 1 031.6 cM。连锁群的长度在 13.5~81.3 cM。2018 年，该图谱经过加密，得到一张包含 30 个连锁群（LG）的 SSR 遗传连锁图谱（图 2 - 2），该遗传图谱总长度为 1 511.32 cM，连锁群长度变化范围为 1.03~147.48 cM，标记间平均密度为 6.69 cM。

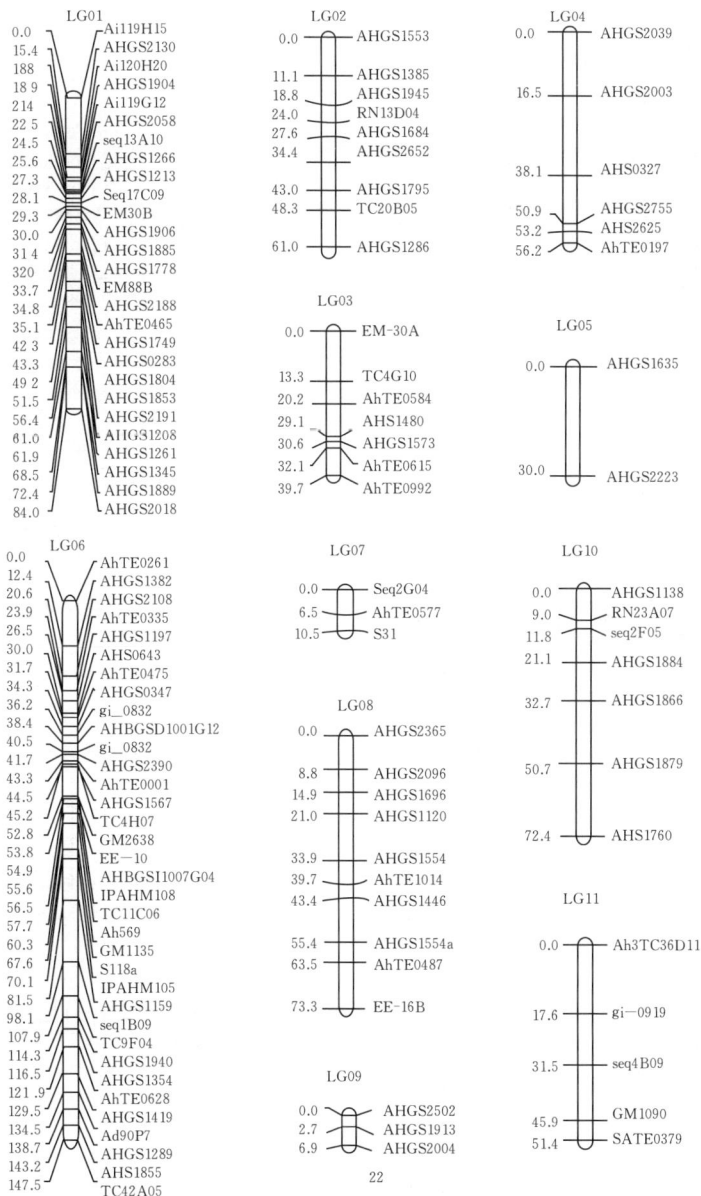

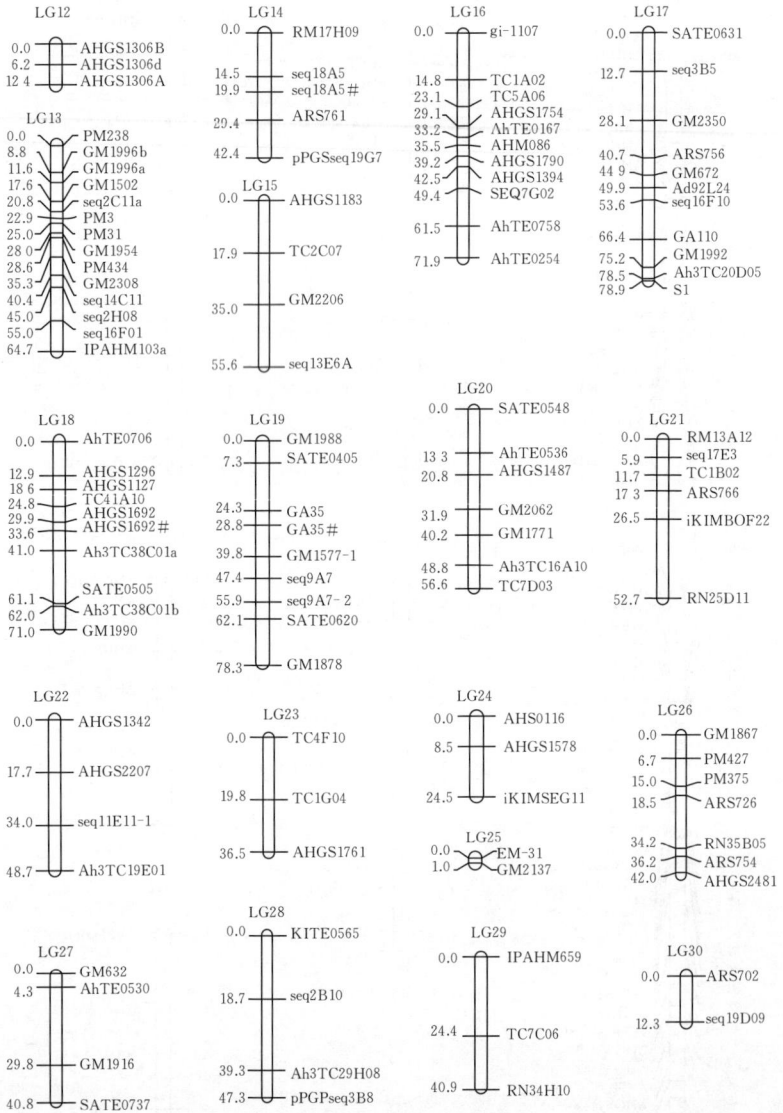

图 2-2 基于 SSR 标记构建的花生遗传连锁图谱（王亮等，2019）

（三）SNP 在花生遗传连锁图谱构建中的应用

相比于其他作物，花生栽培种间 SSR 多态性很低，限制了花生 QTL 的发展。随着测序技术的发展，SNP 逐渐成为花生分子遗传研究中使用广泛的分子标记。SNP 具有以下几个特点：①绝大部分为 2 个等位基因；②共显性遗传，即利用分子标记可鉴别二倍体中杂合基因型和纯合基因型；③利用紧密连锁的 SNP 标记，可直接对杂交后代进行单倍型筛选，无须考虑亲本间的多态性问题；④遍布整个基因组；⑤检测快速，易自动化；⑥开发成本高但使用成本低廉；⑦重复性好，便于数据共享。

SNP 标记的开发和应用潜力巨大，目前已成为分子标记研究的热点。SNP 和 SSR 标记将成为栽培种花生遗传连锁图谱构建的主力标记。2014 年，中国农业科学院油料作物研究所利用中花 5 号和 ICGV86699 及它们 RIL 群体的 166 个株系构建文库，进行高通量测序，获得 175Gb 的序列数据。对这些序列进行统计与分析，发现了 53 257 个 SNP 来自两个亲本中，而 14 663 个 SNP 来自子代中。

河北农业大学对已构建 SSR 遗传连锁图谱的群体进行 SLAF-seq（特异性位点扩增片段测序），使用 2 996 个新开发的 SNP 标记以及之前在本研究群体中使用的 330 个 SSR 标记，构建了一张花生栽培种的高密度遗传连锁图谱。该图谱共包含 3 326 个标记，这些标记被分配到花生栽培种的 20 条染色体上。该图谱的总长度为 1 822.83 cM，相邻标记之间的平均距离为 0.55 cM。具体信息见表 2-6。

2019 年，河北农业大学对以冀花 5 号和 M130 为亲本的 RIL 群体进行 SLAF-seq，构建了包含 2 808 个 SNP 标记的遗传连锁图谱，含 20 个连锁群，总长为 1 308.20 cM，标记间平均距离为 0.47 cM。具体信息见表 2-7。

表 2-6 花生高密度遗传图谱的基本特征（王亮等，2018）

连锁群	标记总数 （个）	总遗传 距离（cM）	标记间平均 距离（cM）	最大图距 （cM）
Chr. 01	170	99.30	0.59	10.88
Chr. 02	88	82.01	0.94	5.80
Chr. 03	176	96.18	0.55	6.04
Chr. 04	152	95.23	0.63	6.77
Chr. 05	156	121.79	0.79	6.66
Chr. 06	103	78.73	0.77	7.32
Chr. 07	107	47.35	0.45	4.04
Chr. 08	200	172.04	0.86	3.92
Chr. 09	100	58.41	0.59	7.55
Chr. 10	165	51.71	0.32	3.12
Chr. 11	165	75.69	0.46	7.61
Chr. 12	135	72.24	0.54	4.30
Chr. 13	126	75.34	0.60	7.67
Chr. 14	105	34.68	0.33	3.25
Chr. 15	279	134.71	0.48	9.45
Chr. 16	244	76.05	0.31	8.16
Chr. 17	154	68.48	0.45	7.93
Chr. 18	163	103.15	0.64	8.80
Chr. 19	206	123.47	0.60	7.56
Chr. 20	332	156.27	0.47	3.22
总计	3 326	1 822.83	0.55	10.88

表 2 - 7　20 个连锁群的基本特征（李丽等，2019）

连锁群	标记总数 （个）	总距离 （cM）	平均距离 （cM）	最大空白 （cM）	空白距离 <5cM（％）
A01	49	34.93	0.73	6.09	97.92
A02	249	63.67	0.26	8.74	98.39
A03	247	112.10	0.46	6.76	98.78
A04	86	73.03	0.86	11.00	98.82
A05	220	19.36	0.09	2.62	100.00
A06	251	65.97	0.26	7.51	99.20
A07	109	80.01	0.74	13.60	95.37
A08	141	87.64	0.63	15.60	99.29
A09	48	40.13	0.85	13.00	95.74
A10	40	18.54	0.48	3.99	100.00
B01	197	32.85	0.17	3.22	100.00
B02	71	60.43	0.86	9.16	98.57
B03	134	90.94	0.68	9.85	99.25
B04	155	92.83	0.60	4.35	100.00
B05	91	76.93	0.85	6.53	97.78
B06	243	104.90	0.43	17.10	99.17
B07	39	44.07	1.16	9.07	97.37
B08	300	122.60	0.41	8.99	98.66
B09	55	33.89	0.63	7.25	98.15
B10	83	53.24	0.65	7.73	97.56
总计	2 808	1 308.20	0.47		98.50

（四）花生研究中应用到的其他标记

1. 转座子标记 转座子具有普遍性、高拷贝性和多态性等特点，利用转座子可以开发出理想的、实用性强的分子标记。但是，目前在花生上基于转座子开发的分子标记数量还比较少。国内对转座子标记的研究更少，王辉等（2013）利用多态性较好的 31 对 AhMITE1 转座子标记引物研究了 115 个栽培花生品种（系）的 DNA 多态性和亲缘关系，结果表明每对引物可扩增出 1～3 条带，多态率较高（达96.49%），品种间遗传相似系数平均为 0.690 2。

2. 功能标记 Andersen 等（2003）首次提出了功能标记（functional marker，FM）的概念。功能标记来源于控制表型的基因序列内部，在鉴别基因序列的表型功能后，挖掘该序列中的多态性信息及对应序列的表型效应，从而开发出能够区分和预测等位基因及相对性状的 DNA 标记，即功能标记。在花生上开发的第一个功能标记是针对油酸脱氢酶基因 *FAD2* 的标记，目前，该标记已被成功应用于高油酸花生的分子标记辅助选择育种和种质资源的精准鉴定。基因功能标记的开发已成为 DNA 分子标记研究的热点内容，它将在花生有利等位变异的跟踪、基因资源深度挖掘、分子标记辅助选择育种和分子设计育种等方面发挥越来越重要的作用。河北农业大学利用 *ahFAD2A* 和 *ahFAD2B* 基因的 AS‐PCR（等位基因特异性 PCR）引物对 241 个 $F_{2:3}$ 家系的基因型进行了分子鉴定和标记辅助选择育种。

中国农业科学院油料作物研究所获得了两个与花生黄曲霉菌侵染抗性紧密连锁的 AFLP 标记，这两个标记与抗性间的遗传距离分别为 8.8 cM 和 6.6 cM，后来将其中的 E45/M53‐440 标记转化成了便于分子检测的 SCAR 标记，SCAR 标记的开发为花生抗黄曲霉种质资源的筛选提供了简便、有效的方法。

研究表明，大多数花生的产量性状都是数量性状，它们存在着丰富的表型变异。但是，目前在栽培花生中检测到的多态性较低，其主要原因可能与群体遗传基础较窄、所用的分子技术与手段等因素有关。可以预测，随着高通量基因组测序技术的快速发展以及 SNP 分子标记研究的不断深入，这种多态性必将被逐渐揭示出来。尽管花生相关分子标记研究取得了一些进展和成果，但是与大豆、油菜等油料作物相比，在花生上还有许多工作待开展和持续深入研究。将来花生分子育种工作应围绕花生遗传多样性、遗传图谱构建、QTL 定位及克隆等方面开展更为深入、系统、全面的研究，从而为花生品种遗传改良提供重要的理论依据和技术支持。

二、河北省花生重要性状的遗传及 QTL 定位

植物许多农艺性状和经济性状如产量、品质、抗病性、抗逆性等都属于复杂的数量性状，受多基因控制，容易受环境的影响，在分离后代呈现正态分布。数量性状基因座（quantitative trait loci，QTL）是控制数量性状的基因在基因组中的位置。经典的数量遗传学中精准评估与鉴定单个 QTL 的遗传效应、基因的数目及其在染色体上的位置等方面难以实现。经典的数量遗传分析通常是把影响性状的所有基因看作一个整体，这些基因的综合遗传效应通过遗传参数来反映，从而显示出这些数量性状的遗传特征。QTL 定位是在遗传连锁图谱的基础上，当分子标记与控制某指定性状的基因连锁时，不同分子标记基因型的表型值存在明显差异，经过数量性状观测值与标记间的关联分析，能够确定控制各数量性状的基因在染色体上的位置、效应及其遗传学效应。为了更好地解析花生重要性状的遗传机制，对花生产量、品质和抗性的 QTL 进行了定位。然而在不同的研究中，由于使用的定位群体和环境不同，QTL 定位结果也有所不同，需要进行综合分析，找到"共性" QTL 和 QTL 热点并进行深入研究。

（一）花生株型性状 QTL 定位

花生株型遗传主要有两种类型：一种是由单基因控制的质量性状遗传，一种是由多基因控制的数量性状遗传。花生种质中存在直立型、匍匐型和几种中间类型的株型。直立型品种具有紧凑的株型，结果部位集中在底部，适合高密度种植，匍匐型品种侧枝扩展较大，与地面有更大的接触面积，更有利于果针下扎。良好的株型结构使得

源-库-流合理、通畅，最大限度保证了产量及机械化生产。花生的株丛形态主要由主茎和侧枝的关系以及侧枝与地面的夹角等决定，是花生的主要品种特性之一，与栽培利用有密切的关系。河北农业大学构建了花生株型相关性状描述模型（图2-3）。

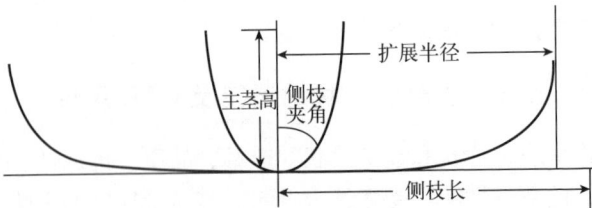

图2-3 花生株型相关性状描述模型（李丽等，2019）

河北农业大学以RIL群体（以直立型花生材料冀花5号和匍匐型花生材料M130为亲本构建）为试验材料，构建了如表2-7中所示的花生高密度遗传图谱，结合7种环境下鉴定的与株型性状相关的表型性状结果，进行了QTL定位分析，共定位到39个与株型相关性状相关的QTL。同时利用该群体结合SSR、AhTE、SRAP和TRAP等分子标记进行株型相关性状的QTL定位，获得30个与株型相关性状的加性QTL和59对上位性QTL，具有3个QTL聚集区。

（二）花生开花期性状QTL定位

生育期是花生最重要的农艺性状之一，它决定了品种的地区适应性。选育早熟高产的花生品种一直被花生育种工作者所重视。正常栽培条件下，花生的花期长达60 d，每株花生开花50～200朵，分交替开花和连续开花两种类型，其生长模式不同于其他作物。实践证明，花生开花期的早晚直接决定品种生育期的长短，而生育又与产量和种植区域密切相关。

花生开花期、成熟期以及生育期等与生长发育进程相关QTL定位研究及其分子机制解析远落后于大豆和油菜等油料作物。河北农业大学以四粒红与冀农黑3号杂交得到的RIL群体为试验材料结合田间表型数据进行开花期相关性状 QTL 定位。结果表明栽培花生开花期的广义遗传力为 88.9％。一共鉴定了 19 个与开花期相关的 QTL、5 个具有较高遗传稳定性的 QTL。

（三）花生产量性状 QTL 定位

产量一直是花生育种的首要目标，产量性状的遗传改良是提高花生新品种产量潜力的关键。一些与产量构成因素性状相关的 QTL 已经被鉴定。近几年关于百果重、百仁重和种子大小等花生荚果性状 QTL 的研究甚多，但是关于每荚果粒数的研究很少。在早期的研究中，一些学者认为每个豆荚的种子数量分别由 3 对、1 对和 2 对基因控制。然而，也有部分研究者认为每荚种子数受非加性遗传效应控制。

唐山市农业科学研究院等认为，多粒荚对 2 粒荚为显性，每荚 3 粒或 3 粒以上种子对每荚少于 3 粒种子为显性。河北农业大学对多粒型进行了研究，定位到 7 个与花生多粒果性状相关的 QTL，花生多粒果性状的广义遗传力是 88.3％，这表明该性状主要受遗传因素的控制，并且适合早期分离世代的选择。

第三节　河北省花生重要性状基因的挖掘

栽培种花生基因组较大，含有 270 亿个碱基对（碱基对是遗传物质 DNA 的基本组成单位，简称 bp），基因数为 146 959 个（https://peanutbase.org）。基因测序研究推动了花生功能分子标记的开发、分子遗传连锁图谱构建、基因克隆等研究。

一、花生重要性状基因挖掘的研究

花生的生长发育是在多种代谢和生理过程的基础上所发生的基因在时空上表达的综合现象，分离潜在的各种有价值的基因，对花生改良育种具有重要意义，因此对花生基因的克隆与发展和与之相关的技术已经日益引起人们的关注和投入。尤其是近 20 年来，随着植物发育、生理生化、细胞学、分子遗传学等的迅速发展，人们已经掌握了部分有关花生优良性状基因的生物学和遗传学特征。目前河北省花生基因克隆研究主要从以下几个方面进行。

（一）抗旱性相关基因的研究

利用作物本身的抗逆性培育抗性品种是最经济有效的防治手段。因此，对抗逆性的遗传规律的研究、基因的克隆以及抗逆资源的发现和应用对花生生产将会有无比重大的现实意义。抗逆性的遗传研究分为生物胁迫的研究和非生物胁迫的研究。非生物胁迫中的干旱一直是河北产区面临的主要困难，所以河北产区耐旱性研究较多，且进展较为快速。河北农业大学从转录组分析和基因功能鉴定方面对花生抗旱性进行了系统研究。

2015 年，通过同源克隆的方法，从抗逆、广适花生品种冀花 2 号叶片中分离了膜联蛋白基因 *AnnAhs*，克隆到花生 6 个不同全长和 2 个部分序列的新膜联蛋白基因 *AnnAhs*，命名为 *AnnAh1*、*AnnAh2*、*AnnAh3*、*AnnAh5*、*AnnAh6*、*AnnAh7*、*AnnAh4* 和 *AnnAh8*（基因登录号分别为 KM267643、KM276779、KM276780、KM276781、KM276782、KM276783、KM276784 和 KM276785）。2020 年，利用转录组测序技术结合加权基因共表达网络分析（WGCNA）和生物信息学手段对 WRKY 和 bZIP 类转录因子在花生抗旱中的作用进行了系统研究。

（二）品质相关基因的研究

蛋白质、脂肪、棕榈酸、硬脂酸、油酸、亚油酸、花生酸、花生烯酸、天门冬氨酸、油酸/亚油酸、黄酮、总糖、蔗糖、白藜芦醇等各种成分的含量均是反映花生品质的特征特性指标。由于花生是在母株上发育的自带个体，其发育过程受到多方面因素的影响，解剖结构主要包括双受精形成的胚、子叶、种皮、果壳等。母株还负责提供营养和进行一系列的生理调控。因此，花生品质特性具有特殊的、比一般性状更为复杂的遗传基础。

河北省农林科学院从花生种子的全长基因组文库分离克隆到与花

生脂肪酸生物合成和油脂积累相关的功能基因和调控基因的表达序列。克隆到编码花生溶血磷脂酸酰基转移酶（LPAT）的 2 个基因，命名为 *AhLPAT2* 和 *AhLPAT4*。对克隆的 *AhLEC1 - like* 转录因子进行了综合分析。

河北农业大学利用同源克隆、RACE 和 TAIL - PCR 相结合的方法分离了蔗糖合酶基因和黄酮醇合成酶相关基因。将克隆的蔗糖合酶基因命名为 *AhSuSy*（GenBank 登录号为 JF346233）。从花生种子中克隆到 6 个花生黄酮醇合成酶基因（*AhFLSs*），对影响种子黄酮含量的 *AhFLSs* 基因进行了分析。

二、基因功能的鉴定

随着分子生物学技术的进步，在花生上克隆到了多个基因，对其功能的鉴定研究将推动花生遗传机制的研究，继而为花生育种奠定基础。

（一）花生遗传转化体系的构建

植物遗传转化技术是应用 DNA 重组技术将外源基因通过生物、物理或者化学手段导入植物基因组，以获得外源基因稳定遗传和表达的植物遗传改良体。建立成熟的花生遗传转化体系是花生基因功能鉴定的基础，河北农业大学从品种、外植体、培养基等方面进行了花生遗传转化体系的研究。在 2010 年利用花生栽培品种邢花 4 号对不同发育时期的花药进行了固体培养，对诱导愈伤和愈伤分化的培养基进行了筛选。在 2013 年建立了一种快速、高效花生植株再生体系。以 14 份不同花生品种的胚小叶为外植体，利用不同激素浓度、组合和不同花生基因型筛选最佳芽诱导培养基、伸长培养基和高效再生基因型。2016 年，优化农杆菌介导的花生遗传转化体系，制定了农杆菌 EHA105 介导的花生基因转化的技术流程。2020 年，对半粒种子的遗传转化体系进行了进一步优化，结果表明氨基酸可提高农杆菌介导花生遗传转化效率。以花生半粒种子为外植体进行遗传转化，从种子培养到形成苗壮根系后只需 5 周时间，该方法缩短了离体培养时间，从而使更加快速地获得转化植株。

（二）花生基因功能的鉴定

基因功能鉴定的方法有很多种，其中应用最多的是沉默和超表达目的基因。在花生遗传转化体系逐渐完善的过程中，在花生上进行目的基因的超表达有很大难度，迄今为止，花生基因的超表达是在烟草和拟南芥上进行的。河北农业大学鉴定的抗旱性基因和河北省农林科学院鉴定的油脂合成相关基因的功能鉴定是在拟南芥中进行超表达研究的。随着花生遗传转化体系的成熟、遗传转化方式的创新和基因编辑技术的进步，在花生上进行基因功能鉴定将不再是难题。

第四节　河北省花生育种技术

新中国成立以来，河北省花生科技事业蓬勃发展，花生育种不断更新，主推品种也经历了 5 个阶段，推动了花生育种事业及花生生产的发展。河北省花生品种选育大致经历了地方良种评选阶段、系统选育阶段和以杂交育种为主的新品种选育阶段。基本上，花生品种的革新是以育种技术的发展为依托的，两者高度相关。花生育种技术已由过去的引种、系统选育和单一的品种间杂交育种发展到目前的杂交育种、诱变育种、远缘杂交、生物技术育种、远红外等多种技术相结合的育种技术途径，从而加速了育种进程，提高了创新效果。

一、引种

引进的花生品种可直接用于生产，最重要的是可作为后续系统选育、杂交选育以及诱变育种的基础材料，比较突出的有伏花生和狮头企。目前全国育成推广的 260 多个花生新品种中，直接和间接利用伏花生作亲本的有 130 多个。

（一）花生引种的基本原则

不同的花生品种对特定的气候条件、生态环境都保持着一定的适应性。花生虽为短日照作物，但对光照并不十分敏感。在气候环境因素中，温度对花生的影响最大。引种实践证明，由北向南引种花生会受到高温、高湿的影响而表现出生理上的不适应，易徒长、感病；而从南向北引种花生除由于积温不足延迟生育期外，其他表现一般正常。因此，要注意引种地域的无霜期长短和温度的高低。

花生引种时还应考虑到土壤和生物生态因素、栽培方式以及生产管理水平等因素。为了避免引种的盲目性，增加引种成功率，花生引种时要重视原产地与引种地区气候生态的相似性，最好选择在本地所处的花生产区内进行引种。例如，我国黄河流域花生产区以河北、山东、河南为主，还有江苏北部、安徽北部等地区，这些地区在气候、土壤和病虫害等方面较为一致，这些产区各地选育的花生品种多数能够相互引种。

（二）花生引种的程序

引种者要树立风险和责任意识，严格引种程序，科学推广引种备案品种，对引种品种的真实性、安全性和适应性负责。

根据本地生产实际和市场需求，确定引种目标，有针对性地搜集花生品种。引进前，严格遵守种子检疫和检验制度；引进后，设检疫圃，隔离种植。引进要少量引种，要进行引种鉴定，鉴定产量潜力、适应性、抗逆性等情形。根据引种成功的标准、生产成本和市场价格进行评价。经反复考察鉴定确认有推广应用价值的，报请当地种子管理部门予以认定，而后再进行示范、繁殖和推广。

（三）引种在河北花生中的应用

花生栽培区域的扩展始自引种。20世纪50年代以来，河北省在全国范围内成功引进了一些重要花生品种，在生产上发挥了巨大的作用。1958年，从山东省引进的伏花生因适应性强、早熟、产量高、品质好而很快被在河北全省推广，在全省130多个县均有种植，成为河北省20世纪60、70年代和80年代初期的主栽品种。

从山东省引进的海花1号花生品种产量高、抗病性强、适应性广，很快得到了大面积应用，逐渐替代了伏花生而居于主导地位。天府 3 号、花 37、徐州 68 - 4、白沙 1016、鲁花 9 号、鲁花 11 等品种先后在生产中得到应用。另外，伏花生、徐州 68 - 4、白沙 1016 等品种被广泛用作杂交育种的亲本材料。

二、系统育种技术

系统育种是选育花生新品种的基本方法，在全国育成推广的花生新品种中，系统育种育成推广的品种占 15% 以上。

花生品种群体中不断产生的自然变异是花生系统育种的理论依据。在系统选育工作中，科研人员需要具备丰富的实践经验，要仔细观察，严格按照育种程序进行操作。

（一）系统育种的流程

1. 选择优良变异单株 育种工作实践表明，系统育种选择的品种群体最好是生产上正在大面积推广的或即将推广的优良品种，在这种群体中优中选优，最容易见效。例如，狮油 3 号、徐系 6 号和粤油 116 等品种均是从推广品种中选育出来的。

2. 系统育种注意事项 首先，在不同的条件下确定不同的选择目标。适当的环境压力有助于提高选择育种的效率。其次，选育条件确定后，需要注意的是群体内后代单株的选择。最后，系统选择要注意在花生整个生育过程中不断地观察、标记和选择，收获考种时，应进行综合评定决选。

3. 比较试验 种植入选的单株种子为株系，在同等试验条件下进行株系比较选择；当选择的株系后代不再产生分离时，就成为品系，进入品系比较试验；由品系比较试验中选出的特优品系，即可作为新选育的品种申请参加省（大区）花生品种区域试验。

（二）系统育种的方法

系统育种是从选择优良单株开始的，可根据选择标准和要求采用单株选择法和混合选择法。

1. 单株选择法 将单株作为选择和繁殖的单位，总体流程为：第 1 年单株选择—第 2 年株行试验—第 3 年株系试验—第 4 年品系试验—第 5 年品种比较试验—第 6 年区域试验—第 7 年生产试验—第 8 年完成品种审定。

2. 混合选择法　在育种流程上与单株选择法基本相同，不同的是在株行筛选或株系筛选时将变异性状基本一致的株行或株系后代种子混合成为混选系，再与对照品种或其他品系、株系进行比较，选出最优良的混选系。

（三）系统育种在河北花生育种中的应用

系统育种是河北省花生育种工作中常用的一种育种方法。唐山市农业科学研究院从引进的伏花生和徐州 68-4 品种中分别选出了冀油 1 号和冀油 2 号；滦县花生试验站从从山东省引进的 73-43 花生中系统育成唐油 3 号。这些品种在河北省 20 世纪 80 年代的花生生产中发挥了重要的作用。

三、杂交育种技术

杂交育种是国内外花生育种中应用最普遍、成效最突出的方式。在我国主要推广的 373 个人工选育品种中，杂交选育的品种占 298 个，处于绝对主要地位。

（一）杂交亲本选配原则

亲本选配是花生杂交育种成败的关键。优良的杂交配组后代容易产生新的优良类型。

1. 双亲主要性状的优缺点能够互补　尽可能选择优点多、主要性状优良突出的材料作为杂交亲本，出现优良重组类型的概率高。

2. 选用本地推行品种作为亲本之一　本地推行品种对本地生态条件有必然的适应性，综合性状也较好，用它作为亲本之一对少数性状加以改良，育成的新品种容易推行。

3. 选用生态类型差异较大、亲缘关系较远的基因型作亲本　不同生态类型、不同地理起源和不同亲缘关系的品种或材料，遗传基础差异较大，其杂交后代分离范围广，变异类型多，选择机会多。

4. 选择配合力高的品种作亲本　对于一般配合力高的基因型，

与其杂交的所有组合都表现得很好。例如，我国育成的 260 余个花生新品种中，130 余个有伏花生的亲缘，60 余个有狮头企的亲缘，说明这两个品种具有较高的一般配合力。

（二）杂交方式和技术

1. 杂交类型　依照亲本之间亲缘关系的远近分为 3 种：品种间杂交育种、变种间或亚种间杂交育种和种间杂交育种。

2. 杂交方式　具体采用的杂交方式应根据育种目标，并考虑所要改良的主要性状的改良难易程度及育种年限来确定。

（1）单杂交。两个亲本间的杂交。生产上推行品种多数是单交育成的。在搭配组合时，一般用对当地条件适应性强、综合性状好的亲本作母本，用具有某些突出互补性状的亲本作父本。

（2）复杂交。选用两个以上的亲本进行两次以上的杂交。一般遵循的原则是综合性状好、适应性和丰产性好的亲本应放在最后一次杂交并占有较大的比重，以增加杂交后代优良性状出现的概率。

（3）回交。用两个亲本杂交的子一代或初期世代，再与双亲之一重复杂交。回交方法多用于改良某一推广品种的个别缺点或转育某个特殊性状。

（4）聚合杂交。应用多个亲本进行多次相互杂交的特殊的复杂交方式，没有固定模式，可根据需要进行组配。

3. 杂种后代的处理与选择　以经典的系谱法、混合法为主，还有由这两种方法衍生出的改良系谱法、单粒传法等。

（三）杂交技术在河北花生中的应用

河北省大面积推广利用的花生新品种，大多数是通过杂交方法育成的。20 世纪 80 年代以来，河北省各育种单位利用杂交技术培育出冀油 3 号、冀油 4 号、冀油 5 号、冀油 6 号、冀油 7 号、冀油 8 号、冀油 9 号等冀油系列花生品种，冀花 2 号、冀花 3 号、冀花 4 号、冀花 5 号等冀花系列花生品种，邢花 1 号、邢花 2 号、邢花 3 号等邢花系列花生品种，唐油 2 号、唐油 4 号、唐油 5 号、唐 94-1 等唐花、唐油系列花生品种，冀农花 1 号、冀农花 3 号、冀农花 4 号和冀农花

5 号等冀农花系列花生品种。

目前，河北省花生良种覆盖率在 60％以上，高产、高油等优质专用花生已经成为主导品种，高油酸花生因具有较高的营养保健功能、货架期长等优势而受到消费者和食品加工企业的广泛青睐，如河北省农林科学院培育的冀花 11、冀花 16、冀花 19，河北农业大学培育的冀农花 6 号、冀农花 8 号等高油酸花生品种均是利用杂交育种方法选育而成。可见，杂交育种仍是目前和未来选育花生新品种的主要途径。

四、诱变育种技术

根据诱变来源不同将诱变育种技术分为辐射育种、化学诱变育种和航天育种。诱变育种具有后代稳定快、育种年限短、变异范围广、可出现常规育种不易出现的变异等特点，因此，尽管诱变技术对生物体本身有损伤，但仍是花生种质改良和创新的重要途径之一。

（一）诱变育种的方法

1. 辐射育种（物理诱变育种） 通过辐射、辐射与杂交相结合可创造大量有利用价值的突变体和性状优良的新品种，辐射育种是花生诱变育种的主要途径。

常用的诱变源有 γ 射线、X 射线、快中子、离子束等。目前花生辐射育种比较普遍应用的是用 γ 射线辐照干种子，例如鲁花 6 号、花育 16 和花育 22 等品种是由 γ 射线诱变选育而成。

2. 化学诱变育种 与辐射诱变相比，化学诱变价格低廉，操作简单方便，可诱变出自然界没有或者很少出现的新类型，这就为人工选育新品种提供了丰富的原始材料。应用最多的化学诱变剂是甲基磺酸乙酯（EMS）。例如，鲁花 12、花育 40 的选育。

3. 航天育种 航天育种具有变异幅度大、多数变异性状稳定较快等特点，有利于加速育种进程、缩短育种年限。花生航天育种研究较少，但前景广阔。如广东省农业科学院以返回式卫星搭载花生品种粤油 7 号种子为材料，经地面种植和选择获得 21 个变异株系。航花 2 号是粤油 13 的种子搭载卫星返回地面后经多代系统选育而成。

（二）诱变品种、材料和后代

1. 选用综合性状好的品种 我国用 γ 射线直接诱变选育的花生新品种都是选用综合性状优良的品种作为诱变处理品种。选用优良品种诱变处理后再作为杂交亲本也有良好的成效。

2. 选用适当的杂交材料 选用低世代（$F_0 \sim F_3$）或高世代（F_4 以上），尤其是低世代的品种间、亚种变种间和种间杂交材料作为诱变处理材料，都有利于提高变异类型和诱变效果，性状重组的机会增多，邻近染色线的交换明显增加，变异幅度和选育效果显著提高。

3. 诱变后代的处理与选择 诱变二代（M_2）是主要的分离选择世代，可根据育种目标及性状遗传特点选择优良单株。经过多世代选择可获得稳定的优良突变系，再进一步试验育成新品种。

（三）诱变育种技术在河北花生中的应用

河北农业大学采用 ^{60}Co γ 射线处理平度 08，结合突变后代的衍生系统选择、区域试验、生产试验，历经 8 年选育出了适宜机械化收获、高产、优质的大花生新品种冀农花 2 号，并于 2012 年 12 月通过河北省品种委员会审定。该品种综合性状好、产量高、稳产性较好，适宜河北省各产区春播种植或冀南麦套种植。

为缓解河北省花生种植品种单一老化问题和提高花生商品市场竞争力，唐山市农业科学研究院借助航天技术选育出了高产、优质花生新品种唐花 11，并育成两个高蛋白花生新品系 K 2 - 5 - 6 和 K 2 - 33 - 9。

五、远缘杂交育种技术

花生远缘杂交育种被普遍认为是利用花生野生种抗逆、高产、优质等优良基因拓展花生栽培种狭窄的遗传基础、培育有突破性的花生新品种的有效手段。尽管存在种间杂交不亲和或杂交后代易夭亡、不育、分离范围广、时间长、中间类型不易稳定等情形，增加了育种的难度和复杂性，但该育种技术仍受到了花生育种者的高度重视。

（一）远缘杂交的亲和性与不亲和性

落花生属（Arachis genus）花生区组（*Arachis* section）包括 1

个异源四倍体花生栽培种（$A. hypogaea$，$2n=40$）、1 个四倍体半野生种（$A. monticola$）和多个二倍体种。该区组的野生种与栽培种有不同程度的杂交亲和性，但由于染色体倍性差异，栽野杂种为不育的三倍体。其他区组的野生种与花生栽培种杂交均不亲和。因此，国内外主要利用亲和野生种改良栽培种，但通过生物技术手段则可利用更远缘的花生野生种作为目的基因供体。

（二）亲和野生种在花生育种中的利用

通过种间杂交利用亲和野生种进行花生育种和种质创新的途径主要有四倍体途径、三倍体途径、六倍体途径、同源四倍体途径、双二倍体途径。这些途径与方法都通过调整染色体倍性水平来克服杂种后代不育的障碍，并通过自交、回交和选择获得稳定的四倍体或近四倍体杂种。

1. 四倍体途径　用四倍体野生种作为种间杂交亲本之一，与栽培种杂交进行杂交育种的途径。广西壮族自治区农业科学院经济作物研究所以 $A. monticola$ 为父本，以栽培种为母本，通过杂交、自交和回交相结合的途径，系统选育出花生新品种桂花 26。

2. 三倍体途径　花生区组中四倍体栽培种与二倍体野生种杂交得到的种间杂种 F_1 为三倍体，在适宜的自然条件下可以结出少量荚果，大多为空壳，偶尔能得到饱满的荚果。广西壮族自治区农业科学院经济作物研究所从栽培种贺粤 1 号×$A. correntina$ 的组合中选育出优质、高产、抗病花生新品种桂花 20、桂花 22。

3. 六倍体途径　用四倍体（$4x$）栽培种作母本，二倍体（$2x$）野生种作父本杂交得到三倍体（$3x$）杂种 F_0，三倍体植株枝条经秋水仙碱处理，可获得六倍体植株，从而恢复三倍体的育性。如花生新品种花育 20、河南主栽品种远杂 9102 和远杂 9307 就是利用这一途径育成。

4. 同源四倍体途径　二倍体野生种经染色体加倍形成同源四倍体，再与花生栽培种杂交。由于同源四倍体与栽培种的遗传背景不一致，育性恢复十分困难。要有效地利用这一途径，可尝试在低世代与栽培种回交。

5. 双二倍体途径 将两个野生种杂种后代的染色体加倍，产生与栽培种相同倍性水平的双二倍体，然后再与栽培种杂交、回交，进行选择，最后形成类似栽培种的四倍体杂种。利用双二倍体途径进行栽培种和野生种种间杂交实现基因转移是可行的，在低世代时与栽培种回交可克服不育。

（三）不亲和野生种在花生育种中的利用

花生区组以外的野生种与栽培种杂交不亲和，具体表现为受精延迟、受精率低，虽然多数情况下可产生果针并形成荚果，但胚在发育早期败育，最终只能形成败育种子的空果，要利用这些野生种必须采用特殊的技术手段。

自 1988 年以来，山东省花生研究所先后采用果针离体培养、激素处理和外源 DNA 导入等生物技术克服杂交不亲和障碍，获得了花生不亲和野生种 *A. glabrata*、*A. rigonii* 与栽培种的杂种后代及导入后代，并育成花育 31、花育 41、花育 44、花育 56、花育 61、花育 9611、花育 963 等花生新品种。

从实践经验来看，花生栽培种与不亲和野生种直接杂交后代的产量水平不理想，必须与栽培种多次回交，才有可能育成高产品种，同时借助先进、易行的选择技术可加速育种进程。

（四）远缘杂交育种技术在河北花生中的应用

河北省农林科学院粮油作物研究所以粤油 551 为母本，以 *A. villosa* 为父本，配制杂交组合（组合代号：SW9721），采用套龙骨瓣授粉技术进行杂交授粉，杂种 F_1 染色体自然加倍结实，$F_2 \sim F_6$ 连续自交并对育性和农艺性状进行观察选择，对 F_6 的种子进行品质分析筛选出具有栽培种优良农艺性状的高油新种质 SW9721（脂肪含量达 60% 以上）。

六、分子育种技术

近年来，花生全基因组测序的完成促进了分子标记的开发利用和关键农艺性状连锁 QTL 的鉴定，加速了用转基因技术改良花生品种的进程，标志着分子育种已经成为花生新品种培育的重要技术手段之一。

（一）花生转基因技术

花生转基因技术的主要步骤：首先，根据育种目标，从供体生物中分离控制某性状的基因；然后，利用基因工程技术将外源基因导入花生，经过筛选获得稳定表达的遗传株系；最后，经田间试验与大田选择育成转基因花生新品种或新种质。

1. 目的基因分离与鉴定　可通过鸟枪法、分子杂交法、逆转录法、人工合成法等方法进行目的基因的分离与鉴定。

2. 外源基因转化

（1）农杆菌转导法。农杆菌介导法是植物基因工程中最常用的方法。农杆菌介导的遗传转化法主要有以下几个关键步骤：含重组 Ti 质粒的根癌农杆菌的培养，选择合适的外植体，将根癌农杆菌与外植体共培养，转化外植体筛选培养，转化植株再生。在花生的转化工作中需要考虑外植体的选择、外植体的接种、合适的浸染液和浸染时间、植物激素的适宜浓度。

（2）花粉管通道法。花粉管通道法可以应用于任何单胚珠、多胚珠的单子叶、双子叶显花植物，操作简单、基因纯合速度快，得到的种子可以直接应用于常规育种。在应用时需要了解作物开花习性、花器构造及授粉受精过程、注射外源 DNA 的最佳时间。

（3）基因枪法。基因枪法受体材料、靶细胞可以有广泛的来源，包括愈伤组织、分生组织、未成熟胚等。运用基因枪转化法，需要根据受体材料选择不同的轰击压力，同时，应用一些渗透处理可有效地提高转化效率。

3. 植株再生系统与外源基因表达　高效的植株再生技术通常是植物基因工程必要的前提条件之一。使用高侵染力的菌株和双元载体系统，针对不同植物品种寻找匹配的农杆菌菌株可有效提高转化率。

利用基因工程技术将外源基因导入花生基因组是提高花生抗性、改良花生品质的一种有效手段。目前，用于花生基因转化的主要有油脂合成相关基因、过敏原基因和抗性基因等。

（二）分子标记辅助选择技术

近年来，花生分子标记的开发技术越来越广泛，包括传统的 RAPD、RFLP、AFLP、SSR 等技术，以及测序基因分型（genotyping‐by sequcncing，GBS）、限制性酶切位点关联 DNA 测序（restriction‐site associated DNA sequencing，RAD‐seq）和特异位点扩增片段测序（specific‐locus amplified fragment sequencing，SLAF‐seq）等新型技术。花生不同类型分子标记的大量开发极大地促进了高密度花生遗传连锁图谱的构建和分子标记辅助选择在育种中的应用。

标记辅助选育与传统遗传育种相结合可以加快育种进程。花生高油酸分子标记辅助育种是迄今为止花生分子标记辅助选择技术应用到育种中最成功的例子。花生高油酸性状主要由主效基因 *FAD2A* 和 *FAD2B* 控制，针对这 2 个主效基因突变位点已经开发的检测方法包括 CAPS 标记、KASP 标记、等位基因特异 PCR（AS‐PCR）和 PCR 产物测序等，并对自交、回交后代进行检测，获得一批批高油酸花生材料。

河北农业大学（2015）利用 AS‐PCR 技术对高油酸杂交后代进行了分子鉴评，研究结果对于高油酸性状的分子鉴定、高油酸花生新品种的培育以及育种效率的提高具有一定的参考价值。河北省农林科学院（2018）对高油酸花生新型突变基因设计开发了 CAPS 标记，并开发了检测突变位点用试剂盒，可在育种后代分离群体中进行基因型分型，提高了高油酸花生品种选育效率，缩短了育种年限；并针对高油酸花生 *AhFAD2B* 新型突变 814C‐T 等位变异设计了高通量 KASP 分子标记基因分型的特异引物，可以有效鉴别该 *AhFAD2B* 新型突变体；同时发明了高油酸花生突变基因 *AhFAD2B‐814*，可以应用杂交、回交等植物常规育种方法将突变核苷酸序列导入其他普通油酸含量的花生品种或品系，明显增加高油酸花生品种或品系的遗传多样性，拓宽高油酸花生的遗传基础。河北省农林科学院（2020）对高油酸品种或品系进行了聚类分析，结果可实现对一些资源或育成品种进行亲本类型的推测，并为花生分子标记辅助育种提供参考。

七、近红外光谱学技术

近红外光谱学技术（near infrared spectroscopy，NIRS）是一种快速、无损、廉价的检测技术，一般分为样品准备、光谱采样、化学测定、数据建模和模型验证 5 个步骤。

近红外模型可以用于花生种质资源品质的综合评价，也可以对花生早代育种材料进行无损伤检测，并可实现育种材料的高通量表型测定及筛选，从而大幅度提高选择效率。国内最早将近红外技术用于花生检测的是禹山林等（2003）建立的适合测定单株花生籽仁蛋白质含量及含油量的近红外模型，之后花生水分、脂肪含量及脂肪酸组成、氨基酸组成、蔗糖等近红外检测技术相继建立完善，在花生育种研究中得到广泛应用。此外，人们将近红外光谱学技术与气相色谱、分子标记等技术结合育成多个花生新品种。

河北省农林科学院与瑞典波通仪器公司构建了花生脂肪、蛋白质、氨基酸含量的近红外光谱模型，用于花生品质的快速检测。2011 年河北农业大学以河北省地方花生品种为研究对象构建了花生籽仁蛋白质含量的近红外光谱模型，用于花生品种蛋白质含量的快速检测。2022 年河北农业大学构建了不同种皮颜色花生籽仁的糖含量近红外分析模型，实现了花生籽粒中糖含量的快速检测，为筛选花生种子糖含量育种提供了技术支持。

目前，河北省花生育种技术仍以杂交育种为主。今后应该综合多种育种技术，促进育种进程：加强花生种质资源的表型和基因型的精准鉴定评价，加强高效后代筛选鉴定技术的创新和利用，包括关键农艺性状连锁标记的开发、近红外技术等；加强花生基因组、转基因等分子育种技术的创新，如 CRISPR/Cas9 编辑技术的利用。综合多种育种技术，促进育种进程。

第五节　河北省花生品种改良

花生从野生花生发展为栽培种花生，显示出初步的、缓慢的遗传改良作用。从进入河北省到逐渐适应当地自然生态条件，栽培种花生的适应性和农艺性状得到了改良。随着遗传育种理论与方法的深入研究和研究技术的进步，遗传改良效率增加，育成品种更加适应当地生产及消费习惯。河北省花生品种改良主要围绕提高产量、增强抗性、改善品质等方面进行。

一、产量性状改良

优良的花生品种应该具备相对较高的产量潜力。产量是品种本身的各种遗传特性和环境因素共同作用的结果。产量的形成是一个很复杂的问题，受许多因素的制约。通过花生的高产育种只是获得了提高产量的潜力，想要提高产量还依赖栽培和环境条件的良好配合。一个新品种必须具备高产特性才有种植意义，否则很难推广应用。

（一）花生产量的构成因素

花生产量一般是指单位面积荚果的重量，由单位面积株数、单株荚果数和千克果数三个基本因素构成。一般单位面积株数是产量的主导因素，主要受播种量、出苗率和成株率的影响。

1. 单位面积株数　珍珠豆型花生亩株数为 1.0 万～1.2 万穴，普通型花生为 0.8 万～1.0 万穴。在河北省育种单位选育并通过审（鉴）定的花生新品种中，种植密度因土壤肥力的不同而不同。

2. 单株荚果数　单株荚果数是非常不稳定的因素，变幅很大，少则 5.0 个，一般为 10.0～20.0 个，多则几十个。单株荚果数与产量极显著正相关，也是品种是否高产的重要标志。单株荚果数的多少也成为单株选择的指标。在常规栽培管理和常规种植密度条件下，一般单株荚果数应在 20.0 个以上。在河北省育种单位选育并通过审（鉴）定的花生新品种中，单株荚果数最多的为邢花 1 号（22 个），其次分别为冀农花 12（18.4 个）和唐油 4 号（16.0 个）。单株荚果数主要受第一对、第二对侧枝发育状况、花芽分化状况以及受精率和结实率的影响，这些都与苗期、花针期和结荚期的光、温、水、肥等条件有关。

3. 每荚种子粒数和粒重　决定果重的因素主要是荚果内种子的粒数和粒重。正常花生荚果，每荚粒数 1 粒、2 粒、3 粒、4 粒、5 粒、6 粒不等。

（二）与产量相关的农艺性状

花生产量性状是复杂的数量性状，与产量相关的农艺性状较多，并且产量性状与其他农艺性状有着密切的相关性，可以通过改良与其直接或间接相关的性状来提高产量。与产量相关的性状包括主茎高、侧枝长、总分枝数、结果枝数等植株性状和单株果重、百果重、百仁重、平均单株饱果数、平均单株秕果数、出仁率等荚果性状。单株结果数多，荚果大，双仁（多仁）果率、饱果率和出仁率高，荚果和籽仁整齐度好，单株生产力就高，反之则低。

1. 株型　花生的单位面积产量实际上是单株产量和单位面积上株数的乘积。在一定面积范围内，这两个因素相互制约。

花生的株型可大致分为直立型、匍匐型和半匍匐型。直立型植株生长较紧凑，荚果主要集中在植株的底部，这类品种田间种植密度高，用种量大，利于人工收获，但机械化水平较低，在我国这类人工选育的直立型品种成为市场上的主要品种。匍匐型植株生长比较分散，侧枝沿地面爬行，有利于果针下扎，结果分散，用种量少，田间种植密度较低，机械化水平相对较高。根据我国人多地少、复种指数高、花生田地块小和农业机械化水平较低的情况，目前仍以选育直立型花生品种为主。在人均耕地面积较大、农业机械化水平和农业生产规模化程度较高的地区，可以进行匍匐型花生高产品种的适应性试验。株型决定着耐密植度及冠层分布和光能利用，许多育种家经过实践证明，高产品种具备株型紧凑、叶片较小、叶厚、叶片上冲性好，叶片运动调节性能好，冠层分布合理，耐密植的特性。

2. 分枝数 不同品种分枝数差异较大，但并不完全决定产量。以 7～9 条为宜，分枝过多不耐密植，分枝过少则单株叶面积受限制。花生的总分枝数是重要的农艺性状，很多研究表明，总分枝数与产量性状之间存在显著的相关性。

3. 株高 花生株高是与产量密切相关的重要农艺性状。合适的株高能够增强花生的抗倒伏性，有利于机械化收获、提高生产效率。株高过高，地上部分消耗水分、养分等较多，易倒伏，光合作用产物很难较好地被运送到荚果中。植株较矮，地上部分各个器官发育较弱，难以充分利用光、温、水、肥等条件。因此，在花生育种中，株高一般不宜过高，主茎以 40.0～45.0 cm 为宜。在河北骨干花生品种中，冀油 1 号株高为 26.7 cm，冀农花 10 号株高为 62.3 cm。其他品种大部分都为 30.0～50.0 cm。

4. 百果重、百仁重和出仁率 花生的百果重、百仁重和出仁率在提高单株生产力方面起到重要作用，也是花生产量的构成因子。籽仁的产量是花生重要的经济性状，由荚果产量和出仁率组成。花生的百果重与出仁率显著负相关，花生植株偏高（株高＞60 cm）的材料出仁率偏低。花生品种的产量是各种性状综合作用的结果。涉及单株结果数、饱果数、百果重、百仁重和出仁率等，又与其对各种生物和非生物胁迫的抗性、适应性和光合生理等特性密切相关。

通过引种鉴定、辐射育种、杂交和系统选择等育种方法，河北省近些年育成的花生品种在产量上得到了明显的提升。例如：冀农花 12 亩产最高可达到 553.8 kg，冀油 2 号亩产最高可达到 646.8 kg。

二、抗性性状改良

花生产区的自然条件和生产条件是存在差异的，因此对花生品种的要求也是不同的，但整体目标是高产、稳产、优质、抗逆性强。病虫危害及不良环境严重威胁着花生的高产、稳产和优质。培育抗性强的品种是经济有效的措施。花生的抗性主要分为抗病性、抗虫性、抗旱性等。

（一）抗病性

当前危害花生的病害有很多，比较严重的病害有叶斑病、锈病、线虫病、根腐病、茎腐病、果腐病、病毒病和由黄曲霉侵染所导致的黄曲霉毒素污染等。随着花生耕作制度的改变和气候的变化，花生生产上的病害有进一步加重的趋势。及时防治花生病害是保证花生高产、稳产和优质的一项重要措施。目前防治花生病害的主要方法是化学防治，不仅投资大，而且造成环境污染和农药残留，还危害人体健康。还有一些缺乏有效化学防治的病害。因此，培育抗病品种是防治病害经济有效的途径。

国际上花生抗病育种的研究最早可以追溯到 20 世纪初期在印度尼西亚开展的抗青枯病育种。20 世纪 30 年代以来，花生多种病害的抗性育种相继开展，我国花生抗病育种的研究开始于 20 世纪 60 年代。花生抗病育种受到抗病种质资源的遗传丰富性、抗性遗传特性以及育种技术等因素的影响，所以不同抗病性状的遗传改良进展存在较大差异。

1. 抗病种质资源

（1）抗叶斑病种质资源。防治叶斑病的重要措施是选育抗病品种，而花生叶斑病的抗性种质资源主要存在两类：一类是栽培种多粒型和少数普通型资源；一类是野生花生资源。鉴于花生叶斑病的广泛分布和经济重要性，20 世纪 70 年代以来，国内外对花生种质资源进行了叶斑病抗性鉴定。美国报道了 P1259747 等 21 份材料抗褐斑病、P1261893 等 6 份材料抗黑斑病。迄今为止国际上在栽培种花生中发现了至少 30 份抗褐斑病（早斑病）和 70 份以上的抗黑斑病（晚斑病）种质资源，这些资源主要属于来自秘鲁的多粒型，兼抗两种叶斑病的资源很少，但有 30 多份兼抗黑斑病和锈病。国内已引进一些抗病材料，如山东报道的 ICG3845 对褐斑病高抗和对黑斑病中抗，UF91108 对两种叶斑病和网斑病高抗，可作为抗病亲本用于抗病育种。国内正积极开展叶斑病抗性育种。各地应因地制宜用感病程度轻的花生品种，如鲁花 11、鲁花 14、湛江 1 号、粤油 92、冀油 4 号、冀花 4 号、白沙 1016 和冀农花 3 号等，以减少病害造成的损失。

在野生花生中发现了较多抗黑斑病和褐斑病的资源。花生区组的野生种（可与栽培种花生杂交结实），如 A. chacoense、A. cardenasii、A. stenosperma，以及其他区组的野生种，如 A. repens、A. appressipila、A. paraguariebsis、A. villosulicarpa、A. hagenbeckii、A. glabrata 对黑斑病表现免疫或高抗。但对于褐斑病，野生花生资源的抗性在不同年份和不同地点表现不同，只有少数材料抗性表现稳定。

（2）抗锈病种质资源。1970 年以来，花生锈病在我国很多产区相继发生。花生锈病不仅影响产量，对出仁率和出油率也有严重影响。从南美洲收集的多粒型抗锈病材料（第一个抗锈病材料为在秘鲁收集的"Tarapoto"，引入美国后被编为 PI 259747）、野生花生材料、栽培种的"慢锈性"花生材料是花生抗锈病育种可利用的种质资源。国际热带半干旱地区作物研究所（ICRISAT）利用印度中部花生锈病连年严重流行并配合人工接种手段，先后对 13 000 多份花生材料进行了抗锈病的系统鉴定，结合在世界其他地区开展的相关研究，目前国际上已报道的抗锈病花生材料有 100 份以上。在野生花生中，花生区组的大多数野生种对锈病表现免疫或高抗。综合国内外对野生花生的抗性鉴定结果，抗锈病或对锈病免疫的资源包括花生区组的 A. duranesis、A. spegaxzini、A. correntina、A. stenosperma、A. chacoense，直立区组的 A. apresipila、A. paraguariensis，三粒区组的 A. pussila，围脉区组的 A. villosulicarpa，根茎区组的 A. hagenbeckii、A. glabrata、A. burkartii，大根区组的 A. repens。国内培育的粤油 223、汕油 523、粤油 7 号等花生品种具有较强的抗锈病性。

（3）抗病毒病种质资源。20 世纪 70 年代以来，花生病毒病在北方产区多次暴发并大面积流行。危害我国花生的病毒有 4 种，分别是花生条纹病毒、花生矮化病毒、黄瓜花叶病毒和花生芽枯病毒，分别引起花生条纹病、普通花叶病、黄瓜花叶病和芽枯病。其中，河北省的主要病害是前 2 种。迄今为止国内外针对花生病毒病的抗性育种开展的研究十分有限，主要是因为栽培种花生资源中缺乏抗病毒病材料。国际热带半干旱地区作物研究所的研究表明，在花生区组、直立区组、根茎区组的野生材料中存在对花生矮化病毒的抗性。栽培种如徐系 1 号、徐州 68 - 4、中花 1 号、白沙 1016 等品种对花生矮化病毒感病程度轻。河北省也培育了许多耐病毒病的品种，如冀油 9 号、邢花 2 号、唐油 3 号。

（4）抗线虫病种质资源。花生根结线虫病又称花生线虫病，在我国大部分花生产区均有发生，在河北普遍发生，一般减产 20%～30%，重者减产 70% 以上，甚至绝收。国内外的大量研究结果表明，栽培种花生种质资源对根结线虫的抗性存在广泛的差异和分化。Holbrook 等（2000）通过核心种质鉴定发现，来自我国和日本的花生种质资源较抗线虫。但是，迄今为止在栽培种花生中发现的线虫病抗性多数为中抗水平，而在野生花生中存在更高水平的抗性种质资源。

（5）抗黄曲霉种质资源。花生黄曲霉素污染在世界范围内均有发生，黄曲霉素是国际公认的剧毒性强致癌物，直接危害人体健康。国内外广泛开展了花生黄曲霉抗性种质资源的鉴定和发掘。在种子侵染抗性方面，国内外报道的抗性材料有 40 多份，但其中一些材料在不同地区的抗性表现不同，或者在室内种子接种鉴定中表现的抗性与在田间鉴定的表现明显不同。PI337394F、P1337409、UF71513、Ah7223、J11、Var. 27、55 - 437、73 - 30、Minor24030、RMP12 等是广泛研究和报道的抗侵染花生材料。在抗产毒方面，国际上虽然普遍认为不同品种的产毒量有显著差异，但产毒抗性始终只是相对的，而且产毒抗性的稳定性不强。尽管有关于野生花生产毒抗性的报道，但未见远缘杂种派生材料抗产毒或抗侵染的报道。姜慧芳等（2010）对我国花生核心种质和 ICRISAT 微核心种质的抗性鉴定结果表明，ICRISAT 微核心种质中抗黄曲霉侵染和产毒种质的频率高于中国核心种质，发掘出抗黄曲霉侵染和产毒种质各 8 份，其中抗产毒种质 ICG12625 和抗侵染种质 ICG4750 与我国生产上推广应用的良种的遗传距离相对较远。在栽培种中中花 6 号、天府 18 等品种高抗黄曲霉产毒。

（6）抗果腐病种质资源。花生果腐病又称为花生烂果病，是世界范围内普遍发生的花生土传病害之一。果腐病对花生危害极大，据调查，一般发病田产量损失达 15％左右，重病田可致绝收。该病害已逐渐成为花生生产上的一种主要病害。花生果腐病最早在美国被发现，之后世界许多国家相继报道了该病的发生。早些年间花生烂果在我国花生种植区零星出现，且表现不严重。但近几年气候环境的变化及种植模式单一引起的土壤环境的改变导致我国很多地方花生荚果腐烂大流行。2006 年至今，我国的黑龙江、吉林、河北、河南、山东、湖北、江西、广东等省份都有该病发生。花生果腐病研究工作在国内外已越来越受重视，但到目前为止还没有免疫品种。在南非，花生新品系 PC 253－K2 和 PC 253－K6 对病原菌具有较高的抗性。

2. 抗病育种进展　花生抗病育种研究在各国得到广泛开展。花生黑斑病、褐斑病和锈病是分布广泛、危害性极大的花生叶部病害，长期以来受到了世界各国的普遍重视，尤其是 1976 年国际热带半干旱地区作物研究所（ICRISAT）将花生纳为研究对象之后，叶斑病和锈病抗性资源的发掘和抗病育种一直是研究重点。ICRISAT 作为世界花生研究中心，除了对从世界各地收集的 13 000 多份花生种质资源在印度黑斑病和锈病自然发病常年较重的条件下进行了系统的抗性鉴定外，还广泛开展了抗病育种研究。同时，ICRISAT 长期通过远缘杂交转移利用野生花生的抗病性。国内外在野生花生叶部病害抗性的转移和利用研究方面取得了良好的进展，如美国北卡罗来纳大学 H. T. Stalker 教授等长期从事野生花生资源的研究和利用，创造出了一大批抗病（主要为叶部病害）的种间杂种材料，其中一部分材料在 ICRISAT 进行过抗性鉴定和育种利用。中国农业科学院油料作物研究所利用 ICGV86699 作为亲本已培育出兼抗叶斑病和锈病、抗旱、高油的中花 12，并针对 ICGV86699 建立了黑斑病和锈病的抗性分子标记。我国育成的油油 27、中花 4 号都是从没有高抗亲本的组合中选育的具有高产早熟特性而抗锈性稳定达到中抗水平的花生品种，这两个品种由于综合性状良好而在生产上得到了广泛应用。世界范围内针对花生病毒病的抗性育种工作开展得十分有限，其主要原因是栽培种花生资源中缺乏抗病毒病的材料，即使野生花生对病毒的抗性也没有其对真菌性叶部病害的抗性丰富。花生矮化病毒病是北方主产区花生生产上的一种重要病害，国内学者利用分群分析法（bulk segregate analysis，BSA）方法进行了 PSV 的基因快速定位，利用野生花生的抗 PSV 种间杂种后代 ICGV86699 与感病的栽培种花生杂交构建了重组近交系（RIL）群体，通过人工接种矮化病毒、症状观察和酶联免疫（ELISA）检测，评价群体分离家系 PSV 抗性的差异，分析抗性遗传特性，并通过 EST－SSR 多态性标记的开发，结合应用基因组 SSR 标记技术，鉴定与 PSV 抗性连锁的分子标记，为花生矮化病抗性育种的研究奠定了基础。美国科学家已在野生花生中发现了抗根结线虫病的材料，其中二倍体野生种 A. batizocoi、A. cardenasii、A. diogoi 被鉴定为高抗线虫病品种。花生黄曲霉抗性育种在各国得到广泛开展。在育种实践中，对花生黄曲霉抗性的选择包括抗侵染、抗产毒、抗收获前污染三个方面，同时抗旱性、抗虫性也是降低黄曲霉毒素污染的重要关联性状。河北农业大学通过田间自然病圃对引进的 77 份美国资源和 39 份国内资源进行连续了 2 年的鉴定，筛选抗果腐病的花生种质资源，形成花生对果腐病的抗性评价标准：高耐（HR）$0 < INI \leqslant 25$，耐病（R）$25 < INI \leqslant 45$，中耐（MR）$45 < INI \leqslant 60$，感病（S）$60 < INI \leqslant 75$，高感（HS）$INI > 75$。

（二）抗虫性

危害花生的害虫有近百种，但由于各花生产区的自然条件和栽培制度不同，害虫发生的种类及年度间的危害程度也不相同，其中危害比较严重的有蛴螬、地老虎、蚜虫、棉铃虫、红蜘蛛、蓟马等。只有及时防治花生虫害才能保证花生丰产丰收。

1. 抗虫种质资源　花生种质资源是新品种选育的物质基础，花生抗虫种质资源的开发与利用可为减少花生产量损失提供最根本的方法。花生抗虫性相关研究工作多数集中在国际热带半干旱地区作物研究所（ICRISAT）、北卡罗来纳州立大学（NCSU）及美国农业部

（USDA）滨海平原试验站等单位。花生多数野生种对害虫的抗性程度为免疫，对此各国学者的试验结果基本一致。害虫在野生种上的表现或是忌避性，或是取食后死亡或饥饿而死。野生种的抗性水平比栽培种高出许多，开发利用野生种的抗虫性具有广阔前景。国际热带半干旱地区作物研究所筛选鉴定了大量的抗蓟马花生种质，其中栽培种质近 100 份、野生种质 38 份，共发现 17 份野生种可免受蓟马危害。坦桑尼亚在 1954 年就发现了几个抗性品种，这些品种蚜害轻，花生丛簇病发病率也低。国际热带半干旱地区作物研究所已找到了两个具有较高抗性水平的基因型：EC36892 和 ICG5725。马拉维、印度、中国等国家的引种试验都证明 EC36892 具有稳定的、较高的抗蚜水平。雷全奎等（2009）对 15 个花生品种（系）的抗蛴螬能力进行了研究，结果表明，参试花生品种（系）均不同程度地受到蛴螬危害，品种间对蛴螬的抗性差异极显著，其中漯花 1 号和远育 16 - 8（即花育 31）对蛴螬的抗性较强，产量损失和经济损失较小。

2. 抗虫育种进展　相对于其他作物的抗虫育种及花生的其他性状育种研究，花生抗虫育种工作显得不足。关于花生的抗虫性我国研究得较少。花生抗虫种质资源的开发与利用可为减少花生产量损失提供最根本的方法。花生抗虫品种在形态学上的表现主要是茎叶表面茸毛极多，害虫取食困难。20 世纪 90 年代的花生转基因工作的开展为抗虫育种的研究开辟了崭新的天地。但是制约因素也很多，如花生组培再生植株受基因型影响较大，获得再生植株基因型数量有限。

（三）抗旱性

花生的抗旱性鉴定和育种大多结合高产和优质育种进行。我国北方花生产区花生的生长季节往往降雨不足，出现旱害，培育抗旱花生品种是广大低生产投入地区有效解决花生旱害问题的首选途径。由于花生抗旱性是非常复杂的性状，育种者对抗旱性状尚缺乏深入认识，这制约着抗旱育种理论与技术的发展。另外，育种材料中缺乏兼备良好农艺性状的抗旱种质。发掘与创造具有优良遗传背景的抗旱种质并开展抗旱基础研究是花生抗旱育种取得进一步突破的关键。

1. 抗旱种质资源 经印度鉴定的抗前期干旱的种质有 ICGVs6744、ICGVs86610、ICGVs86187 和 ICGVs87354，抗中期干旱的种质有 ICGVs87118、ICGVs87354、ICGVs86119、ICGVs86187 和 ICGVs86647。其中 ICGVs87354、ICGVs86187 和 ICGVs86647 均比当地对照品种高产，在菲律宾、泰国和印度尼西亚的联合试验中 ICGVs86644 表现最好。国际热带半干旱地作物研究所推荐的抗旱品种资源有：ICG 编号的 ICG28、ICG30、ICG1679、ICG1697、ICG1708、ICG1834、ICG1891、ICG1905、ICG2734、ICG3128、ICG3179、ICG3215、ICG3276、ICG3386、ICG3657、ICG3736、ICG3762、ICG5114、ICG4728、ICG4750、ICG4790、ICG5013、ICG5100、ICG5129、ICG5156、ICG5230、ICG5341、ICG5409、ICG5465、ICG5932、ICG5967、ICG6168、ICG6903、ICG7886、ICG7898、ICG8230、ICG8472、ICG9934，ICGV 编号的有 ICGV86707、ICGV86691、ICGV91260、ICGV90115、ICGV90127、ICGV90129、ICGV90116、ICGVGG2。美国鉴定的抗旱种质有 GA901402（GAT－2842）、GA701405、GA90147、Comet（珍珠豆型）、PI314817。塞内加尔鉴定的抗旱种质有 55－437、57－422 及 59－127 等品种。我国在花生品种资源抗旱性鉴定方面做了很多工作，筛选和培育的抗旱种质有花11、花17、海花1号、鲁花9号、鲁花10号、鲁花11、鲁花14、花育20、花育25、丰花1号、丰花2号、农大818、农大142、鲁871、郑州7851、豫花13、开农27、冀花2号、冀花4号、唐科8号、阜花13、8526、龙溪晚、广汉小花生、中型迟、南阳早、福清大早、广柳、中花4号、中花8号、湘花55、当阳麻壳、FDRS10、南康直丝子、马山二洋、来宾三鞘豆、富川大花生、A596、辐8707、昌花一号、文登大粒红、冀农花3号等。

2. 抗旱育种的进展 20 世纪 70 年代初，塞内加尔的育种家和生理学家紧密合作，在耐旱和早熟品种的选育上有所成就。Gautreau（1970）发现抗旱品种具有较低的叶面蒸发作用，主要表现在较早的和更为有效的气孔调节作用，制订了一系列抗旱鉴定技术及方法，已经培育出一些耐旱品系，其中，55-437、57-422和59-127在年降水量为350～650 mm的严重干旱情况下表现良好，尤其是55-437高耐旱兼早熟，是优异抗源亲本，国际热带半干旱地区作物研究所以其作亲本培养出耐旱品种Samnut-18（RRB），用它与普通型品种杂交，培育出抗旱且具休眠性的品种73-30、73-33。

国际热带半干旱地区作物研究所将抗旱种质与高产适应性广的品种进行杂交，培育出抗旱品种 ICGVs87354、ICGVs87359 和 ICGVs86707。普通型花生品种对水分的利用效率优于多粒型和珍珠豆型。但是，在荚果充实期，多粒型和珍珠豆型将光合产物向荚果的运输能力优于普通型花生，如果能将这两个特性集中到一个高产抗旱花生品种中，将是育种工作的重大突破。国际热带半干旱地区作物研究所根据印度干旱的具体情况，按避旱的原则集中力量开展早熟品种的选育，现已选出很多生育期为75～100 d的高产、早熟材料。

美国佐治亚州选育出的花生抗旱品系 GA901412（GAT-2842）与对照 Florunner 具有相似的熟性及匍匐生长习性，植株稍高，叶窄而冠层茂盛。美国佛罗里达大学育成的 Andm93 比 Florunner 熟期约提早 10 d，增产 10%以上。AgraTech 公司育成的 AT120 生育期在 120 d 左右，比常规品种早熟 10～15 d，有利于避旱。

中国农业科学院油料作物研究所于 20 世纪 60 年代中期针对鄂东丘陵秋旱繁发对花生生产造成威胁的现状而选育的红梅早是一个典型的避旱品种。姜慧芳（1997）建议将具有不同耐旱性的品种杂交，创造优良的耐旱花生种质，对花生的抗旱育种起到了重要作用。如豫花 13 和 FDRS10 的耐旱性表现在单株结果数、单株生产力和种仁重方面，南康直丝子的耐旱性表现在受 SOD 活性的保护和干旱胁迫初期的高蛋白含量方面，马山二洋的耐旱性表现在受 SOD 活性的保护方面。河北省培育的品种中有些是比较抗旱的，如冀花 2 号、冀农花 3 号等。

近年来，传统花生育种方法已经不能满足人们日益增长的要求，飞速发展的生物技术越来越广泛地被应用在选育花生优质新品种中。

国际上应用分子标记、种间杂交（野生种利用）、转基因技术等方法
在选育花生抗病虫、抗旱等多抗性及优质、早熟、高产新品种等方面
取得新进展。澳大利亚农业部和印度农业部合作，利用野生花生种质
的抗旱性选育抗旱、避旱（早熟）品种。他们通过一些间接的抗旱特
征指标如蒸腾效率、分期结荚、根的数量来选育抗性品种。原产地环
境条件下，野生种 *A. praecox* 生育期常常只有 45 ~ 50 d。
C. E. Simpson 试图将其早熟性转入栽培种。

三、品质性状改良

因为籽仁含有丰富的营养物质，花生又名长寿果。花生中含有
50％左右的脂肪，含有 20％左右的蛋白质，是人类优质蛋白的来源，
含有人体所需的必需氨基酸，在植物资源蛋白质中，花生蛋白质占
11％。另外，有甜味的糖、嗪类风味物质和黄酮类功能性成分使花生
成为人类高营养价值的食品。随着社会的发展和人民生活水平的提
高，消费者对花生内在品质提出了越来越高的要求。提高花生籽仁品
质也日益成为河北省花生育种工作的重要研究方向。

（一）河北省花生高油、高油酸育种

1. 高油育种 花生是河北省乃至我国重要的油料经济作物，提
高含油量是品质育种的重要目标。花生仁的含油率通常为 44.27％~
53.86％。1966 年，唐山市农业科学研究院通过系统选育育成的伏系
1 号含油量为 51.1％，被作为高油品种广泛种植。在河北省已登记的
育成品种中，90％以上品种含油率在 50％以上。其中也不乏含油率
在 55％以上的品种，如唐花 10 号、邢花 9 号、邢花 13、冀农花 6
号、冀农花 9 号、冀农花 12、冀花 4 号、冀花 9 号、冀花 10 号、冀
花 11、冀花 21、冀花 23、冀花 24、冀花 25、冀花 28、冀花 29 等品
种，邢花 9 号和冀花 27 的含油率在 59％左右。

2. 高油酸育种 花生籽仁脂肪中含有多种脂肪酸，超过总量的
1％的脂肪酸有 8 种，为棕榈酸（C16:0，6.0％~12.9％）、硬脂酸
（C18:0，1.7％~4.9％）、油酸（C18:1，34％~68％）、亚油酸

（C18:2，19％～43％）、花生酸（C20:0.10％～2.05％）、花生烯酸（C20:1，0.34％～1.90％）、山箭酸（C22:0，2.3％～4.8％）、二十二烷酸（C22:0，1.0％～2.5％），其中亚油酸在人体内不能合成。亚油酸对于调节人体的生理功能、促进人体的生长发育、预防人体疾病等有重要作用，有助于降低血液中的胆固醇含量、预防高血压和动脉粥样硬化，但易氧化酸败。近年来，人们研究发现，油酸能降低有害的低密度脂蛋白（LDL）胆固醇含量、降低心血管疾病风险等，且具有较好的稳定性，可延长货架期。所以提高油酸含量成为花生品质育种的重要目标。

（1）油酸遗传基础。油酸（C18:1）为亚油酸的单不饱和前体，高油酸性状的遗传受重复隐性基因 ol_1 和 ol_2 控制。分子遗传学研究结果表明基因编码的脂肪酸脱饱和酶 2 催化油酸转化为亚油酸，因此 $FAD2$ 成为花生高油酸突变研究的候选基因。花生中存在 2 个 $FAD2$ 同源基因 $ahFAD2A$ 和 $ahFAD2B$，分别来自 A 基因组和 B 基因组。花生高油酸性状受两对隐性基因控制（$ol_1ol_1ol_2ol_2$），并且隐性基因 ol_1、ol_2 分别由突变的 $ahFAD2A$（$ahFAD2A-m$）、$ahFAD2B$（$ahFAD2B-m$）等位基因编码，而显性基因 Ol_1、Ol_2 分别由野生的 $ahFAD2A$（$ahFAD2A-wt$）、$ahFAD2B$（$ahFAD2B-wt$）等位基因编码。通过蛋白序列分析，普通油酸含量花生中的 $ahFAD2A$ 等位基因编码的酶的第 150 位氨基酸为天冬氨酸，基因序列分析结果表明是 A-G、G-A 突变所引起的第 150 位氨基酸突变对酶活性产生了影响。高油酸种质 F435 及其衍生系、Georgia-02C、Georgia-05E、Georgia Hi-O/L，$ahFAD2A$ 基因均具有 448 G-A 突变，$ahFAD2B$ 基因均具有 441-442 insA 突变，C458 的 $ahFAD2B$ 基因具有 665_666MITE 突变。综上所述，花生栽培种高油酸突变体 $ahFAD2A$ 基因 448G-A 突变，$ahFAD2B$ 基因 441-442insA 突变以及 MITE 插入突变导致这两个基因均丧失功能。

（2）高油酸育种。通过自然突变和诱发突变可得到油酸含量显著提高的突变体，这些突变体经选择可直接育成品种或作为亲本材料用于高油酸品种的选育。F435 是高油酸自然突变体，油酸含量在79.91％、亚油酸含量约为2％，油酸亚油酸比为37.34。美国高油酸花生品种大部分具有 F435 的血统。M2－225 和 C458 是由化学诱变产生的高油酸突变体，两者油酸含量达到80％、亚油酸含量为5％。目前多数突变体未被直接作为品种加以利用，通过与高产品种杂交或进一步回交选育生产上应用的高油酸品种，河北省农林科学院粮油作物所以冀花5号为母本、以开选016为父本进行杂交，历经7年选育出花生新品种冀花11，其油酸含量高达80.7％，油酸亚油酸比为26.03。河北农业大学利用CTWE、GYS01高油酸种质作为亲本选育出冀农花6号、冀农花8号等高油酸品种。

（二）高糖花生育种

花生的甜度、香味、脆度、柔嫩度、细腻度和异味等均是影响花生口感的重要指标，总糖中的纤维素种类影响细腻度，葡萄糖、果糖和蔗糖等可溶性糖影响花生的甜度。蔗糖是花生籽仁中主要的可溶性糖成分，直接影响花生的口味，当花生籽仁中蔗糖含量达到6％以上时，口感较好。

随着人们生活水平的提高，鲜食花生日益受到消费者青睐。鲜食花生是指荚果充实后期、果壳开始变硬时收获，不经晾晒而直接食用或煮熟食用的花生。由于生食抗营养因子的存在，鲜食花生以煮熟食用为主。糖含量是鲜食花生重要的品质指标。

鉴定花生糖含量最常用的方法有三种，分别为比色法、近红外光谱分析法和示差折光法。其中近红外光谱分析法具有高效、快速、不损伤种质等特点。河北农业大学通过优化近红外测定糖含量的方法建立了不同种皮颜色花生籽仁中总糖含量、可溶性糖含量、蔗糖含量测定的近红外模型，为花生育种糖含量鉴定奠定了基础。

2019年，河北省农林科学院登记的冀花甜1号、冀花甜2号可溶性糖含量分别为7.1％、7.4％，在鲜食花生市场广很受欢迎。河北农业大学选育的冀农鲜1号、冀农鲜2号的蔗糖含量高达11.4％、8.3％。高糖品种将推进河北省鲜食花生和食用花生产业的发展。

（三）高黄酮花生育种

黄酮类化合物是植物在适应外界生物胁迫和非生物胁迫的长期进化过程中产生的次生代谢物，广泛存在于蔬菜、水果、牧草和药用植物中。黄酮类化合物主要是指基本母核为二苯基色原酮的一类化合物，目前泛指两个具有酚羟基的芳香环（A 环和 B 环）通过中央三碳链相互作用连接而成的一系列化合物。其基本骨架具有 C6 - C3 - C6，一般黄酮类化合物主要是以六元环的氧化状况和环所连接的位置不同为依据进行分类，可以分为黄酮（flavone）、黄酮醇（flavonol）类、二氢黄酮类（flavonone）及二氢黄酮醇类（flavononol）、异黄酮（isoflavone）及异黄酮醇类（isoflavonol）、黄烷醇（flavanol）或儿茶素类（catechins）、花色素（anthocyanidins）、双黄酮类（biflavonoids）、查尔酮类（chalcones）、其他黄酮类等几大类。花生籽仁中富含黄酮醇类化合物，槲皮素是花生籽仁中主要的黄酮醇类化合物。黄酮类化合物有较高的医药生物活性，在人们日常食用品中也受到重视，黄酮含量也逐渐成为作物品质育种中的一个重要指标。

河北农业大学对河北花生种质进行了黄酮含量鉴定，筛选到总黄酮含量在 1 mg/g 以上的种质，并选育出总黄酮含量在 1 mg/g 以上的品系，为功能型花生品种的培育奠定了基础。

（四）彩色花生育种

由于花青素含量和种类的不同，花生的种皮颜色呈现多样化，有白色、淡黄色、粉色、红色、紫色、黑色、花色等。花青素具有抗氧化、抗衰老的生物学功能，黑色食品也广受消费者欢迎。在河北省，黑花生系列、四粒红系列的栽培种花生作为特色花生品种，也有一定的种植面积。登记的品种中多为粉色花生。保定易园公司对农家品种进行登记，其中的四粒黑、黑小姐为黑色花生，四粒彩为花色斑花生。河北农业大学对花生花青素形成机理进行了系统研究，为特色种皮花生选育奠定了基础。

河北省花生品质改良工作多围绕上述几方面展开，随着花生遗传机理研究的深入、研究队伍的壮大，河北省花生品质育种的涉及面将会扩大，如高蛋白、饲用花生等专用型品种的选育也将是河北省花生品质改良的重要方向。

第六节　河北省花生育成品种系谱分析

作物育种是一项极其重要的基础性工作，其成败的关键在于亲本材料的鉴选分析及其搭配利用。通过分析优良品种选育过程中的系谱资料，可明晰品种原始亲本，追溯亲本遗传贡献，阐明育成品种的整体遗传基础，有助于判明目标性状的载体来源，促进优异种质的创制利用。另外，通过系谱分析可明确骨干亲本，分析其配合力及重要目标性状遗传机制，可提高亲本选配的准确性和预见性，以提高选择效率。

一、育成品种概述

新中国成立前，河北省没有专门从事花生研究的人员，品种选育更无从谈起。新中国成立后，唐山市农业科学研究院、邢台市农业科学研究院开始花生种质资源的搜集与品种选育工作。20 世纪 60 年代开始，河北省开始有了适宜当地种植的花生品种。1966 年，唐山市农业科学研究院从伏花生中经过连续系统选育而育成伏系 1 号。1975 年，邢台市农业科学研究院开始通过品种间有性杂交、后代系谱法选择培育花生新品种，在新河县尧头公社西团村试验地选育出高产抗病优质花生新品种冀油 4 号。1996 年，河北省农林科学院粮油作物研究所选育的冀油 8 号通过河北省农作物品种审定委员会审定。2012 年，河北农业大学选育的冀农花 1 号和冀农花 2 号两个花生新品种通过省级鉴定。同年，河北省农业厅发布《关于将花生列入河北省主要农作物的公告》（冀农告字〔2012〕12 号），河北省花生育种工作也得到大力开展。

（一）河北省花生品种审定、鉴定及登记情况

受政策、《中华人民共和国种子法》影响，河北省花生品种审定经历了审定、取消审定、再审定、再取消的曲折过程，2016 年以来花生成为全国首批登记作物。河北省花生品种认证主要经历了 3 种形式。

1. 品种审定、认定 1975—2002 年，花生一直是河北省的审定作物，其间共通过审定或认定花生品种 25 个，认定品种维持原名，1996 年前审定品种被统一命名为"冀油号"，1999 年以后审定品种自行命名，多数以育种单位所在地命名，河北省花生就有了冀花系列（河北省农林科学院粮油作物研究所培育）、冀农花系列（河北农业大学培育）、唐花（油）系列（唐山市农业科学研究院培育）、邢花系列（邢台市农业科学研究院培育）、易花系列（保定市易园生态农业科技开发有限公司培育）、新花系列（新乐市种子有限公司培育）品种等。2003—2013 年河北省停止花生品种审定。1990—2002 年花生被列为国家品种审定作物，其间通过国家审定花生品种 40 个，其中，河北省通过国家审定花生品种 1 个（邢花 1 号 2001 年通过国家审定，审定编号：国审油 2001016）。2012 年河北省将花生列为主要农作物，2013 年，花生又重新被河北省农业厅列为审定作物，并由河北省种子总站组织花生区域试验和生产试验，2015 年恢复审定后的第一轮试验结束，2016 年 5 月审定通过了 20 个花生新品种。2016 年《中华人民共和国种子法》修订后，各省不再扩大主要作物范围，花生再次退出河北省审定作物名录。

2. 品种鉴定 2003—2013 年，河北省将花生列为非审定作物，其间，河北省实行花生新品种鉴定，由河北省科学技术厅组织，按照科技成果鉴定管理办法实施，冀花 4 号是河北省第一个鉴定花生品种，其后冀花 5 号、冀花 6 号、邢花 3 号、唐花 9 号、冀农花 1 号等花生新品种相继通过鉴定。

3. 品种登记 2017 年我国开始实施非主要农作物品种登记，由农业部（现农业农村部）负责实施，花生被列入首批登记作物目录。截至 2022 年 6 月，河北省通过农业农村部登记花生品种 121 个，其

中高油酸品种 42 个。

（二）农业农村部登记的河北省花生品种

近年来花生育成品种数量直线上升，截至 2022 年 6 月河北省在农业农村部登记的花生品种为 121 个（表 2 - 8）。除了河北省农林科学院、河北农业大学、邢台市农业科学研究院、廊坊市农林科学院等科研院校外，新乐市种子有限公司、保定市易园生态农业科技开发有限公司等相关公司也开始了育种工作，在育成品种数量上占参试品种的 56%。科研院校育成品种多为杂交选育，结合分子标记选择、近红外等表型鉴定技术选育而成，特点是系谱清晰、育种目标明确、适宜种植地确定、具有相应栽培技术，可更好、更快地应用于花生生产。河北省农林科学院育成冀花 11、冀花 16、冀花 18、冀花 19 等系列高油酸品种，冀花甜 1 号、冀花甜 2 号等鲜食花生品种；河北农业大学育成冀农花 6 号、冀农花 8 号、冀农花 12、冀农花 19 等系列高油酸品种，冀农鲜 1 号、冀农鲜 2 号等鲜食花生：均极大地推动了河北省花生产业发展。公司育成品种数目多，登记品种中有些为当地种植的农家种，如保定易园生态农业科技开发有限公司登记的酥珍珠、四粒黑、胭脂红、易州小籽白等比较适宜当地种植。

表 2 - 8　2017—2022 年 6 月农业农村部登记的河北省花生育成品种

育种单位	育成品种数（个）
河北省农林科学院粮油作物研究所	31
河北农业大学	13
邢台市农业科学研究院	7
廊坊市农林科学院	1
保定市易园生态农业科技开发有限公司 易县易园农业科学研究所 易县源成鑫农作物种植农民专业合作社	48
新乐市种子有限公司［新育（花）系列］	9

（续）

育种单位	育成品种数（个）
河北浩海嘉农种业有限公司	3
大绿河北种业科技有限公司	2
河北兰德泽农种业有限公司	2
河北绿丰种业有限公司	2
石家庄市统帅农业科技有限公司	1
河北宏瑞种业有限公司	1
邯郸冀南新区生旺彩色花生专业合作社	1
总计	121

二、育成品种系谱

截至 2022 年 6 月，在农业农村部登记的河北省花生品种数为 121 个，其详细信息见中国种业大数据平台，网址为 http://202.127.42.47：6010/index.aspx。根据申请者提供的亲本来源绘制河北花生品种系谱图（图 2－4），里面包含河北省各育种单位提供的数据，有些是已登记但未在网址上公布的。

（一）以伏花生为主要血统的河北花生育成品种系谱

伏花生在 20 世纪 50 年代是全国范围内表现优异的大果花生品种，具有适应性强、早熟、产量高、品质好的特点，我国花生育成品种大部分都具有伏花生血统。河北省于 1958 年从山东省引进伏花生，引进后在河北全省迅速推广，1966 年发展到 3.6 万 hm²，在全省 130 多个县均有种植。1979 年推广面积最大，达到 13.3 万 hm²，占当年花生种植面积的 70%，更替了生产上应用的多数地方品种，成为河北省 20 世纪 60、70 年代和 80 年代初期的主栽品种。1969 年，唐山市农业科学研究院与滦县西崔各庄大队合作育成的伏系 1 号（冀油 1 号）是从伏花生种植田中系统选育而成。

×姜格庄半蔓 —→ 杂选4号×姜格庄半蔓 —→ 花17

×RH321(鲁花6号) —→ 邢花1号

×油果 —→ 唐油2号

鲁花1号×混巨5号

×79266 —→ 邢花2号

系选 —→ 冀油1号

徐系1号×濮阳早小齐(♀)

×邢4081 —→ 冀油8号

徐州68-1

× —→ 冀油3号

徐州68-3

文登大粒墩×(姜格庄半蔓+伏花生)

姜格庄半蔓×杂选2号

×徐州402

×花71(♀) —→ 花28×狮油15 —→ 冀油9号

(无名花生+伏花生)

花粉匀浆

× 唐花7号

冀农花3号

徐州68-4 × 白沙1016 冀油5号(♀)×8252 —→ 唐花10号×花育25(♀)

唐花6417

系选 邢花4号 ←×

冀油2号

狮头企×杂选2号 金堂深窝子×白沙1016

×花80 —→ 花37(♂)

油果×大麻壳

× —→ 冀油7号

伏花生

罗江鸡窝 系选 —→ 南充混选1号×伏花生(♀) —→ 天府3号×金白1号×油麻1-1

×

濮阳一把抓(♀)

冀油 冀油

6号 4号 ×7915 —→ 邢花3号

濮阳513 豫花2号 徐7506-57×P12 ×唐油1号 —→ 8802×E-10

濮93-11×郑86036-26-1(豫花15) 佟村站秧×德阳鸡窝 金堂深窝子×伏花生 唐94-1

冀花5号

×北京大花生 —→ 大伏花生×冬德8号(♀) 徐州402×开农7号

×阳塥大花生

7851-24×7101-43

冀花2号×泰菜四粒红(♀)

开农8号

×126340 冀花甜2号

GYS01(♂)

冀农花10号 ←× 白沙171(♂)

海花1号 ←× H抗-1×79-1 —→ 冀花3号

辐射 系选

×五莲撑破囤 临花1号 73-43(鲁花7号) —→ 唐油3号

×篦宁大粒(♀) —→ F₁×(桔山立蔓×勾鼻)F₁ 伏花生×开封一搓秧

鄂花2号×红梅早

鄂花3号×台山三粒白 —→ 中花1号×鄂花4号

唐油5号

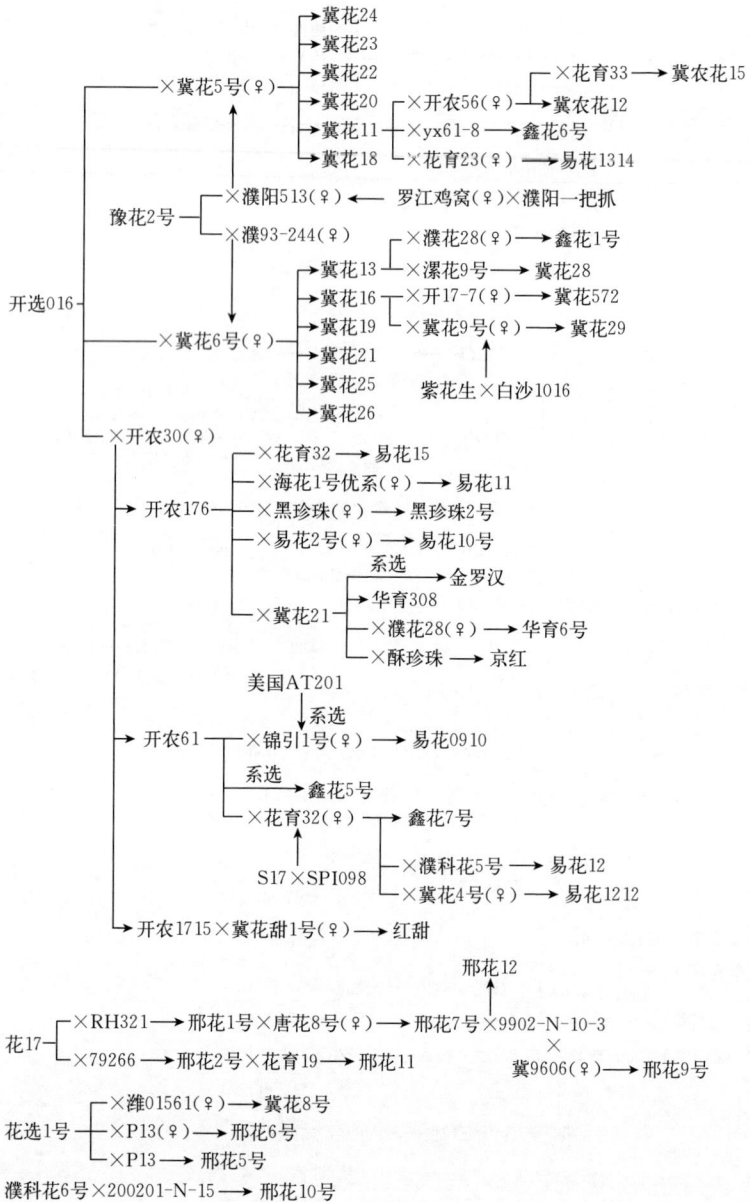

开选016
- ×冀花5号(♀)
  - →冀花24
  - →冀花23
  - →冀花22
  - →冀花20 →×开农56(♀)
    - →×花育33 → 冀农花15
    - → 冀农花12
  - →冀花11 →×yx61-8 → 鑫花6号
  - →冀花18 →×花育23(♀) → 易花1314
- 豫花2号
  - ×濮阳513(♀) ← 罗江鸡窝(♀)×濮阳一把抓
  - ×濮93-244(♀)
- ×冀花6号(♀)
  - →冀花13
    - →×濮花28(♀) → 鑫花1号
    - →×漯花9号 → 冀花28
  - →冀花16 →×开17-7(♀) → 冀花572
  - →冀花19 →×冀花9号(♀) → 冀花29
    - 紫花生×白沙1016
  - →冀花21
  - →冀花25
  - →冀花26
- ×开农30(♀)
  - →开农176
    - ×花育32 → 易花15
    - ×海花1号优系(♀) → 易花11
    - ×黑珍珠(♀) → 黑珍珠2号
    - ×易花2号(♀) → 易花10号
    - ×冀花21
      - 系选 → 金罗汉
      - →华育308
      - →×濮花28(♀) → 华育6号
      - →×酥珍珠 → 京红
  - →开农61
    - 美国AT201 ↓ 系选
    - ×锦引1号(♀) → 易花0910
    - 系选 → 鑫花5号
    - ×花育32(♀) → 鑫花7号
      - S17×SPI098
      - ×濮科花5号 → 易花12
      - ×冀花4号(♀) → 易花1212
  - →开农1715×冀花甜1号(♀) → 红甜

邢花12
↑
花17
- ×RH321 → 邢花1号×唐花8号(♀) → 邢花7号×9902-N-10-3
- ×79266 → 邢花2号×花育19 → 邢花11

×
冀9606(♀) → 邢花9号

花选1号
- ×潍01561(♀) → 冀花8号
- ×P13(♀) → 邢花6号
- ×P13 → 邢花5号

濮科花6号×200201-N-15 → 邢花10号

冀0212-2×石花2号 ⟶ 邢花13

88-8×8609 ⟶ 冀花4号×天府18 ⟶ 易花13

7603×7625 ⟶ 唐油4号×0316-013(♀) ⟶ 易花9号

易花1号×徐花9号 ⟶ 易花8号

中花9号×菁黑3号 ┬ 易花4号
　　　　　　　　 └ 易花5号

冀红3号×珍珠红1号 ⟶ 酥珍珠

豫花9327 ┬ ×丰花1号(♀) ⟶ 易花0507
　　　　　└ ×潍花8号(♀) ⟶ 华育328

天府3号 ┬ ×海花1号 ⟶ 华育418
　　　　 └ ×天府18(♀) ┬ 华育2号
　　　　　　　　　　　 └ ×花23(♀) ⟶ 华育1号

中农108×J25 ⟶ 冀农花1号

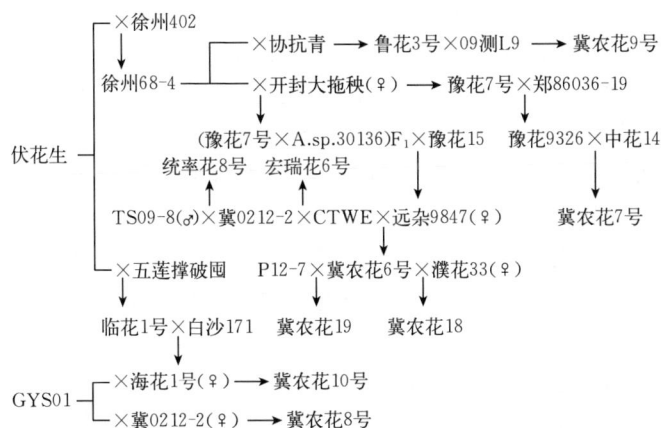

伏花生
┬ ×徐州402
│ 　　↓
│ 徐州68-4 ┬ ×协抗青 ⟶ 鲁花3号×09测L9 ⟶ 冀农花9号
│ 　　　　 └ ×开封大拖秧(♀) ⟶ 豫花7号×郑86036-19
│ 　　　　(豫花7号×A.sp.30136)F₁ 豫花15　豫花9326×中花14
│ 统率花8号　宏瑞花6号
│ TS09-8(♂)×冀0212-2×CTWE×远杂9847(♀)　　冀农花7号
└ ×五莲撑破囤　P12-7×冀农花6号×濮花33(♀)
临花1号×白沙171　冀农花19　冀农花18

GYS01 ┬ ×海花1号(♀) ⟶ 冀农花10号
　　　 └ ×冀0212-2(♀) ⟶ 冀农花8号

L655×冀0608-324 ⟶ 冀农花16

HM78-68×HF895 ⟶ 鑫优17

AS4238×AS4415 ⟶ 海花85

JXL1×GXL09-5 ⟶ 新花17

XL56×GXL02-3 ⟶ 新花15

A94-5×GXL02-3 ⟶ 新育7号

冀0607-19 ┬ ×冀0212-114 ⟶ 冀花2121
　　　　　 └ ×白花生-1 ⟶ 冀花113白

开农65×P08-1 ——→ 冀花915

四粒红×力无名 ——→ 冀花甜1号

LJ9105-0-6-H1×自选1号 ——→ 冀花7号

潍01561×花选1号 ——→ 冀花8号

冀9402×冀9613 ┌── 冀花12
            └── 冀花15

徐9318×潍45 ——→ 冀花17

冀9102×87-77 ——→ 冀花10号

图 2-4 河北省花生育成品种系谱图

注：本图根据《中国花生品种及其系谱》和《高油酸花生》进行修订。

20 世纪 60—70 年代，河北省从各地引进优良种质进行筛选、评价后加以利用，成为育成品种的主要供体。如 1969 年和 1972 年引入的徐州 68-3 和徐 68-4、1971 年引入的白沙 1016、1974 年引入的天府 3 号和开农 8 号、1979 年引入的花 37 等。河北省花生育种单位利用引进的优异种质进行杂交选育适合当地的品种，育成了第一代河北省品种，利用伏花生和姜格庄半蔓杂交育成了邢花 1 号、邢花 2 号、唐油 2 号 3 个品种，其他品种利用引进的具有伏花生血统的江苏、山东、河南、湖北的品种杂交育成。河北省育成的第一代品种成为第二代品种的亲本，如以冀油 5 号为供体，育成了邢花 4 号、唐花 7 号、唐花 10 号、唐 6417、冀农花 3 号。

（二）高油酸花生品种骨干亲本

截至 2022 年 5 月底，我国已育成 188 个高油酸花生品种，其中河北省育成 47 个，高油酸基因型分别来自开选 016、CTWE、GYS01、美国 AT-201、SPI098（表 2-9、图 2-4），开选 016 为河南省开封市农林科学研究院引进高油酸材料选育而成，AT-201 为美国高油酸花生品种，CTWE、P76、SPI098 为山东省农业科学院花生研究所诱变处理获得的高油酸材料，GYS01 为河北农业大学高油酸材料。使用最多的普通油酸亲本是冀花 5 号和冀花 6 号，各育成高油酸品种 10 个。

表 2 - 9 河北省高油酸花生育成品种高油酸基因来源

高油酸基因型来源	育成品种数（个）
开选 016	34
CTWE	5
GYS01	2
AT - 201	1（同时带有开选 016 血统）
SPI098	1（同时带有开选 016 血统）
其他	6
总计	47

（三）甜花生（鲜食花生）品种骨干亲本

珍珠豆型四粒红类花生是甜花生品种的骨干亲本，冀花甜 1 号的母本是四粒红，冀花甜 2 号的母本是泰莱四粒红，河北农业大学选育的冀农鲜 1 号和冀农鲜 2 号两个甜花生的母本均是四粒红。

参 考 文 献

蔡岩，徐志军，李振动，等，2017. 花生出仁率 QTL 分析及其与荚果大小的相关性［J］. 作物学报，43（5）：701 - 707.

陈淼，侯名语，崔顺立，等，2022. 不同种皮颜色花生糖含量近红外模型的构建［J］. 光谱学与光谱分析，42（9）：2896 - 2902.

陈四龙，2012. 花生油脂合成相关基因的鉴定与功能研究［D］. 北京：中国农业科学院.

陈伟刚，郭建斌，徐志军，等，2018. 花生出仁率和株高的 QTL 定位分析［J］. 作物学报，44（8）：1142 - 1151.

崔顺立，刘立峰，陈焕英，等，2009. 河北省花生地方品种基于 SSR 标记的遗传多样性［J］. 中国农业科学，42（9）：8.

耿健，刘立峰，崔顺立，等，2012. 冀鲁豫花生育成品种的遗传多样性分析［J］.

植物遗传资源学报，13（2）：6.

何美敬，刘立峰，穆国俊，等，2012. 花生蔗糖合酶基因 *AhSuSy* 的克隆和干旱胁迫表达分析 [J]. 作物学报，38（12）：8.

侯名语，2017. 花生资源黄酮含量分析和黄酮醇合成酶基因克隆 [D]. 保定：河北农业大学.

雷永，2004. 花生对黄曲霉菌侵染抗性的分子标记 [D]. 北京：中国农业科学院.

李钧，娄树忠，部希英，1983. 河北花生品种志 [M]. 唐山：河北省农林科学院唐山农业研究所.

李丽，2015. 高油酸花生种质创制及 *ahFAD2A* 基因型效应分析 [D]. 保定：河北农业大学.

李玉荣，程增书，2011. 河北省农林科学院粮油作物研究所花生品种介绍 [J]. 现代农村科技（23）：78-79，82.

李正超，邱庆树，吴兰荣，等，2001. 辐射与杂交相结合选育大花生新品种花育16号的研究 [J]. 核农学报，15（6）：368-370.

刘立峰，耿立格，王静华，等，2008. 河北省花生地方品种农艺性状和品质性状的遗传分化. 植物遗传资源学报，9（2）：190-194.

任小平，姜慧芳，廖伯寿，2008. 花生抗青枯病分子标记研究 [J]. 植物遗传资源学报，9（2）：163-167.

申馥玉，王在序，甘信民，1984. 花生种间三倍体杂种染色体加倍技术的研究 [J]. 中国农业科学（4）：21-25.

苏君伟，于洪波，2012. 辽宁花生 [M]. 北京：中国农业出版社.

孙大容，1998. 花生育种学 [M]. 北京：中国农业出版社.

唐荣华，周汉群，蔡骥业，1991. 花生栽培种和野生种的种间杂交研究. IV. 双二倍体的人工合成及其利用前景 [J]. 中国油料（4）：7-11.

田立荣，廖伯寿，李玉荣，等，2010. 花生抗黄曲霉遗传改良研究进展 [J]. 河北农业科学，14（9）：80-83.

万书波，2003. 中国花生栽培学 [M]. 上海：上海科学技术出版社.

王传堂，于书涛，朱力贵，2021. 中国高油酸花生 [M]. 上海：上海科学技术出版社.

殷冬梅，张新友，汤丰收，等，2003. 花生属野生种质的 RAPD 鉴定 [J]. 河南农业科学（11）3.

禹山林，2008. 中国花生品种及其系谱 [M]. 上海：上海科学技术出版社.

禹山林，2011. 中国花生遗传育种学［M］. 上海：上海科学技术出版社.

张天真，2003. 作物育种学总论［M］. 北京：中国农业出版社.

张旺，冼俊霖，孙超，等，2021. CRISPR/Cas9 编辑花生 *FAD2* 基因研究［J］. 作物学报，47（8）：1481‐1490.

张新友，1994. 花生区组内种间杂交亲和性及杂种一代研究［J］. 河南农业科学（3）：1‐4.

Chu Y，Deng X Y，Faustinelli P，et al.，2008. Bcl‐xL transformed peanut（*Arachis hypogaea* L.）exhibits paraquat tolerance［J］. Plant Cell Reports，27（1）：85‐92.

Dodo H W，Konan K N，Chen F C，et al.，2010. Alleviating peanut allergy using genetic engineering：the silencing of the immune dominant allergen Arah2lead stoits significant reduction and a decrease in peanut allergenicity［J］. Plant Biotechnology Journal，6（2）：135‐145.

Halward T，Stalker H T，Kochert G，1993. Development of an RFLP linkage map in diploid peanut species［J］. Theoretical and Applied Genetics，87（3）：379‐384.

Liu N，Guo J，Zhou X，et al.，2020. High‐resolution mapping of a major and consensus quantitative trait locus for oil content toa‐0.8‐Mbregion on chromosome A08 in peanut（*Arachis hypogaea* L.）［J］. Theoretical and Applied Genetics，133（1）：37‐49.

Luo H，Pandey M K，Khan A W，et al.，2019. Next‐generation sequencing identified genomic region and diagnostic markers for resistance to bacterial wilton chromosome B02 in peanut（*Arachis hypogaea* L.）［J］. Plant Biotechnology Journal，17（12）：2356‐2369.

Prasad K，Bhatnagar‐Mathur P，WaliyarF，et al.，2013. Over expression of achitinase gene in transgenic peanut confers enhanced resistance to major soilborne and foliar fungal pathogens［J］. Journal of Plant Biochemistry and Biotechnology，22（2）：222‐233.

Wang L，Yang X，Cui S，et al.，2019. QTL mapping and QTL×environment interaction analysis of multi‐seed pod in cultivated peanut（*Arachis hypogaea* L.）［J］. The Crop Journal，7（2）：249‐260.

Wang L，Yang X L，Cui S L，et al.，2020. Identification of main effect and epistatic QTLs controlling initial flowering date in cultivated peanut (*Arachis hypogaea* L.) [J]. Journal of Integrative Agriculture, 19 (10): 2383 – 2393.

Zhao N, Cui S, Li X, et al. , 2021. Transcriptome and co – expression network analyses reveal differential gene expression and pathways in response to severe drought stress in peanut (*Arachis hypogaea* L.) [J]. Frontiers in Genetics, 12: 672884.

第三章
河北省花生良种繁育与推广

种子是重要的生产资料，种子质量的优劣直接关系到农作物收成。据调查，一般情况下大田用种可以连续种植 3～5 年。如继续留种，品种退化现象就会明显地表现出来。生产中农民常自己留种，导致品种优良特性退化、病虫害加重，常常导致减产约 10%。生物学混杂（天然杂交）、人为机械混杂（混杂有不同品种）、栽培措施不良或选择不当、病毒侵染等均能引起品种混杂退化，使品质降低、适应性减弱。因此加快种子繁育、推广速度，尽早、尽快地将其应用于生产，将在提高花生产量中起到重要作用。

第一节　花生良种繁育

农作物种子类别分为原原种、原种、大田用种。原原种为育种家育成的遗传性状稳定、特征特性一致的品种或亲本组合的最初一批种子。原种为用原原种繁殖的第 1 代至第 3 代中经确认达到规定质量要求的种子。大田用种为用常规原种繁殖的第 1 代至第 3 代或杂交种中经确认达到规定质量要求的种子。

生产上目前还是以杂交育种为主，需要育种家数年选育，从育种家种子到大田用种，至少需要扩繁 4 年的时间。一般情况下，花生繁殖系数通常只有 10～15。种子生产用种量大、成本高、生产周期长，远远不能满足生产需要，直接影响了花生新品种的推广速度和更新换代频率，是花生新品种快速转化为现实生产力和提高种植经济效益的主要制约因素。

一、花生良种繁育的任务和成就

（一）花生良种繁育的任务

花生良种繁育是育种工作的继续，也是育种工作的重要组成部分，是建立在现代化农业科学基础上的良种繁育程序和方法，是育种成果转化为生产力必不可少的重要环节。不进行良种繁育，育成良种就不能很快、很好地在生产中发挥作用；不进行良种种性保纯，就会致使种性退化，甚至混杂，缩短良种在生产中的使用寿命，良种大面积的开发利用就会受到限制。因此，花生良种繁育的任务主要包括繁育和保纯两个方面。

良种繁育的主要任务就是加速繁殖新品种，及时满足花生生产的需要。通过多年品种比较试验，对增产显著、有推广价值的新品系或新材料进行繁育，加速育种进程，满足生产需要。在良种的调运、繁殖、种子加工和栽培过程中，由于经过播种、收获、晒种及储存等诸多环节，容易造成机械混杂；栽培环境影响容易使良种发生各种变异；天然杂交容易造成良种分离和混杂退化等；这些都会降低良种的种性。为确保纯度和品质，更要做好对纯度要求更为严格的高油酸花生的提纯复壮工作。

（二）花生良种繁育的成就

广大花生科技工作者和花生产区的群众在长期的科研和生产实践中，对花生的良种繁育和推广工作进行了不断的探索，取得了一定成就。

1. 高产高倍繁殖技术　花生生产用种量大，种子繁殖系数低，一个新品种从开始示范推广到大面积普及应用往往需要较长时间。为了加速优良品种的推广，20 世纪 60 年代人们开始研究花生高倍繁殖技术，20 世纪 90 年代初，已总结出多种行之有效的高倍繁殖方法，有些方法至今仍在应用。1973 年，在高产栽培条件下，人们采用单粒稀播高倍繁殖技术使繁殖系数达到 50 多倍，该技术一直沿用至今。20 世纪 70 年代至 80 年代初期，侧枝扦插无性繁殖技术试验成功，这一技术既节约用种，又可以提高繁殖系数，是早期加代和加倍繁殖的好方法。1982 年，应用塑料薄膜阳畦温床繁殖早熟花生良种的技术使全年累计繁殖倍数大大提高，最高可达 255 倍。20 世纪 80 年代中期，特早熟花生品种一年两季快速繁育技术试验成功，使繁殖系数达到了 116 倍。20 世纪 80 年代末，成熟枝条四分法扦插无性繁殖技术引进、试验成功，该技术与常规侧枝扦插无性繁殖技术相比，最突出的优点是扦插成活率高，最高成活率可达 98％，比常规侧枝扦插无性繁殖技术高 4 倍。20 世纪 90 年代末，人们以一般早熟花生品种为材料，采用地膜覆盖技术，试验成功了早熟花生品种两季快繁技术，全年繁殖倍数可达 130 倍，使两季快繁技术从只限于特早熟花生品种扩大到一般早熟品种。20 世纪末，人们利用单粒精播高产栽培技术建立了一套用种量比常规技术减少 1/3 左右、每亩产量 250 kg、产量和繁殖系数提高 10％以上的高产栽培技术体系，繁殖倍数达到 35 倍。

2. 花生良种种性保纯技术 到目前为止，研究成功和沿用的种性保纯技术只有提纯复壮技术和无性繁殖技术两大类，河北省主要从山东省进行了技术引进，提纯复壮的方法有多种。20 世纪 70 年代，河北省先后成功应用了改良混合选择法和简易原种繁育法。改良混合选择法的复壮效果差一些，但方法简单，繁种数量大，容易被群众接受。当时曾开展过群众性的改良混合选择法复壮花生良种的活动，提纯复壮的花生种子增产 2.8％～16.0％。简易原种繁育法也就是三年两圃制提纯复壮法，该法仍是目前花生良种提纯复壮的主要方法，20 世纪 70 年代初，人们用该法对当时的推广品种进行过普遍的提纯复壮，复壮后的良种增产 3.8％～21.1％。20 世纪 80 年代，河北省从山东省引进了株选法、果选法和仁选法花生良种提纯技术，结果如下：株选法可使花生增产 1.2％～8.5％，并且性状可遗传；果选法可使花生增产 6.5％～10.0％；仁选法可使当年花生增产 13.3％～18.3％。果选法和仁选法复壮的花生良种性状遗传性差。无性繁殖是种性保纯的最好方法之一。

3. 花生种子繁育推广体系　20 世纪 50 年代初，全国花生生产尚属个体分散经营形式，国家尚未设立专门的种子管理机构，河北省的花生种子工作方针是"就地评选，就地推广"。由于种子繁育推广不成体系，多数地方品种混杂退化很严重。从 1953 年起，我国学习推广了苏联的一套良种繁育制度，对良种繁育工作起到了一定作用，但在某些方面，如复壮的做法是有一定局限性的。农业合作化后，开始提倡田间片选株选留种。1958 年全国种子工作会议正式提出了主要依靠人民公社的生产队自选、自繁、自留、自用，辅之以必要调剂的种子工作方针，河北省建立了县、公社良种场（站）和生产队种子田的三级良种推广体系。为了从根本上解决花生分散留种问题，克服品种多、乱、杂的现象，1978 年国务院下达了加强种子工作的决定，同年农业部提出了品种布局区域化、种子生产专业化、种子加工机械化、种子质量标准化、有计划供用良种的种子工作方针。1980 年，河北省正式执行国家"四化一供"的种子工作方针，从而保证了花生种子纯度和种子质量。强化了种子管理工作，进一步健全了良种繁育推广体系，明确体现了县以上种子站（公司）和良（原）种场、乡镇种子站、繁种村及专业户是花生良种繁育推广体系必不可少的组成部分。在花生种子繁育推广体系中，市（地）县种子部门重点负责新品种的试验、示范和良种繁育基地的建设。市、地建立了原种繁育田，县建立了一级种子繁育田，乡镇建立了二级种子繁育田，县、乡联合供种，并根据种植规划制定良种繁育计划，提前落实繁育基地，解决好花生订购任务的减免和生产资料供应等相关工作，切实保证了繁种任务的完成。1995 年开始，我国启动农作物种子工程，主要内容是建立全国区域试验站，建立国家级农作物种子原种或原原种扩繁基地，国家立项对作物新品种进行开发。全国建立了 100 个农作物新品种区域试验站，其中多数区域试验站都可承担花生区域试验。2001 年我国正式颁布了《中华人民共和国种子法》，主题思想就是我国作物新品种实行国家级、省级两级审定制度，市、县不能进行作物新品种审定，于同年 12 月正式实施。在实施过程中，农业部确定的 7 种国家级作物中没有花生。在此之前，花生作为河北省的审定作物，共通过审定或认定花生品种 25 个。2012 年花生成为全省第四大作物，为了做好花生种子管理工作、满足农业生产对品种的需要，将花生确定为河北省的主要农作物，花生又重新被河北省农业厅列为审定作物，并由河北省种子总站组织花生区域试验和生产试验。国家及河北省花生种子繁育推广体系的健全对进一步完善花生良种繁种、供种和推广体系具有十分重要的意义。

4. 优良品种的繁育推广　河北省自 20 世纪 50 年代以来先后审定、鉴定、登记花生良种 140 余个，实现了多次品种更新，使全省花生生产的品种面貌发生了显著变化。①高产品种代替了低产品种。多年来，全省花生产区对花生品种的繁育推广均以丰产性作为主要目标，从而促进了全省花生品种由低产向高产的变化。以小花生为例，20 世纪 70 年代全省种植的花生品种产量较低。如伏花生、徐州 68 - 3、徐州 68 - 4、白沙 1016、天府 3 号等，全省花生单产不足 1 500 kg/hm²；20 世纪 80 年代初，从山东省引进高产、抗病、适应性广的花生新品种海花 1 号，20 世纪 80 年代末，河北省自育冀油 2 号、冀油 4 号等高产品种逐渐推广，全省花生单产稳定达到 1 500 kg/hm² 以上；20 世纪 90 年代，冀油 9 号、冀花 2 号、邢花 1 号、唐花 7 号等河北省自育品种快速发展，其中，冀花 2 号年推广面积达 300 万亩以上，成为河北省历史上年推广面积最大的品种，全省花生单产稳定通过 2 625 kg/hm²，花生生产实现了由低产向中高产跨越。②早、中熟品种代替了晚熟品种。20 世纪 50 年代，全省多数花生产区栽培的花生多为晚熟品种，生育期在 160 d 左右。1958 年从山东省引进的伏花生因适应性强、早熟、高产、品质好而被迅速在全省推广；20 世纪 70 年代末，年最大推广面积达 199 万亩，占当年花生面积的 70%，代替了生产应用的多数地方品种，成为河北省 20 世纪 60、70 年代和 80 年代初期的主栽品种。③优质品种逐渐受到种植者和企业家的青睐。20 世纪 90 年代以前，河北省以及全国花生主要育种目标是高产；20 世纪 90 年代后，为了满足国内、国外市场的需求，将花生育种目标调整为产量和质量并重，并且育成推广了多个优质高产新品种，如高产高油品种冀花 2 号等；2010 年后，对花生育种目标进行了进一步调整，育成推广了多个优质高产高油酸新品种，如高油高油酸品种冀花 16、冀花 19、冀农花 6 号等。

二、良种的合理布局

花生良种合理布局方面，根据花生产区的农业生产条件、生态环境条件和市场需求的客观条件筛选最适宜种植的花生良种，制定良种优化布局方案和配套方案，发挥良种的增产潜力和经济效益。

(一)花生良种布局的原则

花生良种布局必须遵循最大限度地发挥良种的丰产潜力、提高产品品质、增加经济效益、有利于生态平衡、顺应耕作制度发展等原则。

1. 主栽品种 花生良种合理布局必须综合考虑当时主要推广品种的特性、当地自然条件和生产条件、农民种植习惯及产后加工等因素，制定区域性布局方案，在试验的基础上确定主栽品种。各县（市）再根据自身的具体情况，通过试验确定主栽品种和搭配品种。避免大调大运、盲目引种，以免引种失误，导致减产。

2. 搭配品种 要根据自身的具体情况确定 1 个主栽品种和 1～2 个搭配品种。在具体种植过程中，一般要掌握中熟品种搭配早熟品种、高产品种搭配中产稳产品种、油用品种搭配鲜食品种。即可避免自然灾害发生导致花生大幅度减产，又可避免形势不好导致农民收入降低。

(二)花生良种合理布局的依据

花生良种布局必须依据产区的生态因素、品种的生态特性、产区的耕作制度、生产条件以及花生产后利用等进行合理安排。

1. 产区的生态因素 在制定花生良种合理布局方案时，必须首先摸清温度、水分、土壤、主要病虫害等生态因素。

（1）温度。温度是影响花生生长发育的主要因素。应根据历年的气象资料详细分析产区各月的总积温，判断最适合种植哪一类型品种。据研究：中间型中熟大花生春播生育期总积温为 3 500 ℃，>10 ℃的有效积温为 1 991.4 ℃；麦套花生全生育期的总积温为 3 150 ℃，>10 ℃的有效积温为 1 838.9 ℃；夏直播全生育期的总积温为 2 600 ℃以上，>10 ℃的有效积温为 1 513.6 ℃。

（2）水分。水分是影响花生生长发育的另一个重要因素。要根据历年的气象资料摸清产区的总降水量和降水分布情况，并与花生不同产量水平的耗水量进行比较，进而确定品种类型。

（3）土壤。土壤是花生生长发育最基本的条件，应全面测定产区土壤的理化性质。土壤的理化性质主要包括土壤孔隙度、土壤容重、有机质含量、全氮含量、有效磷含量、速效钾含量及 pH 等。

（4）主要病虫害。河北省主要病虫害有黑斑病、褐斑病、网斑病、病毒病（主要是条纹病毒病）、蛴螬、蚜虫、棉铃虫等。各产区要根据具体情况选用抗病虫品种。

2. 品种的生态特性 不同品种有着不同的生态特性。如：抗旱耐瘠品种和耐肥品种；早熟、中熟和晚熟品种；油用、食品和加工品种等。因此，在制定良种布局方案时，所选品种的生态特性必须与产区的生态环境相适应。如产区土壤肥沃、水肥条件好，应以种植耐肥高产品种为主。如产区花生生育期间活动积温低，应以种植早熟品种为主。如产区土壤瘠薄、比较干旱，则应以种植抗旱耐瘠品种为主。

3. 产区的耕作制度及生产条件 耕作制度是影响花生良种布局的主要因素之一。冀东地区宜选择春花生—冬小麦—夏玉米（或夏甘薯等其他夏播作物）轮作制，冀中南地区宜选择冬小麦—夏花生—冬小麦—夏玉米（或夏甘薯等其他夏播作物）轮作制，在河北省地下水超采综合整治区域，花生前茬宜选择冬油菜、黑麦草、二月兰等节水作物。春花生种植模式，宜选择增产潜力大的生育期在 125 d 左右的高油、高油酸、高蛋白等优良品种；夏花生种植模式，宜选用早熟、中小果品种，生育期一般在 110 d 以内。

4. 花生产后利用 花生产后利用也是品种布局的依据。各花生产区所产花生的利用目的略有差别，有以油用为主、以食用为主及以加工出口为主等。冀东花生优势区（包括唐山、秦皇岛和廊坊）的主攻方向是在发展高油、高油酸大花生的同时重点发展鲜食与休闲旅游食品加工所需的高产、高油酸春播食用小花生。冀中南花生优势区（包括邯郸、邢台、保定、石家庄、定州、辛集）的主攻方向是以油用花生为主、以食用（鲜食与烘炒）花生为辅，重点发展高产、高油、高油酸、早熟大花生品种，为油脂加工企业生产优质花生原料。黑龙港花生优势区的主攻方向是坚持油用、食用共同推进，重点发展高产、高含油量、高油酸春播大花生和粒型饱满、口感酥脆的加工型食用花生，为油脂、裹衣花生加工企业生产高油酸优质原料。

（三）花生良种布局发展趋势

20 世纪 90 年代以来，随着科技的进步和花生加工业的蓬勃发展，花生油用的比例下降、食用的比例增加。花生良种布局又出现了新的矛盾和要求。主要表现在两个方面：①以往的花生良种布局方案主要是依据生态条件和耕作制度提出来的，对花生产后利用因素考虑不多。②区域的划分不够细。尽管 20 世纪 90 年代进行了全省的区域划分，但各区内部没有再细分，特别是没有涉及花生产后利用的问题。由于现行的花生良种布局不尽合理，所以目前花生生产中良种的整体布局还有些问题，主要表现在：①土壤肥力条件和肥水条件较差的地区盲目地引进和推广高产品种，往往因土壤肥力差、施肥少、关键时期遇旱不能浇水、不能满足花生生长发育对肥水条件的基本要求而大幅度减产。②土壤肥力已经提高、耕作制度已经改变、生产条件大大改善的地区仍不及时更换新的高产品种，继续沿用低产老品种，混杂退化、增产潜力小、产量不高，有的则因肥水条件好、施肥偏多而造成花生徒长、倒伏减产。

目前，河北省种植的花生良种较多，据不完全统计，生产上种植品种 70 余个（0.1 万亩以上），大面积种植品种 10 余个（10 万亩以上），这些品种不可能在一个产区或者某一个生产单位同时种植，也不可能在所有产区都能表现增产。因此，必须根据产量和用途要求认真评选、合理布局现有品种，建议将河北省花生产区分为冀东花生优势区、冀中南花生优势区和黑龙港花生优势区。

三、花生良种繁育技术

(一)我国北方花生一年一作大田种子繁育技术

1. 单粒稀播繁育技术　单粒稀播繁育技术是加速繁育花生种子普遍采用的一种技术，也称高产高倍繁育技术。

(1)选地整地，培肥地力。高产高倍繁育田应选择土层深厚、耕作层肥沃的沙壤土，要求地势平坦，排灌方便，每亩施优质腐熟圈肥 3 000～4 000 kg、尿素 15～20 kg、过磷酸钙（含 P_2O_5 12%）80～100 kg、硫酸钾（含 K_2O 50%）20～25 kg。将全部有机肥、钾肥及 2/3 氮磷化肥结合冬前或早春耕地施于耕作层内，剩余的 1/3 氮磷化肥在起垄时施在垄内。

(2)严格选种，精细播种。晒果：种子剥壳前晒果。

晒果的主要目的：①提高花生仁中酶的活性，打破种子休眠，提高种子活力和发芽力。②通过均匀翻晒使花生荚果水分含量一致、出苗整齐。③紫外线照射有助于杀灭花生荚果携带的各种病菌，增强花生抗性。晒果方法：播种前 3～5 d，选择晴天中午，将花生荚果均匀地摊在地面上（最好不要在水泥地或石板上晒种，以免温度过高，影响种子发芽力），厚度在 6 cm 左右，从 9:00 晒到 16:00，中间翻动 2～3 次，连晒 2～3 d。

选种：选择典型果剥壳。花生壳是花生米的保护层，不要将剥壳后的花生米与花生壳分离，播种前再分离。分离后的花生米剔除芽粒、霉粒、破粒和秕粒，选皮色好、粒大饱满的一级米和二级米作种子。

播种：过去一般建议大花生春播适宜播期为连续 5 d 内 5 cm 地温稳定在 15 ℃以上，小花生春播适宜播期为连续 5 d 内 5 cm 地温稳定在 12 ℃以上。建议高油酸品种播期为连续 5 d 内 5 cm 地温大花生稳定在 18 ℃以上、小花生稳定在 15 ℃以上。

播种时将一级米和二级米分开，单独播种。高产高倍种子繁育田应采用起垄双行覆膜种植、单粒稀播方式。垄距为 85～90 cm，垄高 10 cm，垄面宽 55～60 cm，垄上小行距为 35～40 cm，大花生穴距为 16 cm，小花生穴距为 14 cm。按要求起垄后，在垄上开 2 条 3～4 cm 深的沟，沟心距垄边 10～12 cm。

随即按预定密度要求每穴 1 粒种子顺垄平放，然后盖种、覆土、耙平畦面，用小钩镰或穿沟犁将垄两边切齐，随后在垄上、两边均匀喷施除草剂。随喷随覆膜，膜面要拉平，膜边要压实。一定要做到足墒播种，以保证苗全、苗齐、苗壮。用花生播种机播种的，在播种时一定要清理排种器里的其他品种的种子，以保证种子纯度，并对排种器的间距进行调整，保证 1 穴只有 1 粒种子，以确保高倍繁殖。

花生病虫害可以在苗前加以防治。花生苗期病害主要有茎腐病、冠腐病等，每 100 kg 种子可以用 25 g/L 咯菌腈种子悬浮剂 15～20 g、350 g/L 精甲霜灵种子处理剂 14～28 g 拌种防治。花生虫害主要在 7 月和 8 月高温多湿期发生，主要有地上部的蚜虫、蓟马和地下部的蛴螬、地老虎、金针虫。防治地上蚜虫、蓟马等害虫，可于花生播种前拌种，每 100 kg 种子采用 30% 萎·福·吡虫啉种子处理悬浮剂 250～300 g（有效成分）进行处理；防治蛴螬、地老虎、金针虫可在花生播种时一次使用 35% 辛硫磷 800 g（100 kg 种子，有效成分，折合制剂量为 571 g/亩）或使用 30% 毒死蜱 750 g（100 kg 种子，有效成分，折合制剂量为 625 g/亩）拌种，播种时随种肥一起施入地下。

（3）加强田间管理。开孔放苗：覆膜花生播后 10 d 左右出现 2 片真叶时，要及时开孔放苗，以避免灼伤幼苗。开孔放苗一般在 9:00 以前或 16:00 以后进行。注意引苗孔不宜太大，能引出幼苗即可，花生出苗不齐时，可根据出苗情况引苗。

浇好关键水：花生生长过程中有 2 个对水分非常敏感的时期，即开花下针期和结荚期。苗期一般不浇水，若开花下针期干旱，发现叶片泛白出现萎蔫时，应立即灌沟润垄，使水沿着花生植株渗透到地膜下，确保开花、果针及时入土结实。结荚期干旱不仅影响荚果和籽仁发育，而且易出现花生黄曲霉毒素污染，因此需要满足花生对水分的需求，但应避免大水漫灌，提倡喷灌，并且喷灌的水滴越细越好，喷灌的时间在 8:00 以前和 16:00 以后，至地面湿润为止，确保有效结果数和荚果充分膨大。

中耕除草：垄沟雨后或灌溉后容易板结，此处还易滋生杂草，应及时顺沟浅犁，破除板结，清除杂草。

防治病虫害：花生开花到饱果期前，田间管理的主攻方向是确保地上部和地下部协调稳健生长，及时防治病虫害。花生下针期是蛴螬卵孵盛期，可用绿僵菌、黑光灯诱杀、性信息素诱捕等生物防治方法进行金龟子防治。

控制徒长：采用化控技术，协调茎叶生长和荚果生长的关系。在花生生长后期，雨水较多，植株容易出现徒长现象，可用壮饱安、多效唑等植物生长调节剂加以控制。壮饱安施用的适宜时期为花生下针后期至结荚前期，或主茎高度为 30～35 cm 时，亩用量一般为 20 g 左右，对水 30～40 kg，叶面喷施；如植株明显徒长，用量可略增加或施用两次，但总量不宜超过 30 g。生长不良的花生田适当减少用量。

防早衰、防烂果：后期主要防止植株早衰，促进果大果饱。①继续防治病虫害；②根据花生长相适量追施叶面肥，每亩用磷酸二氢钾 0.25 kg，对水 30 kg，均匀喷洒于叶面，喷施时间掌握在 9:00 以前和 16:00 以后；③及时排涝，防止烂果。

适期收获，及时晾晒、安全储藏：根据田间花生的成熟度确定适合的收获时间。收获过早花生饱满度差，影响产量；收获过晚容易产生烂果和芽果，影响种子质量。花生生育期受环境影响较大，同一品种在同一地点种植，年际生育期未必一样，在不同地点种植，成熟期差别可能会更大。生产中常用剥米法和刮壳法来确定花生成熟度。剥米法的具体做法是在田间代表性区域取 5～10 株花生，摘取可收获的全部荚果，剥壳后检查果壳内壁和种皮颜色。果壳内壁为褐色至黑色、种皮颜色为粉红色或深粉红色的荚果为成熟荚果［成熟荚果率（或称饱果率）＝成熟荚果数/(成熟荚果数＋未成熟荚果数)×100％］。一般认为，小果型品种饱果率达75％以上、普通大果型品种饱果率达65％以上就达到了大田适收标准。刮壳法是美国提出的手工辨认方法，通过查看荚果马鞍区果皮颜色、比照成熟度比色板来确定成熟度。后采用高压湍流水枪冲除外果皮露出中果皮，大大降低了工作量。此方法最初是为鉴定兰娜型花生品种成熟度而开发出来的，其操作性不如剥米法。建议种用花生收获比普通商品花生提早一周。

收获的花生可以平铺在田间，晾晒3～5 d，在田间或运到场院摘果，尚未摘果的花生不能堆成大垛，摘下的荚果不能堆大堆，避免荚果伤热、感染黄曲霉。及时晾干花生荚果，在7～10 d内使花生荚果的含水量降到10％以下。对晒干的花生进行加工，选择饱满的作为种子。纯度、净度、发芽率、水分达到国家规定的标准后，封签装袋入库。不同的品种单独存放。

(4) 繁育效果。单粒稀播高产高倍繁殖技术充分发挥了花生的单株生产力和增产潜力，繁殖系数可达30倍以上，能在较短时间内满足生产对种子的需要。

2. 扦插无性繁殖技术　花生的无性繁殖技术主要有侧枝扦插无性繁殖技术和花生成熟枝条四分法无性繁殖技术两种。

(1) 侧枝扦插无性繁殖技术。该技术是20世纪70年代末由山东省农民花生科技工作者试验成功的花生快繁技术。主茎和侧枝均可扦插。具有插枝缓苗快、开花早、结果早等特点。可以节约用种、提高繁殖系数，有利于加快育种进程和品种的普及推广。主要技术要点如下：

整地：选有水浇条件的地块整平做畦，每亩施厩肥5 000 kg以上、磷肥46.7 kg，尿素10 kg，为扦插枝条的生根、长枝、开花、结果创造良好的生长发育条件。

扦插：从健壮的花生植株上剪下主茎或侧枝的枝头（5～10 cm），按株距20 cm、行距33 cm的密度直插在整好的畦内。扦插的时间，黄河流域花生产区早熟品种不能晚于 7 月上旬，中熟品种最好在 6 月下旬。剪苗时需用锋利的剪刀从靠近叶节下剪枝，这样的枝头剪口愈合快、成活率高。

浇水：插后立即浇水。第一遍水一定浇透，以后保持地面湿润，直到扦插枝条缓苗开始生长。

管理：插后为防止烈日暴晒要适当遮阳。成活后要及时追肥、浇水，盛花期后要分次培土，促进花生苗旺苗壮，以便达到早开花、早结果、多结果的目的。扦插后 5～7 d，喷 2％或 3％的尿素水溶液，促进早还苗、快生根、多生根。

（2）花生成熟枝条四分法无性繁殖技术。花生侧枝扦插无性繁殖技术虽然可以提高繁殖系数，但是扦插枝条成活率较低，操作难度较大。20 世纪 80 年代末，山东省花生研究所引进、试验成功了无性繁殖新方法花生成熟枝条四分法（MPQ 法）。此法最早在印度国家花生研究中心（National Research Centre for Groundnut，NRCG）试验成功。与常规侧枝扦插无性繁殖技术相比，该方法最突出的优点是扦插成活率高，成活率可达 98％。

MPQ 法操作步骤如下：①在花生成熟采下荚果后，维持植株湿润。②摘去所有的叶，仅留顶芽。③用锋利的小刀从枝条的中轴向下纵切一刀分成 2 枝，以同样的方法再纵切分成 4 枝。每个四分之一枝都包括了主茎的一部分，并与一部分根连接。④用 0.2％多菌灵溶液浸泡 10～15 min，起到消毒作用。⑤移植到地里，注意保持土壤湿润，以利于新株生根发芽。用 MPQ 法，每个分株均带有一部分完整的根，有助于新株成活，成活率在 90％以上，最高可达 98％。该方法可以增加到 4 倍母株数量，因此可作为繁殖用于回交的 F_1 代材料和增加 F_2 代群体的方法，也可用作种子不育系的保存繁殖方法。但该方法过于费工费时，难以在大田花生种子繁育中广泛推广。

（二）设施加代繁育技术

近年来，为更快地培育及繁育花生新品种，花生科技工作者研发出一些借助温室（大棚）等设施的花生加代繁育新技术，其应用效果较上节中所提到的传统大田繁育技术又有了进一步的提高。

河北省年积温较低，普通田间条件下花生一年两作难以实现。为解决花生种子繁育技术难题，实现一年两季高倍快繁，曾进行过南繁和冬季温室加代试验，均存在繁育成本高、风险高和操控难度大等难题，效果不理想。近年来河北省农林科学院粮油作物研究所在总结多年温室加代经验教训的基础上，分别选用冀花 19、冀花 21、冀花 572、冀花 18 等大、小花生新品种原种，于早春利用塑料大拱棚加代，连续多年进行了一年两季高倍快繁，均获得成功。大拱棚加代每亩用种 10.0~12.5 kg，当年繁种量为 2 030~2 530 kg，使年繁殖系数由 20 倍提高到 200 倍以上，繁种成本为 9.09~11.32 元/kg，为花生原种的高倍扩繁和新品种的快速大面积推广应用奠定了基础。该项技术相较于南繁和温室（冬暖式）加代具有简便易行、投资少、效果好、成功率高等特点，是我国北方地区大面积、低成本花生种子繁育的一条新途径。

1. 大拱棚加代技术（第一季）　大拱棚规格：搞好塑料大拱棚加代是一年两季花生种子繁育成败的关键。塑料大拱棚宜选择水浇条件良好的沙壤土地块建造，最好采用无立柱钢架结构，棚宽 8.0 m、高 2.8 m（两边最矮处 1.0 m），长度可根据繁种规模灵活确定，南北向，实际种植面积占大棚总面积的 80% 左右。于播种后每 3 大垄再支架一小拱棚，棚宽 2.5 m，棚内纵向种 3 垄（大垄双行覆膜）花生，形成三膜覆盖。

整地与施肥：整地前应于 1 月下旬选择晴好天气将大拱棚膜扣好。2 月上旬待棚内温度上升、土壤解冻后，进行整地施肥和深翻，然后耙细耱平。每亩施用优质有机肥 1 000 kg，施用有效含量 40%（14-17-9）的花生专用肥 50 kg。

地膜覆盖、单粒精播：塑料大拱棚加代应采用大垄双行覆膜种植方式，垄距 80 cm，垄上小行距 30 cm，适宜种植密度为 21 万~27 万株/hm²，单粒播种，并铺设膜下滴灌带。

适期播种是大拱棚加代的关键措施。适宜播期应掌握在 2 月下旬至 3 月上旬，拱棚内两侧 5 cm 地温稳定在 12 ℃以上时即可开始播种。播种前应严格精选种子，剔除病、劣、秕等无发芽能力的籽粒。播种应选择晴天进行，并做到适墒播种、深浅一致，确保一播全苗。

播种出苗期管理：从播种至出苗期，应以提高地温为中心。花生播种后要及时支盖小拱棚，形成三膜覆盖，以利于增温保温。至齐苗前，一般情况下大拱棚不需放风；小棚膜昼揭夜盖；同时，要于每天 16:00 在大拱棚四周加盖草帘，提高保温效果。

苗期管理：花生齐苗后至盛花期（3 月上旬至 4 月中旬），在管理上应以温度调控为中心，棚内气温应控制在 30 ℃以内，以利于培育壮苗。棚内温度的调控是通过调节放风口的大小和放风时间来实现的，要根据天气情况灵活掌握。天气晴朗时，放风时间从 9:00 到 16:00，并注意随时间的推移和气温的回升逐渐加大放风口，并于 4 月上旬撤掉小拱棚，防止温度过高造成徒长。阴雨天或天气不好时，不放或少放，以防温度过低，影响花生正常生长。

中期管理：盛花后期到结荚中期（4 月中旬至 5 月上旬）管理，要做到促控结合。一方面，为提高积温和加快生育进程，应逐步提高棚内温度，但最高不宜超过 35 ℃。同时，随着棚内温度的提高和植株体的增大，耗水量不断增加，晴天中午叶片出现翻白现象时，应及时膜下滴灌，以防棚内湿度过大，加重病害发生。另一方面，大拱棚内光照较弱，在高温条件下极易造成花生徒长，应尽早采取化控措施，以控制营养生长，促进生殖生长，实现早熟、高产。当主茎高度达到 20 cm、每株有 20 个以上果针入土时，每亩喷施壮饱安 20～25 g。

后期管理：结荚后期到收获期（5 月上旬以后）管理，应以控制营养生长、促进生殖生长为主。此阶段要逐渐开大放风口和延长放风时间，使棚内、外条件逐渐相近，让大拱棚花生逐渐适应大田生长环境，至 5 月 15 日左右即可将大拱棚膜全部撤掉。同时，要注意及时浇水和拔除田间杂草，确保适期收获。大拱棚花生因受气候条件和第二季播期的制约，生育期最长不超过 125 d，不可能正常成熟。第二季播期最迟不应晚于 7 月 10 日，且收获后要经过 5～7 d 的晾晒和种子准备时间。因此，至 6 月底前，大拱棚花生有 50％以上的荚果成熟时即可开始收获。收获后要立即晾晒 4～5 d，待种子八成干时，立即脱壳精选，先去掉无发芽能力的籽仁，然后分一、二、三级存放于通风处，同时进行发芽率的测定，对于休眠性强的品种，应及时破除休眠、确保正常出苗，为第二季播种做好准备。

2. 大田繁育技术（第二季） 在成功进行大拱棚加代繁育的基础上，第二季抢时早播是北方花生一年两季高倍繁育技术成功的关键环节。

整地与施肥：在大拱棚加代花生收获的同时，应提前做好第二季的备播工作。一般每亩大拱棚繁育的花生种子，应预留 1 hm² 以上的夏茬地进行第二季繁育，并提前采取灭茬、施肥、深耕、旋耕和整平措施。每亩施有机质含量在 30％以上的生物有机肥 100 kg、有效含量为 40％的花生专用肥（14 - 17 - 9）50 kg，或同等含量的其他化肥。有机肥和 2/3 的化肥于耕前撒施作基肥，其余作种肥。

种子准备：大拱棚花生收获后，及时晾晒 4～5 d，种子八成干时，应立即进行脱壳，脱壳后先去除无发芽能力的秕仁，再将其他种子根据饱满程度分为三级，然后用吡虫啉、辛硫磷等囊悬浮种衣剂拌种，阴干后置于阴凉通风处保存、备播。

抢时播种、一播全苗：第二季大田播种越早越好，最晚不应迟于 7 月 10 日。采用大垄覆膜种植方式，垄距为 80 cm，覆盖 0.008 mm 的黑色地膜，种植密度为 18 万株/hm²，一、二级种子单粒精播，三级种子每穴 2 粒。墒情不足时，可造墒播种，或播后覆膜前立即采取微喷措施，确保一播全苗。

田间管理：本季花生播种晚，生育时间不足，在栽培管理上应以促为主。①及时破膜放苗，避免幼苗灼伤，促进壮苗早发、早开花、早结果；②自生育中期开始，喷施苯甲·丙环唑或戊唑醇等杀菌剂 2 次，防治叶斑病；③生育中后期，喷施 0.3％磷酸二氢钾 2 次，促进干物质积累和提高荚果饱满度；④花生进入生育后期，即 10 月下旬，日最高气温连续低于 20 ℃、土壤 5 cm 地温连续低于 15 ℃时，花生基本停止生长，即可开始收获；⑤收获后要进行晾晒，确保快速干燥，使种子含水量降至 10% 以下，避免脱水时间过长或遇低温伤害而影响发芽率。

四、花生良种的提纯复壮

在花生生产过程中，机械混杂、生物学混杂、品种本身遗传性发生变化和自然变异以及不正确的选择等都会导致良种混杂退化。随着良种使用年限的延长，品种混杂退化的程度会愈加严重。良种退化后，生长不整齐，成熟期不一致，产量降低。因此，即使在良种的推广过程中，也必须坚持经常性地提纯复壮。生产实践证明，经过提纯复壮的花生原种一般可增产 10% 左右，而且可大大延长优良品种的使用寿命。

40 多年来，我国花生科技工作者通过科学研究和生产实践总结出目前在生产上行之有效的花生提纯复壮方法，主要有简易原种繁殖法（三年二圃制法）、果选法和仁选法等。

（一）简易原种繁殖法

简易原种繁殖法也称三年二圃制法，是花生良种提纯复壮最常用的方法。其主要程序为：

（1）单株选择。提纯复壮的花生良种必须是生产上大面积推广且具有利用前景的品种，或试验示范表现好而准备推广的新品种，亦即具有广阔的推广前景准备作为生产原种的品种。为了选株方便和有利于植株充分生长发育，种植密度不宜过大，而且必须单粒播种。花生收获时，首先进行田间单株的选择，选择具有原品种特征、特性和丰产性好的典型优良单株，为了保证质量，已经生产原种的，应在原种圃内选择。选择单株数量应根据原种圃面积而定，一般每种植 6.6 hm² 选 1 000 株左右。当选单株要及时挂牌编号，充分晒干，分株挂藏或分袋保存。播种前再根据荚果饱满度、结果多少、种子形状和种皮色泽等典型性状进行一次复选。

（2）株行圃。选择地势平坦、地力均匀、旱涝保收、无线虫病、不重茬的地块作为株行圃。将上年当选的优良单株分株剥壳装袋，以单株为单位播种，每个单株播种1行，每9行或19行设1行原品种为对照行。行长一般为6～10 m，行距为45 cm。以单株编号顺序排列。生长发育期间要做好鉴定、观察和记录。苗期主要观察记录出苗期和出苗整齐度；花针期主要观察记录株型、叶形、叶色、开花类型、分枝习性、抗旱性等；成熟期主要观察记录成熟早晚、抗病性、株丛高矮及是否表现一致等；收获期要记录收获时间，先收淘汰行和对照行，后收初选行，同时观察记录初选行的丰产性、典型性、一致性和荚果形状、大小及其整齐度等性状。性状一致的株行可混合摘果。性状特别优良的株行可分别单独摘果装袋，标记株行号。收获后抓紧时间晒干，做好种子储藏。

（3）原种圃要选择中等肥力以上的沙壤土，施足基肥后作为原种圃。将上年度株行圃混收的种子单粒播种，密度不宜过大，要按高产高倍方法繁殖原种。秋季适时收获，搞好储藏，以供翌年大田生产用种。

（二）果选、仁选法

1. 要坚持每年进行果选 首先在种子田或大田收获时选择生长发育正常的地片，剔除病株、杂株和劣株后混合收获，然后，场上晒种时淘汰劣、病果和杂果，选出双仁、好果留种。

2. 在果选的基础上仁选 在播种前结合剥壳，首先剔除芽仁、病仁和杂仁后进行分级粒选。一般分为三级，以一级仁作种最好，在种源少时也可选用二级仁搭配用种，三级仁不宜作种。

简易原种繁殖法较果选法、仁选法的提纯复壮效果好，性状遗传性强，但工作量较大；果选、仁选法提纯复壮效果较差，性状遗传性弱，但经历时间短，工作量小。

五、花生良种繁种体系的建立与改革

过去花生良种的繁种、供种体系是在计划经济体制下形成的。在特定的历史条件下，其对促进全国的花生良种繁育和花生生产发展发挥了一定的作用，但是客观上也导致育种、繁种推广、生产销售三个系统相互脱节，三支队伍相互独立甚至相互对立，既不符合科技与经济相互依存、相互促进的客观规律，也不符合社会主义市场经济体制的要求。因此，必须进行改革。

（一）加强法规建设，规范种子市场

社会主义市场经济体制是法治体制，在新型良种体系中，知识必须得到尊重，知识产权必须得到保护。因此，要建设适应社会主义市场经济体制要求的花生良种繁种、供种体系。当前必须尽快执行《中华人民共和国种子法》或《中华人民共和国专利法》，规范花生种子市场，改变无法可依的状况和种子经营的混乱局面。只有这样才能使花生育种者、种子生产经营者、种子使用者（农民）的合法权益得到保护，种子质量才能得到保证，花生生产才能稳定、健康地发展。2001 年我国在农业部专门设立了农作物新品种保护处，2001 年和2002 年共有 8 个花生新品种申请了新品种保护。花生良种的选育和繁育开始走向法治轨道。

（二）加速花生种子质量标准的制定和检测体系建设

过去，花生良种繁种、供种体系中尚没有全国统一可依的种子质量标准和检测体系。按照社会主义市场经济体制要求，建立完善、公正和有权威性的独立种子质量检测、监督体系，是行政部门加强宏观调控，管好种子质量，规范种子市场，保证平等竞争不可缺少的执法手段。因此，当前必须尽快建立健全种子质量检测机构，配备相应的检测设备条件，落实一批技术好、素质高的检测人员，保证检测工作的运行费用，确保质量检测监督机构的公正性和权威性。值得欣慰的是，我国已在多数省份建立了种子质量检测中心，第一部花生 DUS〔植物品种的特异性（可区别性 distinctness）、一致性（uniformity）和稳定性（stability）〕测试标准已于 2002 年颁布实施。

种子质量检测的基础是科学的种子质量标准。在当前我国种子质量标准少、标准制定慢的情况下，加快花生种子质量标准的制定已刻不容缓。花生是自花授粉作物，不但要有生产用种的质量标准，而且要制定一个品种的原原种、原种等"基础种子"的标准，这样才能彻底改变目前我国花生种子质量不高的状况。

（三）加强花生种子信息系统建设

要使政府的宏观调控高效而有力，就必须具有一个对种子信息反馈快速、灵敏的种子市场信息系统。在计划经济条件下，这种信息的传递与反馈，主要是通过各级行政系统来实现的，但在社会主义市场经济体制下，相当多的种子企业是以独立法人的资格，根据市场需求和经济规律来运作的。这样，信息的传递与反馈仅靠原有的单一行政系统已远远不够，而且，政府对许多在市场中独立运作的种子企业也难以用计划经济时代的行政命令办法进行管理。因此，在社会主义市场经济体制下，要想有效地对花生种子市场进行调控，保证种子安全、稳定地供给，就必须尽快建立管理种子需求市场的信息反馈系统，以便及时发布和分析、掌握种子市场的需求状况，也使种子企业及时掌握种子生产经营的余缺状况，这样，既可有效地引导种子企业按市场的需求经营和组织安排种子生产，又有利于政府部门及早采取措施来平衡种子的余缺，防止种子市场价格的大起大落，保护生产者、经营者和农民的利益，保证花生生产的健康发展。

（四）加强花生种子的繁种、供种体系建设

在目前国际经济一体化进程不断加快的情况下，花生种子繁种、供种体系要因地制宜、灵活运用。

1. 花生种子四级生产　花生种子采用"四级生产—加工"繁种、供种体系，该体系由育种者、育种单位、原（良）种繁育场和省市县种子部门组成。在该联合体中，省、市两级种子管理部门起组织协调作用。育种单位的主要任务：①培育最新品种，并保证在该品种通过审定时有足够的育种家种子。②负责原原种的生产。原原种的生产方法主要由育种者或委托特约原（良）种场将育种者种子单粒稀播，或用一年两季繁殖技术等扩大繁殖系数、快速繁殖。③负责种子精选、包衣加工、生产商品种子。商品种子的生产方法主要由育种单位或特

约加工厂完成，对种子基地生产的良种进行精选、清选、包衣、分装。各级种子经营单位通过原种场或特约种子生产基地对原原种进行稀播快繁生产原种，然后在良种场或特约种子生产基地对原种进行繁殖、生产良种。④育种单位或特约加工厂对良种进行加工、包衣等使其成为商品种子，供各级种子经营单位销售给花生种植者。这种形式的种子生产、加工和供应程序由育种单位、原（良）种场、种子加工部门和省市县种子经营，由管理部门通过分工协作共同完成，构成了横向联合的育、繁、推一体化的良种繁育新体制。

"四级生产—加工"繁种、供种体系突出的优点有以下几点：①能从根本上保持优良品种的纯度和种性。"四级生产—加工"的繁种、供种体育种单位始终参与，能从根本上防止品种混杂退化和走样变形，能有效地保持优良品种的纯度和种性。②有利于实现种子标准化。用"四级生产—加工"程序生产的种子，种源统一，避免了"种出多门"，有利于实现种子标准化的目标。③育、繁、推一体化能形成合力。育种单位负责育种者种子和原原种的生产，由于其最熟悉自己培育的品种，又有强烈的责任感，能较好地保持其种性。种子生产部门利用其人才、基地、设备优势，能保证原（良）种生产和供应。种子加工部门有种子加工技术、包衣技术作依托，从一定意义上讲控制着统一供种，经济利益的驱动能使其增强责任感。各级种子管理部门负责种源管理和新品种试验、示范、推广的实施和组织协调，使整个良种繁育有序地进行。同时，这种联合也兼顾了各方利益，能充分体现优势互补、利益分享、风险共担的原则，实现了育、繁、推一体化，形成合力，给种子生产注入了活力。

2. 花生种子繁种、营销、开发体系建设 花生种子繁种、营销、开发体系就是科研单位与加工企业或出口企业联合进行种子繁育、营销，并进行订单回收开发。总体思路：将该体系分成两个层面，实行双赢战略。第一层面是品种繁殖阶段，科研单位负责原原种的生产。原原种的生产方法主要由育种者或委托特约原（良）种场，将育种者种子单粒稀播，或用一年两季繁殖技术等扩大繁殖系数、快速繁殖，同时负责原种生产和种子精选、包衣加工、生产商品种子。第二个层面是品种营销开发阶段，主要是科研单位利用企业的资金优势、加工优势，企业利用科研单位的技术优势，两者成立种子经营公司对新品种进行经营开发，产品由企业回收加工出口或制成产品销售。

第二节 花生技术推广

花生是河北省主要的油料作物，为了满足市场供应、更好满足居民消费需求，伴随着各级政府出台的鼓励花生生产的政策和措施，河北省花生生产经历了高产、高产高油、高产高油高油酸到现在生产专用化不同的发展阶段，取得了跨越式发展。当前，新形势下农业生产的主要矛盾已由总量不足转变为结构性矛盾，突出表现为阶段性供过于求和供给不足并存，矛盾的主要方面在供给侧，农业技术推广部门针对不同发展阶段生产实际，开展了一系列卓有成效的推广工作。通过高油酸花生绿色高效、花生盐碱地高效栽培等技术的集成推广，为稳定粮食产量、增加油料供给、减少肥药投入、促进农民增收、推进全省花生产业高质量发展提供了强有力的技术支撑。

一、花生技术推广历程

总体来看，20 世纪 90 年代以前，河北省花生生产主要以追求高产为导向。增产导向型政策的一个重要特点就是高度依赖化肥、农药等农业化学品的大量投入，以确保农产品产量的不断增长。

20 世纪 90 年代以后，随着栽培理念和技术的发展，过去主要依靠化学农药支撑产量增长的增产导向型农业政策已经不适应新时代的需求，日益暴露出诸多弊端和负面效应，亟待加快向以绿色农业为支撑、追求质量和效率的质效导向型农业政策转变。推动了包括有机农业、生态农业在内的绿色农业模式的发展，促进了传统花生种植的绿色化改造和绿色转型。在各阶段花生推广的具体技术如下。

（一）20 世纪 70 年代前，花生栽培技术管理粗放

品种上多是农家自留种，栽培上多是春播，主要分布在滦河、永定河、子牙河、漳卫河等河系沿岸以及土壤地力比较贫瘠的地块，遇雨抢墒播种，无雨担水点种。行距 50 cm 左右，株距 33 cm 左右，每穴 3 或 4 粒，属稀植大撮种植。出苗后锄草，待收。

（二）20 世纪 70—80 年代，以追求高产为目标的发展阶段

20 世纪 70 年代初开始有性杂交系统选育培育花生新品种，随着品种的不断更新，与其配套的各种栽培技术得到迅速推广。此阶段主要推广了沙薄地花生高产技术、清棵蹲苗技术、增施化肥技术以及开始试验增穴减粒密植技术、麦套花生技术等，并在 20 世纪 70 年代末初步形成了高产综合技术，实现大面积花生平均亩产 300 kg 以上。

1. 沙薄地花生高产技术 1975 年唐山农科所在 4 hm² 沙薄地实现了花生平均产量 3 150 kg/hm²，其中 0.33 hm² 高产田产量为 4 515 kg/hm²。沙薄地花生高产的 5 项关键措施：增施肥料，创造高产条件；选用优种，适应高产环境；浇水增墒，保证苗齐苗壮；狠抓治虫，保证正常发育；防治病害，保持叶片功能。

2. 清棵蹲苗技术 从山东省引进，主要在第一对侧枝展开前，扒土让子叶露出，促进第一对侧枝早发育、早开花、早结果。据深县辰时公社得朝大队（现衡水市深州市辰时镇）试验，采用清棵蹲苗技术花生亩产 176.5 kg，比对照增产 22.5 kg，增产 14.6%，此技术在 20 世纪 70 年代中期应用得较多。

3. 增施化肥技术 在施有机肥的同时施用化肥，特别注意增施磷肥，同时增加基肥量，一般占总施肥量的 90% 以上。1973—1977 年迁安县东周庄公社高各庄大队连续 5 年种植花生产量在 1 650 kg/hm² 以上，1978 年高产田（0.35 hm²）产量为 5 047.5 kg/hm²，具体做法：深翻改土，努力培创高产条件；增施肥料，为高产打下物质基础；积极选育推广优良品种；提高播种质量，实现苗全苗壮；加强管理，促花增果夺高产。

4. 增穴减粒密植技术 此技术 20 世纪 70 年代初开始试验推广，

主要是缩小行距，大粒种行距 36～43 cm，穴距 20～26 cm，每亩
7 000～8 000 穴，每穴 2 粒。小粒种行距 33～40 cm，穴距 20～23 cm，
每亩 8 000～10 000 穴，每穴 2 粒。1981 年衡水地区推广 31 万亩，占
全区花生总面积的 91.2%。

5. 麦套花生技术　河北省农业厅编《河北省油料生产技术资料
汇编》（1983 年 7 月印）刊河北省农业科学院作物研究所农艺师毛光
旭撰写的《麦套花生高产研究》指出，从 1971 年开始，以定县小油
村为基地，进行了麦套花生的高产试验。河北省农作物研究所
1974—1976 年在定县小油村进行麦套花生技术试验，取得成功。
1976 年南皮县良种场进行 5 亩麦套花生试验：小麦用 40 cm 三腿耧
播种，行距为 20 cm。麦熟前 5 月底到 6 月初，隔一行小麦点一行花
生。花生行距为 40 cm，穴距为 23 cm，每穴 3 粒，每亩 7 000 穴。试
验结果：小麦、花生双丰收，亩产花生 275 kg、小麦 400.5 kg。20
世纪 70 年代末在保定以南的水浇地上推广。

（三）20 世纪 80—90 年代，继续以追求高产为目标的发展阶段

在品种上，自育品种与引进优良品种同步推广，逐步替代地方品
种和伏花生。在种植上，20 世纪 80 年代花生集中区因地块倒茬受
限，连茬花生所占比例较大，影响花生产量和品质，因此积极探索推
广了一批地膜覆盖栽培、根瘤菌拌种、增施基肥等技术，尤其是引进
地膜覆盖技术后，推广面积达到了 10 万亩以上，实现了亩增产花生
100 kg 以上。

1. 地膜覆盖栽培技术　1980 年引进地膜覆盖技术后，花生地膜
覆盖面积逐步增大，1985 年全省推广地膜花生 41 万亩，重点应用于
春播花生。1985—1987 年在张家口地区推广花生地膜覆盖技术，改
变了其不种花生的习惯，打破了花生种植界线，使河北省花生种植分
布向北推进。1980 年新乐县凤鸣村、滦县西崔各庄村进行花生地膜
覆盖试验，增产效果明显。1981—1982 年多点试验亦获成功。1982
年在 8 个地区 103 个点试验示范，面积为 2 819 亩。据 10 个县调查，
增产 25.4%～31.7%，亩增产花生 100～125 kg。之后，此项技术在

北部地区被迅速推广。1982 年迁安县农业局推广花生地膜覆盖栽培技术，在扣庄公社扣庄大队和东晒甲山大队示范 66.7 hm²，覆膜花生平均产量为 4 138.5 kg/hm²，比不覆膜平均增产 1 558.5 kg/hm²，增产率为 60.4％，其中肥力较高的沙壤土平均产量为 4 399.5 kg/hm²，比不覆膜增产 63.0％。肥力低的丘陵沙地平均产量为 3 360.8 kg/hm²，比不覆膜增产 51.5％。扣除地膜、除草剂成本后，地膜覆盖增加纯收入 1 239 元/hm²。

2. 根瘤菌拌种技术　1982 年在花生集中产区进行了示范推广，比对照增产 12％左右。主要方法为播种时每 10 kg 籽仁用 40～80 g 根瘤菌对水 150 g 拌种，种子避光保存，现拌现播。1984 年国家经济委员会下达花生根瘤菌项目，农牧渔业部将其确定为全国重点农业技术推广项目，河北省将其列为全省重点推广项目。各级政府组织培训，落实配套措施，聘请专家讲课，组织参观学习，召开经验交流会，落实配套措施。1985 年在 53 个县（市）示范推广，施菌面积 30 万亩，占全省适宜施菌面积的 25％。对 26 个县 501 个点实产进行验收，平均每亩增产 24 kg。1986 年全省推广 70 万亩，平均每亩增产 20～25 kg。此后根瘤菌拌种技术成为重要的增产技术之一，在集中产区被广泛推广应用。1982 年迁安县示范根瘤菌拌种 5 000 亩，平均亩产 194.7 kg，比对照增产 20.9 kg，增产 12％。

3. 增施基肥技术的实施　重点提倡增施基肥，在保证施用足量有机肥的同时强调增施化肥，特别是增施磷肥，并开始施用复合肥，喷施磷酸二氢钾。20 世纪 80 年代开始施用复合肥，用根瘤菌拌种和喷施磷酸二氢钾。滦县 1981 年施复合肥面积 4.7 万亩，1982 年推广 15.8 万亩。

4. 重茬、中低产田花生增产技术研究　1981—1982 年廊坊农业局连续两年进行试验，对重茬花生减产原因与防治措施开展研究。研究结果表明，在低肥力土壤上，相同耕作条件下，花生重茬后一般减产一、二成，重者减产三成以上。重茬花生减产的主要原因是重茬后土壤肥力降低。提出解决花生重茬减产的技术措施：①深耕 19.8～

26.4 cm；②增施粗肥；③施用氮肥、磷肥；④喷施 0.2％的钼、镁、硼。1988 年迁安农技中心（徐延生）针对花生单产水平较低、中低产田占花生总面积的 50％以上的情况分析了花生中低产田的特点及改造利用途径。

5. 棉花或玉米与花生间作栽培技术示范　20 世纪 80 年代后期，中南部夏花生生产多采用棉花或玉米与花生间作栽培模式。技术要点：150～170 cm 一带，2 行棉花或玉米，2 行花生，棉花或玉米大小行种植，花生在大行内种植；180 cm 一带，1 行棉花，4 行花生。选用丰产、优质的中早熟或早熟品种，如冀花 2 号、极早 1 号、白沙1016 等。播前 10～15 d 耕翻整地，浇地造墒，优质农家肥、磷酸二铵、钾肥作基肥。4 月下旬在棉花行间点种或机播花生，或露栽或地膜覆盖。苗期一般不浇水，以防前期徒长、后期早衰。全生育期根据降雨情况酌情浇水，随浇水随追肥。5 月下旬防治蚜虫、红蜘蛛、棉铃虫。遇阴雨天气，5 月中下旬，用 50％的多菌灵 1 000 倍液防治叶斑病。

（四）20 世纪 90 年代—21 世纪，以高产、高油为目标的发展阶段

在品种上，自育品种快速发展，改变了河北花生生产以引进品种为主的局面，高产优质抗病花生新品种大面积推广。在种植上，20世纪 90 年代在积极探索推广了肥料配施、地膜覆盖栽培、轮作倒茬等单项技术的同时，初步集成了一批配套栽培技术。此阶段年麦套花生面积 300 万亩，此后成为冀中南夏花生主要种植制度。

1. 轮作倒茬技术　20 世纪 90 年代后春播、夏播区均对区域内种植结构进行了较大范围的调整，实行花生与其他作物合理轮作。冀中南夏播区重点发展麦套地膜花生和麦套夏花生，实行小倒茬，克服连重茬，由单季向复种转变。小麦套种花生栽培技术 1990 年后成为夏花生的主要栽培技术之一。此技术 1997 年麦套花生 300 万亩，此后成为冀中南夏花生的主要种植制度。

2. 肥料配施技术　20 世纪 90 年代强调有机肥与无机肥并施，

以无机促有机，提倡氮肥、磷肥、粗肥三肥底施，增施磷肥，补施钾肥，推广配方施肥。1999年后随着花生产量的提高，推行施足基肥和氮肥、磷肥配合，稳氮肥、增磷肥、补钾肥、配微肥的配方施肥技术。

（五）21世纪初至2015年，高产、高油、无公害并重发展阶段

在品种上，河北省花生育种和生产稳步发展，高产高油型花生品种大面积推广。在种植上，以无公害集成技术为主，优化推广了花生地膜覆盖、花生化学除草、夏直播花生配套、病虫害综合防治等一批配套栽培技术。

2001—2002年河北省农技推广总站（杨大俐等）通过执行农业部"花生地膜覆盖栽培技术丰收计划"项目，提出花生地膜覆盖"一优、二适、三推、四防"配套综合增产技术，"一优"即选用优种，"二适"即适期适量播种，"三推"即拓展种植区域、推行轮作倒茬，"四防"即防病、防虫、防旺长、防早衰。在迁安、遵化、滦县实施，两年累计推广72万亩（次），单产5 250 kg/hm²，比前3年增产26.02%，总增产6.6万t，新增纯收益1.4亿元。投入产出比为1：3.98。2003年获得农业部丰收奖二等奖。

2003—2004年在邯郸、邢台、石家庄、保定、衡水、沧州、唐山、廊坊、秦皇岛等市的82个县实施花生化学除草技术。两年累计推广829万亩（次），平均增产420 kg/hm²，平均增产率为14.73%，总增产24万t，总增经济效益8.2亿元。投入产出比为1：3.86。2005年获全国农牧渔业丰收奖二等奖。

（六）2016年至今，高油酸花生快速发展阶段

在品种上，河北省高油酸花生育种跨入国内领先行列，高油酸品种开始在生产上被大面积推广应用，花生生产实现了向高油酸的跨越。在种植上，以绿色高效为重点，集成推广了绿色高质高效、膜下滴灌水肥一体化等一批配套栽培技术，有效推进了花生产业的高质量发展。

2016—2018年河北省农林科学院开展了"丘陵山区高油酸花生

水肥高效利用研究与示范"，该项目以在河北省丘陵山区发展高油酸花生种植、利用节水灌溉技术、提高水肥利用效率、增加花生产量、提高山区农民经济收入为目标，研究集成了丘陵山区高油酸花生水肥一体化高产优质栽培技术体系。

2018—2020年河北省农林科学院开展了"海河流域夏花生化肥农药减施技术集成研究与示范"。通过项目实施集成了海河流域"花生主要病害虫全程绿色防控技术"和"夏花生滴灌水肥一体化技术"，集成了"夏播花生化肥农药减施增效技术模式"和"夏播花生起垄滴灌水肥一体化技术模式"。

2019—2021年河北省农林科学院开展了"高油酸花生绿色高质高效生产关键技术研究与示范"。通过试验研究，筛选出适合机械化种植的高油酸花生新品种5个、氮磷养分高效利用的高油酸花生新品种5个，制定高油酸花生机械化生产、叶部病害综合防控、基于生物有机肥和钙肥的花生果腐病综合防治技术3项，研究集成了高油酸花生绿色高质高效生产技术体系。

2020年河北省现代农业产业技术体系油料创新团队总结出"河北省高油酸花生绿色高效栽培十大关键技术"，即土壤科学深耕轮作技术、备种包衣技术、一播全苗技术、科学施肥技术、合理灌溉技术、精准化控与防早衰技术、病虫害草害绿色防控技术、灾害性天气应对技术、全程机械化技术、安全收获与贮藏技术。

二、生产推进政策

花生的发展及技术推广离不开政策的推动，各级政府根据人民群众不断提高的需求加强了对油料生产的组织领导，国家先后多次调整油料价格政策，各级政府和部门选择重点地区、重点产区、重点县（市）建立生产基地，实施旱作农业项目、推广"丰收计划"项目等，在油料产区广泛推广普及新品种、先进适用技术，综合配套增产技术，采取各种措施，组织推动油料以及花生生产的发展。

（一）调整价格政策

20 世纪 70 年代至 1992 年，油脂、油料执行国家指令性计划，其间国家多次出台相应政策，推进了花生产业的发展。1992 年后指令性计划改为指导性计划，油料、油脂价格放开，实行市场调节。

1979 年 4 月，国家大幅度提高油脂、油料的统购价格，同时将超购加价幅度提高至 50%。每 50 kg 花生油由 90 元提到 115 元，提高了 27.78%。1981—1982 年河北省增加议购议销数量，并增加出口和外调。1983 年改进油料收购办法，按"倒四六"比例（40% 按原统购价，60% 按原超购价）计价。1984 年 1 月国家规定，农民完成国家征购后的油料实行多渠道经营。1985 年实行合同定购，合同定购内的棉籽油、棉籽按"正四六"比例计价（60% 按原统购价，40% 按原超购价），花生油按"倒四六"比例计价。合同定购以外的由生产者自行处理。花生仁的定购价格为每 50 kg 62 元，花生油的定购价格为每 50 kg 149 元。1987 年 4 月，将花生果和花生仁（油）从"倒四六"比例价提高到超购价。在原定购价基础上，每 50 kg 花生油提高 23 元，花生仁提高 9 元，花生果提高 6 元。1989 年，在定购价格的基础上，再次提高油料、油脂价格。每 50 kg 花生油提高 11 元，花生果提高 3 元，花生仁提高 4 元。1990 年 4 月，在定购价格的基础上，每 50 kg 花生油提高 7 元，油料按其油脂的提价幅度相应调整。1990 年后粮油合同定购改为国家定购，不再与农民签订合同，只向农民发定购通知书或交售证。当年花生果由每 50 kg 55 元提高到 69 元。1992 年后指令性计划改为指导性计划，油料、油脂价格放开，实行市场调节。2005 年全省市场平均价格，每 50 kg 花生果 70 元左右，每 50 kg 花生仁 155 元左右，每 50 kg 花生油 600 元左右。

（二）建设生产示范基地

1984 年在坝上地区、燕山山区、太行山区和黑龙港地区 28 个县建立 180 万亩旱地农业示范区。1986—1990 年全省建出口花生基地县 12 个，总投资 400 万元。建名、特、优基地县 6 个，总投资 271 万元。1991 年河北省农业厅制定油料生产发展计划，确定重点抓好以唐山市、秦皇岛市 2 市 4 县（滦县、滦南县、迁西县、抚宁县）为中心的 75 万亩春花生示范区，以石家庄地区、保定地区、衡水地区 3 个地区 4 县（市）（新乐县、定州市、深县、饶阳县）为中心的 45 万亩麦套花生示范区，示范区重点推广综合配套增产技术。1994 年河北省财政投资 1 200 万元，在滦县、迁安市、滦南县 3 县（市）建立花生基地。3 县（市）花生平均亩产量为 139 kg，总增产 4 万 t。1995 年河北省农业厅确定大名县、广宗县、新乐市、高碑店市、永清县、滦县、昌黎县、沽源县、丰宁满族自治县、河间市、深州市 11 个县（市）为油料生产重点县，要求各市、县抓各自的重点县、乡、村，一级抓一级，抓点带面，重点推广优良品种、地膜覆盖、配方施肥、间作套种、起垄栽培、种衣剂拌种、涕灭威沟施防线虫病、化学除草等综合配套技术。当年，国家计划委员会、农业部将滦县列为商品油料基地试点县，总投资 350 万元。要求 1996 年全县花生平均亩产 165 kg，总产 4 万 t。1997 年全县花生平均亩产 205 kg，总产 4.1 万 t，分别比 1994 年、1995 年、1996 年 3 年增加 825 kg、1.24 万 t。两年累计增加花生总产量 1.59 万 t，经济效益为 6 360 万元。1999 年河北省农业厅确定在滦县、广宗县、永清县、文安县建立特色油料生产基地，要求 4 县依托沙土旱地优势，形成县域特色农业经济。滦县种植花生 15 万亩，通过地膜覆盖、施用钾肥、氮磷配合、稳氮增磷、补钾配微等技术措施，大旱之年平均亩产 246 kg，比非项目区增产 78 kg。2000 年全省以推广优良品种、旱作农业、病虫害综合防治、配方施肥等先进适用技术为重点，在永年县、隆尧县、藁城市、辛集市、石家庄市郊区、冀州市、吴桥县、满城县、固安县、大厂回族自治县、迁安市、抚宁县、涿鹿县、平泉县等县市开展科教兴农样板县建设活动。全省推广花生增产增效配套技术 300 万亩。2004 年河北省农业厅在永清县、饶阳县建立 1.3 万 hm² 优质花生示范区，每公顷纯收益 12 000 元以上。

（三）实施"丰收计划"

1989 年农业部下达花生"丰收计划"项目 1.3 万 hm²，在滦县、新乐县实施，实际落实 1.4 万 hm²，平均产量为 2 954 kg/hm²，比前 3 年（1986—1988 年）平均产量增加 983 kg/hm²，增产率为 17.41%，总增产 1.38 万 t，总增纯收入 1 581.52 万元。1990 年下达花生"丰收计划"项目 2.0 万 hm²，在上述两县重复实施，实际落实 2.2 万 hm²，平均产量为 2 739 kg/hm²，比前 3 年（1987—1989 年）平均产量增加 894 kg/hm²，增产率为 16.80%，总增产 1.98 万 t，总增纯收入 2 473.4 万元。1995 年花生"丰收计划"项目 2.66 万 hm²，在滦县、滦南县、昌黎县、抚宁县实施，实际落实 2.86 万 hm²，平均产量为 2 310 kg/hm²，比前 3 年（1992—1994 年）平均产量增加 10.00%，总增产 0.66 万 t。1996 年花生"丰收计划"项目 0.66 万 hm²，在滦县、迁安市实施，实际落实 0.75 万 hm²，平均产量为 2 981 kg/hm²，比前 3 年（1993—1995 年）平均产量增加 758 kg/hm²，增产率为 34.10%，总增产 0.57 万 t，总增纯收入 1 726.52 万元。1997 年在滦县、迁安市重复实施，实际落实 0.73 万 hm²，产量为 3 026 kg/hm²，比前 3 年（1994—1996 年）平均产量增加 712 kg/hm²，增产率为 27.50%，总增产 0.52 万 t，总增纯收入 1 609.98 万元。1998 年油料"丰收计划"项目（花生地膜覆盖及综合配套栽培增产技术）1.3 万 hm²，实际推广 2.73 万 hm²，平均产量为 4 425 kg/hm²，新增产量 990 kg/hm²，新增总产 2.7 万 t，新增纯效益 1 664.1 万元。1999 年油料"丰收计划"项目（花生地膜覆盖及综合配套栽培增产技术）1.3 万 hm²，实际推广 1.4 万 hm²，平均产量为 3 360 kg/hm²，新增产量 765 kg/hm²，新增总产 1.07 万 t，新增纯效益 1 607.00 万元。2001 年花生"丰收计划"项目 2.3 万 hm²，在滦县、迁安市、遵化市实施，2002 年实际完成 2.45 万 hm²，平均产量为 5 273 kg/hm²，比前 3 年（2019—2021 年）平均产量增加 1 398 kg/hm²，增产率为 35.90%，总增产 3.4 万 t，增加经济效益 7 108.10 万元。

（四）发展旱作栽培技术

"九五"期间，河北省委、省政府把旱作农业列为农业十大工程之一。经过 5 年的建设，2000 年在遭受严重旱灾的情况下，油料作物平均产量为 2 025 kg/hm²，比前 3 年平均产量增加 465 kg/hm²，新增油料总产 9.5 万 t，新增经济效益 10.37 亿元。在大名县、广宗县、新乐市、高碑店市、永清县、滦县、昌黎县、迁安市、沽源县、丰宁县、河间市、深县 12 个省级油料生产重点县（市）率先落实花生旱作配套增产技术措施。滦县种植花生 1.68 万 hm²，产量为 3 075 kg/hm²，比前 3 年平均产量增加 36.7%。

"十五"期间，全省建设油料旱作基本农田近 20 万 hm²，推广旱作农业综合配套技术 15 万 hm²，与前 3 年平均水平相比，项目区平均增产油料 369 kg/hm²，新增总产 7.38 万 t，新增效益 1.24 亿元。在永清县、饶阳县建设 1.3 万 hm² 优质花生地膜覆盖种植旱作示范区。饶阳县 6 600 hm² 优质花生示范区全部推行优良品种与地膜覆盖相结合的配套技术，平均增产 750 kg/hm²，纯增收入 1 500 万元。

（五）花生良种补贴

2010 年花生良种补贴被列入中央 1 号文件，相关文件提出大力发展花生生产基地县建设。为了更好落实发展油料生产政策，各级政府大力支持河北省第一大油料作物花生的生产。2010 年以来，为推进农业供给侧结构性改革和实施地下水压采工程，河北省把发展花生产业作为农业调结构、农民增收的重要抓手，通过系列政策扶持，进一步扩大产业规模、提升生产品质和效益，全省花生生产保持了良好的发展态势。以定州市为例，2010 年定州市落实花生良种补贴 60 万元，有效地激发了农民种植花生、应用良种的积极性，2010 年定州市花生播种面积达到 28 万亩，比 2009 年增加 3 万亩，从而增加了油料播种面积，为扩大油料生产、提高油料产量打下了基础。定州市加大农业技术的推广力度，形成政策正确引导，提供技术服务帮助，提高科技普及率，减少农民投入，增加农民收入，提高了农民种植花生的积极性，使 2010 年油料生产保持了良好势头。在春季低温、夏季干旱的不利影响下，通过适时播种、科学施肥、加强管理、突出病虫害防治，使花生获得好的收成。全市春播花生 10 万亩，麦套花生 18 万亩，平均单产 256.5 kg，单产比 2009 年增加 24.5 kg，增产率为

10.6%，总产 18.673 2 万 t。万亩高产示范区亩产 301.0 kg，核心区亩产 335.0 kg。

（六）推进花生产业高质量发展

近年来，河北省高度重视花生产业尤其是高油酸花生产业的发展，省领导多次对高油酸花生工作进行布置。2018 年印发《关于深入推进农业供给侧结构性改革加快发展农业特色产业的意见》，将高油酸花生列入河北省政府确定的十大类 27 个特色优质农产品。2019 年河北省农业供给侧结构性改革工作领导小组印发《河北省做大做强农业优势特色产业行动方案（2019—2022 年）》，推动实施专用品种替代普通品种、特色粮油替代籽粒玉米。2019 年第二批国家区域性良种繁育基地项目（高油酸花生繁育）落户河北大名县。2019 年、2021 年绿色高质高效创建项目分别对迁安市、滦县、新乐市、行唐县、定州市、大名县给予高油酸花生发展支持。2022 年河北省级油料产业集群资金项目对新乐市、迁安市、涞水县、枣强县、巨鹿县、雄县发展高油酸花生给予支持。李玉荣、王瑾等撰写的《关于加快发展高油酸花生种植的建议》得到批示。高油酸花生得到各级政府的重视，并获得相关补贴政策。在县级层面，枣强、深州、大名、迁安、新乐等县（市）也分别制定政策，对高油酸花生发展进行了支持。据不完全统计，2020 年、2021 年、2022 年各级项目资金达到 5 000 万元以上，为河北省花生产业的发展提供了有力支撑。

三、现阶段推广方式

近年来，随着社会经济的飞速发展，农业现代化工作逐渐大规模进步，农技推广模式和服务方式正在逐步多元化。目前，在全省的农技推广工作中，虽然以政府部门为主导的农技推广模式仍占绝对的主导地位，但是科研院所、企业和农民专业合作组织等主体在农技推广服务领域发挥着越来越重要的作用。河北省农技推广主体主要有政府部门、大专院校、科研单位、农业龙头企业和农民专业合作经济组织等。在现阶段高油酸花生的推广过程中，针对高油酸花生纯度要求高的特性，探索形成了以科研＋推广联动、合作组织带动、专业协会拉动、企业自建基地推动四大模式为主的高油酸花生发展组织管理模式，促进了农业节本增效，推动了小农户和现代农业有机衔接，使农民持续从第二产业、第三产业和农业科技发展中受益，推进了花生产业的高质量发展。

（一）科研＋推广联动推广模式

农技推广主体逐渐朝着多元化方向发展，但是政府部门及相关推广机构在农技推广工作中仍然发挥着举足轻重的作用。以政府为主导的农技推广模式是一种政府作为主体，其他组织或个人积极参与的推广模式。农业科研单位在农业科技的迅速发展中发挥着重要的作用，通过日常的科研工作向社会提供成果和技术。此种推广模式中的项目主要是针对农民的，为农技推广提供综合性和多层次的系统服务。高校、科研机构与农技推广服务部门相互合作的服务模式能够很好地将两者有机结合起来，将来这种服务模式的覆盖范围将会更加广阔。河北省农业科学院粮油作物研究所、河北农业大学、河北省农技推广总站采用科研＋推广联动方式，共同推进高油酸花生产业发展。联合创建了大名、新乐、滦县等一批高油酸花生绿色高效技术示范基地，并通过观摩培训、宣传引导等方式带动了区域性高油酸花生的快速发展，截至 2021 年末，全省高油酸花生面积达到 180 万亩，高油酸花生覆盖率居全国前列。

（二）合作组织带动型

合作组织形成产前、产中、产后的农业科技一条龙服务，促进了高新农业科技成果在高油酸花生生产中的应用，同时创新了农技推广服务方式，通过同农民、村集体形成利益共同体，以"经济效益"为纽带，有效地使多方协作关系更加紧密，带动农民实现共赢发展。以唐山滦县百信花生种植专业合作社为例，探索出成熟的"一托、五统、四代、三标"的土地经营发展模式，实现了种植规模化、管理标准化、产品品牌化，通过"土地托管＋土地入股＋收入保底＋盈余分红"的方式让村集体、农民参与进来，结成"利益共享，风险共担"的共同体,共同抵御市场风险。合作社在充分调研的基础上创新机制,提出了农户以土地入股,让农民变为合作社股东的"一托、五统、四代、三标"的发展模式,实现了订单农业,提高了农民种植收益。合作社采取农民、村集体与合作社三方受益的模式,在增加农户和村集体收入的同时形成了三方合作发展的经济协作共同体,充分调动了三方积极性,从而带动了高油酸花生整村甚至区域性发展。

(三)专业协会拉动型

协会把分散的农民小生产与大市场相连接,降低了交易成本,稳定了销售渠道,提高了市场话语权,拉动了区域高油酸花生发展。以河间花生协会为例,目前协会会员已达到 200 多家,辐射带动河间及献县、大城等地发展花生 3 万余亩,建立了沧州特色农产品专卖店,成立了"范胖子"花生品牌。与河北省内外多家教学、科研单位保持着密切的联系,在品种引进、技术推广、人员培训等方面进行合作。特别是和当地农业农村局联手打造农技推广"1+1 模式",由农业农村局派遣农技服务人员到合作社进行技术指导培训,以高校和科研院所为技术依托,以本地农技推广服务小组为纽带,以先进的农业机械为载体,为合作社成员提供全方位的技术服务。不定期通过微信群为农民提供技术服务,解决产销等问题,有效地促进了农民素质的提升和推进了高油酸花生产业化发展。

(四)加工企业推动型

通过消费拉动的方式,高油酸花生加工企业创建高标准原料基地,推动高油酸花生产业发展。冀中能源邢台油脂分公司建有河北省植物油技术研发中心,拥有先进的生产工艺、精良的生产设备和雄厚的技术力量,形成了涵盖高油酸花生油、古法小榨花生油等食用油产品和多种健康农产品体系。为确保原料质量,在邢台市建立了万亩高油酸花生标准化种植基地,并邀请中国农业科学院、河北省农业科学院的专家进行指导培训,推动了全省高油酸花生种植及精深加工的高质量发展。

四、花生推广的制约因素与发展对策

(一) 制约因素

花生一直是河北省第一大油料作物。河北省油料作物生产水平不高、发展缓慢的主要原因有以下几点：①对油料在人民生活及国民经济中的重要性尚未给予足够的重视，多年来花生生产排不到应有的位置。②缺乏对花生生产的优惠鼓励政策，挂钩物资少、不到位和低价定购任务大等政策挫伤了农民的积极性。③生产条件低劣。多年来，花生大多种在薄沙、盐碱等中低产地块上，农田基本建设跟不上，基础设施年久失修，生产条件愈加恶劣。④花生良种更新缓慢，对已推广的良种放松了提纯复壮工作，混杂退化严重。⑤花生集中产区多年重茬种植，土壤肥力降低，病虫害严重。⑥田间管理粗放，常规性增产措施，如配比施肥、合理密植等技术的落实远远不够。

(二) 发展对策

1. 加大资金和政策支持力度　将花生尤其是高油酸花生纳入现代农业重点支持范围。建议把发展花生种植作为推进河北省农业供给侧结构性改革、促进生态文明建设、巩固脱贫攻坚成果、实施乡村振兴战略的重要抓手，列入政府工作计划，出台相关政策，设立专项资金，重点支持花生的科技攻关、技术推广和产业化开发，围绕花生各产业环节予以资金支持，促进产业发展。

2. 政府主导提升产业化经营水平　在花生主产区，重点支持种子和加工企业建设生产基地。在无建设基地条件区域要鼓励家庭农场和大户采用专用品种开展规模化、标准化种植。对于种植花生的小农户，要力争将其纳入高嵌入度的专业合作社，通过订单农业、托管服务、五统一等方式提升整体生产水平，使产业链条利益紧密结合、实现多方共赢，促进整体产业发展。

3. 强化种业发展，夯实产业基础　发挥现代农业产业创新团队的人才优势，组织制定种业发展规划，明确发展目标和重点举措，力争在"十四五"期间取得新突破，并强优势补短板充分发挥河北省科研机构的品种育繁水平优势，重点培育高产稳产、优质专用新品种，满足市场多层次需求；培育抗病、水肥利用效率高、适宜机械化的新品种，满足生产需求；在特优区建设完善一批良种繁育基地，培育一批实力较强的种业销售公司，扩大河北品种在全国的市场份额。

4. 提升整体机械化水平　建设现代种植模式。深入开展花生种植技术与生产机械配套研究，开发专用机具，提高作业效率，降低破损消耗，促进农机农艺融合。建立全程机械化生产标准示范区，带动全省高油酸花生全程机械化水平提升。

参 考 文 献

迟锡权，孙立玲，2018. 一种花生良种推广模式的实践与思考［J］. 农民致富之友（4）：1.

崔成健，王培祥，孙旭亮，等，2000. 加强花生良种繁育推广工作的做法［J］. 种子世界（3）：2.

崔凤高，宫青轩，李华军，等，2010. 花生新品种种子高产高倍繁育技术［J］. 中国种业（9）：2.

河北省地方志编纂委员会，1995. 河北省志：农业志［M］. 北京：中国农业出版社.

姜言生，付春，鲁成凯，等，2013. 北方区花生一年两季高倍繁育技术［J］. 农业科技通讯（12）：216－217.

刘兵，2021. 高油酸花生良种繁育技术［J］. 种业导刊（1）：37－38.

孟凡华，田光利，郭有富，2006. 花生良种高产高倍繁育技术［J］. 农业科技通讯（2）：1.

万书波，2003. 中国花生栽培学［M］. 上海：上海科学技术出版社.

王传堂，朱立贵，2017. 高油酸花生［M］. 上海：上海科学技术出版社.

尉继强，彭守华，姜勇，等，2016. 花生良种高产高倍繁殖技术［J］. 中国种业（8）：2.

张兰清，2012. 冀东地区花生良种应用现状与繁供体系建设［J］. 农业科技通讯（1）：2.

张涛，杨振刚，2013. 花生良种稀播快繁栽培技术 ［J］. 农民致富之友（8）：2.

张晓华，2013. 花生良种的筛选、繁育及良种扩繁中的几点主要做法 ［J］. 种子世界（2）：27-28.

赵国庆，金保伟，2007. 花生良种高倍快繁技术 ［J］. 中国种业（7）：65-65.

朱统国，周玉萍，何中国，等，2014. 单粒精播技术在花生新品种快速繁育上的应用研究 ［J］. 安徽农业科学，42（30）：10494-10496.

第四章
河北省花生栽培研究与发展

河北省花生栽培理论研究不断深入，先后开展了主要花生营养元素吸收运转规律、测土配方施肥、不同生育时期发育和需水规律、光合特性与群体冠层结构、品质形成及其与环境条件和肥水供应的关系、地膜覆盖对花生生态环境和生长发育的影响、花生连作障碍的成因、主要生长调节剂的生理功能及其对花生生长发育和品质的影响、花生果腐病致病机理等方面的研究，为制订花生高产、高效、优质、安全栽培技术提供了理论支撑，极大地促进了河北省及全国花生生产的发展。

第一节　花生栽培生理基础

河北省花生不同种植区域具有不同的特点。《汝南圃史》有"落花生喜松土"；《抚郡农产考略》有"地利，宜燥不宜湿，夹沙田易脱水者最好"；《刘贵阳说经残稿》有"沙地宜种落花生"均反映了花生的选地与施肥。《救荒简易书》有"若干立夏断风前五日种之，则苗不为沙所打，而能早熟"，反映了花生的适期播种。《抚郡农产考略》指出"瘠土密栽，肥土疏栽"，反映了古人对花生种植密度的认识。《三农纪》中云"苗生锄草，花开时不宜锄"；《抚郡农产考略》有"出芽后，锄草二三次，花开时，则不宜锄，恐伤其子"。这既强调了苗期中耕锄草的重要性，又说明在果针入土、荚果发育时不要中耕，以免损伤果针和荚果。花生生产上要正确应用花生栽培生产措施，则需对花生的生长发育等栽培生理基础有清晰的认识，才能有的放矢。

一、花生生长发育对生态条件的要求

(一) 温度

花生属于喜温作物,对热量要求较高,在整个生长发育过程中均要求较高的温度条件。

1. 种子发芽与出苗 花生种子在一定的温度条件下才能发芽,在恒温条件下,不同温度不同类型品种发芽所需时间不同,但每一类型品种达到既定发芽率所需的积温均接近恒值。在田间栽培条件下,不同类型品种发芽出苗的最低温度存在一定差异,同一类型不同品种间亦存在差异。一些品种的发芽出苗温度为 10.46 ℃,多数品种的发芽出苗温度为 11.95~13.40 ℃,多年来将 12 ℃作为珍珠豆型和多粒型品种发芽出苗的下限温度,将 15 ℃作为普通型和龙生型品种发芽出苗的下限温度,但各类型中均有耐受一定低温的品种。

河北省常规花生品种一般以 5 cm 耕层地温连续 5 d 稳定通过 15 ℃为宜,高油酸花生品种的适宜播期则以连续 5 d 稳定通过 18 ℃为宜。

2. 营养生长 花生营养生长的最适温度为昼间 25~35 ℃、夜间 20~30 ℃。在 15 ℃的温度条件下,花生生长几乎停止。河北花生产区花生生长期间温度越高,花生生长越好,幼苗期日平均气温应达到 20 ℃左右。

3. 开花下针 花生的开花数量与温度关系极为密切。开花的适宜温度为日平均 23~28 ℃,在这一温度范围内,温度越高,开花量越大。当日平均温度降到 21 ℃时,开花数量显著减少,低于 19 ℃时,受精过程受阻,超过 30 ℃时,开花数量也减少,受精过程受到严重影响,成针率显著降低。

4. 荚果发育 花生荚果发育所需时间的长短以及荚果发育的好坏与温度高低有密切关系。荚果发育的最适温度为 25~33 ℃,最低温度为 15~17 ℃,最高温度为 37~39 ℃。据试验测定,结荚区地温保持在 30.6 ℃时,荚果发育最快、体积最大、重量也最重,若地温高达 38.6 ℃,则荚果发育缓慢,若地温低于 15.0 ℃,则荚果停止发育。

（二）水分

花生是比较耐旱的作物，但整个生育期的各个阶段都需要有适宜的水分才能满足其生长发育的要求。总的需水趋势是幼苗期少，开花下针期和结荚期较多，生育后期荚果成熟阶段又少，形成"两头少，中间多"的需水规律。

1. 发芽出苗　发芽出苗时土壤水分以土壤田间持水量的 $60\%\sim70\%$ 为宜，低于 40% 时，种子容易落干而造成缺苗，若高于 80%，则会导致土壤中的空气减少，也会降低发芽出苗率，水分过多甚至会造成烂种。幼苗期土壤水分以土壤田间持水量的 $50\%\sim60\%$ 为宜，若低于 40%，根系生长受阻，幼苗生长缓慢，还会影响花芽分化，若高于 70%，也会造成根系发育不良、地上部生长瘦弱、节间伸长、影响开花结果。

2. 开花下针　花生开花下针阶段既是植株营养体迅速生长的盛期，也是大量开花、下针、形成幼果、进行生殖生长的盛期，是花生一生中需水最多的阶段。这一阶段土壤水分以土壤田间持水量的 $60\%\sim70\%$ 为宜，若低于 50%，开花数量显著减少，土壤水分含量过低时，甚至会导致开花中断。若土壤水分过多、排水不良、土壤通透性差，会影响根系和荚果的发育，甚至会造成植株徒长倒伏。

3. 荚果发育　结荚至成熟阶段，植株地上部营养体的生长逐渐缓慢以至停止，需水量逐渐减少。荚果发育土壤水分以土壤田间持水量的 $50\%\sim60\%$ 为宜，若低于 40%，会影响荚果的饱满度，若高于 70%，也不利于荚果发育，甚至会造成烂果。

（三）光照

花生属于短日照作物，日照时间的长短对花生开花过程有一定的影响，长日照有利于营养体生长，短日照处理能使盛花期提前，但使总开花数量略有减少的趋势。由于短日照可以促进早开花，而使营养体生长受到一定的抑制，因而造成开花量的减少。不同类型花生品种对日照的敏感性有一定的差异，河北省品种对日照不敏感。

花生整个生育期均要求较强的光照，如光照不足，易引起地上部徒长，使干物质积累减少、产量降低。

（四）土壤

花生对土壤的要求不太严格，除特别黏重的土壤和盐碱地外，均可种植花生。但由于花生是地上开花、地下结实的作物，要实现优质、高产，土壤以耕作层疏松、活土层深厚的沙壤土最为适宜。沙壤土的通气透水性良好，有利于花生生长和荚果的发育。据对花生高产田块的分析测定，亩产 400 kg 以上的田块，0～30 cm 土层有机质含量多在 4～7 g/kg，全氮含量多在 0.3～0.6 g/kg，碱解氮含量多在 30～100 mg/kg，全磷含量多在 0.5～1.0 g/kg，有效磷含量多在 5～20 mg/kg，速效钾含量多在 50～100 mg/kg，基本代表了土壤的中上等肥力水平。

二、花生的生长发育

（一）营养器官的生长发育

1. 根系　种子萌动后，胚根首先突破种皮垂直向下伸长，深入土中形成主根。出苗时主根长可达 19～40 cm，侧根已有 40 余条，花生始花时，主根长可达 60 cm 以上，侧根已生出 100～150 条。侧根刚生出时近似水平生长，长度可达 45 cm，此后，转向垂直向下生长。成熟植株的主根长可达 2 m，一般为 60～90 cm，侧根也可伸至该深度。侧根于地表下 15 cm 土层内最多，花生主体根系分布在30 cm 深的土层内（约占根总量的 70%）。根系分布直径，匍匐型品种可达 80～115 cm，直立型品种约为 50 cm。花生的侧根有一至七次之分，随着一次侧根的生长，二至五次（直立型品种）、最多七次侧根（匍匐型品种）相继长出，最终形成花生庞大的根系。

2. 分枝　主茎上生出的分枝称第一次分枝或一级分枝，在第一次分枝上生出的分枝称第二次分枝，依此类推。第一条、第二条一次分枝从子叶叶腋间长出，对生，称为第一对侧枝，在出苗后 3～5 d，主茎第三片真叶展开时出现。第三条、第四条一次分枝由主茎第一真叶、第二真叶叶腋生出，互生，但由于主茎第一节、第二节的节间极短，近似对生，所以一般又称第二对侧枝，在出苗后 15～20 d 内主茎第五叶、第六叶展开时出现。第一对、第二对侧枝出生早、长势强，这两对侧枝及其长出的二次分枝构成花生植株的主体，到产量形成时，其上的叶面积占全株的绝大部分，亦是花生开花结果的主要分枝，结果数可占单株总果数的 70%～80%。因此，栽培上促使第一对、第二对侧枝健壮生长十分重要。

第一对侧枝节数一般比主茎少两节，长度一般均超过主茎。花生单株分枝数变化很大。连续开花型品种分枝少，一般 5～6 条至 10 多条，个别品种只有 4 条；交替开花型品种分枝数一般在 10 条以上。在群体条件下，疏枝型品种单株分枝数不超过 10 条，有效枝占总分枝的 90% 左右。同一品种，肥水不足或密度过大会使单株分枝数减少。夏播花生分枝数一般少于春播花生。

花生第一对侧枝的平均长度与主茎高的比值称株型指数。根据花生植株侧枝的姿态以及株型指数的不同，可把花生分为 3 种株型。蔓生型（或匍匐型）：侧枝几乎贴地生长，仅前端一小部分向上生长，株型指数为 2 左右；半蔓生型（或半匍匐型）：第一对侧枝近基部与主茎成 60°～90° 角，侧枝中上部向上直立生长，直立部分大于匍匐部分，株型指数为 1.5 左右；直立型：第一对侧枝与主茎所成角度小于 45°，株型指数为 1.1～1.2。直立型与半蔓生型合称丛生型。一个品种株型比较稳定是花生品种分类的重要性状依据之一。珍珠豆型和多粒型等连续开花品种均为直立型，龙生型品种几乎均为蔓生型，普通型品种有直立型、半蔓生型和蔓生型 3 种类型。丛生型品种株型紧凑、结果集中、适合密植、收刨省工，目前生产上推广的主要栽培品种大部分属此类型。

3. 叶片 根据叶片出生速度及叶片大小、颜色、形状、厚度等特征，将主茎叶由下向上大体分为 4 组：1～4 叶为第一组，每隔 1～3 d 就展开一片叶，前 3 叶最快时每展开 1 片只需半天多的时间，且与当时温度无关。第一组叶片小而厚，叶色深，近似卵圆形，品种间无明显差异，叶片的大小很大程度上取决于种子大小和播种深度；

5~8（或7）叶为第二组，每隔5~7 d展开一片叶，叶片逐渐变大变薄，叶色较淡，品种间叶形逐渐出现差别；9（或8）~16（或17）叶为第三组，每隔4~6 d展开一片叶，叶片大而薄，叶色逐渐变深，叶形呈现品种固有特征。

第二组、第三组叶出叶速率与气温明显相关，气温高，出叶快，每出一叶，需＞10 ℃有效积温60~70 ℃，干旱、弱光能在一定程度上延缓叶的出生；16（或17）叶以后为第四组，每隔8~10 d，多者达16 d展开一片叶，叶片有变小变厚的趋势，叶形稍长，叶色转淡。第四组叶的出生速度除与气温、水分有关外，还与植株的长势有关，长势强的品种出叶速度稍快，长势弱易早衰的品种出叶较慢。

花生主茎一般可着生20片叶左右。第一对侧枝叶片数，蔓生型品种一般多于主茎，丛生型品种一般比主茎少2片左右。品种间主茎叶片数存在差异，生育期长的晚熟品种的主茎叶片数一般多于生育期短的品种。外界条件对品种主茎和侧枝叶片数有一定影响，但在一般气候条件下，一个品种主茎和侧枝上的叶片数相对稳定。

（二）生殖器官的生长发育

1. 花芽 花生单株花芽很多，从花萼原基出现至开花是一个连续的演变过程。连续开花型品种主茎展开7~8叶、交替开花型品种主茎展开8~9片叶时第一朵花开放。花生花芽分化期开始的早晚因品种类型、播种期及环境条件的不同而有很大差异。每一花芽分化所需时间为20~30 d，主要受温度影响。不同类型品种花芽分化全过程所需积温存在一定差异。适当高温能显著加快花芽分化速率，所以同一品种夏播，其花芽分化全过程所需时间明显少于春播花生。土壤干旱能延迟花芽分化过程，当土壤湿度为田间持水量的45%时，花芽分化进程比土壤湿度为田间持水量的65%时延长4 d；氮肥、光照强弱显著影响单株花芽分化数，而对花芽分化时间长短影响很小。

2. 开花和受精 花生开花的前一天16:00左右，花蕾明显增大，傍晚花瓣开始膨大，撑破萼片，微露黄色花瓣，至夜间，花萼管迅速伸长，花柱亦同时相应伸长，翌日清晨开放。开花时间多在5:00~

7:00，6月在5:30左右，7月、8月在6:00左右，9月及阴雨天开花时间延迟。开花受精后，当天下午花瓣萎蔫，花萼管亦逐渐干枯。花生由下而上、由内而外依次开放，相邻花开放间隔2～3 d，整个植株或整个群体开花期延续时间（自始花至终花）很长，在一般栽培条件下，疏枝亚种50～70 d，密枝亚种60～90 d或更长，有的品种在收获时还能见到有零星花开放。

花瓣开放前，长花药即已开裂散粉，圆花药散粉较晚。有的花被埋入土内，花冠不能正常开放，亦能完成授粉和受精。授粉后，花粉粒即在柱头上发芽，花粉管沿花柱的诱导沟伸向子房的胚珠，在花粉管开始伸长时，生殖细胞又进行一次分裂形成两个精子。在授粉后的5～9 h，花粉管可达花柱基部，以后通过珠孔到达胚囊，花粉管靠近卵细胞，放出精子，一个精子与卵细胞结合成为合子（受精卵），另一个精子与两个极核结合成为初生胚乳细胞。花生一般都为双受精，有时也可发生单受精现象，即只有卵子结合而极核未受精或极核受精而卵未受精，这种单受精的胚珠不能发育成种子。这可能是花生荚果空壳的主要原因之一。

花生开花期较长，每天开花数变化很大，但总的趋势是由少到多，又由多到少，将开花最多的一段时间称盛花期。盛花期的早晚、长短因品种和栽培条件而异，早熟、连续开花型品种，在始花后10～20 d即可达盛花期，晚熟、交替开花型品种则在始花后20～30 d或30 d后才进入盛花期，有些晚熟的蔓生品种盛花期不明显，常出现好几个开花高峰。晚播（夏播）、密植或地膜覆盖栽培条件下，盛花期明显提前。盛花期大体与营养生长盛期同时，因此盛花期是花生植株进入营养生长盛期的一个标志。

开花前两天的平均气温低于23 ℃或遇干旱，易形成短花柱，短花柱不能使柱头伸出雄蕊管授粉，因而形成无效花。气温过高和过低均不利于花粉发芽和花粉管伸长，花粉在柱头上发芽的适温为22～30 ℃，低于18 ℃或高于35 ℃，都不能受精。3:00～8:00连续降雨会使花粉受渍，当日所开花大都成为无效花。

3. 果针　在开花后 3～6 d 即可长出肉眼可见的果针（子房柄）。花生果针具有与根相似的向地生长习性。果针生长最初略呈水平，不久即弯曲向地生长、入土。在果针入土达一定深度后，果针停止伸长，子房开始膨大，并以腹缝向上横卧发育成荚果。在同一子房内，位于前端的胚的发育慢于位于基部的胚，并且有许多败育，这是形成单室果的重要原因。

果针入土深度因品种和土壤质地而异，珍珠豆型品种入土深度较浅，一般为 3～5 cm，普通型品种入土深度一般为 4～7 cm，龙生型中有的品种入土可达 7～10 cm。在沙土地上入土较深，在黏性土上入土较浅。

花生一生中开花很多，但有相当大一部分未能形成果针。开花总数中形成果针的百分比称为成针率，一般情况下成针率只有 30%～70%。早熟品种成针率略高，在 50%～70%，晚熟品种成针率可能低至 30% 或在 30% 以下。不同时期所开花的成针率差异很大，温湿度条件适宜时，前、中期开的花成针率可达 90% 以上，而后期所开的花成针率不足 10%。果针形成的最适温度为 25～30 ℃，温度高于 30 ℃ 或低于 19 ℃ 时，基本不能形成果针；开花期夜间空气相对湿度对果针的形成影响很大，相对湿度为 95% 时的成针率为相对湿度为 50%～70% 时的 5 倍，空气相对湿度小于 50% 时，成针率极低。

果针能否入土主要取决于果针穿透能力、土壤阻力及果针着生位置的高低。果针的穿透力与果针长度和果针的软硬有关，果针离地越高，果针越长、越软，入土能力越弱。土壤的阻力与土壤干湿和紧密度有很大关系，所以，保持土壤湿润疏松有利于果针入土。生育中、后期对植株培土，缩短果针入土距离，有利于更多的果针入土结实，可提高产量。

4. 荚果和种子发育　花生果针入土到一定深度即停止伸长，子房随即膨大、荚果开始发育。从果针入土到荚果成熟，早熟小粒品种需 50～60 d，大粒品种需 60～70 d，整个过程可粗略分为两个时期，前一时期称荚果膨大形成期，需时 30 d 左右，主要表现为荚果体积的迅速膨大，此期结束时荚果体积已达一生最大。据观察，中熟大果品种果针入土后 7～10 d 即可形成鸡头状幼果，10～25 d 体积增长最快，25～30 d 达到最大值，此时称为定型果。定型果壳木质化程度低，果壳网纹特别是前室网纹尚不明显，果壳表面光滑、黄白色（白色成分重），荚果幼嫩多汁，含水量高，一般为 80%～90%，籽仁刚开始形成，内含物以可溶性糖为主，尚属幼果，无经济价值。因此，荚果膨大期主要是果壳增长。后一时期称荚果充实期或饱果期，需时

30 d 左右，主要是荚果干重迅速增长，籽仁充实，荚果体积不再增大。此期间果壳的干重、含水量、可溶性糖含量逐渐下降，种子中油脂、蛋白质含量，油脂中油酸含量，油酸/亚油酸（O/L）均逐渐提高，而游离脂肪酸、亚油酸、游离氨基酸含量不断下降。果针入土后 20～55 d，果重增加迅速，以后增重逐渐变缓；入土后 65 d 左右，荚果干重和籽仁油分基本停止增长，此时果壳逐渐变薄变硬，网纹逐渐明显清晰，种子体积不断增加，种皮逐渐变薄，显现品种的本色（图 4-1）。在这一阶段，随着荚果的发育，刮去外果皮可见中果皮色泽

图 4-1 花生荚果发育过程形态变化

白→黄→橘红→棕褐→黑的明显变化。同时内果皮逐渐变干、出现裂缝和褐斑。在生产上常将荚果按成熟程度不同分为 3 个类别。

（1）幼果。子房呈鸡头状至体积达最大，籽仁尚无食用价值，荚果干后皱缩。

（2）秕果。籽仁可食用，但不饱满，果壳网纹开始清晰，但尚未

完全变硬。

（3）饱果。籽仁充分成熟，呈现品种本色，果壳全部变硬，内果壳出现黑斑。

在荚果发育的同时，种子幼胚亦随着发育，从果针入土到荚果、种子充分发育成熟需 60～70 d，但由于品种、荚果在植株上所处部位、茎叶供应养分强度以及外界环境条件的不同，荚果发育所需时间亦有所不同。

在适宜温度下，花生荚果发育的条件主要是黑暗、机械刺激、水分、空气、结果层矿物营养、温度、有机营养的供应情况。

（1）黑暗。黑暗是荚果发育的必要条件，只要子房处于黑暗条件下，不管其他条件满足与否，都能膨大发育。而在光照条件下，即使其他条件良好，子房也不能发育。进一步研究发现，花生荚果发育过程并非都需要黑暗条件，只要在黑暗条件下发育到子叶形成期和真叶分化期（相当于果针入土后 20～25 d），以后即使在光照条件下，子房仍能继续发育至成熟（但见光后荚果变绿，不能进一步长大）。

（2）机械刺激。机械刺激是花生子房膨大的又一基本条件。其他条件具备，但缺乏机械刺激的果针只能长成畸形荚果。在黑暗中生长的果针，即使无机械刺激，也能长成正常的荚果，黑暗与机械刺激两者任一因素都能诱导荚果正常发育。

（3）水分。适宜的水分是荚果发育的一个重要条件。结果区干燥时，即使花生根系能吸收充足的水分，荚果也不能正常发育。但是品种之间对结果区干旱的反应有很大差异。小果的珍珠豆型品种在结荚饱果期干旱，叶片比较容易出现萎蔫，但籽仁产量所受影响较小；大果的普通型品种虽然叶片萎蔫程度较轻，但籽仁产量所受影响常较严重。干旱影响荚果发育的原因：①影响细胞膨压，影响细胞扩大；②结果区干旱阻碍荚果对钙的吸收，因而常表现缺钙症状。结果层干旱影响主要是在荚果发育的前 30 d，30 d 以后不受影响。

（4）空气。花生荚果在发育过程中各种代谢活动旺盛，需要有足够的空气。在排水不良的土壤中或黏土地上，由于空气不足，荚果发育缓慢，空果、秕果多，结果少、荚果小，甚至窒息、烂果。

（5）结果层矿物营养。结果层矿物营养亦是花生荚果发育好坏的影响因素。花生子房柄和子房都能从土壤中吸收无机营养。氮、磷等大量元素在结荚期虽然可以由根或茎运往荚果，但结果区缺氮或缺磷对荚果发育仍有极大影响。特别是根系层不能充分供应营养时，结果层营养供应更为重要。花生根系吸收的钙绝大部分保留在茎叶中，运往果针、荚果的部分很少。结果层缺钙对荚果发育影响尤其严重，不但会使秕果增多，而且会使产生空果和烂果。缺钙条件下形成的种子发芽率低、活力下降。一般普通型品种对缺钙反应敏感，而缺钙对珍珠豆型品种影响较小。此外，土壤严重缺钙或缺钾时，果壳组织中果胶钙类物质不足，致使果壳疏松、易受微生物侵染，导致烂果增加。

（6）温度。荚果发育所需时间长短（指幼果形成到成熟所需时间）以及荚果发育好坏与温度有密切关系。荚果发育的最低温度为 15 ℃，最高温度为 33～35 ℃，在此范围内，温度越高荚果发育越快。从果针入土到荚果成熟，中晚熟大花生约需＞15 ℃的有效积温 450 ℃（积温低于 450 ℃可形成秕果，低于 300 ℃则只能发育成幼果），需要＞10 ℃的有效积温 600～670 ℃。

（7）有机营养的供应情况。在产量形成期营养（特别是有机营养）供应是否充足、营养分配是否协调是影响荚果发育的基本因素。花生种子含油和蛋白质多，根据单位重量荚果所含能量粗略估计，每生产 1 kg 荚果（干重）大概消耗碳水化合物 1.75 kg。有机营养的供应对荚果发育具有极其重要的作用。因此，建立良好的群体结构、协调营养生长与生殖生长的关系、延长荚果充实期的叶片光合时间、提高叶片光合效能是提高果重、增加产量的基本途径。

三、花生的生育时期

花生属无限开花结实的作物，生育期很长，一般早熟种 100～130 d，中熟种 130～150 d，晚熟种 150 d 以上。一般将花生一生分为种子发芽出苗期、幼苗期、开花下针期、结荚期和饱果成熟期 5 个生育时期。其中种子发芽出苗期和幼苗期两个生育时期是种子发芽出苗和幼苗生根、发棵、长叶进行营养器官生长的阶段；开花下针期和结荚期花生处在发棵长叶和开花结果的最盛期，也是营养器官和生殖器官并行生长的阶段；饱果成熟期荚果充实饱满，是以生殖器官生长为主的阶段。

（一）种子发芽出苗期

从播种至50％的幼苗出土、主茎2片真叶展现为发芽出苗期。在正常条件下，春播早熟种需10～15 d，中晚熟种需12～18 d。

花生播种后，种子首先吸水膨胀，内部养分代谢活动增强，胚根随即突破种皮露出嫩白的根尖，叫种子"露白"。当胚根向下延伸到1 cm左右时，胚轴便迅速向上伸长，将子叶（种子瓣）和胚芽推向地表，叫"顶土"。随着胚芽的生长，种皮破裂，子叶张开。主茎伸长并有2片真叶展开时叫"出苗"。

花生出苗时，两片子叶一般不完全出土。因为种子顶土时，阳光从土缝间照射到子叶节上，打破了黑暗条件，分生组织细胞就停止分裂增生，胚轴不能继续伸长，子叶不能被推出地面。在播种浅，温度、水分适宜的条件下，子叶可露出地面一部分，所以花生是子叶半出土作物（图4-2）。这是栽培上"清棵蹲苗"的依据之一。

图4-2 花生种子发芽出土过程

（二）幼苗期

从 50％的种子出苗到 50％的植株第一朵花开放为幼苗期。此期花生植株从展现 2 片真叶至主茎有 7～8 片真叶。在正常条件下，早熟品种 20～25 d，中晚熟品种 25～30 d。

（三）开花下针期

从 50％的植株开始开花到 50％的植株出现鸡头状幼果（子房膨大呈鸡头状）为开花下针期，简称花针期。主茎展现 12～14 片真叶。这是花生植株大量开花、下针，营养体开始迅速生长的时期。早熟品种需 20～25 d，中晚熟品种需 25～30 d。

进入花针期后，全株叶面积增长迅速，为一生中生长最快的时期，夏播花生表现尤为突出。正常情况下，该期所增长的叶片数可占最高叶片数的 50％～60％，增长的叶面积和叶片干物质量可达最高量的 40％～60％，在低水肥条件下可能达 70％以上。所积累的干物质量可达一生总积累量的 20％左右。在积累的干物质中，有 90％～95％在营养器官，茎与叶中各占一半左右。但是，花针期还未达到植株干物质积累的最盛期，叶面积系数一般还不到最高峰，即使在水肥较好的条件下，珍珠豆型品种叶面积系数一般不超过 3，普通型丛生品种叶面积系数略高于 3，田间还未封垄或刚开始封垄，冠层光截获率为 50％～70％。丛生型品种植株较矮，主茎高度只有 20～30 cm。花针期吸收营养量开始大量增加，对氮、磷、钾三要素的吸收量占全生育期总吸收量的 23％～33％。

花针期的开花数通常可占总花量的 50％～60％，形成的果针数可达总数的 30％～50％，并有相当多的果针入土。此期生殖生长与营养生长协调，营养体生长旺盛的植株，开花下针亦较多。但此期生殖器官干物质所占比例并不大，占本期总积累量的 5％～10％。这一时期所开的花和所形成的果针有效率高，饱果率也高，是产量的主要组成部分。

（四）结荚期

从 50％的植株出现鸡头状幼果到 50％的植株出现饱果为结荚期。

主茎展现 16~20 片真叶。早熟品种需 40~45 d，中晚熟品种需 45~50 d。

此期为花生营养生长和生殖生长的最盛期，生殖生长和营养生长并行，是花生荚果形成的重要时期，在正常情况下，此期开花量逐渐减少。大批果针入土发育成幼果和秕果，果数不断增加，该期所形成的果数占最终单株总果数的 60%~70%，有时可达 90% 以上，是决定荚果数量的时期。此期果重增长量可占最后总量的 40%~60%，夏播花生可达 50%~60%，是产量形成的重要时期。

结荚期也是花生一生中吸收养分和耗水的最盛期。结荚期所吸收的氮、磷占一生吸收氮、磷总量的 60%~70%。此期气温高，叶面蒸腾量大，耗水量也大，约占全生育期总量的 50.5%，对干旱最为敏感。要求结实层土壤含水量为田间持水量的 65%~75%。结实层土壤含水量高于田间持水量的 85%，易造成烂果，低于田间持水量的 30%，荚壳内皮层与籽仁相连的胎座脱落，荚果不能充实饱满。

结荚初期是根瘤固氮与供氮的盛期，以后根瘤菌固氮与供氮呈下降趋势，但仍可为花生植株提供一定量的氮。结荚期长短及荚果发育好坏取决于温度及品种特性。一般大果品种约需 >10 ℃有效积温 600 ℃（或 >15 ℃有效积温 400~450 ℃）。中熟大果品种需 40~45 d，早熟品种需 30~40 d，地膜覆盖可缩短 4~6 d。

（五）饱果成熟期

从 50% 的植株出现饱果到大多数荚果饱满成熟为饱果成熟期或饱果期。这一时期：营养生长逐渐衰退，叶片逐渐变黄衰老脱落，叶面积迅速减小，净光合生产率下降，干物质积累速度变慢，根系老化吸收能力显著降低，根瘤停止固氮；茎叶中所积累的氮、磷等营养物质大量向荚果运转，干物质增量有可能成为负值；生殖生长主要表现在荚果迅速增重，特别是在饱果初期，果针数、总果数基本不再增加，但饱果数和果重则明显增加。这一时期所增加的果重一般可占总果重的 40%~60%，是荚果产量形成的主要时期。

饱果期长短因品种熟性、种植制度、气温等而不同，春播中熟品种需 40～50 d，需＞10 ℃有效积温 600 ℃以上，晚熟品种约需 60 d，早熟品种需 30～40 d，夏播品种一般需 20～30 d。干旱等因素能加速植株衰老缩短饱果期，而肥水过多或降水过于频繁或弱光条件均能延长饱果期。

第二节　花生的营养特点与科学施肥

花生富含脂肪和蛋白质，既可食用，又可饲用，既是重要的工业原料，又是大宗出口商品。花生用途广泛，在国民经济中有较高的地位。当前，我国花生平均亩产量在 240 kg 左右，增产潜力较大。而科学合理施肥将是提高花生产量的重要途径。按照花生需肥的特点进行科学施肥，能充分保障花生对养分的需求，最大限度地发挥肥料效应，提高花生产量和品质。

一、花生生长发育所需要的主要营养元素及其生理功能

（一）花生所需的营养元素及其来源

高等植物生长发育所必需的营养元素共有 17 种：碳、氢、氧、氮、磷、钾、钙、镁、硫、硼、钼、铁、锌、锰、铜、氯、镍。其中：碳、氢、氧、氮、磷、钾 6 种元素需要量大，一般占植株干物质重的 0.5％以上，被称为大量元素；钙、镁、硫 3 种元素一般占植株干物质重的 0.1％～0.5％，被称为中量元素；其余 8 种元素含量在 0.1％以下，最低的只有 0.1 mg/kg，被称为微量元素。

与一般高等植物一样，花生也需要上述 17 种必需营养元素。此外，试验证明钴是固氮微生物必需的，所以花生还需要钴。在所有必需营养元素中，花生对氮、磷、钾、钙 4 种元素的需要量较大，因而氮、磷、钾、钙被称为花生营养的四大元素。此外，花生对硫、钼、硼等中、微量元素较敏感，这些元素缺乏或不足也会影响花生的正常生长发育。花生所需的碳、氢、氧主要来自空气和水。花生所需的氮一部分来自与其共生的根瘤菌固定的游离分子态氮，另一部分被从土

壤中吸收，其余的元素绝大部分是被从土壤中吸收的。所以土壤不仅是花生生长的介质，还是其所需营养元素的主要供给者，土壤养分的丰缺直接关系到花生产量的高低和品质的优劣，而合理施肥是调节土壤养分状况、平衡花生对养分的需求、提高花生产量和品质的重要保证。

（二）大量元素的生理功能

1. 氮　氮是作物体内许多重要有机化合物的组分，也是遗传物质的基础。氮在花生生长发育过程中主要参与复杂的蛋白质、叶绿素、磷脂等含氮物质的合成，促进枝多叶茂、多开花、多结果和荚果饱满。若缺乏氮，花生叶色淡黄或为白色，茎色发红，根瘤减少，植株生长不良，产量降低。但氮过量又会出现徒长倒伏现象，也会降低花生的产量及其品质。

2. 磷　磷是作物生长发育必需的三大营养元素之一。磷对作物的生长发育具有多方面的作用：促进细胞分裂，加速幼芽和根系的生长；促进呼吸作用及作物对水分和养分的吸收；促进碳水化合物、蛋白质、脂肪的代谢及合成和运转；增强作物的抗逆性，提高抗寒、抗旱能力，提高作物对水分的利用效率。因此，根据土壤、作物营养状况合理施用磷肥是十分必要的。

3. 钾　钾在花生生长发育过程中参与有机体各种生理代谢，提高光合作用强度，加速光合产物向各器官运转，并能抑制茎叶的徒长，延长叶片寿命，增强植株的抗病耐旱能力，同时也能促进花生与根瘤的共生关系。缺钾会使花生体内代谢性能失调，使花生呈暗绿色、边缘干枯，妨碍光合作用的进行，影响有机物的积累和运转。

4. 钙　钙在花生生长发育过程中能促进花生根系和根瘤的发育，促进荚果的形成和饱满，减少空壳，提高饱果率。同时钙能调节土壤酸度，改善花生的营养环境，促进土壤微生物的活动。缺钙则植株生长缓慢，空壳率高，产量低。

花生对钙的需求量较大，显著高于其他作物，在同等产量水平下，花生需钙量比大豆高 1 倍，比玉米高 2 倍，比水稻高 4 倍，比小麦高 6 倍。每生产 100 kg 荚果需吸收钙（CaO）1.5～3.5 kg。钙在植物体内的移动性较弱，主要积累在根、茎、叶等器官中，约占吸收总量的 83.5％；钙在荚果中的积累量较低，仅占吸收总量的 16.5％。钙还是花生高产和优质所必需的矿质元素，花生荚果中的钙浓度低将导致花生产量、品质和发芽率降低。作物体内的钙移动能力很小，且主要是依靠蒸腾作用通过木质部运输的，荚果所需钙 90％以上为果针（或荚果）从介质中直接吸收的。钙不足时，花生植株矮小，地上部生长点枯萎，顶叶黄化有焦斑，根系弱小、粗短而黑褐，荚果发育减退、空果、秕果、单仁果增多，种仁不饱满，种子素质受影响；严重缺钙时，整株变黄，顶部死亡，根部器官和荚果不能形成。钙是细胞分裂的必需物质，缺钙时细胞板不能形成，影响细胞分裂和新细胞的生成。钙对氮代谢有良好的作用，能够促进花生根系和根瘤菌的形成和发育。

（三）中微量元素的生理功能

1. 镁 镁是植物体内多种重要成分的组成元素。缺镁时，叶绿素含量下降，叶片褪绿，对 CO_2 的同化能力下降，光合能力降低。植物体中一系列的酶促反应都需要镁或依赖镁进行调节，在蛋白质生物合成中，镁的作用是促进核糖体亚单位的结合，镁不足将影响核糖体的正常结构而使蛋白质合成能力降低。

2. 硫 硫参与多种重要物质的合成，几乎所有的蛋白质都含有硫氨基酸。因此，硫在植物细胞的结构和功能中都有重要作用。花生是一种需硫较多的植物。一般认为，植物的含硫量低于 0.2％时，就会出现缺硫症状。硫是蛋白质的组成部分，在绿叶中大部分蛋白质存在于叶绿体中，故缺硫时叶绿素含量、蛋白质含量下降，出现缺硫失绿症，同时缺硫植株茎细弱，根细长，不分枝，开花结实推迟，果实减少。硫还能促进根瘤形成，增强子房柄的耐腐烂能力，使花生不易落果和烂果。

3. 铁 铁在植物体内可形成螯合物，铁离子在植物体内有化合价的变化，这两个特性是铁具有许多重要生理功能的基础。铁在植物体内参与光合作用、硝酸还原、生物固氮等过程的电子传递，缺铁时植物光合作用受到影响，豆科植物生物固氮量减少，氮供应受到限制。铁是光合作用不可缺少的元素，缺铁不能形成叶绿素，从而出现缺绿病；铁还参与植物细胞的呼吸作用，植物缺铁时，所有与铁相关的酶的活性都会受到影响，因而导致体内一系列氧化还原作用减弱、电子不能传递、呼吸作用受阻，ATP 合成减少，植物吸收养分的能力降低。铁也是磷酸蔗糖合成酶最好的活化剂，缺铁会影响植物体内蔗糖的合成。

4. 硼 花生是需硼中等的作物，吸收的硼主要集中分布在茎尖、根尖、叶片和花器官中。花生苗期对硼的吸收最多，占 46.9%，花期次之，占 31.2%，收获期占 21.9%。供硼不足会严重抑制花生生长发育。花生缺硼时展开的心叶叶脉颜色浅，叶尖发黄而老叶颜色发暗，分枝多，呈丛生状，植株矮小瘦弱，开花很少甚至无花，最后生长点停止生长以至枯萎；根系容易老化，扩展力弱，生长出的须根很少，根尖端有黑点，易坏死；荚果空心，无籽仁，呈褐色。硼与氮代谢关系密切。硼可提高花生根瘤菌的固氮活性，增加固氮量。

5. 锰 锰在植物体内积极参与氧化还原过程，锰是许多酶的活化剂，并且通过这种作用间接参与各种代谢过程。锰直接参与光合作用，在光合作用中锰是维持叶绿体结构必需的元素，同时锰还参加光合作用中水的光解，给光系统提供电子。植物缺锰时，光合作用受到抑制。锰对植物体内的氧化还原作用有重要影响，可以使植物体内的 Fe^{2+} 氧化为 Fe^{3+} 或抑制 Fe^{3+} 还原为 Fe^{2+}，降低植物体内有效铁的含量，所以，植物体内要求有一定的铁、锰含量比，锰过多可能引起缺铁。锰还能促进种子萌发和幼苗生长，加速花粉萌发和花粉管伸长，提高结实率。

6. 铜 植物体内铜的功能大部分与酶有关，主要起催化作用。铜积极参与光合作用和植物体内的氮代谢过程。缺铜时，蛋白质合成受阻，可溶性氨基态氮积累。铜对共生固氮也有影响，可能是共生固氮过程中某些酶的成分，缺铜时，根瘤内末端氧化酶的活性降低，这对固氮作用不利。

7. 锌 锌参与生长素的合成，是多种酶的成分和活化剂，对物质水解、氧化还原过程和蛋白质合成起着主要作用；锌能促进植物的光合作用，参与光合作用中 CO_2 的水合作用。植物缺锌时叶片往往发生脉间失绿，出现白化或黄化症状。缺锌导致叶绿体数量减少、结构破坏，光合效率降低。锌促进生殖器官发育和提高抗逆性（抗旱性、抗热性、抗低温性和抗霜冻性）。

8. 钼 花生体内的钼集中分布在根瘤中，其次是在种子内。花生缺钼时，根瘤发育不良，结瘤少而小，固氮能力减弱或不能固氮，因而植株矮小，根系不发达，叶脉失绿，老叶变厚呈蜡质。钼对生物固氮具有重要作用，把氮气还原成氨的固氮过程中，固氮酶起了主导作用，而钼是固氮酶中钼铁蛋白的重要组分，因此，在缺钼的土壤上施钼可以改善豆科作物的氮营养。

二、花生的施肥技术

（一）花生常用的肥料种类及其特性

被施入土壤或通过其他途径能够为植物提供营养成分，或改良土壤理化性质，为植物提供良好生活环境的物质统称为肥料。肥料是作物的"粮食"，是增产的物质基础，我国农谚有"种地不上粪，等于瞎胡混"之说，据联合国粮食及农业组织统计，化肥在粮食增产中的作用包括当季肥效和后效，平均增产效果为 50%，我国近年来的土壤肥力监测结果表明，全国肥料对农产品产量的贡献率平均为 57.8%。我国以占世界不到 10% 的耕地养活了占世界近 20% 的人口，肥料起到了很大作用。

肥料种类繁多，目前分类及命名也没有统一的原则和方法。有按照肥料成分划分的，如氮肥、磷肥、钾肥、微生物肥、有机肥；有按照营养成分种类多少划分的，如单质肥料、复合肥料或复（混）合肥料；有按照肥料生产工艺命名的，如复合肥料、掺混肥料、复混肥料；有按照肥料状态划分的，如固体肥料（包括粒状和粉状肥料）与液体肥料；有按照使用方法划分的，如叶面肥料、冲施肥料；有按照释放特点划分的，如速效肥料、缓释肥料等；有按照肥料中养分的形态或溶解性划分的，可分为铵态氮肥、硝态氮肥、酰胺态氮肥等，或水溶性肥料、弱酸溶性肥料和难溶性肥料；有按照积攒方法划分的，如堆肥、沤肥和沼气肥等。

随着施肥技术及肥料生产技术及工艺的发展，许多类型的肥料必然走向进一步交叉和融合，从而产生一些新的肥料名称，如有机无机复混肥料。但不管如何命名，根据肥料成分、性质及其作用机制的不同，可将肥料归到有机肥料、化学肥料、微量元素肥料、复合肥料四大类型中。

1. 有机肥料　有机肥料以有机物质为主，如纤维素、半纤维素、脂肪、蛋白质、氨基酸、激素及腐植酸等，还含有氮、磷、钾、硫、钙、镁及微量元素等各种矿质养分，是一种完全肥料。商品有机肥料的养分标准为有机质含量不低于 30%，氮、磷、钾总量不低于 4.0%。

有机肥料的养分含量相对较低，释放较慢。有机肥料的绝大部分是有机物质，有机物质是衡量土壤肥力的重要标志，因此有机肥料最主要的作用是通过有机物质的投入改善土壤物理、化学及生物学性状，保持和提高土壤肥力。土壤肥力是发挥化肥效果的基本平台，即使未来作物养分绝大多数靠化学肥料提供，有机肥料在改良土壤、培肥地力方面仍将发挥不可替代的作用。

（1）粪肥。粪肥中含有丰富的有机质和作物所需要的各种营养元素，对增加作物产量和提高土壤肥力具有良好的作用，一直以来都被广泛应用于农业生产中。古时候就有"粪多则肥多，肥多则田沃，田沃则谷多"的说法。畜禽粪的成分主要是纤维素、半纤维素、木质素、蛋白质及其分解成分、脂肪、有机酸、酶和各种无机盐类。

① 猪粪。含有机质 15%、氮 0.5%、磷 0.5%～0.6%、钾 0.35%～0.45%。猪粪的质地较细，成分较复杂，含蛋白质、脂肪类、有机酸、纤维素、半纤维素以及无机盐等。因含氮较多，故碳氮

比较小，约为 14 : 1，一般容易被微生物分解，释放出可被作物吸收利用的养分。猪粪含腐殖质最多，阳离交换量最大，保肥力最强，但含水较多，纤维素分解菌较少，混合少量马粪施用，接种纤维素分解菌，能够大大增加肥效。

②牛粪。含有机质 14.5%、氮 0.30%～0.45%、磷 0.15%～0.25%、钾 0.10%～0.15%。有机质和养分含量在各种家畜中较低，质地细密，含水较多，分解慢，发热量低，属迟效性肥料。牛粪含水量较高，通气性较差，有机质部分较难分解，是冷性肥料，把鲜粪晾干，再加马粪混合堆积，可得疏松优质有机肥料。

③马粪。含有机质 21%、氮 0.4%～0.5%、磷 0.2%～0.3%、钾 0.35%～0.45%。马粪中纤维素、半纤维素含量较高，此外，马粪中还含有木质素、蛋白质、脂肪类、有机酸及多种无机盐类。马粪中水分易蒸发，同时含有较多的纤维分解菌，是热性肥料，施用马粪可以改善黏土的性质。

④羊粪。含有机质 24%～27%、氮 0.7%～0.8%、磷 0.45%～0.60%、钾 0.4%～0.5%。羊粪含有机质比其他畜禽粪多，粪质较细，肥分浓厚。羊粪发热介于马粪与牛粪之间，亦属热性肥料，也被称为温性肥料，在沙质土和黏质土上施用效果好。

⑤禽粪。禽粪中含有机质 25.5%、氮 1.63%、磷 1.54%、钾 0.85%、碳水化合物 11%、纤维素 7%，新鲜禽粪含水量较高。禽粪（鸡粪、鸭粪、鹅粪、鸽粪等）中氮以尿酸态为主，尿酸不能直接被作物吸收利用，而且对作物根系生长有害，同时，新鲜禽粪容易招引地下害虫。

粪肥使用前要彻底腐熟，粪肥腐熟后，分解快，有利于植物吸收，同时在 60～70 ℃的高温厌氧环境中，有害虫卵、杂草种子大部分会死亡。粪肥使用后要深翻，一般翻耕深度要超过 30 cm。粪肥与化学肥料配合使用可以降低化学肥料残留对土壤造成的影响，同时保证化学肥料中的养分及时被作物吸收利用。粪肥与生物菌肥配合使用可以加快粪肥的分解，加快土壤改良的速率。粪肥中的物质可促进微生物的繁殖，巩固有益菌对根系产生的保护和促生效果。

（2）生物有机肥。生物有机肥是指特定功能微生物与主要以动植物残体（如畜禽粪便、农作物秸秆等）为来源并经无害化处理、腐熟的有机物料复合而成的一类兼具微生物肥料和有机肥效应的肥料。生物有机肥特定功能微生物指的是能利用土壤中有机质为碳源、空气中CO_2为氮源大量生长繁殖的固氮菌，能分解固结在土壤或土壤母质中的磷、钾元素的解磷菌与解钾菌，能拮抗土传病原菌生长、繁殖的有益菌。

生物有机肥根据作物的不同选择不同的施肥方法，常用的施肥方法有4种：①撒施法，结合深耕或在播种时将生物有机肥均匀地施在根系集中分布的区域和经常保持湿润状态的土层中，做到土肥相融；②穴施法，点播或移栽作物，将肥料施入播种穴，然后播种或移栽；③拌种法，每亩花生种子用4 kg生物有机肥拌匀后播入土壤；④盖种肥法，开沟播种后，将生物有机肥均匀地覆盖在种子上面。

2. 化学肥料 化学肥料是指用化学方法制造或者开采矿石并加工制成的肥料，也称无机肥料，包括氮肥、磷肥、钾肥、钙肥等，它们具有以下共同的特点：成分单纯，养分含量高；肥效快，肥劲猛；某些肥料有酸碱反应；一般不含有机质，无改土培肥的作用。化学肥料种类较多，性质和施用方法差异较大。

（1）氮肥。花生常用的是氮肥有尿素和硝酸钙。

① 尿素。含氮量在46%左右，化学分子式是CH_4N_2O或$CO(NH_2)_2$。一般为白色圆球状，有吸湿性，易溶于水，是中性肥料。商品尿素表面一般包有疏水物质，如石蜡等，吸湿性会大大降低。

施肥方式及注意事项：尿素可以作基肥，也能作追肥，一般不宜用作种肥。尿素浓度过高会破坏蛋白质结构，使蛋白质转变成铵态氮，也可能由于浓度高而产生氨毒害，影响种子发芽和幼苗和生长。尿素易随水流失，因此花生田施用尿素时应采取沟施的方法，使尿素充分与土壤混合，并注意不要灌水过多，减少尿素流失。由于尿素在土壤中的转化需要$3\sim5$ d，所以尿素追肥应适当提前几天进行。

② 硝酸钙。硝酸钙含氮 $15\%\sim18\%$，化学分子式是 $Ca(NO_3)_2$，通常有 4 个结晶水而形成 $Ca(NO_3)_2 \cdot 4H_2O$，一般为白色颗粒。吸湿性很强，容易结块。肥效快，一般宜作追肥。硝酸钙可以是石灰石和硝酸反应制成，但多数还是硝酸磷肥生产中的副产品。虽然硝酸钙的含氮量偏低，但是硝酸钙含有超过 20% 的钙，加之水溶性极好，因此是作物良好的钙源和氮源，在滴灌、喷灌等设施农业中被广泛应用。也由于含有较多的钙离子而对土壤的物理性状改善有促进作用。

施肥方式：既可以作追肥，又可以作基肥，同时是水溶性肥料的良好原料。作追肥时，应当用于旱地，但应分次少量施用；作基肥时最好与有机肥、磷肥和钾肥配合施用。硝酸钙是生理碱性肥料，因此很适合酸性土壤，在缺钙的酸性土壤上效果更好。

（2）磷肥。花生田常用的磷肥有过磷酸钙、重过磷酸钙、钙镁磷肥。磷肥是所有化学肥料中利用率最低的，当季作物一般只能利用 $10\%\sim25\%$。其原因主要是磷在土壤中易被固定。同时磷在土壤中的移动性又很小，而根与土壤接触的体积一般仅占耕层体积的 $4\%\sim10\%$，因此，尽量减少磷的固定，防止磷的退化，增加磷与根系的接触面积，提高磷肥利用率是合理施用磷肥、充分发挥单位磷肥最大效益的关键。

磷肥施用以种肥、基肥为主，以根外追肥为辅。磷肥要深施、集中施用。针对磷肥在土壤中移动性小且易被固定的特点，在施用磷肥时，必须减小其与土壤的接触面积，增加与作物根群的接触机会，以提高磷肥的利用率，因此将磷肥集中施用在作物根群附近，既能减小与土壤的接触面积而减少固定，还能提高施肥点与根系土壤之间磷的浓度梯度，有利于磷的扩散，便于根系吸收。

磷肥的后效。磷肥的当年利用率为 $10\%\sim25\%$，大部分的磷都残留在土壤中，因此其后效很长。据研究，磷肥的年累加表现利用率连续 $5\sim10$ 年可达 50% 左右，所以在磷肥不足时，连续施用几年以后，可以隔 $2\sim3$ 年再施用，利用以前所施磷肥的后效就可以满足作物对磷的需求。

（3）钾肥。生产上常用的钾肥有硫酸钾、氯化钾和草木灰等。

草木灰中钾的主要存在形态是碳酸钾，其次是硫酸钾，氯化钾最少。草木灰中的钾大约有 90％可溶于水，有效性高，是速效性钾肥。草木灰适合作基肥、追肥和盖种肥，作基肥时，可沟施或穴施，深度约为 10 cm，施后覆土。作追肥时，可叶面撒施，既能供给养分，又能在一定程度上减轻或防止病虫害的发生和危害。草木灰是一种碱性肥料，因此不能与铵态氮肥、腐熟的有机肥料混合施用，也不能倒在猪圈、厕所中贮存，以免造成氨的挥发损失。

硫酸钾和氯化钾的施用技术：硫酸钾用作基肥、追肥、种肥和根外追肥均可，氯化钾则不能用作种肥。硫酸钾适用于各种土壤和作物。花生一般不用氯化钾。

① 钾肥应深施、集中施：钾在土壤中易被黏土矿物固定，将钾肥深施可减少表层土壤干湿交替频繁所引起的晶格固定，提高钾肥的利用率。钾也是一种在土壤中移动性小的元素，因此，将钾肥集中施用可减小钾与土壤的接触面积而减少固定，提高钾的扩散速率，有利于作物对钾的吸收。

② 钾肥应早施：通常钾肥作基肥、种肥的比例较大，若将钾肥用作追肥，以早施为宜。沙质土壤上，钾肥一次施用量不宜过大，应分次施用，即应遵循少量多次的原则，以防钾的淋失。在黏土上则可一次作基肥施用或每次的施用量大些。

③ 钾肥的施用量：钾肥施用量要根据土壤有效钾含量、作物需钾量和各营养元素间的相互平衡确定。一般每亩花生施氧化钾 5～7 kg。

（4）钙肥。常见的优质钙肥有：无机钙，如生石灰、过磷酸钙、重过磷酸钙、氯化钙、硝酸钙、磷酸铵钙等；有机钙，常见的有腐植酸钙、氨基酸钙、糖醇钙。这些钙肥肥效稳定，吸收速度也比较快，肥效很好。钙肥效果与土壤类型有关。石灰施用量因土壤性质（主要是酸度）和作物种类而异。钙肥多被用作基肥，常与绿肥作物被同时耕翻入土。但施用过多会降低硼、锌等微量营养元素的有效性和造成土壤板结。

石灰是酸性土壤上常用的含钙肥料，可以作基肥，也可以作追肥。在土壤 pH 为 5~6 时，每亩适宜石灰用量为黏土地 75~120 kg，壤土地 50~75 kg，沙土地 30~55 kg。土壤酸性大可适当多施，酸性小可适当少施。石灰基施，一般结合整地将石灰与农家肥一起施入，也可以结合绿肥压青和稻草还田进行。旱地基施每亩施 25~50 kg，用于改土一般每亩施 150~250 kg；追施以条施或穴施为宜，每亩施 15 kg 较好。石灰残效期 2~3 年，一次施用量较大时不必年年施用。

碱性土壤需要施用石膏来中和碱性，调节钠、钙比例。石膏对碱性土壤不仅仅是提供作物钙、硫养分，还能改善土壤性状。改土时一般在 pH 为 9 的土壤中施用。含碳酸钠的碱性土壤中，每亩施 100~200 kg 作基肥，结合灌水深翻入土，后效长，不必年年施用。如种植绿肥及与农家肥、磷肥配合施用，效果更好。以补充钙、硫营养为目的时，一般旱地基施，撒施于土表再结合翻耕，也可以条施或穴施作基肥，一般基施亩用量为 15~25 kg，种肥每亩施 4~5 kg。花生可在果针入土后 15~30 d 施用石膏，每亩用量为 15~25 kg。

3. 微量元素肥料

（1）硼肥。硼是应用最广泛的微量养分之一，生产上最常用的是硼酸和硼砂。硼肥可用作基肥、追肥和种肥。作基肥时可与磷、氮肥配合施用，也可单独施用。一般每亩施用 0.25~0.50 kg 硼酸或硼砂，一定要施得均匀，防止浓度过高而使作物中毒。追肥通常采用根外追肥的方法，喷施浓度为 0.1%~0.2% 的硼砂或硼酸溶液，每亩用量为 50~75 kg，在作物苗期和由营养生长转入生殖生长时各喷一次。种肥常采用浸种和拌种的方法，浸种用浓度为 0.01%~0.10% 的硼酸或硼砂溶液浸泡 6~12 h，阴干后播种。

（2）锌肥。生产上常用的锌肥为硫酸锌、氯化锌、碳酸锌、螯合态锌、氧化锌等，锌肥可用作基肥、追肥和种肥。通常将难溶性锌肥用作基肥，作基肥时每亩施用 1~2 kg 硫酸锌，可与生理酸性肥料混合施用。轻度缺锌地块隔 1~2 年再行施用，中度缺锌地块隔年施用或于次年减量施用。作追肥时常根外追肥，一般作物喷施浓度为0.02%～0.10%的硫酸锌溶液。种肥常采用浸种或拌种的方法，浸种用浓度为0.02%～0.10%，浸种12 h，阴干后播种。拌种1 kg种子用2～6 g硫酸锌。

在有效磷含量高的土壤中往往会出现诱发性缺锌，其原因一是磷、锌拮抗，二是提高了植物体内的P_2O_5/Zn，为了保持正常的P_2O_5/Zn，作物需要吸收更多的锌，在施用磷肥时，必须要注意锌肥的供应情况，防止磷多导致诱发性缺锌。

（3）锰肥。花生是对锰敏感的作物。一般将活性锰含量作为诊断土壤供锰能力的主要指标，土壤中活性锰含量小于50 mg/kg为极低水平，50～100 mg/kg为低水平，100～200 mg/kg为中等水平，200～300 mg/kg为丰富水平，大于300 mg/kg为很丰富水平。生产上最常用的锰肥是硫酸锰，一般被用于根外追肥，或被用作浸种肥、拌种肥及土壤种肥，难溶性锰肥一般被用作基肥。根外追肥喷施浓度一般为0.03%，拌种每亩花生种子用硫酸锰8～12 g，硫酸锰用作土壤种肥效果大致与拌种相当，一般亩用量为2～4 kg。

（4）铁肥。生产上最常用的铁肥是硫酸亚铁，目前多采用根外追肥的方法施用，喷施浓度为0.2%～1.0%。

（5）钼肥。最常用的钼肥是钼酸铵。钼肥多被用作种肥（拌种、浸种）和根外追肥。拌种时，每千克种子用钼酸铵2～6 g，先用热水溶解，再用冷水稀释成2%～3%的溶液，用喷雾器喷在种子上，边喷边拌，拌好后将种子阴干，即可播种。浸种时，可用0.05%～0.10%的钼酸铵溶液浸泡种子12 h。叶面喷肥一般用0.01%～0.10%的钼酸铵溶液喷1～2次，每亩每次喷50 kg。

（6）施用微量元素肥料的注意事项。注意施用量及浓度：作物对微量元素的需要量很少，而且从适量到过量的范围很窄，因此要防止微量元素肥料用量过大。施用时还必须施得均匀，要保证浓度适宜，否则会引起作物中毒，污染土壤与环境，甚至进入食物链，危害人畜健康。

　　注意改善土壤环境条件：微量元素的缺乏往往不是因为土壤中微量元素含量低，而是因为其有效性低，通过调节土壤条件，如土壤酸碱度、土壤氧化还原性、土壤质地、土壤有机质含量、土壤含水量等，可以有效地改善土壤的微量元素营养条件。

　　注意与大量元素肥料配合施用：微量元素和氮、磷、钾等营养元素都是同等重要不可代替的，只有在满足作物对大量元素需要的前提下，施用微量元素肥料才能充分发挥肥效，才能表现出明显的增产效果。

　　4. 复合肥料　同时含有氮、磷、钾等主要营养元素中的两种或两种以上成分的化学肥料称为复合肥料。含 2 种主要营养元素的叫二元复合肥料，含 3 种主要营养元素的叫三元复合肥料，含 3 种以上营养元素的叫多元复合肥料。复合肥料习惯上用 N、P_2O_5、K_2O 的百分含量来表示其成分。若某种复合肥料中含 N10%、含 $P_2O_5$20%、含 K_2O10%，则该复合肥料表示为 10‒20‒10。有的在 K_2O 含量数后还标有 S，如 12‒24‒12（S），表示其中含有 K_2SO_4。

　　复合肥料的优点：有效成分高，养分种类多；副成分少，对土壤的不良影响小；生产成本低；物理性状好。

　　复合肥料的缺点：养分比例固定，很难满足各种土壤和各种作物的不同需要，常需要用单质肥料补充调节。难以满足施肥技术的要求，各种养分在土壤中的运动规律及对施肥技术的要求各不相同，如氮肥移动性大，磷、钾肥移动性小，磷、钾肥后效长。在施用上，氮肥通常作追肥，磷、钾肥通常作基肥和种肥，而复合肥料是同一时期把各种养分施在同一位置，这样就很难符合作物某一时期对养分的需求。因此必须摸清各地土壤情况和各种作物的生长特点、需肥规律，施用适宜的复合肥料。

（二）花生的施肥技术

1. 花生的施肥原则

　　（1）有机肥料和无机肥料配合施用。栽培花生的土壤多为山丘沙砾土、平原冲积沙土等。这些土壤结构不良、肥力较低，应施用有机肥料以活化土壤、改良结构、培肥地力，再结合施用化学肥料及时补充土壤养分。为了保证花生的高产优质，提高施肥效益，并达到用养结合的目的，必须贯彻有机肥料和无机肥料配合施用的原则，做到两者取长补短、缓急相济，充分发挥肥料的增产潜力。此外，根据养分的最小限制因子原理，要注意大量元素与中、微量元素的平衡施用。

（2）施足基肥，适当追肥。基肥足则幼苗壮，花生能稳健生长，为高产优质多抗奠定坚实基础。对于花生而言，增加氮肥、钾肥基施比例可满足幼苗生根发棵的需要。而氮肥追施比例过高则易引起徒长、倒伏和病虫害，钾肥追施比例过高则易引起烂果，且肥料报酬递减。因此，在花生生产上如能一次施好施足基肥，一般可以少追肥或不追肥。特别是地膜覆盖花生或露栽花生在蓄水保肥能力好的地块种植和大面积机械化种植，应做到一次施足。在漏水漏肥的砾质粗沙土地块，为避免速效化肥一次基施用量过多造成烧苗和肥料损失，可留一部分用来追肥。根据花生生长发育情况，若需追肥，宜施用速效肥料，并掌握"壮苗轻施、弱苗重施，肥地少施、瘦地多施"的原则。

（3）前茬肥、当茬肥、后茬肥配合。花生重施前茬肥能显著增产。花生对原土壤氮、磷养分的依存率高，对当茬所施肥料养分的利用率低，而过多的氮肥显著影响根瘤菌的固氮活动和供氮能力，当茬施肥主要是对茬后土壤养分的补偿。因此，花生的前茬肥、当茬肥、后茬肥配合施用可以作为花生的轮作施肥制度或原则加以确立，从而发挥肥料的最大效益。

2. 施肥方法

（1）基肥和种肥。花生基肥用量一般应占总用量的 $80\%\sim90\%$，并以腐熟的有机肥料为主，配合施用氮、磷、钾等化学肥料。施用时要注意保持和提高肥效。一般肥多撒施，肥少条施。草木灰或钾肥结合播前耕地时施用，耕翻埋入耕层内。氮肥或复合肥亩用量在 15 kg以上时，应播前撒施后翻入耕作层，亩用量在 5～10 kg 时，可结合播种集中作种肥，效果较好，但应做到肥、种隔离，防止烧种。过磷酸钙或钙镁磷肥亩施用量以 20～30 kg 比较经济有效，施用前最好和圈肥混合堆沤 15～20 d，起到活磷保氮的作用。目前磷肥亩用量为 30～50 kg，可于播种前撒施后翻入耕作层。

土壤肥力低时，提倡用根瘤菌剂拌种，以扩大花生的氮营养来源，降低化肥成本，减轻氮对环境的污染。采用 0.2%～0.3% 的钼酸铵或 0.1% 的硼酸等溶液浸种可补充微量元素。同时钙肥的施用宜与有机肥料配合，以防止过量施钙引起的不良后果。

（2）追肥。花生追肥应根据地力、基肥施用量和花生生长状况确定。

① 苗期追肥。肥力低或基肥用量不足、幼苗生长不良时应早追苗肥，尤其是麦套花生，多数不能施用基肥和种肥，幼苗又受前茬作物的影响，多生长瘦弱，更需及早追肥促苗。

夏直播花生生育期短，前作收获后，为了抢时间播种，基肥往往施用不足，及早追肥也很重要。苗肥应在始花前施用，一般每亩用硫酸铵 5～10 kg、过磷酸钙 10～15 kg，与优质圈肥 250 kg 混合后施用，或追草木灰 50～80 kg，宜拌土撒施或开沟条施。

② 花针期追肥。花生始花后，株丛迅速扩大，前期有效花大量开放，大批果针陆续入土结实，对养分的需求量急剧增加。如果基、苗肥未施足，则应根据长势长相及时追肥。花针期追施氮肥可参照苗期追肥。此外，根据花生果针、幼果有直接吸收磷、钙营养的特点，每亩可追施过磷酸钙 10～20 kg、优质圈肥 150～250 kg，改善花生磷、钙营养，增产作用十分明显。

（3）花生测土配方施肥技术。花生测土配方施肥又称测土施肥、诊断施肥、推荐施肥，是根据花生的需肥规律、土壤的供肥性能与肥料效应，在增施有机肥的基础上，按照氮、磷、钾和微量元素的适宜用量进行合理配比后施用，以满足花生生长发育对各种营养元素的要求。配方施肥是农业生产现代化的标志之一。

① 花生的需肥规律。据河北省农林科学院粮油作物研究所测定，

春播花生亩产水平为 400 kg 左右时，每生产 100 kg 荚果需要吸收 N 4.06 kg、P_2O_5 1.03 kg、K_2O 1.31 kg、CaO 3.88 kg。春播花生不同生育时期的养分积累量占比如表 4-1 所示。

表 4-1 春播花生不同生育时期的养分积累量占比

生育时期	天数（d）	养分积累量占比（%）			
		N	P_2O_5	K_2O	CaO
幼苗期	32	3.25	2.42	3.94	3.19
花针期	23	15.79	11.58	25.99	13.03
结荚期	42	56.50	44.32	55.12	55.09
饱果成熟期	48	24.46	41.68	14.95	28.69
全生育期	145	100.00	100.00	100.00	100.00

夏播花生亩产水平为 300 kg 左右时，每生产 100 kg 荚果需要吸收 N 4.67 kg、P_2O_5 1.10 kg、K_2O 3.78 kg、CaO 3.75 kg。夏播花生不同生育时期的养分积累量占比如表 4-2 所示。

表 4-2 夏播花生不同生育时期的养分积累量占比

生育时期	天数（d）	养分积累量占比（%）			
		N	P_2O_5	K_2O	CaO
幼苗期	26	8.17	13.49	12.18	6.24
花针期	14	17.83	16.50	29.32	18.09
结荚期	36	71.75	63.07	57.67	75.67
饱果成熟期	40	2.25	6.94	7.27	0.00
全生育期	116	100.00	100.00	100.00	100.00

花生对氮、磷、钾肥的当季吸收利用率分别为 41.8%～50.4%、15.0%～25.0%、45.0%～60.0%。对氮肥的吸收利用率与施氮量极显著负相关，损失率与施氮量极显著正相关。花生植株体内的氮来

源，在中肥力沙壤土不施肥条件下，根瘤菌供氮率为 80.76％，亩施纯氮 2.5～15.0 kg 条件下，根瘤菌供氮率为 24.44％～70.54％，肥料供氮率为 6.37％～26.52％，土壤供氮率为 23.09％～49.04％。根瘤菌供氮与施氮量极显著负相关，肥料、土壤供氮量与施氮量极显著正相关。

　　② 花生配方施肥技术。花生配方施肥技术可归纳为三大类，各地可根据实际情况选择应用。

　　第一类：地力分区（级）配方法。

　　该法是将花生田块按土壤肥力高低分成若干等级，一般分为高、中、低 3 级，或划分成许多肥力大致均等的田片，作为配方区，利用土壤普查资料和田间试验结果，结合群众的经验估算这一配方区内比较适宜的肥料种类及施用量。该法的优点是群众易接受，便于推广，缺点是科学性差。

　　河北省农技推广总站按照全省花生产业优势区域布局规划，在冀东、冀中、黑龙港和冀南 4 个花生产业优势区选择大名、滦县、定州等 19 个主产县，依托全国测土配方施肥数据管理信息系统，统计分析了 2018—2020 年连续 3 年的土壤肥力指标，探明了不同花生优势产区的土壤养分供肥能力（表 4-3 至表 4-6）。

表 4-3　冀东花生产区土壤基础肥力状况

项目	pH	有机质 (g/kg)	全氮 (g/kg)	有效磷 (mg/kg)	速效钾 (mg/kg)
平均值	6.55	14.20	0.80	44.97	122.39
最大值	8.40	28.30	2.66	93.60	258.00
最小值	4.70	6.10	0.34	10.40	28.00
标准差	0.95	4.06	0.26	19.07	48.41
CV％	14.43	28.62	32.86	42.40	39.55

表 4-4　冀中花生产区土壤基础肥力状况

项目	pH	有机质 (g/kg)	全氮 (g/kg)	有效磷 (mg/kg)	速效钾 (mg/kg)
平均值	7.87	17.75	1.15	29.81	110.67
最大值	8.60	31.70	2.59	88.40	248.00
最小值	6.00	5.30	0.43	5.20	41.00
标准差	0.40	4.86	0.35	18.49	47.76
CV%	5.05	27.39	30.11	62.04	43.16

表 4-5　黑龙港花生产区土壤基础肥力状况

项目	pH	有机质 (g/kg)	全氮 (g/kg)	有效磷 (mg/kg)	速效钾 (mg/kg)
平均值	8.19	16.70	1.11	21.21	149.50
最大值	8.70	28.00	1.85	79.70	278.00
最小值	7.30	6.20	0.48	4.20	60.00
标准差	0.20	4.07	0.27	15.94	50.35
CV%	2.38	24.38	24.18	75.15	33.68

表 4-6　冀南花生产区土壤基础肥力状况

项目	pH	有机质 (g/kg)	全氮 (g/kg)	有效磷 (mg/kg)	速效钾 (mg/kg)
平均值	8.00	17.27	1.06	17.71	121.80
最大值	8.70	30.90	1.91	52.60	263.00
最小值	6.80	5.50	0.33	3.70	48.00
标准差	0.27	5.41	0.32	10.61	45.23
CV%	3.36	31.34	30.65	59.95	37.14

根据不同花生优势区土壤地力水平，根据花生需肥规律，在亩施腐熟有机肥 1 000～2 000 kg 或商品有机肥 50 kg、配施 CaO 3～5 kg

的基础上，确定了花生不同优势区氮、磷、钾科学配比的施肥建议（表 4 - 7）。

表 4 - 7　花生优势区区域性施肥建议

区域	复合肥配方	亩施用量（kg）	
		高产田	中产田
冀东产区	25 - 10 - 12、18 - 11 - 13 或相近配方	50～60	40～50
冀中、冀南产区	26 - 12 - 7、16 - 13 - 13 或相近配方	55～65	45～55
黑龙港产区	20 - 15 - 10、26 - 12 - 7 或相近配方	55～65	45～55

第二类：目标产量配方法。

花生产量的形成须由土壤、肥料和根瘤菌供给养分，根据这一原理计算肥料施用量。可以按土壤肥力决定目标产量，也可以以当地 3 年的平均产量为基础、以增加 5%～10% 作为目标产量。该法又分为两种：

养分平衡法：以土壤养分测定值来计算土壤供肥量，再计算需肥量。其公式如下：

亩需肥量＝[（花生单位产量养分吸收量×目标产量）－（土壤测定值×0.15×校正系数）]÷（肥料中养分含量×肥料当季利用率）

式中：花生单位产量养分吸收量×目标产量＝花生吸收养分量；土壤测定值×0.15×校正系数＝土壤供肥量。0.15 是土壤耕层养分含量测定值换算成每亩土壤养分总量的系数。一般把 0～20 cm 厚的土壤（每亩150万t）看作作物营养层。校正系数表示土壤测定值与作物产量的相关性，一般采用 0.55。

例如，某农户花生田的目标亩产量为 300 kg，土壤有效氮含量为 60 mg/kg、有效磷含量为 30 mg/kg、有效钾含量为 90 mg/kg，求需肥量。

需氮肥量＝花生吸收养分（氮）量＝0.05（每千克花生需氮量）× 300＝15 kg；土壤供肥量＝60×0.15×0.55（校正系数）＝4.95 kg；代入公式并折成尿素为（15－4.95）÷（0.46×0.50）＝43.7 kg。

由于花生的氮约 60% 来自根瘤固氮，故实际施氮量仅为需氮量的 40% 即可，即每亩施用尿素 17.5 kg。

同理可求出所需磷、钾肥量。该法的优点是概念清楚，容易掌握；缺点是土壤测定值是一个相对量，因为土壤养分处于动态平衡状态，还要通过试验取得校正系数来调整，而校正系数变异性大，因此准确度较差。

地力差减法：花生在不施肥情况下的产量称为空白田产量，它所吸收的养分全部来自土壤和根瘤固氮。从目标产量中减去空白田产量就是施肥所得的产量。肥料需要量可按下列公式计算：

肥料需要量＝［花生单位产量养分吸收量×（目标产量－空白田产量）］＋（肥料中养分含量×肥料当季利用率）

例如：某花生田的空白亩产量为 150 kg、目标产量为 300 kg，则每亩应施尿素为

尿素用量＝［0.05×（300－150）］÷（0.46×0.50）＝33.33 kg；按 60% 的氮来自根瘤固氮，则实际每亩应施尿素 13.3 kg。

该法适用于无测试手段的地区。缺点是空白田的产量受多种因素影响，也无法表达多种元素中某种元素的丰缺情况。

第三类：通过田间试验选出最优处理，确立肥料的最佳用量。

这类方法包括 3 种：

肥料效应函数法：此法一般以单因素或二因素多水平回归设计为基础，对不同处理所得产量进行数理统计，求得产量与施肥量之间的函数关系，根据函数关系计算最佳施肥量。由山东省花生研究所的示踪试验和多年多点田间小区试验结果可知：在土壤全氮含量低于 0.45 g/kg 的低肥力地块花生荚果产量与施氮量的关系为二次曲线，方程为 $y=2\,706.45+10.905\,7x-0.037\,7x^2$

在土壤全氮含量为 0.45～0.65 g/kg 的中肥力地块，方程式为
$$y=3\,821.1+9.231x-0.038\,4x^2$$
式中：x 为单位面积 N 施用量（kg/hm²）；y 为单位面积花生荚果产量（kg/hm²）。

根据公式可计算氮肥的适宜施用量，即低肥力地块施 N 120.0～150.0 kg/hm² 为宜，不要超过 300 kg，中肥力地块施 N 112.5～120.0 kg/hm² 为宜。施 N 超过 150 kg，荚果增产幅度明显降低。

养分丰缺指标法：利用土壤养分测定值和花生吸收养分之间的相关性，通过田间试验及土壤养分测定值，制成养分丰缺及应施肥数量检索表，以后只要有土壤测定值，就可对照检索表按级确立肥料施用量。山东省花生研究所经多年试验，初步确立了土壤氮的丰缺指标及其最佳用量：土壤全氮含量低于 0.45 g/kg 时，合理施用氮肥可增产 15％以上；土壤全氮含量在 0.45～0.65 g/kg 时，合理施氮可增产 10％～15％；土壤全氮含量高于 0.65 g/kg 时，施氮增产不明显。据此，人们可根据土壤化验资料及花生的原产量水平确定合理的氮肥用量。

花生荚果亩产量低于 250 kg 的地块，每亩最佳 N 用量为 3.5 kg；若荚果亩产量为 250～350 kg，每亩应施 N 5.0～5.5 kg；荚果亩产量在 350 kg 以上时，每亩应施 N 5.5～6.0 kg。

土壤中有效磷的丰缺指标及最佳用量：有效磷含量低于 27 mg/kg 时为极缺磷，施磷增产率大于 15％；有效磷含量为 27～30 mg/kg 时为缺磷，施磷可增产 10％～15％；有效磷含量为 30～33 mg/kg时为较缺磷，施磷增产率仅为 5％～10％，应酌情施磷。如果根据原来的花生荚果产量确定，亩产量低于 250 kg 时，每亩应施 P_2O_5 4 kg，亩产量为 250～300 kg 时，每亩应施 P_2O_5 5 kg，若亩产量高于 350 kg，每亩应施 P_2O_5 7.5 kg。

土壤有效钾的丰缺指标及其最佳用量：土壤速效钾含量高于 90 mg/kg（比浊法为 52.7 mg/kg）时，基本不缺钾；土壤速效钾含量为 67～90 mg/kg 为缺钾；土壤速效钾含量低于 67 mg/kg 时为严重缺钾。在缺钾及严重缺钾土壤中，每亩氧化钾用量少于 7.5 kg 时，花生荚果产量随施钾量的增加而提高，增产率为 5％～15％，氧化钾用量超过 10 kg 时，花生荚果产量则随施钾量的增加而降低。

氮、磷、钾比例法：花生对各种元素的吸收有一定的比例，通过田间试验得到不同元素用量之间的最佳比例，然后将某一养分定量，再按养分之间的最佳比例决定其他养分用量，如以氮定磷、以氮定钾。山东省花生研究所应用示踪法，通过盆栽、微区、大田等多年多点试验查明花生施肥的最佳 N、P_2O_5 比例为 1：1.5，最佳 N、P_2O_5、K_2O 比例为 1：1.5：2。

有了合理的配方，还必须有合理的施用方法。如氮肥以一次性基施为宜，在一次基施的情况下，集中施优于铺施。集中施土壤残留率为 22.9%，比铺施高 9.56%，损失率为 25.9%，比铺施低 5.65%。如肥料不足，可基施与苗期追施相结合，有利于促进根瘤菌固氮。

③ 花生配方施肥应注意的问题。推广应用配方施肥技术必须注意以下几个问题：结合当地的生产水平、技术力量、测试条件、土壤普查和试验结果，以及肥料、目标产量制订切实可行的试验方案；搞好技术培训，对配方施肥的基础理论、方案设计、试验方法、资料分析、数据整理、测试方法等，要分级进行技术培训；搞好试验、示范、推广工作。

（三）花生水肥一体化技术

水肥一体化技术就是通过灌溉系统给作物施肥浇水，作物在吸收水分的同时吸收养分，是迄今为止农业生产最为节水节肥的技术之一。狭义来讲，水肥一体化就是通过灌溉系统施肥，作物在吸收水分的同时吸收养分。通常与灌溉同时进行的施肥是在压力作用下将肥料溶液注入灌溉输水管道而实现的。溶有肥料的灌溉水通过灌水器（喷头、微喷头和滴头等）将肥液喷洒到作物上或滴入根区。广义来讲就是把肥料溶解后施用，包含淋施、浇施、喷施、管道施用等。

1. 水肥一体化技术的理论基础 作物有两张"嘴巴"，根系是它的大"嘴巴"，叶片是小"嘴巴"。大部分营养元素是通过根系被吸收的。叶面喷肥只能起补充作用。我们施到土壤中的肥料怎样才能到达作物的"嘴"边呢？通常有两个过程。一个叫扩散过程。肥料溶解后进入土壤溶液，靠近根表的养分被吸收，浓度降低，远离根表的土壤溶液浓度相对较高，结果发生扩散，养分向低浓度的根表移动，最后被吸收。另一个过程叫质流。在有阳光的情况下作物叶片气孔张开，进行蒸腾作用（这是作物的生理现象），导致水分损失。根系必须源源不断地吸收水分供叶片蒸腾耗水。靠近根系的水分被吸收了，远处的水就会流向根表，溶解于水中的养分也跟着到达根表，从而被根系吸收。因此，肥料一定要溶解才能被吸收，不溶解的肥料作物"吃不到"，是无效的。

2. 常用的水肥一体化措施 水肥一体化的前提条件就是先把肥料溶解，然后通过多种方式施用。如叶面喷施、挑担淋施和浇施、拖管淋施、喷灌施用、微喷灌施用、滴灌施用等，其中滴灌施用由于延长了施肥时间，效果最好，最节省肥料。

（1）滴灌式技术模式。滴灌技术是一项很成熟的技术，但将其整合为水肥一体化技术并不是将肥料混到水中那么简单，因为滴水头对水的净度要求较高，一旦达不到要求就会造成堵塞，致使出水不畅，甚至不能出水。因此，滴灌式水肥一体化技术模式的肥料必须是专用型全溶性肥料，否则，即使对肥料溶解液进行多次过滤，也很难达到要求，溶解在水中的营养成分还会在出水控制元件附近凝结，对出水流畅性产生影响，对元件造成损坏。

（2）喷施式技术模式。又称叶面施肥技术、根外追肥技术，即将作物所需养分喷施到农作物叶片表面，通过叶片气孔被作物吸收，补充作物所需的营养元素，起到调节作物生长、防早衰和增加产量的作用。

叶面施肥可以实现直接迅速地为作物供给养分，避免养分被土壤吸附固定、提高肥料利用率，是补充和调节作物营养的有效措施，特别是在逆境条件下，如作物生长后期不便进行根部施肥、根系活力衰退、吸肥能力降低。在土壤环境对作物生长不利的条件下，如水分过多、干旱、土壤过酸、土壤过碱，作物根系吸收养分受阻，而作物又需要迅速恢复生长，可采用叶面施肥的方法。微量元素是作物生长发育过程中必不可少的营养物质，但施用量很少，如钼肥的每亩施用量仅几十克，根施很难施得均匀，叶面喷施则能使施肥均匀。

3. 花生滴灌水肥一体化技术

（1）花生膜下滴灌水肥一体化技术。花生膜下滴灌水肥一体化技术是一种结合滴灌技术和起垄覆膜技术优点的新型节水省肥栽培技术，利用管道灌溉系统将肥料溶解在水中，同时进行灌溉与施肥，适时、适量地满足农作物对水分和养分的需求，实现水肥同步管理和高效利用的节水农业技术。该项技术能够充分发挥滴灌和花生起垄覆膜高产栽培的技术优势，不仅能节约水资源、提高水肥利用效率和减少环境污染，而且能大幅度提高花生产量，这对促进农民增收、农业增效和节水农业及花生产业的发展具有重要的现实意义。

河北省农林科学院粮油作物研究所多年的试验和示范表明，与采用常规栽培技术相比，采用膜下滴灌水肥一体化技术平均节约用水41.63%，减少化肥用量39.20%，增产18.78%，亩增收益363.08元。

（2）不覆膜花生滴灌水肥一体化技术。相对于膜下滴灌水肥一体化技术，该滴灌水肥一体化技术不覆膜，直接将滴灌带铺设在垄面两行花生中间，滴灌带上方压土防止移动，或者采用浅埋的方式铺设滴灌带。一般晚春播和夏播花生宜采用起垄不覆膜铺设滴灌带的种植方式。

第三节　花生栽培模式

花生是河北省种植面积最大、产量最高的油料作物。河北省南北跨度大，山地高原、低洼平原、滨海盐碱地地形地貌复杂，气候、生态、土壤等自然地理环境变化多样，在长期的生产实践中全省逐步形成了冀东、冀中、黑龙港、冀南4个独具特色的种植区域，种植制度、栽培模式多样，冀北地区由于积温限制而极少有花生种植。

一、花生栽培制度

（一）花生的轮作

轮作是指在同一块田地上，在一定年限内按一定顺序逐年轮换种植不同作物的种植制度。花生的轮作是指以花生为核心作物构成的作物种植结构周期组合，以花生与禾谷类作物轮作为主，另外有花生与蔬菜轮作、花生与薯类作物轮作等。

1. 轮作的意义　花生与其他作物轮作，可以充分利用花生和其他作物不同的特征特性以及不同的栽培方式方法等特点，合理利用资源，均衡调节土壤养分和水分，增加土壤有益微生物，保持、恢复和提高土壤肥力，减轻病虫害及杂草危害，从而达到花生和其他作物持续增产的目的。

2. 轮作增产的原因

（1）提高土壤肥力，改善土壤理化性状。花生是豆科作物，其根瘤菌能固定空气中的氮，从而吸收土壤中的磷、钾较多，吸收氮相对较少；禾本科作物具浅生的须根系，主要利用耕作层养分，花生为直根系，入土较深，可吸收深层的养分，同时花生还能将固定的氮遗留一部分到土壤中，供下茬作物利用。禾本科作物需氮肥较多，需磷、钾肥相对较少。花生与小麦、玉米、谷子或甘薯等作物轮作，由于需肥特点不同，栽培条件不同，通过轮作换茬可以协调前后茬作物养分的供应，使作物均衡地利用土壤养分，充分发挥土壤的生产潜力，因而有利于作物生长。同时，栽培条件不同的作物进行轮作，可以改善土壤理化性状。

（2）减少或防治病虫危害。合理轮作通过换种不同属的作物之后，使危害作物的害虫失去适宜的生存条件，病原菌失去寄主，病虫害会大大减轻。

3. 花生轮作原则、主要模式及注意问题

（1）轮作的基本原则。合理的轮作是应用作物-土壤-作物之间的相互关系，根据不同作物的茬口特性组成适宜的轮作顺序和轮作年限，做到作物间取长补短，以利于每作增产、持续稳产高产。花生是豆科作物，与禾本科作物小麦、玉米以及十字花科作物等轮作换茬效果较好，与生态型相近的豆科作物轮作效果较差；轮作顺序一般先安排花生，花生收获后，安排需氮较多的禾本科作物；花生轮作年限一般在 3 年以上。生产上，应市场需求以及比较效益需求，1～2 年较多，积温较长、气候适宜的地区可以实现当年两作轮作。

（2）花生轮作主要模式。

① 春花生—春玉米（甘薯、谷子）一年一作栽培模式。这种模式主要在冀东地区应用。可满足春花生、春玉米（甘薯、谷子）一年一作所需热量，加上配套技术均能获得优质高产，而且更易实现全程机械化作业。研究发现花生与玉米、甘薯、谷子轮作可有效缓解花生连作障碍、显著提高花生荚果产量和品质。

② 花生—小麦—夏玉米两年三作栽培模式。这种栽培模式在河北省从南到北均有发展，但因生长积温要求，在采用品种和栽培技术上，各地均有自己的特色。花生、小麦、玉米均可依据自己独立的高产栽培模式种植，但北部小麦的安全越冬、夏玉米的安全成熟等是值得注意的问题。

③ 冬小麦—夏花生一年两作栽培模式。这种模式主要集中在冀中、冀南和黑龙港花生产区，但南北积温有一定差距，小麦和花生在品种选择上也有很大变化。夏花生整个生育期要求的生育积温必须满足2 800 ℃以上，收获期安全，不能受到早霜冻害，否则芽率降低、品质下降。

④ 越冬油菜—夏花生一年两作栽培模式。这种模式主要集中在冀中、冀南以及黑龙港花生产区，主要是越冬油菜安全越冬问题，冬油菜的收获期一般早于冬小麦，5月中下旬能够收获，不影响夏花生的种植，但越冬油菜要求播种较早，夏花生收获不易太晚，10月中旬保证冬油菜播种。

此外还有"饲用小黑麦—花生一年两作""春花生—晚秋短季蔬菜一年两作"和"大蒜—花生一年两作"等栽培模式。

（3）花生轮作注意问题。

① 轮作茬口安排。花生与其他作物轮作应注意茬口的特点，花生茬口是"甜茬"，土壤中含有丰富的氮源，而磷、钾消耗量较大，所以花生与喜氮的、对磷和钾消耗量小的禾本科、十字花科作物接茬种植较好。

② 轮作作物的组成与顺序。首先要考虑组成作物要适应当地生产，栽培技术要成熟；其次要以花生生产为核心，有利于各作增产，提高效益。

③ 适宜轮作年限（周期）。花生轮作的目的是减少病虫害、实现持续高产稳产高效，所以轮作的年限应以是否达到目的为依据。同时花生连作障碍非常明显，轮作周期过短，难以解除连作障碍，达不到应有的产量和效益。花生是高效作物，但对土壤肥力要求不高，小麦玉米收益相对较低，对土壤肥力要求较高，沙薄土地兼顾产量与效益，坚持合理的轮作周期才能取得持续较好的收益。

（二）花生的间作套种

间作套种是指在同一土地上按照不同比例种植不同种类农作物的种植方式。一般把几种作物同时期（或间隔不久）播种的叫间作，在前茬作物后期播种的叫套种，以充分利用地力、光热资源，提高单位面积作物产量和效益。花生是我国广泛种植的油料作物，也是常见的进行间作套种的作物。

1. 花生间作套种的意义　　间作套种是我国农民的传统种植经验，是农业上的一项增产增收措施。首先，间作套种能够合理配置作物群体，提高光能利用率，充分发挥边行优势，合理的间作套种还可以减少土地重茬危害，抑制病虫害，有利于作物增产；其次，花生与小麦、玉米等粮食作物间作套种，能够实现粮食作物与油料作物在产量上的平衡，达到保粮增油的目的。

2. 间作套种的基本原则

（1）高矮相间、肥瘦相宜。指间作套种的作物株型，要高秆和矮秆的搭配，植株繁茂和株型收敛的搭配，以利于通风透光、充分利用光热资源。

（2）深浅搭配、圆尖相映。指作物的根系深根和浅根相互搭配，在土壤中各取所需，可以充分利用土壤中的养分和水分，促进作物生长发育，达到降耗增产的目的。作物的叶形要圆叶（豆科作物）与尖叶（禾本科作物）相映，这样可避免互相挡风遮光、提高光能利用率。

（3）长短结合、早晚搭配。指作物生长期要长短结合，发育的早晚要有利于各作物充分利用空间和时间，减少时空拥挤矛盾。主副作物成熟时间要错开，这样晚收的作物（花生）在生长后期可充分地吸收养分和利用光能，促进高产。同时，错开收获期可避免劳力紧张，又有利于套作下茬作物。

（4）带宽适宜、轻简栽培。指与花生间作套种的各种作物栽培行与带宽要适宜，各作物栽培田间管理尽量做到协调一致，有利于全程机械化作业，可最大限度减少劳动力。正确合理的种植方式既能保持通风透光、充分利用自然资源，又能增加群体密度、提高群体产量。

（5）有利于规避气候和市场风险。不同作物对自然条件的适应程度有异，在气候恶劣或遭遇自然灾害或市场价格发生突然变化时，一种作物受到的影响较大，另一种作物受到的影响较小，可实现生产、销售低风险和效益稳定，有利于花生（产区）田间综合效益的提高。

3. 花生间作套种增产的原因

（1）充分利用光热资源。花生与其他高秆作物间作，构成田间复合群体，植株有高有矮，根系有深有浅，对光照、水分和土壤养分等的要求不相同，其密度和叶面积系数可以超过单作的限度，错期播种，叶面积高峰相互嵌叠，避免了单一作物高产田叶面积高峰期过于郁蔽、徒长倒伏，从而可以更充分地利用空间，提高光能利用率。典型模式为花生玉米 6：3 间作。套种是一种在平均气温比较低，无霜期比较短，自然积温种一季作物有余、种两季作物不足的地区提高复种指数的有效措施，可以利用有效的光热资源。小麦行间套种花生就是典型的充分利用光热资源的套种模式。

（2）提高土地利用效率。合理间作可以使两种以上植株形态和生育特性有显著差异的作物在同一地块上、同一生长季节生育良好，充分利用了土地资源。套种则可以使一年一作花生变成一年两作，有效提高复种指数，减少地面裸露时间，保持水土，提高土地利用率。

（3）改善作物生长条件，优化田间小气候。花生与高秆作物间作可以改善高秆作物的田间通风透光条件，充分发挥边行优势，同时可调节土壤温湿度，提高土壤养分利用率。合理套作可以充分发挥肥水的作用，两种作物有一段共生时期，可以统筹肥水、一水两用、前肥后用、养分互补、一膜两用等。

（4）减轻作物病虫害。间作套种可以使农田生态系统复杂化，使作物群体的抗逆性增强，可以减少病虫害的发生。玉米间作花生可使玉米螟的危害明显减轻。在花生地边点种蓖麻，花生田里的金龟子取食蓖麻叶后会中毒死亡。

4. 花生间作套种的方式　花生是短日照作物，对间作遮阳条件下的弱光环境有较强的自我调节能力，与其他高秆作物间作套种，形成多层群体结构，叶面积系数、群体密度增加，截光率提高，这样既能提高冠层的净同化率，又能延长光合作用时间，还能增加边际效应，从而实现比单作更高的产量和效益。花生是深根作物，与浅根作物间作套种可减少作物对养分的竞争。花生是豆科作物，有较强的固氮作用，通过其氮节约效应可为间作套种作物提供氮保证。因此，花生可以和多种作物实施多种方式的间作套种。

（1）花生与玉米间作。花生玉米间作是典型的禾本科作物与豆科作物间作模式，在全国各地均有应用，而且历史悠久。河北省虽然从南到北气候差异较大，但这种种植模式在多年以前非常普遍，近年来却非常罕见，原因是不易实现全程机械化、用工太多。花生玉米间作一方面在粮食主产区通过压缩玉米株行距挤出宽带间作花生，增加花生面积；另一方面在花生主产区肥力中等以上的地块通过压缩花生面积增加玉米的种植，实现年际倒茬种植破解花生连作障碍，以使花生增产。对河北省冀东花生产区以及地下水压采区尤其适用。种植模式可以根据市场需求、比较效益来确定以花生为主还是以玉米为主，然后通过品种筛选、植保、农机配套等方面探索新技术，形成机械化条件下的粮油均衡增产技术新模式。

（2）花生与谷子间作。花生与谷子间作在河北省开展的面积不大，主要在丘陵、干旱、盐碱地区零星分布。花生与谷子间作可改善作物群体结构和作物光合生理，提高光合利用率，增加土地当量比，促进作物高效共生，改良盐碱地和促进生态可持续发展。研究表明，间作谷子能够抑制花生果针分化，提高花生果针成果率，但会使光照等因素对花生产量的影响减小，使谷子产量大幅度提高。

（3）花生与油葵间作。主要在黑龙港花生产区盐碱地，油葵花生间作宜选用油葵花生行比2∶4或3∶4模式。盐碱地油葵株数与花生间作，油葵株数与单作株数基本相同，能最大限度发挥边际优势，充分利用油葵和花生形态、生理差异的互补，显著促进光能的有效利用；油葵花生宽幅带状间作（2∶4模式、3∶4模式）适合机械化操作；油葵花生均覆膜种植，能有效压盐，油葵具有吸盐特性，可降低土壤含盐量；花生具有根瘤固氮作用，可改善土壤肥力。通过花生与油葵间作既可实现高产高效又能达到养地的目的。

（4）花生与芝麻间作。这种模式在冀南大名县以及其他花生产区和香油加工多的县区有一定面积的发展，但各年面积很不稳定，主要受制于涝灾风险、机械化作业以及芝麻的种植效益。芝麻是高秆作物，花生较低，两者间作能充分利用空间、地力和光照。花生生育期长，芝麻生育期短，花生固氮菌可为芝麻生长提供氮营养，两种作物在生长上可以起到互补的作用。花生地里间作芝麻，一般应以花生为主，花生播种后在花生垄沟每隔4～6行花生间作1～2行芝麻，对角点播，每亩花生密度不减小，间作芝麻1 000株左右可增收芝麻15～20 kg，增收200～300元。"花生不减产，芝麻是白捡"。

（5）花生与幼林间作。近年来，退耕还林、交通要道两侧绿化带建设催生了这种间作模式的发展，全省各地均有。在幼林间隙种植花生，不仅提高了土地收益，还破除了林间草荒、增加了林地水肥，促进幼林生长，充分做到了用地养地。

（6）花生与棉花间作。花生与棉花间作类似于花生与玉米间作，在冀南、黑龙港棉区以现有棉花、花生播种机械为基础，调整间套作模式，一般棉花、花生间作为3∶4模式，来年错茬播种，可实现年际间作、轮作倒茬，避免重茬障碍，同时覆膜种植，可有效压盐。

（7）花生与小麦套种。这种模式在冀中地区、冀南地区、黑龙港地区非常普遍，但近年来面积减小很快，以后随着新品种的育出、机械化的普及以及劳动力的紧张，将会被小麦花生接茬种植代替。邯郸大名县曾有多种小麦套种花生模式，普通畦田麦套种花生有"四八寸"（八寸套形成夏花生 40 cm 等行距）、"三七寸"（七寸套形成夏花生 33.3 cm 等行距）、"等六寸"（隔垄套两行形成夏花生 20 cm×40 cm 大小行）等。以上模式花生套种时间在 5 月 20—25 日，也就是在麦收前 10～15 d，避免套种过早形成高脚苗、过晚小麦收获时机械碾压造成茎苗坏死；大垄麦套花生以春地膜起垄，花生规格在秋种小麦时起垄，沟宽 30 cm，在垄沟间播种双行或宽幅小麦，来年 5 月初套种花生，覆膜或不覆膜均可。无论哪种方式，前茬小麦选种都应选择早熟品种，早春管理以镇压为主，推迟春一水至拔节期，以使麦脚利落，注意后期氮肥施用和一喷三防农药选择，防止小麦贪青晚熟。

（8）以花生为主的多作间套复种模式。20 世纪 80 年代、90 年代应用得比较多，复种指数增加，土地利用率提高，产量、效益明显提高，成为当时农民增收的主要途径。如小麦//冬菜/辣椒//花生*种植模式、小麦//油菜/棉花//花生间作套种模式等。但这些模式费工费时，不易实现机械化，因为劳动力的紧张，产出比将大打折扣，没有推广价值。

（三）花生连作

花生连作是指在同一块土地上连续种植花生，生产上称重茬。花生连作减产早已得到证实，连作一年减产 19.8%，连作两年减产 33.4%，连作三年减产 20% 以上。随着连作年限的增加，花生基本维持在较低产量水平。受生产面积、种植习惯、产出效益及政府政策等影响，花生主产区这种花生生产方式现在乃至以后仍会占主导地位。

---

* //表示间作，/表示套种。下同。

1. 连作对花生生长发育的影响 许多连作试验表明：连作花生生长发育受到抑制，个体生长缓慢，植株变矮，植株营养水平、叶绿素相对含量、净光合速率、气孔导度和胞间 CO_2 浓度均呈逐年下降趋势，花生叶斑病、线虫病逐年加重，单株结果数减少，荚果变小，总生物产量和荚果产量显著降低。

2. 引起花生连作障碍的原因 山东省花生研究所认为，花生连作障碍的主要原因是花生连作引起土壤根际微生物类群变化，其次是土壤养分失衡、土壤中主要活性酶活性降低。但也有人认为，花生连作导致叶斑病、线虫病加重，某一种或几种大量元素或微量元素缺失，前茬花生根系分泌物或植株残体抑制后茬花生发育等。

（1）连作花生根际会形成特定的土壤微生物类群。根据相关研究可知，花生连作由于根系分泌物、植物残体及相对一致的耕作条件和管理方法形成了特定的连作花生土壤和根际微生物类群，是花生减产的主要原因。随着连作年限的增加，土壤及根际的真菌大量增加，细菌和放线菌大量减少，使细菌型土壤向真菌型土壤转化，有益微生物活动减弱，引起土壤地力衰竭，造成花生生长发育不良；土壤放线菌中有很多菌种能分泌抗生素，抑制有害微生物的繁衍生长，连作使放线菌减少，导致花生病害加重。

（2）连作导致根系营养元素失衡。花生连作土壤中速效养分含量发生明显变化，磷、钾等大量元素及铜、锰、锌等微量元素含量随着连作年限的增加而明显减少，造成了根系营养元素失衡，是花生减产的另一个原因。首先，连作能够使土壤 pH 下降，导致土壤中有效养分的比例发生变化，从而使土壤连作障碍发生；其次，由于花生对土壤养分的选择性吸收。长时间连作对特定养分的吸收最终导致土壤营养失调，打破了原有土壤养分平衡，植株抗性减弱，导致花生发病率增加，使花生产量和品质都下降。

（3）连作导致土壤酶活性降低。相关研究表明，随着连作年限的增加，碱性磷酸酶、蔗糖酶、脲酶的活性均呈降低趋势，导致有效养分的减少。脲酶活性降低势必影响尿素的分解，所以连作花生即使施用较多的尿素，其植株仍比轮作生长得差。

（4）连作花生根系产生自毒作用。花生自毒作用是指上茬花生通过根系分泌、地上部淋溶、植株残茬及气体挥发等途径释放的次生代谢物对下茬花生的生长发育产生的抑制作用。汪瑞清等（2015）研究发现连作花生土壤中根系分泌物随着连作年限的增加而增加，结荚期根系分泌物中的化感物质对花生的影响最大，很可能是引起花生连作障碍的又一个重要原因。沈阳农业大学研究认为，不同浓度的花生根际土壤和茎、叶水浸液对种子萌发都存在一定的抑制作用，而且浓度越大抑制作用越强。

3. 解除花生连作障碍的对策

（1）实施轮作或模拟轮作。花生轮作是解除花生连作障碍的最经济有效的根本措施。花生与西瓜、甘薯、玉米轮作，根腐病、白绢病减轻 1/2～1/3。花生与小麦轮作后增产 25.1％。

模拟轮作即利用花生收获后至下茬花生播种前的时间播种秋冬作物，通过其分泌的可溶性有机化合物和无机化合物，影响和改变连作花生土壤微生物类群的活动，并于封冻前或第二年早春对秋冬作物进行翻压，进一步改善连作花生土壤微生物类群的组成，使之既起到轮作作物的作用，又不影响下茬花生播种。为确保模拟轮作作物的播种及翻压时间。播种应在花生收获后抓紧时间抢播；翻压应在封冻前或早春进行；播种方式以撒播或窄行密植为宜；翻压时应增施适量氮肥，以促进模拟轮作作物植株残体的分解。模拟轮作的作物应为小粒、种子成本低、抗寒性强、秋冬生长快的非豆科作物，禾本科小黑麦、十字花科越冬油菜等较好。在冬前或早春压青，植被生长维护秋冬早春生态环境，还田增加土壤有机质和部分磷钾肥。注意压青还田时每亩增施 5 kg 尿素，以促进秸秆尽快腐烂分解。

（2）进行土壤翻转深耕。花生对土壤环境有"喜新厌旧"的特性。每隔 2～3 年翻转深耕一次，将原地表 0～30 cm 的耕层土壤翻至下层，将其下 7～10 cm 的新土翻转于地表，这样既加厚了耕层，又改变了连作花生土壤的理化性状，为连作花生创造了新的微生态环境，同时减轻了杂草的危害和叶斑病的发生，也可使连作花生产量大幅度提高。但翻转后必须增施肥料，培肥地力。这种方式实际上等于给花生换了新茬口。山东省花生研究所通过 7 年的试验得出结论：翻转深耕 30 cm 较常规耕深 20～30 cm，亩增产花生荚果 17.0％和12.75％，花生田间杂草分别减少 131.2％和 92.3％。

（3）综合防治。通过深翻或覆膜栽培可有效地改善土壤理化性质，促进土壤微生物的活动；增施生物有机肥料既提高了土壤肥力，又有利于土壤微生物的繁衍，还能够活化土壤磷、提高磷的利用率，同时抑制有害病菌和虫害发生；增施磷、钙肥，适当补充硼、钼、锰、铁、锌等微量元素，有利于改善因营养元素缺乏而造成的生长发育不良；加强病虫害防治，避免或减轻花生的病虫危害；选用耐重茬品种，提高品种对不良环境的适应能力，减轻连作对花生产量的影响。

二、花生主要栽培模式

（一）春播花生

春播花生一般是指在谷雨至立夏播种的花生，但传统意义上，从温度上升到花生能够出苗生长开始到 5 月的上中旬播种的花生均称为春播花生。河北省从南到北皆以春花生栽培为主，亩产大多在 300～400 kg，高产田亩产可达 500 kg 以上。邯郸市大名县 1977—1979 年春露地平作花生连续组织高产攻关，共有 71 亩亩产超过 300 kg，其中 3.3 亩亩产达到 458.55 kg。

春花生栽培的品种类型较多，冀东产区及冀中、黑龙港北部以中小粒品种为主，兼有大粒品种，冀中、冀南地区以普通型大粒品种为主，鲜有小粒品种。河北省花生在 20 世纪 90 年代前均以露地平作、一穴 3 粒等行距播种为主，在此之后逐步发展为地膜覆盖起垄种植、一穴双粒播种。近年来，随着新品种育出、新技术普及以及生产条件、地力水平的提高，全程机械化、单粒精播、膜下滴灌、水肥一体化等新兴栽培模式强劲发展，家庭农场、合作社等新型农民组织基本上实现了现代化新型种植。

1. 露地平作花生　春露地平作种植是河北省 20 世纪 90 年代初期以前主要的花生种植模式之一，在国内花生主产区均占较大比例。虽然近年来春播起垄覆膜栽培技术得到了大面积推广应用，花生单产有了大幅提高，但因露地平作比起垄覆膜种植操作简便、有利于保墒、行距不受起垄限制、技术要求低、省工省时、投入少等，目前仍有零星种植。

（1）露地平作花生的特点。地温回升慢，花生昼夜温差较小，相比于起垄覆膜，花生整个生育期土壤温度较低，生育期较长；不利于田间积水排放，易内涝，土壤易板结，不利于收获；相比于起垄保墒性好，但不及地膜覆盖；花生等行距方块形播种较多，高产田中后期植株田间生长拥挤，通风透光性较差；有利于根系追肥及中耕除草、清棵蹲苗、培土迎针、雨后散墒等农事操作。

（2）露地平作种植模式。遵循"增穴减粒、合理密植""肥地宜稀，薄地易密"和"大花生宜稀，小花生易密"等原则。

（3）露地平作栽培技术。

① 整地施肥。一年一季露地平作花生提倡上年初冬深耕，施入有机肥，经冬春晒垡、冻融压缩病虫基数提高土壤活性。露地平作不像起垄覆膜不宜追肥，可根据花生需求，结合播前旋耕施入基肥（15-15-15）30 kg，开花下针期再追施 20 kg 可提高肥料利用率，有利于花生生长。

② 种子包衣。露地平作花生很容易遭受早春恶劣气候条件（倒春寒加上土壤湿度较大）影响，造成粉籽、烂根不出苗。选择耐低温型花生种衣剂进行种子包衣，可减小这种不利影响、明显提高出苗率。

③ 适期晚播，深浅适宜。花生播种对地温要求较为严格，播种时必须等地温上来满足花生种子发芽需要才可以，不能早播，一般情况下以花生出苗后躲过最后一次晚霜为宜。普通大花生地下 5 cm 地温稳定（连续 5 d）通过 15 ℃以上，高油酸花生需高出 3 ℃，普通珍

珠豆型小花生可降低 3 ℃，否则易出现粉籽、烂芽等。播种深度以5 cm 左右为宜，通常要掌握"干不种深，湿不种浅"，土质偏黏的要浅，沙性大的要深的原则，最深不超过 7 cm，最浅不少于 3 cm。播后镇压使种子与土壤紧密接触，提升下层土壤水分，减少土壤水分蒸发，防止种子落干，便于种子萌芽出苗。

④ 畦田模式，节水灌溉。露地平作虽然保墒效果较好，但浇灌、排水都不顺畅，所以必须起畦才能防止大水漫灌，也可提高排水性能，畦宽一般 1.7～2.0 m，畦背 35～40 cm，畦背上也可点种花生。目前露地栽培喷灌、微喷、滴灌方便可行，节水省工省时，性价比明显高于常规灌溉。

⑤ 谨慎除草。露地平作花生喷施封闭除草剂，苗期遇雨或灌溉易产生药害，所以宜苗后除草或人工除草。

⑥ 清棵蹲苗，中耕培土。清棵蹲苗是露地平作花生一项非常有效的增产措施。清棵可使子叶腋间的茎枝基部露出地面，提早接受阳光照射，改变花生基部湿、冷的小气候，茎枝不仅早生快发，而且生长健壮，起到蹲苗作用，还可促使根系发达，增强植株的抗旱吸水能力；清棵还可把护根小草提早清除，能有效地减少生育中期草荒；花生清棵后改变了植株基部的小气候，同时第一对侧枝基部因清棵蹲苗组织老化，不利于蚜虫的繁殖。清棵时间一般在花生基本齐苗后及时开展，结合中耕进行，可以使用小锄头先进行中耕松土，然后将花生幼苗周围的土壤扒向四周，形成一个以株苗根茎为中心的小土窝，以便将子叶和侧枝露出。清棵深度一般以 2 片子叶露出土面为宜，避免扒土过深造成株苗倒伏，扒土过浅则又起不到清棵的作用，子叶和侧枝依旧埋于土中。需要注意的是，在对花生幼苗的清棵过程中，尽量莫伤及幼苗，而且不论深播或浅播都需及时清棵，深播花生清棵更为重要。

"锄头有水也有火"，花生中耕具有散墒提温和保墒防旱双重作用，能够促进主根深扎和侧根、主要结果枝的早发，为节密、枝壮、花多、花齐打下基础。花生中耕锄划早期都是人工用锄头操作，近年来以机械作业为主。在植株封垄和大批果针入土之前深中耕，将垄行间的土培到垄上，使垄的外缘加高，缩短高节位果针的入土距离，使结实范围内的果针入土结实，提高结实率和饱果率。生育期间一般进行2～3遍。

⑦ 化学调控。由于平作花生株行密集，封垄较早，中后期植株田间生长拥挤，通风透光性较差，为防止徒长倒伏早衰，下针高峰期应及时适量喷施控旺剂。

2. 起垄（不覆膜）花生　花生起垄种植相对于平作一般亩增产6%以上，增产显著。早在20世纪60、70年代就开始应用，以人工或畜力操作为主，费工费时，加之起垄不规范，种植技术不完善，增产效果不明显，直至20世纪80年代末期地膜花生大面积推广时才真正地成为生产中的主要栽培模式。随着新型花生起垄播种机械以及灌溉条件等配套技术的研制和推广，起垄栽培的价值逐渐得到体现。

（1）起垄种植的特点。

① 地温增加。起垄以后，地表面积加大，三面受光提高了地温，有利于花生种子的发芽、果针入土和荚果的生长发育。据河北省唐山地区农科所（现唐山市农业科学研究院）1977年的试验结果，花生播种至出苗阶段，起垄地下5 cm温度要比平作日平均地温提高1.3 ℃，最高的提高3 ℃，垄作的散热面也大，夜间温度下降快，昼夜温差大，苗期积温提高36～57 ℃，早出苗2～3 d，有利于幼苗生长健壮。

② 土壤环境疏松。起垄种植通透性好，土壤不易板结、比较疏松。疏松的土壤环境、较高的地温有利于各种土壤微生物活动，使土壤酶的活性增强、根瘤菌数量增加和固氮能力增强，同时，使肥料利用率增加，有利于果针的入土和根系的生长。

③ 田间小气候得到改善。起垄花生田间通风透光好，有效改善了田间小气候，能够有效减少花生病虫害的发生，并且还能最大限度地发挥花生的边际优势，提高花生植株的健壮程度，使果多、品质好，进而提高了花生的产量。

④ 便于田间作业。起垄种植有利于排灌，沟灌明显好于畦田漫

灌，节水省时，排水方便，不易形成内涝；起垄种植有利于中耕除草，培土迎针；起垄种植提高了花生结果层，有利于机械收获。

⑤ 容易失墒。起垄后地表受光面积大，散墒面积也增大，容易出现干旱，使种子落干。

（2）种植模式及起垄规格。目前大多采用大垄双行种植模式，个别地区也采取单行起垄或大垄三行种植模式，总之，根据土壤肥力状况，采用肥田不倒秧、薄地能封垄的合理密度。

（3）起垄花生栽培技术。

① 整地造墒，施足底肥。起垄花生土体裸露面积加大，散墒快而多，所以播种底墒要足。可结合年前深耕在深层土壤每亩施入农家肥 3～5 t、商品有机肥 40～80 kg、三元复合肥（15 - 15 - 15）40 kg，播前旋耕，结合起垄每亩施入复合肥 10 kg，包于垄心。

② 适期播种，适度镇压。起垄栽培较平作地温有所提高，可早于露地平作播种，但应晚于地膜覆盖花生。由于起垄土壤较松软，播种时必须适度镇压，踏实土壤，增加土壤紧实度，切断毛细管，提墒保墒。同时使种子与土壤密切接触，充分吸收水分，防止种子落干或干旱胁迫发育。滴灌田也可以采取干播湿出方式，先播种后浇水。但因干旱沙壤土起垄不易成型，以造墒播种为好。

③ 谨慎使用除草剂。花生起垄不覆地膜，同露地平作一样，封闭除草苗期遇雨或灌溉易产生药害，应谨慎使用除草剂，除草可参照露地平作花生。

④ 留足行边，培土迎针。花生棵结果半径一般 10 cm 左右，行边距要保持 10～12 cm，从而保证花生开花时周围有足够的土壤下针。

3. 起垄覆膜花生　花生起垄覆膜栽培技术自 1979 年由日本引入我国后发展很快，特别是 1984 年后推广面积迅速增加，遍布全国各大花生产区，并且由春播覆膜发展到夏直播覆膜，由纯作覆膜发展到套种覆膜，由普通厚膜（厚 0.01 mm 以上）发展到超微膜（厚 0.004～0.006 mm 及以上），由白膜发展到黑膜以及配色地膜、可降解地膜、液态地膜等。目前河北省除部分麦套或夏直播花生外,基本上实行了起垄覆膜栽培。

(1)起垄覆膜栽培增产原因。通过起垄地膜覆盖栽培,花生田间小气候以及土壤生态条件得到明显改善,为花生生长发育创造了良好的生态环境,花生生育进程加快,成熟期提前,产量和品质均有提高。

① 增温保温。垄作栽培本身就有增温作用,覆盖地膜后太阳辐射热能透过地膜传导到土壤中,地膜的不透气性阻隔了水分蒸发,减少了地面热量向空气中的散发,使热量储存于土壤中并传向深层。据河南省测定,春播花生地膜覆盖全生育期土壤耕层平均温度比露地提高 $2 \sim 4 \, ℃$,夏播花生地膜覆盖全生育期土壤耕层日均温增加 $0.4 \sim 1.3 \, ℃$。

② 保墒提墒防涝。露地栽培散墒比较快,覆盖地膜后切断了水分与大气的通道,使水分只能在膜内循环,因而水分能较长时间地储存于土壤中,从而大大提高了花生对土壤中水分的有效利用。干旱少雨时保墒提墒,促进生长,发生雨涝时,径流顺畅,防涝减灾。河南省开封县 1982 年对春花生覆膜后 $0 \sim 50 \, cm$ 土壤含水量进行测定得知,干旱时期覆膜(处理)土壤含水量稳定在 $14.0\% \sim 17.2\%$,比对照提高 $2.4\% \sim 3.5\%$。雨后覆膜花生土壤含水量保持在 $16.3\% \sim 19.0\%$,比对照含水量低 $1.6\% \sim 2.4\%$。夏播花生也有同样的效果。

③ 改良土壤结构。起垄栽培能使土壤疏松,但也使土壤易被风雨侵蚀、水肥流失,覆盖地膜能使土壤在全生育期内处于免耕状态,躲避风吹、降水及灌溉的冲击,减少中耕锄草、施肥、人工或机械践踏所造成的土壤硬化板结,从而使耕层土壤始终处于良好的疏松状态,能够均衡地调节土壤水、肥、气、热状态,使土壤保持湿润、疏松、温暖、肥沃的生态环境,促进土壤微生物繁殖,提高微生物活性,提高肥料利用率,有利于根系发育和果针下扎及荚果膨大。

④ 增加近地层光照强度。由于地膜对阳光的反射作用,覆膜花生植株行间及近地层光量增加,进一步提高了光能利用率。

⑤ 生育进程加快，提早成熟。利用地膜覆盖栽培提高地温，墒情稳定。春花生提早播种 10～15 d，并且早出苗 5～8 d，壮苗率也明显提高。虽然覆膜夏花生与露地夏花生出苗时间相同，但壮苗率高 6%。其次是根、茎、叶都表现出了比较强的生长优势。

⑥ 生育期提前，生长发育速度加快，饱果期延长。

（2）起垄覆膜花生高产栽培技术。

① 地块要求。花生对土壤的要求并不十分严格，除特别黏重的土壤和盐碱地外均可种植，并且近年选育出了很多耐盐碱的新品种，在盐碱地上试种也取得了不错的产量。但花生更喜欢肥沃、通透性好、排灌方便的沙壤土地或轻壤土地，与禾本科作物轮作地块更好。高油酸花生种植田前茬为普通花生地块，播种前需清理自生苗，与普通花生种植地块之间须有高秆作物隔离带。一村一种、整村推进、成方连片、规模化发展更适宜高油酸花生保纯保质高效。

② 品种选择。各地应选择适宜的优良品种栽培。冀东产区选择普通唐花系列等品种，高油酸品种选择冀花 11、冀花 18、冀花 19、冀花 915、冀农花 12、唐花系列、易花系列等。冀中产区以及黑龙港产区以冀花 19、冀花 915、冀花 572、冀油 4 号、冀农花系列、新花系列等为主，冀南产区普通花生以大花生冀花 5 号、冀花 6 号为主，高油酸花生以冀花 19、冀花 21、冀花 915、冀农花 6 号为主。目前由于高油酸花生品种刚刚起步，种源有限，价格较高，并且保纯难度大，市场上的种子纯度、质量难以保证。选购种子单位以具备供种资质的种业公司或育种单位为好。

③ 种子处理。种子处理是实现花生一播全苗的重要关键环节。花生剥壳前应将种果在阳光下晾晒 2～3 d，采用人工或专用剥壳机剥壳，通过机械、人工筛选剔除病残粒、破损粒、霉变粒、异形粒、异色粒，并进行种子分级，选择一级、二级米分别作种，然后进行种子包衣，阴干备播。

④ 整地施肥。春地膜花生提倡年前深松耕，播前旋耕浅施肥，2～3 年深耕一次，耕深 30～35 cm。经过冬天冻融，创造疏松、保肥

保水的土壤结构，同时降低病虫基数。与冬小麦夏玉米以及其他高秆作物轮作茬口，上茬作物收获后应及时进行秸秆还田，根据秸秆还田量每亩适当补充尿素 10～15 kg，以利于秸秆腐熟，同时防止与花生争氮。整地耕作质量一定要做到细碎无坷垃，平整无根茬，才能确保起垄覆膜高质量完成。

⑤ 地膜选择。目前生产上大多采用厚度为 0.004～0.006 mm 的普通透明聚乙烯地膜或其他有色微膜，投资小，效果好，但"白色污染"带来的影响已经显现，我国各地已经出台政策进行控制。比如新疆规定普通地膜厚度不能低于 0.01 mm，主要是有利于地膜回收，其他省份也相继设立了地膜回收、全生物降解地膜、液态地膜等项目来破解地膜污染问题。地膜宽度根据垄距确定，一般与垄距宽度一样，既能封好垄，也不封死沟。另外春播花生播种较早，不建议使用黑地膜（比白地膜覆盖地温低 2～3 ℃），但除草效果明显好于白地膜。总之根据需要也可采用黑白相间地膜以及其他功能性地膜。

⑥ 种植规格。为确保起垄覆膜增产效果，应该严格起垄覆膜种植标准，要做到垄面要平、膜贴地面，坡面要陡、垄高适宜，垄面保宽、留足行边（防止滑针），压土严实、防风揭膜。同时还要做到起垄镇压踏实，不能太松软，否则种子不能与土壤密切接触，不利于种子充分吸收土壤水分，导致根系瘦小、出苗不齐、苗不壮，甚至落干。新型花生播种机采用在播种行上方膜上压土或膜后打孔播种技术，土带高 3～5 cm，既省去了扣膜程序，又防止了高温烫苗，还能引升子叶节出土，使第一对侧枝健壮。同时出苗孔小，保温保墒效果好，也降低了膜孔大招致害虫产卵危害的概率。

⑦ 适期足墒播种。播种期要依据当地早春气温回升和降雨情况确定，普通品种覆膜后 5 cm 土层温度稳定在 15 ℃以上便可播种，小粒品种对温度要求较低可先行播种，大粒品种对温度要求稍高应适当晚播，高油酸花生种子对低温比较敏感，大粒高油酸花生品种更是如此，春播时一定要等到 5 cm 地温稳定在 18 ℃以上才可播种，一般为4 月下旬至 5 月初；足墒播种是确保苗齐苗壮的基本条件，趁墒、造

墒、补墒都要确保墒情充足。一般采用造墒耕作播种为好，飞沙薄地更应造墒起垄。滴灌地块也可以采用"干播湿出"的方式，"干播湿出"虽然能够赶时播种，省工省水减少投资，但也有弊端。如播种后滴灌遇倒春寒，土壤低温高湿，容易烂种，如滴灌质量不合格或人为造成滴管不通或漏水短路，会导致部分窝穴水分不到位、出苗不整齐甚至不出苗、缺苗断垄。播种时膜下干土喷施除草剂，来不及滴灌，除草剂会蒸发降效，及时滴灌后除草剂会随水淋溶下渗，地表除草剂浓度降低，除草效果也会降低，也容易使花生种芽产生药害。造墒耕作再播种，土壤墒情比较均匀，土壤疏松透气，地温也会稳定回升，出苗较快，苗健壮，除草效果也好。

⑧ 化学除草。目前花生田除草基本上不再依赖人工，但单靠化学除草也并不能达到要求，应以化学除草为主，辅以人工和机械除草，确保花生不受杂草影响。

苗前封闭：选用在花生上登记的专用除草剂喷雾封闭。苗前除草剂一般随播种随喷施封闭地面，每亩对水量一般为 15～30 kg，两个喷头，一个膜前喷垄面，一个膜后喷垄沟。

苗后喷杀：除草都要除早除小，这样效果才好。下针期避免喷施除草剂，以免产生药害形成"吊针"不入土。

⑨ 抠膜扒枝，查苗补种。出苗期间，应及时到田间进行检查。没有采取压土自动引苗技术的，要及时抠膜放苗（注意放苗孔不能太大，越小越好，否则会吃风跑墒，甚至风揭膜飞），把第一对侧枝尽早释放出来，严防高温烫苗。一时来不及放苗，应及时在膜上打孔，放气消除膜下高温液滴，力促壮苗。放苗时间一般在 9:00 前、16:00 后，避开中午高温时间；采用膜上压土或膜后打孔播种的地块也要及时检查，发现膜下植株及时放苗。出苗期间遇雨，质地偏黏的土壤上，苗上方可能会形成一层硬壳，不利于出苗，应及时破板，有条件的出苗后可以将膜上压土撤至垄沟，这样更有利于蹲苗发枝，开花早而集中。查苗补种一般与抠膜扒枝同期进行，发现缺苗断垄和漏播应补种。

⑩ 水分管理。花生需水"燥苗湿花润果"。足墒播种情况下，苗期一般不需浇水，但全田第一朵花开放时必须浇足浇透初花水。否则会直接影响到开花量、成针率、结果量及整齐度、饱果率等。荚果膨大期、饱果期遇旱也要浇水，但需避免中午高温浇冷水大水，这样会加大果腐病的发生概率。地膜覆盖花生不宜采用喷灌方式，水量较小，且水分由下向上渗透到根部及结果层，往往造成墒情不足影响开花量和整齐度，最好采用滴灌或沟灌。

⑪ 绿色精准防控。绿色精准防控的基本原则："预防为主、治疗为辅"。充分利用轮作倒茬、物理防治、生物防治、低毒高效农药等措施，积极推进地上转地下、茎叶转种子。田间喷雾能减就减，尽量压缩田间病虫防治作业次数和用药量，改变用药方法，实现精准用药，提高农药利用率，减少田间农药污染，充分体现绿色健康栽培。

⑫ 适时收获。花生成熟的标志是荚果外壳硬化，脉纹明显，壳内壁出现褐色斑片，俗称"金碗"。成熟后仍青枝绿叶，适当延迟收获可提高饱果率，实现优质高产。收获尽量避开阴雨天气，宁可晚收也不要雨淋，要确保花生荚果晒干晒白。现阶段宜采用两段法收获，收获后带秧花生呈条带状晾晒在田间，遇雨及时翻晒，等晒至七八成干时（荚果水分含量为20%）进行摘果。收获机、摘果机在作业之前一定要清理干净，防止人为或机械混杂，摘果后再次晾晒至荚果水分含量在10%以下方可入库储存。

（3）花生膜下滴灌水肥一体化技术。花生膜下滴灌水肥一体化技术是目前花生节水节肥高产高效栽培最有潜力的技术模式。

① 整地与施肥。冬前或早春耕地，耕地深度一般年份为25 cm；每2年进行1次深耕，深耕30~33 cm。结合耕地施足底肥，每亩施用商品有机肥50~100 kg或养分总量相当的腐熟圈粪或腐熟牲畜粪肥800~1 000 kg作底肥。

② 种子处理。包衣，播种前将半粒、脱皮的种子捡出不用。

③ 机械播种。播种前可以不造墒。起垄播种将滴灌带铺设到垄上中间位置，采用贴片滴灌带时，使滴灌带光滑面向上、滴孔向下，

防止贴片与地膜因高温日晒而发生粘连。

④ 供水管道铺设与调试。管道连接完成后应进行管道水压调试和系统试运行。

⑤ 滴灌浇水。采用不造墒播种方式的，播种完成后应立即滴灌浇水，每亩滴水定额一般为 $10\sim20$ m³；以后分别在始花期和结荚期遇旱滴灌浇水，每亩滴水定额一般为 $20\sim30$ m³；滴水周期苗期为 $20\sim30$ d，其他生育时期一般为 $15\sim20$ d。

⑥ 滴灌追肥。滴灌浇水的同时滴灌追肥，一般每亩滴灌施肥总量为 N $9.5\sim12.5$ kg、P_2O_5 9.0 kg、K_2O 1.5 kg、CaO 2.5 kg。在播种期、始花期和结荚期滴灌追肥，每次的追肥量分别占施肥总量的 30%、30% 和 40%。

（二）夏播花生

夏播花生是指 5 月下旬至 6 月上中旬在上茬作物田间套种或收获后播种的花生，包括畦田麦垄套种，小麦、大蒜、油菜、马铃薯、洋葱等作物茬后花生。河北省麦套夏播花生在 20 世纪 80 年代、90 年代发展迅速，到 2000 年左右达到高峰，同时也进入稳定发展时期，全省有越冬小麦种植的地方基本上都有麦田套种花生种植，21 世纪初期冀南产区大名县麦套夏播花生面积达到 40 万亩以上，占全县花生总面积的 80%，之后随着花生、小麦、玉米等作物种植性价比变动、劳动力日益紧张、不方便机械化作业以及国家政策调整等，面积逐渐萎缩，2021 年麦套花生面积不足总面积的 30%。

河北省无霜期较短、小麦主产区以麦套花生为主，近年来随着中早熟品种的突破和夏直播花生高产栽培技术的日臻完善，无霜期较长的中南部产区夏直播花生发展较快。2000 年以来，河北省各地相继开展麦套花生种植模式改革、高产试验示范，出现了很多高产典型，总结了很好的高产栽培技术经验。2005 年大名县埝头乡西马陵村建立了百亩麦套夏花生高产攻关田，平均亩产 452.5 kg。其中高存山 4 亩夏花生经专家组鉴定亩产 544.38 kg，实现了亩产 500 kg 的预期目标。2019 年河北省农业科学院组织专家对"北方夏花生化肥农药减施技术集成与示范项目"开展情况进行田间检测，前刘胜村高社荣200 亩麦套花生亩产达到 473.87 kg，石家庄新乐市 200 亩麦后起垄不覆膜夏直播花生亩产 442.14 kg。

发展夏播花生需要较好的生态环境条件。中小粒型中早熟花生品种要求全生育期积温达到 2 800 ℃以上，积温较高的地区可以采用中早熟大果型品种，积温较低的只能用小粒型早熟品种；麦套花生播种不能使用底肥，苗期与小麦共生，争水争肥，加之夏花生生育期短，有效花期短，对环境的适应性差，根系发育不良，不耐瘠薄。所以要求有较高的土壤肥力和供水条件，否则会影响花生的生长，造成严重减产。

1. 麦套花生

（1）麦套花生生育特点。麦套花生就是在小麦收获前将花生套种在小麦行间，待小麦收获时花生已经出苗，借以延长花生生育期，弥补热量资源不足，实现小麦花生一年两熟、粮油双丰的一种栽培制度。麦套花生有不同的种植模式，河北省以畦田麦套花生为主要模式，兼有小垄宽幅麦套花生等。麦套花生苗期受小麦的遮阴，光照不足，苗黄苗弱，主茎生长快，侧枝发育慢，易形成高脚苗。小麦收获后，虽然光热资源充足，管理上水肥齐攻，但原来遮阴形成的稚嫩花生苗突然接受强光曝晒，需要一段时间缓苗才能由黄变绿、由弱转壮、侧枝伸长。缓苗后进入雨季，高温高湿，花生生长很快，干物质迅速增加。后期因气温下降、荚果大量形成，花生长势迅速减慢，叶面积迅速下降，干物质积累减少。整体表现为苗期生长缓慢、中期生长迅速、后期急剧衰落的生育特点。

普通畦田麦套花生生育进程介于春花生和夏直播花生之间，全生育期需 125～130 d，出苗至始花需有效积温 400 ℃，比春播花生和露地夏直播花生高 50～100 ℃，这与共生期间受小麦的影响有关。麦套花生主茎在共生期间生长较快，但也应控制在 10 cm 以下。畦田麦套花生开花、下针、结果的动态与夏直播花生基本相似，但麦套花生不像夏直播花生开花那么集中，开花时间早于夏直播花生，时间也较长，果针增加盛期在 7 月上中旬，幼果增加高峰在 7 月中下旬。麦套花生物质积累同样呈 S 生长曲线，但前期稍低，中后期一直保持较高水平。

（2）麦套花生主要种植模式。

① 小垄宽幅麦套花生。秋种时不起垄，用一宽幅耧播一条 5～6 cm 的小麦宽幅带，小麦行距 34～35 cm。于麦收前 20 d 左右，在垄上用花生套种耧套种 1 行花生，穴距 16～18 cm，每亩播 9 300～10 500 穴。

② 畦田麦套花生。在土壤肥力高、热量资源比较充足、灌排水条件好的小麦高产地区可采用这种方式。一般冬小麦按 23～27 cm 等行距畦田播种，麦收前 15～20 d 在每行小麦行间按 26.7 cm 穴距套种中熟大果花生。

（3）麦套花生的产量构成因素及高产途径。花生的产量由花生单位面积株数、单株结果数和百果重三因素构成，三者中对产量起决定性作用的是单位面积株数。麦套花生生育期短，开花期短，花量小，单株结果少，主要靠群体拿产量。在一定密度范围内，密度与百果重正相关，适当增加单位面积的株数，既可以增加密度本身的增产效果，还可以通过提高单株结果数和百果重间接对产量发挥作用。由此提出麦套花生要夺取高产，首先应采取措施确保群体密度，通过强化管理措施提高单株结果数、饱果率，以提高花生产量。

（4）麦套花生高产栽培技术。

① 选用优种，精心备种。麦套花生在满足各自的生长需求的情况下共生期越短越有利于双作的高产。所以要求小麦、花生品种均具早熟性，小麦品种要求麦脚利落、矮秆抗倒、高产稳产，花生品种要求高产潜力大、抗逆性强的大中果型品种，苗期要有一定的耐阴性。要扎实做好种子处理，为一播全苗打好基础。

② 两茬衔接，合理播式。秋播小麦采用 13.3 cm×26.7 cm 大小行或 26.7～33.3 cm 等行距播种，收获前 15～20 d 在 26.7～33.3 cm 麦垄内套种一行花生，密度为 10 000～12 000 穴/亩，每穴 2 株，避

免小麦 20 cm 等行距播种，行行套种花生，以扩大花生行距、缩小穴距来提高密度，不仅有利于田间管理操作，还有利于改善花生田间通风透光条件。

③ 干播湿出，一播全苗。套种花生可以先造墒后播种，但不如干播湿出。干播湿出（浅播 2~3 cm，浇蒙头水）主要是防止花生人工操作播时拉长，造墒时间过长，表墒不足，出苗不齐，深播子叶不出土，浅播易落干等。采用干播、浅播浇蒙头水的办法，土壤踏实，出苗整齐一致，子叶出土快，子叶节升高，有利于第一对侧枝花芽分化。播种工具采用花生专用套种耧，容易实现深浅一致、穴距均匀。目前随着机具的改进，单粒双粒均可实现，但单粒播种更易实现群体整齐健壮、结果整齐、果多果饱、获取高产。

④ 两作施肥一体化。花生具有喜"乏肥"的特性，肥茬是高产的基础，同时由于田间套种，花生基肥不便施入，这就要求小麦花生施肥一体化。

⑤ 抢茬收获，肥水齐攻。"春争日，夏争时"，为给花生创造更好的生长环境，小麦成熟后要及时收割，尽早改变隐蔽遮阴环境，使花生快速健壮生长。小麦割茬要小，不宜超过 10 cm，把麦秸、麦糠粉碎均匀，撒于垄间，覆盖地表，这样有利于花生保墒灭草，还维护了田间生态系统，使害虫天敌得到保护。花生苗期可不进行中耕灭茬，根茬留在土壤中有利土壤微生物活动，使土壤不易板结，有利于花生根苗的发育。进入 7 月初的雨季根茬发沤时再进行中耕灭茬除草，也可以全程不灭茬。小麦收获后花生由于环境的突然改变而有一段较长的缓苗期，必须及早进行浇水追肥，促苗早发快发、由弱转壮，提早进入开花期，增加有效花量。麦套花生由于贴茬播种，加上小麦收获机具的碾压，土壤容易板结，在大雨或浇灌之后容易新叶发黄，要及时喷施以铁元素为主的叶面肥、生长调节剂，促叶转绿正常生长。

⑥ 化学除草。麦套花生不易喷施封闭除草剂，注意苗后除草。

⑦ 促控结合，一喷多防。麦套花生生育期短，管理以促为主。

2. 夏直播花生

(1) 适宜夏直播花生生产的基本条件。

① 花生生育期间活动积温达到 2 800 ℃以上，≥15 ℃有效积温 1 100 ℃以上，生育期 110 d 以上。

② 生产地块为轻壤土或沙壤土，土层深厚、地势平坦、排灌方便、中等肥力以上。

(2) 夏直播花生生育特点。夏直播花生是指在小麦、油菜、大蒜、洋葱、马铃薯等作物收获后的直播花生，具有播种方便、深浅一致、便于施肥、出苗整齐且易高产等优点。夏直播花生生育期间雨热同季，生长发育迅速，各生育阶段相应缩短，全生育期一般只有108～115 d，具有"三短一快一高"的生育特点，即苗期短（短 15 d 左右）、有效花期短（一般 7 月中旬始花，8 月 1 日前为有效花期，仅15～20 d）、饱果成熟期短（比春花生短 22 d 左右）和生长发育快（结荚初期叶面积系数可达 3 以上）以及分配系数明显高于春花生。"三短"决定了夏直播花生单株生产力较小，而收获又必须在小麦等秋播作物播种之前进行，生育期受到限制。在这段时间内，前期、中期温度高，能满足花生生长发育需要；但后期年际差异较大，阴雨、低温会造成荚果发育缓慢、籽仁不饱满而最终影响产量。

(3) 夏直播花生高产途径。大量生产实践证明，饱果率是制约夏直播花生产量的主要矛盾。温度、土壤肥力、种植密度、产量形成期是影响饱果率的主要因素。因此在其他因素恒定的情况下，增加群体密度、延长产量形成期、提高饱果率是夏直播花生高产的主要途径。

① 尽可能延长产量形成期。夏直播花生的荚果产量全部在结荚期和饱果期形成，这两个阶段称为产量形成期。延长产量形成期的措施可以从"提前"和（或）"延后"两方面着手：①充分发挥"一快"的作用，使夏直播花生尽可能地提早进入产量形成期，8 月 1 日开始长成幼果；②后期防止叶片衰老、适当推迟收获，保证有 65 d 以上的产量形成期。

② 力争提高产量形成期的物质生产能力。首先要保持足够的密

度、叶面积和光合能力，要求在进入结荚期时叶面积系数能达到 3，田间封垄。最大叶面积系数不超过 4.5，到收获期，叶面积系数不低于 2.5，整个产量形成期，平均叶面积系数应在 3.5 左右。同时，还应保持较高的群体光合能力。

③ 努力保持较高的物质分配系数充分发挥"一高"的作用，使整个产量形成期保持较高的分配系数。提高分配系数的有效途径是尽快扩大产品库（成长中荚果数目）的数量和容量，提高产品器官对总干物质的需求和接纳能力，力争进入结荚期后，幼果数迅速增加，这就要求有足够的开花量、有效果针数。

（4）夏直播花生高产栽培技术。夏直播花生高产技术可概括为"前促、中控、后保"。前期促快长，促进群体发育，结荚初期叶面积指数达 3 以上，田间封垄，主茎高 30～35 cm，结荚期叶面积系数稳定增长保持在 4.5 左右；中期控制营养生长旺长防止倒伏，促进荚果发育和充实；后期防治叶斑病、保叶防止早衰、延长产量形成期，提高荚果充实度。

① 精细整地，合理施肥。上茬作物收获后，抓紧时间整地灭茬、施足基肥。有条件的最好施用包膜缓控释肥，延长肥效期、防止后期早衰。根据土壤养分丰缺情况适当增加钙肥和硼、锌、铁等微量元素肥料。

② 配套品种，发挥潜力。花生选择增产潜力大、综合抗性好、结果层浅而集中、果柄坚韧不落果、适收期长的中早熟花生品种，生育期在 110 d 左右。

③ 精选种子，药剂拌种。剥壳前带壳晒种 2～3 d，利用花生专用剥壳机剥壳后进行机械色选、人工再选，剔除破损、虫蛀、发芽、霉变、异色籽粒，分级处理。达标花生种子通过花生专用机械包衣，确保一播全苗。

④ 抢时早播，增密保产。上茬作物成熟或达到一定经济效益后，应及时收获。麦后灭茬施肥整地起垄种植模式要求先造墒再灭茬旋耕两遍，达到无根茬、无坷垃、地平整，然后采用起垄、播种、喷除草

剂、覆膜、镇压、覆土花生播种一体机一次性完成播种，或采用起垄、喷除草剂、覆膜、打孔、播种、镇压、覆土播种机，也可起垄不覆膜播种。利用茬地花生专用免耕覆秸精量播种机把粉碎的麦秸与地表土混合，均匀地覆于地表，一次性完成种床整备、侧深施肥、精密播种、覆土、镇压、覆秸等多重工序，实现抢时夏种。为保证光热资源充足，尽量缩短小麦花生茬口衔接时间，提早花生播期，最晚不宜晚于 6 月 20 日。夏播花生光热资源不足、生育期短、单株开花量小、果数少且秕果多，应增加密度，靠群体增饱果提产量，为花生高产创造良好的基础条件。

⑤ 根除杂草。夏直播起垄覆膜花生参照春播起垄覆膜花生化学除草；起垄不覆膜花生参照露地平作花生谨慎除草。

⑥ 浇好关键水。在确保底墒充足的情况下，除非有足够的降雨，否则必须浇足浇透初花水（花生田第一朵花开）。起垄覆膜田宜采用沟灌或滴灌，露地栽培采用喷灌或微灌更为合适。

⑦ 防病保叶防早衰。在采取种子包衣实现壮苗的基础上，喷好三遍药，实现不生病、不徒长、不早衰、健壮生长、正常成熟。

⑧ 适当晚收。一般 10 月初即可收获。如果叶片保存良好，在不影响小麦播种的情况下，适当晚收可使饱果率明显提高。一般可延迟到 10 月中旬，待日平均气温下降到 15 ℃以下花生果重不再增加时，抓住晴好天气及时收获，特别是种子田收获要赶在霜冻来临前一周完成。

第四节　极端天气对花生生产的影响

花生是一种喜温、较耐旱、怕涝的一年生豆科作物，温度、降水、光照等气象因素对花生生长发育和产量形成都有很大的影响。

一、低温对花生的影响及对策

低温是影响农作物生长和产量的重要非生物胁迫因素。在河北省，花生播种期易遇到"倒春寒"天气，花生会因温度降低而烂种、出苗率下降。

（一）低温对花生发芽出苗的影响

花生种子萌发所需的最低温度为 12～15 ℃。在田间栽培条件下，发芽出苗的最低温度在不同品种间存在差异。山东省花生研究所试验发现，一些品种的发芽出苗生理零度为 10.46 ℃，多数品种为 11.95～13.40 ℃，这一结果与多年来将 12 ℃作为珍珠豆型和多粒型品种发芽出苗的下限温度、将 15 ℃作为普通型品种和龙生型品种发芽出苗的下限温度是基本一致的。

大部分高油酸花生品种对低温敏感、低温耐受能力差，尤其是在播种发芽期，易出现出苗不齐、冷害死苗等现象，低温成为限制高油酸花生在我国北部以及一些高纬度、高海拔地区推广和种植的重要因素。河北省农林科学院粮油作物研究所研究发现，冀花系列高油酸花生品种在 15 ℃及其以下时发芽率低于 85％，温度提高到 17～19 ℃时，发芽率方能达到 95％以上。

（二）预防低温危害的措施

1. 采用耐低温种衣剂拌种或包衣 低温会推迟种子萌发时间，延缓种子萌发速率，导致种子在土壤中的滞留时间延长，增大感染土传病害的概率，易造成烂种，从而影响发芽。

2. 采用起垄覆膜栽培技术 在石家庄市，4 月底采用起垄覆膜栽培技术播种，播种期覆盖白色聚乙烯地膜使 5 cm 耕层土壤日平均温度提高 2.1 ℃，日最高增温 9.7 ℃。因此采用起垄覆膜栽培模式能显著提高 5 cm 土壤地温，可以提前 5～10 d 播种。

3. 适期晚播 冀花系列高油酸花生品种较适宜的 5 cm 土壤温度为 17～19 ℃，因此，适当比当地品种正常播期推迟 5～7 d 播种即可较好规避早播造成的低温危害。

4. 选育耐寒花生新品种 唐山市、秦皇岛市等北部较冷凉花生产区可选用出苗的下限温度较低的珍珠豆型或多粒型的小粒品种种植。

虽然高油酸花生品种在发育期不耐低温，但其油酸含量与发芽温度无显著相关性，利用抗寒能力强的花生品种为亲本培育耐寒的高油酸花生新品种是提高高油酸花生抗寒能力的可行途径。

二、高温对花生的影响及对策

（一）高温对花生的影响

花生生育时期不同，对温度的要求不同，一般情况下，当日平均气温≥28 ℃、日最高气温≥35 ℃、日最小相对湿度＜40％时，会导致叶面蒸腾过大、根部水分供应不足，引起植株萎缩、叶片枯落甚至死株。

播种出苗期温度达到 40 ℃时，发芽率下降，温度超过 48 ℃时花生不能发芽。

幼苗期适宜气温为 25～30 ℃，此时植株矮壮。气温超过 27 ℃时，幼苗生长速度过快，容易形成弱高苗。

开花下针期适宜温度范围为 23～28 ℃，在此范围内，开花下针数随温度的升高而增多。当日平均气温低于 21 ℃或高于 30 ℃时，开花数显著减少。气温低于 18 ℃时不易生成果针。

结荚期荚果发育最适温度为 25～33 ℃，此时荚果发育快、增重多。大粒花生在气温低于 15 ℃时、小粒花生在气温低于 12 ℃时荚果逐渐停止增长，容易形成秕果。

花生饱果成熟期，如果温度过高，则植株营养生长衰退期过快、过早，果仁增重不大，从而导致花生减产。白天 26 ℃、夜间 22 ℃最适于荚果发育，昼夜温差超过 10 ℃不利于荚果发育。

种子成熟期 5～30 cm 地温在 25～30 ℃最为合适，若 5～30 cm 地温高于 40 ℃或低于 20 ℃，不利于干物质积累、果仁增重慢、秕果多。

（二）预防高温危害的措施

（1）播种前如预计有持续高温天气，可采用起垄不覆膜的模式种植花生；播种后出苗前如遇 35～40 ℃高温，可采取揭除地膜的方法防止地温过高。

（2）适时浇水，降低地温。

（3）叶面喷施芸薹素内酯等植物生长调节剂，提高植株抗逆性。

（4）适时叶面喷施控旺剂防止植株生长过旺。

（5）生育后期避免正午高温时浇水、打药，避免因浇水使耕层土壤温度发生较剧烈的变化而引起烂果病的发生，避免因打药造成叶面药液蒸发过快而使发生药害或对叶面造成灼伤。

三、干旱对花生的影响及对策

（一）干旱对花生的影响

花生在发芽出苗时要求土壤湿润，田间最大持水量以 70％为宜，如遇干旱，易造成籽粒吸水不足，发生落干，不能发芽出土。

幼苗期较耐旱，土壤含水量为田间持水量的 50％～60％较适宜。土壤偏旱对花生扎根蹲苗壮长有利。土壤过分干燥，造成植株生长不良，使花芽分化受抑制。

开花期需要土壤水分充足，20 cm 土层内含水量降至 10％以下时，开花便会中断，下针结实期要求土壤湿润又不渍涝，0～3 cm 土层含水量低于田间持水量的 50％时，叶色黑绿，开花量开始减少。

结荚期是花生一生中需水最多的时期，0～30 cm 土层含水量低于田间持水量的 40％时，群体植株叶片翻白。

饱果成熟期要求土壤湿润，有利于荚果增大和果仁油分积累。0～30 cm 土层土壤含水量低于田间持水量的 30％时影响果仁饱满度和含油量。

（二）预防干旱危害的措施

（1）选用抗旱花生品种或小果型耐旱品种。

（2）起垄覆膜种植。覆盖地膜能够很好地起到增温保墒的作用。

（3）雨墒抢种。没有浇水造墒条件时，应采取雨墒抢种的方式播种，利用降雨增墒的作用及时抢墒播种，可采用全膜覆盖的方法留住耕层的雨墒，保证种子正常出苗。

（4）没有浇水条件的雨养产区，可考虑采用全膜覆盖、W 形垄种植法，靠收集降雨来保墒。

（5）在种子包衣剂中添加芸薹素内酯包衣，出苗后分别在始花期、花针期、结荚期和饱果成熟期叶面喷施芸薹素内酯＋微量元素＋磷酸二氢钾水溶液，提高抗旱性。

四、雨涝对花生的影响及对策

（一）雨涝对花生的影响

花生发芽出苗时，土壤含水量以田间持水量的 70% 为宜，如水分过多，耕层土壤升温较慢，花生出苗慢，容易造成烂籽；幼苗期土壤水分过多，超过田间持水量的 70% 时，又多阴雨，往往造成湿害，使花生植株根弱苗黄；花针期充足的阳光能够促进开花、花多、花齐，阴雨天气光照弱，植株瘦弱，盛花期延迟；饱果成熟期植株耗水量锐减，根系吸水活力衰退，雨量过多过大，土壤过湿，容易造成果仁发芽、烂果。

（二）预防雨涝危害的措施

（1）适墒播种。播种时土壤含水量以田间持水量的 70% 为宜。

（2）幼苗期遇雨涝要及时排水防涝，及时中耕松土散墒；遇苗黄可叶面喷施芸薹素内酯＋尿素＋含铁微肥水溶液。

（3）中后期遇雨涝，及时排水，叶面喷施控旺剂防止徒长；雨涝预计时间较长的可及时叶面加量喷施芸薹素内酯＋吡唑醚菌酯＋氟唑菌酰羟胺药剂水溶液以延长植株茎叶功能期，延迟花生生育期，待雨涝解除后再收获。

第五节　展　　望

一、花生种植制度发展展望

花生种植制度是花生产区广大农民及科技工作者根据当地的自然条件、生产条件、人民生活及市场需求通过多年的生产实践形成的。且随着生产条件和市场需求的改变而有所发展和变化。合理的种植制度既可以充分利用光、热、土地资源，提高单位面积的总产量和总效益，又可培养地力、保护生态环境，使花生及其他作物生产持续发展。目前河北省花生的种植制度主要为一年一熟、两年三熟和一年两熟制，并通过轮作、间作和套作等方式实施。自1949年新中国成立以来，河北省花生的种植制度随着农田基本条件的改变而改变，栽培技术的创新、高产优质品种的选育及推广有了很大的变化和发展，主要表现在三个方面。

（一）一年一熟制向多熟制发展

20世纪50年代，河北省花生几乎全部种植在丘陵山区旱薄地或土质较差的沙地。这些土壤土层浅、土质差、肥力低、保水保肥能力差。这种土地只能种植抗旱耐瘠的花生或甘薯等作物，栽培制度只能沿袭过去的一年一熟制。20世纪50年代后期和60年代中期在全国范围内掀起了整地改土高潮，不少的旱薄地得到了改造，通过深耕整平、沙地压土、增施有机肥等措施使旱薄地的活土层加厚、土壤肥力提高、保水保肥能力增强，旱薄地变成了既能种花生，又能种小麦、玉米等作物的旱涝保收田；20世纪70年代中后期一年二熟制成为河北省中南部花生产区的主要栽培制度；进入20世纪80年代，种植花生的土地也由丘陵旱薄地沿河沙地迅速向平原壤土、沙壤土发展和扩大，因此一年两熟制、二年三熟制的面积也不断扩大。

（二）花生单作向间套作、复种发展

20世纪50年代和60年代，河北省花生几乎全部为单作，间作、套种面积极小；20世纪60年代末，受重粮轻油的影响，河北省主要花生产区出现了在花生田里盲目间作粮食作物的现象，提出了"无地不间作，消灭单干田"的口号，花生间作玉米等高秆作物的间作方式处处可见，花生所占比例有大有小，条田搞"金镶边"，即土地周围种2行玉米、田内种花生。成片地则按"2：2""4：2""6：2""8：2"等花生和玉米的行比间作，结果出现了以粮挤油、花生产量大幅度降低的局面。党的十一届三中全会后，农村实行了联产承包责任制，花生生产得到了恢复和发展，随着花生栽培技术的创新和发展，花生与其他作物及果林等的间作也由盲目间作向科学合理的方向发展，出现了花生与油菜、花生与果林、花生与甘薯等有利于产量和效益提高的间作模式。

随着我国人口的不断增加，粮油需求量越来越多，粮油争地争春的矛盾也越来越突出。在这种情况下，套作花生得到了迅速发展，套作地区不断扩大、面积不断增加、模式不断创新、产量和效益不断提高。最典型的花生套作地区是以大名县为代表的邯郸、邢台花生产区，套作花生的前作物主要是小麦。到20世纪80年代末，大名等县的麦套花生面积已占其花生种植面积的40%～60%。

随着生产条件的改善、栽培技术的提高和人们对效益的追求，近年来，花生与粮食、蔬菜的复种面积有所发展，出现了不少一年二作、二年三作等高产高效种植模式。

（三）连作面积有扩大的趋势

进入20世纪90年代，随着规模化经营、效益农业的提出，花生集中产区的花生面积进一步扩大。同时，由于农村主要劳动力向城市的集中，农村从事农业劳动的劳力逐步老龄化、妇女化和播种机械的缺乏等，需要较多劳力和劳动强度较高的麦田套种模式逐渐减少，一年一作连作种植模式面积逐渐扩大；由于产区的集中，种植花生的田块又多集中于丘陵旱坡地和平原沙土地，花生连作面积扩大，连作已经成为制约河北省花生持续增产的一项不可忽视的因素。

二、花生栽培模式发展展望

我国花生栽培模式的发展大体经历了春播高产栽培模式、间套复种栽培模式、优质绿色栽培模式和机械化栽培模式四个阶段。春播高产栽培模式是花生高产的前提，在总结推广群众传统增产经验的基础上，增加科技投入，根据花生高产生育规律与高产途径提出了有助于产量增加的各种栽培技术。间套复种栽培模式能充分利用土地和气候资源，缓解粮油、棉油争地的矛盾，增加粮棉油产量，是发展农业现代化的需要。优质绿色栽培模式是可持续发展农业的需要，在提高花生品质的前提下，生产出农药及其他有害成分残留在安全标准以下的花生。机械化栽培模式是农业现代化的中心环节，能够大幅度提高农业劳动生产率，促进花生生产的全面发展。

进入 21 世纪，由于我国人口数量的攀升和自然灾害的频发，我国可用耕地面积越来越少，依靠扩大花生种植面积增加总产的潜力极为有限，这就需要尽快探讨先进的花生栽培模式以及与之相适应的高产栽培技术，实现花生高产、超高产的目标，保证我国食用油的安全供应。

（一）大力提倡精简栽培模式，提高机械化水平

随着商品经济的发展，种植花生的收入在农民整个经济收入中所占的比重越来越小，农民在花生上的投入，特别是人力投入越来越少。农民更需要的是一次播种、一次施肥、一次喷药及一次收获就可解决花生生产中所有问题的精细简化栽培模式。因此，在发明新栽培技术的基础上，对众多传统增产栽培技术加以整合简化并促进机械化实施是花生栽培模式发展的方向。

（二）推广花生绿肥作物轮作新模式，提高旱薄地产量水平

为了保障我国粮食安全，在不与粮食作物争地的前提下，可大力发展山区丘陵土壤肥力贫瘠地区的高产潜力，解决花生连作障碍，开发与之相配套的高产栽培模式。花生绿肥作物轮作新模式在改造中低产田中发挥了重要作用。种植花生的土地多为土层浅的沙砾地、土质差的沙地，这些类型的土壤多数情况下只能采用一年一熟制连作种植花生。土壤本就贫瘠，又加之多年连作，从而造成土壤中养分比例失调，影响花生植株的生长发育，花生出现荚果小、结果少、产量低、品质下降现象，连作花生一般减产 20%～30%，有些地块花生产量可减少 50%以上。因此，创新花生耕作制度，研发新的栽培模式，破解花生连作障碍，同时提高土壤有机质含量，恢复连作区花生田地力水平，从而提升花生产量水平和品质指标，提高农民种植收益，缓解我国植物油供应逐年紧张的状况，满足人民不断提高的生活品质要

求迫在眉睫。利用冬春农闲季节种植绿肥作物，来年春季播种花生前将种植的绿肥作物就地粉碎、灭茬，将其翻耕入花生田中作为绿肥，并通过有目的地增施有机生物菌肥显著增加花生田土壤肥力，达到提高连作花生田有机质含量、平衡土壤养分、增加土壤有益微生物、提高土壤酶活性的目的。

三、花生栽培技术研究展望

花生栽培技术研究与推广在促进花生产业发展中起了重要的作用。以推广高产、早熟、抗病、优质品种为突破口，改进施肥和灌溉技术，推广化控技术、垄作技术、麦后免耕直播种植技术、化学除草技术，使花生品种的增产潜力得到充分发挥。花生栽培技术大体经历了春播高产栽培、麦套和麦后直播栽培、高产优质栽培、轻简高效及机械化栽培几个阶段。春播高产栽培是花生高产栽培的基础，将传统精细耕作的精华与现代技术相结合，实现了花生单产的新突破。麦套和麦后直播栽培是解决粮油争地矛盾、保证粮食和油料生产双提升的重要栽培技术改革和生产管理规范，高产优质栽培和轻简高效机械化栽培是以降低成本、提高效益为目的的，减小劳动强度、提高劳动效率是花生栽培技术的发展方向。

（一）超高产栽培技术

受人口增加、耕地减少、消费增长三个因素的影响，进入 21 世纪，河北省的农业形势越来越严峻，加之全球气候变暖，自然灾害频繁等都冲击着河北省花生生产，这就要求必须尽快建立与之相适应的现代栽培技术，以保证新时期食品及植物油的安全供应。高产、更高产仍然是栽培技术发展的方向。因此可研究花生超高产栽培技术，使花生单产由目前的 300 kg 左右提高到 500 kg 以上。

（二）精准投入、化肥农药双减增效栽培技术

我国花生化学肥料投入量偏大、用肥种类不合理、使用时期不合理的问题普遍存在。新型肥料有别于传统、常规肥料，具有高效化、复合化和长效化等特点，其优越性体现在能够改良土壤理化性质，提

高花生产量和品质，对花生抗寒、抗旱、抗瘠薄和抗盐碱等有积极的促进作用，研究表明，新型肥料能够显著增加肥效，例如商品化有机肥料有助于改善土壤板结情况。而单纯施用无机肥料会破坏土壤团聚体，引起土壤板结，商品化有机肥既有无机肥料为花生提供营养基础的功能，又有有机肥促进微生物生活、提高酶活性的作用。相对于传统无机肥，施用商品化有机肥后细菌、放线菌和真菌数量全生育期平均值提高，土壤脲酶、蔗糖酶、酸性磷酸酶、过氧化氢酶活性及土壤呼吸速率显著提高，对土壤肥力、花生产量的提高效果明显。缓控释肥实现了肥效与花生生长周期的协同，减少了对花生结瘤的抑制作用，提高了花生产量。今后较长一段时期，包括农业投入品高效利用、精准使用等在内的精准投入研究是花生栽培学科需要特别关注的研究领域。

（三）花生旱作雨养栽培技术

河北省地下水紧张，节水灌溉问题日益突出，由此引发的生态环境问题备受关注，因此对花生旱作雨养栽培技术的研发、完善应该给予重视。

（四）花生膜下滴灌水肥一体化技术

膜下滴灌水肥一体化栽培技术把施肥同灌溉结合起来，在提高水肥利用率的同时避免了水分、肥料过量造成的资源浪费、环境污染等问题。水肥一体化可以节约水资源，相比于传统灌溉，利用以色列补偿式灌溉技术减少水分的渗透损失，可减少 70％的用水量，提高水的利用率到 75％，有助于花生产量增加。这对于水资源贫乏的土地种植花生尤为重要。在不同生育时期肥料对作物产量的影响不同，特别是水分敏感期的干旱胁迫制约花生正常的代谢调节，降低酶活性，可造成 25％以上的减产效应。水肥一体化可以按照花生水肥需要周期，多次施肥，精确控制化肥用量。水肥一体化还可以实现大量营养元素与中微量营养元素的适宜混配及合理供应。在花生的不同生长时期，利用水肥一体化结合新型配方肥，可以促进肥效协同效应，达到减少化肥用量、提高花生脂肪和蛋白质等指标品质的目的。此外，还可通过输送管道供给适宜种类和浓度的农药，实现水、肥、药一体化施用，减少农药的残留，促进花生品质提升和生态安全。

（五）花生抗逆栽培技术

高温、干旱和雨涝的多变性是花生栽培研究难以逾越的先天障碍，也应对研究花生抗逆栽培技术给予重视。逆境栽培技术研究应放在花生生产的重要位置。随着环境的变化，花生生产经常会遇到各种不良的环境条件，如干旱、洪涝、低温、高温、盐渍以及病虫侵染等，世界上每年都发生不同程度的自然灾害。随着现代工农业的发展，又出现了大气、土壤和水质的污染，这些严重危及农作物的生长发育。实践证明，除了加强抗逆品种筛选外，通过花生栽培技术可以提高花生抵抗逆境的能力，促进可利用生产资源的合理应用。

（六）单粒精播技术

花生单粒精播技术是通过少群体壮个体，在搭配高产品种的条件下适当稀植培育健壮个体，提高单株生产潜力，进而提高群体质量和经济系数，有效解决花生生产中存在的花多不齐、针多不实、果多不饱等问题，实现花生增产增效的目标。发展花生单粒精播，可减少用种量 20%～30%，增产 5%～10%，使经济效益增加 10%～15%，达到节种、增产和高效的目的。

（七）简约集成栽培技术

长期以来，栽培学研究每取得一项重要技术成果，都会对生产者的农事操作提出更高的要求，使农业生产的复杂性增强，投入的人力、时间成本也相应增加，这在一定程度上影响了先进技术的成果转化，也弱化了栽培学科自身发展的动力。随着农村大量劳动力向非农产业的转移和农业规模化机械化水平的提高，花生生产也面临着简化农事操作、降低生产成本的问题。因此，研究栽培技术的简化问题和物化问题、多个单项技术的集成创新问题是花生栽培学科长远发展必须关注和亟待加强的研究领域。近期实现花生播种自动定位导航化、收获大型化、浇水施肥机电一体化、智能化是主要目标。

参 考 文 献

崔凤高，2009. 花生高产种植新技术 [M]. 北京：金盾出版社 .

崔瑞，李玉荣，2008. 花生重茬连作危害与合理轮作倒茬效果的调查研究 [J].
辽宁农业科学（1）：18 - 20.

丁红，张智猛，戴良香，等，2015. 水氮互作对花生根系生长及产量的影响 [J].
中国农业科学，48（5）：872 - 881.

冯烨，郭峰，李新国，等，2013. 我国花生栽培模式的演变与发展 [J]. 山东农
业科学，45（1）：133 - 136.

高荣嵘，杨莎，郭峰，等，2018. 盐旱交叉胁迫对花生生长发育和生理特性的影
响 [J]. 中国油料作物学报，40（2）：218 - 226.

顾学花，孙莲强，高波，等，2015. 施钙对干旱胁迫下花生生理特性、产量和品
质的影响 [J]. 应用生态学报，26（5）：1433 - 1439.

郭峰，王才斌，李新国，等，2008. 小麦—花生套作对花生光合色素、生长性状
和产量的影响 [J]. 华北农学报，23（S2）：1 - 4.

郭笑彤，2014. 玉米/花生间作改善花生铁营养的分子生态调控机制 [D]. 北京：
中国农业大学 .

姜学玲，贾才健，于波，等，2001. 花生土壤磷素适宜值及磷肥最佳用量研究
[J]. 中国农学通报，17（4）：28 - 30.

焦念元，宁堂原，赵春，等，2006. 玉米花生间作复合体系光合特性的研究 [J].
作物学报，32（6）：917 - 923.

李安东，任卫国，王才斌，等，2004. 花生单粒精播高产栽培生育特点及配套技
术研究 [J]. 花生学报（2）：17 - 22.

李美，2012. 玉米花生间作群体互补竞争及防风蚀效应研究 [D]. 沈阳：沈阳农
业大学 .

李晓，鞠倩，姜晓静，等，2012. 利用性诱剂防治花生田暗黑鳃金龟的研究 [J].
植物保护，38（3）：176 - 179.

李孝刚，张桃林，王兴祥，2015. 花生连作土壤障碍机制研究进展 [J]. 土壤，
47（2）：266 - 271.

李燕婷，李秀英，肖艳，等，2009. 叶面肥的营养机理及应用研究进展 [J]. 中
国农业科学，42（1）：162 - 172.

李永胜，杜建军，赵荣芳，等，2011. 花生中微量元素营养特性及研究进展 [J].

花生学报，40（2）：24-28.

梁晓艳，郭峰，张佳蕾，等，2015. 单粒精播对花生冠层微环境、光合特性及产量的影响［J］. 应用生态学报，26（12）：3700-3706.

刘盈茹，张晓军，王月福，等，2015. 低温水灌溉对花生植株生长动态的影响［J］. 花生学报，44（1）：1-5.

鲁剑巍，曹卫东，2010. 肥料使用技术手册［M］. 北京：金盾出版社.

尚书旗，刘曙光，王方艳，等，2005. 花生生产机械的研究现状与进展分析［J］. 农业机械学报，36（3）：143-147.

沈浦，孙秀山，王才斌，等，2015. 花生磷利用特性及磷高效管理措施研究进展与展望［J］. 核农学报，29（11）：2246-2251.

史普想，刘盈茹，张晓军，等，2016. 低温水灌溉对花生根际土壤酶活性和养分含量的影响［J］. 中国油料作物学报，38（6）：811-816.

宋亚辉，刘朝芳，李玉荣，等，2015. 花生水肥一体化最佳施肥量研究［J］. 现代农业科技（17）：12-13.

孙彦浩，郭瑞廉，曲新民，等，1979. 花生的磷素营养与磷肥施用的研究［J］. 土壤肥料（3）：24-27.

唐朝辉，郭峰，张佳雷，等，2020. 甘薯花生轮作对花生生理及产量品质的影响［J］. 中国油料作物学报，42（6）：1002-1009.

滕树川，罗贤君，2003. 花生叶面喷肥的增产效应［J］. 贵州农业科学，31（3）：30-31.

万书波，2003. 中国花生栽培学［M］. 上海：上海科学技术出版社.

万书波，2008. 花生品种改良与高产优质栽培［M］. 北京：中国农业出版社.

万书波，2013. 花生品质栽培理论与调控技术［M］. 北京：中国农业科学技术出版社.

王才斌，万书波，2009. 麦油两熟制花生高产栽培理论与技术［M］. 北京：科学出版社.

王凯，吴正锋，郑亚萍，等，2018. 我国花生优质高效栽培技术研究进展与展望［J］. 山东农业科学，50（12）：138-143.

王立峰，2016. 滴灌条件下施氮时期对花生生理特性、产量和品质的影响［D］. 泰安：山东农业大学.

王铭伦，2009. 花生标准化生产技术［M］. 北京：金盾出版社.

王锡宏，李广森，2011. 花生重茬减产的主要原因及防治措施［J］. 现代农业科技（22）：109-110.

王月福，徐亮，赵长星，等，2012. 施磷对花生积累氮素来源和产量的影响 ［J］. 土壤通报，43（2）：444-450.

魏志强，史衍玺，孔凡美，2002. 缺磷胁迫对花生磷酸酶活性的影响 ［J］. 中国油料作物学报，24（3）：44-46.

谢明惠，林璐璐，陈浩梁，等，2018. 药剂拌种对花生苗期的影响及田间蛴螬防效评价 ［J］. 中国油料作物学报，40（2）：275-283.

徐秀娟，迟玉成，宋文武，等，2000. 花生绿色食品栽培技术研究 ［J］. 中国油料作物学报，22（4）：29-32.

杨林林，张海文，韩敏琦，等，2015. 水肥一体化技术要点及应用前景分析 ［J］. 安徽农业科学，43（16）：23-25.

尹飞虎，刘辉，2016. 现代农业滴灌节水实用技术 ［M］. 北京：金盾出版社.

张德文，李林，土惠民，1982. 精密播种机械 ［M］. 北京：农业出版社.

张佳蕾，郭峰，孟静静，等，2015. 酸性土施用钙肥对花生产量和品质及相关代谢酶活性的影响 ［J］. 植物生态学报，39（11）：1101-1109.

张俊，刘娟，臧秀旺，等，2015. 不同生育时期干旱胁迫对花生产量及代谢调节的影响 ［J］. 核农学报，29（6）：1190-1197.

张玉树，丁洪，卢春生，等，2007. 控释肥料对花生产量、品质以及养分利用率的影响 ［J］. 植物营养与肥料学报，13（4）：700-706.

张智猛，万书波，戴良香，等，2011. 施氮水平对不同花生品种氮代谢及相关酶活性的影响 ［J］. 中国农业科学，44（2）：280-290.

章家恩，高爱霞，徐华勤，等，2009. 玉米/花生间作对土壤微生物和土壤养分状况的影响 ［J］. 应用生态学报，20（7）：1597-1602.

赵秉强，张福锁，廖宗文，等，2004. 我国新型肥料发展战略研究 ［J］. 植物营养与肥料学报，10（5）：536-545.

郑亚萍，信彩云，王才斌，等，2013. 磷肥对花生根系形态、生理特性及产量的影响 ［J］. 植物生态学报，37（8）：777-785.

郑奕雄，2009. 南方花生产业技术学 ［M］. 广州：中山大学出版社.

朱小平，杨百省，张呈杰，1993. 花生的营养特性与配方施肥效应的研究 ［J］. 花生科技，40（2）：20-22.

第五章

河北省花生病虫草害与防控

花生病虫害的严重发生显著影响花生的产量和品质，花生苗期的真菌性枯萎病（包括根腐病、茎腐病、冠腐病）和生长中后期的叶部病害（叶斑病、网斑病、果腐病）是主要发生的病害。病虫草害的严重发生制约着花生产业的发展。随着花生生产规模的扩大、耕种模式的变化以及农业生产方式等因素的影响，花生病虫草鼠害等危害总体呈复杂且逐渐加重的趋势。

第一节　河北省花生主要虫害

河北花生害虫仍以地下害虫危害为主，其中蛴螬危害一般造成花生减产 20%～40%，重则达 80%以上甚至绝收；地上害虫棉铃虫、甜菜（贪）夜蛾、花生蚜等会造成不同程度的减产，近几年，花生蓟马逐渐成为花生幼苗期的优势害虫，影响植株正常生长，发生严重年份可使花生减产 50%以上，成为影响花生产量和品质的重要因素之一。

一、地下害虫

(一)地下害虫蛴螬的种类及发生规律

蛴螬是花生地下害虫的重要种类，危害花生的蛴螬种类有 10 余种，主要包括暗黑鳃金龟（*Holotrichia parallela* Motschulsky）、华北大黑鳃金龟（*Holotrichia oblita* Faldermann）和铜绿丽金龟（*Anomala corpulenta* Motschulsky）。

1. 暗黑鳃金龟　属鞘翅目（Coleoptera）鳃金龟科（Melolonthidae）。分布在我国 20 余个省（区）市，就分布之广、危害之重而言，在金龟子类中逐渐上升到首位。

形态特征：成虫体长 17～22 mm，宽 9.0～11.5 mm。体型中等，窄长卵形，体黑色或黑褐色，无光泽。卵长约 2.6 mm，宽约 1.62 mm，不透明。卵壳表面光滑，椭圆形或圆形。3 龄幼虫体长 35～45 mm，头宽 5.6～6.1 mm。头部前顶刚毛，每侧 1 根，位于冠缝旁。头部黄褐色，无光泽。臀节腹面无刺毛列，仅具钩状刚毛，肛门孔呈三裂状。蛹体长约 19 mm，宽约 9 mm。

发生规律：1 年 1 代，以老熟幼虫越冬为主。翌年 4 月下旬至 5 月上旬开始化蛹，5 月上中旬开始羽化，5 月下旬木可见成虫，6 月下旬至 7 月中旬为出土盛期，有隔日出土习性。成虫昼伏夜出，20:00—21:00 出土活动，出土后交尾、取食。雌虫喜到花生田产卵，将卵产于花生根系周围 10 cm 深度。卵期 10～15 d，7 月底至 8 月上旬进入 3 龄期，8 月下旬为 3 龄幼虫发生盛期，此时花生危害最为严重，一直危害到花生收获，继续危害后茬作物小麦或其他作物，10 月下旬以后下移越冬，形成了从其他作物到花生田，再由花生田到其他作物危害的生活史（图 5-1）。

图 5-1　暗黑鳃金龟成虫
（陆秀君 拍摄）

2. 华北大黑鳃金龟　属鞘翅目（Coleoptera）鳃金龟科（Melolonthidae）。分布在东北、华北、西北等地区。成虫取食柳树、榆树、桑、核桃、苹果、刺槐、栎等多种果树和林木的叶片，幼虫危害花生根部及幼苗。

形态特征：成虫体长 16～22 mm，宽 8～11 mm。黑色或黑褐色，具光泽。卵近圆球形，长约 2.7 mm，宽约 2.2 mm，洁白色有光泽。

3 龄幼虫体长 35～45 mm，头宽 4.9～5.3 mm。头部前顶毛每侧 3 根，其中冠缝旁 2 根，额缝上方近中部 1 根。肛门孔呈三射裂缝状。蛹体长 21～23 mm，宽 11～12 mm。化蛹初期为白色，以后变为黄褐色至红褐色。尾节瘦长三角形，端部具 1 对尾角，呈钝角向后岔开。

发生规律：2 年 1 代，少数 1 年 1 代。以成、幼虫交替在 55～145 cm 深土层越冬。在河北中南部，越冬成虫 4 月中旬 10 cm 土层地温＞16 ℃时开始出土（10 cm 日平均地温 13.8～22.5 ℃为出土适宜地温），盛发期约在 5 月上中旬，中下旬田间见卵，6 月上旬至 7 月上旬当日平均气温 24.3～27.0 ℃时为产卵盛期，卵期 10～15 d，6 月上中旬卵开始孵化，盛期在 6 月下旬至 8 月中旬。初孵幼虫先取食土中腐殖质，后食各种作物、苗木、草等的地下部分，末龄即 3 龄时食量最大。幼虫除极少数当年化蛹羽化、1 年发生 1 代外，大多在秋季 10 cm 土层地温＜10 ℃时向深土层移动，＜5 ℃时全部下潜进入越冬状态。翌年春季当 10 cm 土层地温＞5 ℃时开始活动，13～18 ℃为最适活动温度，此时活跃危害；当夏季地温＞23 ℃时向深土层移动；6 月初开始化蛹，下旬进入盛期，化蛹深度在 20 cm 左右，当 5 cm 土层地温为 26～29 ℃时，前蛹期约 12 d，蛹期约 20 d；7 月初开始羽化，7 月下旬至 8 月中旬为羽化盛期，成虫羽化后即在土中潜伏越冬直至翌年春季才开始出土活动（图 5-2）。

图 5-2　华北大黑鳃金龟成虫和幼虫（郭巍 拍摄）

3. 铜绿丽金龟　属鞘翅目（Coleoptera）丽金龟科（Rutelidae）。寄主范围广，危害多种林木和果树，我国除西藏、新疆外各省份均有发生。成虫取食榆树、杨树、葡萄、金银木等植物的叶片，危害严重时，可将叶片吃光，造成极大的经济损失；幼虫称为蛴螬，主要危害花生种子、根、茎和果实，造成严重的减产。

形态特征：成虫体长 19～21 mm，宽 10.0～11.3 mm，触角鳃叶状。体具金属光泽，背面铜绿色具闪光。卵初产时椭圆形，乳白色，发育后期近圆球形，长约 2.4 mm，宽约 2.6 mm。3 龄幼虫体长 30～33 mm，头宽 4.9～5.3 mm。头部前顶毛每侧 6～8 根，排成 1 纵列。蛹长 18～22 mm，宽 9.6～10.3 mm，长椭圆形。

发生规律：1 年 1 代，以 3 龄幼虫在地下越冬，少数以 2 龄幼虫在地下越冬。翌年 4 月上旬上升到表土危害，取食农作物和杂草根部，5 月间为老熟化蛹，5 月下旬至 6 月中旬为化蛹盛期，5 月底成虫出现，成虫高峰期为 6 月中旬至 7 月上旬，也是危害最严重期，8 月下旬，虫量渐退，危害期 40 d。成虫昼伏夜出，可食多种林木、果树和大豆、花生、甘薯等农林作物的叶片，盛发期白天尤嗜食湿润果林区的苹果、海棠幼树叶片，严重时食光叶片仅留叶柄。每天 20:00—22:00 为活动高峰，多聚于较高的（2～5 m）果树、林木等上交尾、取食；后半夜渐少，潜入土中。趋光性强，有假死性。7 月为卵孵化盛期。每头雌虫平均产卵 40 粒。7 月中旬出现新一代幼虫，取食寄主植物的根部，7 月中旬至 9 月是幼虫危害期，至 10 月中旬后秋末陆续进入土层内越冬（图 5-3）。

图 5-3　铜绿丽金龟成虫
（赵丹 拍摄）

（二）防治措施

1. 农业防治

（1）轮作。与非豆科作物轮作，连续 2 年以上种植玉米可破坏蛴螬的生存环境，减轻危害。

（2）深耕细耙。深耕可将土壤深层的蛴螬翻到地表，使之死亡或被鸟吃；细耙使部分蛴螬因机械碰伤而死，可有效降低虫口基数，减轻危害。

2. 诱杀技术

（1）毒枝诱杀。金龟子喜食榆树叶、杨柳枝等，在成虫出土高峰期，将新鲜的榆树枝、杨树枝、枫杨树枝等截至 50～70 cm 长，3～5枝捆成一把诱杀。

（2）性诱剂诱杀。利用人工合成的金龟子性诱剂，成虫发生前在花生田架设诱捕器，放置金龟子成虫雌性性诱剂诱杀成虫，可有效降低金龟子的种群数量。

（3）频振灯诱杀。金龟子具有较强的趋光性，在成虫期使用频振式杀虫灯进行诱杀能有效降低金龟子的数量，减少金龟子的交配及产卵量，压低花生田蛴螬基数。每 40～50 亩安放 1 盏诱虫灯，灯管下端距地面 1.5～2.0 m，每天黄昏时开灯，翌日清晨关灯。

3. 化学防治

（1）播种期拌种。播种前，采用 25% 噻虫・咯・霜灵悬浮种衣剂（先正达迈舒平，100 kg 种子 300～700 mL）或 0.6 kg/L 吡虫啉悬浮种衣剂（高巧，200～400 mL）＋0.4 kg/L 萎锈・福美双悬浮剂（卫福，200～300 mL）进行拌种。

（2）花生出苗后防治成虫。在金龟子成虫发生高峰期，选择触杀作用强的低毒、高效农药，在晴天傍晚时进行喷雾防治。

（3）花生初花幼果期防治蛴螬。在蛴螬 2 龄前，用 40% 辛硫磷EC100 倍液喷洒花生蔸部，或在晴天用 40% 辛硫磷 EC500 倍液灌根，每蔸灌 150～200 mL 药液。

4. 人工捉虫
可在成虫出土高峰后 10 d 内发动群众，于出土日

20:00—20:10 成虫出土交尾时，持手电、带塑料袋到田头、地边的小树条、小树上以及春玉米上人工捕捉。

5. 生物防治 在花生开花下针期，用白僵菌/绿僵菌、病原线虫等生物菌剂拌土撒施，结合浇水防治蛴螬。

二、食叶害虫

（一）种类及发生规律

1. 棉铃虫（*Helicoverpa armigera* Hubner） 属鳞翅目（Lepidoptera）夜蛾科（Noctuidae），广泛分布在世界各地。

形态特征：成虫 15～20 mm，翅展 27～38 mm，雌蛾黄褐色或褐色，雄蛾青灰色或灰绿色，中部出现倾斜横线，末端存在环状纹，亚外缘线波形幅度较小，和外横线之间呈褐色宽带，带上有 8 个明显的白点，外缘翅脉中存在 7 个红褐色小点，出现暗褐色的环状纹和肾状纹，雄蛾比较突出。卵近半球形，直径 0.44～0.48 mm，顶稍微隆起，卵初期为黄白色，后期为红褐色。低龄幼虫一般头部为褐色，整体为青灰色，前胸为红褐色。老龄幼虫出现 12 个毛片，体长为 42～46 mm，体色出现很大变化，有黄绿色、黄褐色以及红褐色，前胸气门位置存在两个刚毛，以便于连接气门，气门基本上都是白色。蛹呈纺锤形，赤褐色，体长 17～20 mm，5～7 腹节中存在地域体色的密布刻点，初始蛹是绿褐色、灰褐色，尾部出现两个臂棘，接近羽化状态，体呈现深褐色，复眼位红褐色，有光泽（图 5 - 4）。

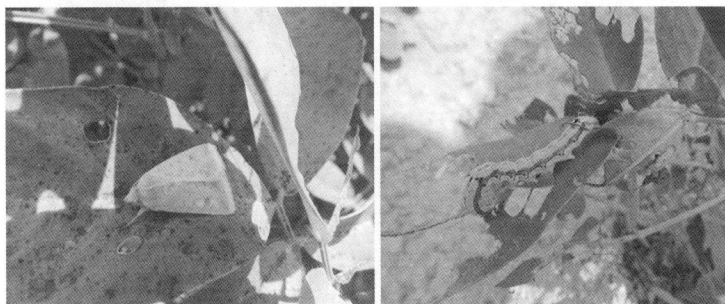

图 5 - 4 棉铃虫成虫和幼虫（李瑞军 拍摄）

发生规律：年发生代数和主要危害世代因地区而异。4月下旬至5月中旬，当气温升至15℃以上时，河北省棉铃虫越冬代成虫羽化，6月上中旬入土化蛹，6月中下旬第1代成虫盛发，大量迁入农作物产卵；第2代幼虫发生较重，7月下旬至8月上旬为第2代成虫盛发期；第3代幼虫危害盛期在8月上中旬，成虫盛发期在8月下旬至9月上旬；9月下旬至10月上旬为第4代老熟幼虫，在5～15 cm深的土中筑土室化蛹越冬。

2. 甜菜夜蛾（*Spodoptera exigua* Hübner） 属鳞翅目（Lepidoptera）夜蛾科（Noctuidae），为世界性、多食性、暴发性害虫。

形态特征：成虫体长8～10 mm，灰褐色，前翅有明显的环形纹和肾形纹，有黑边，翅面上有几条黑色波浪线，前翅外缘有1列黑色的三角形小斑。卵直径约0.5 mm，上面有放射状的条纹，单层或多层重叠排列成卵块。刚产出时，卵白色或黄白色，快孵化时变成黑色。初孵幼虫长约1 mm，头黑色，身体半透明。随着幼虫蜕皮次数的增加，幼虫身体也不断长大。末龄幼虫的体长可以达到22～30 mm，体色有绿色、暗绿色、黄褐色、褐色至黑褐色。比较明显的特征是腹部气门下线为明显的黄白色纵带，有时带粉红色，直达腹部末端，但不弯到臀足上。每个腹节的气门后上方各具有1个明显的白点。蛹体长约10 mm，黄褐色（图5-5、图5-6）。

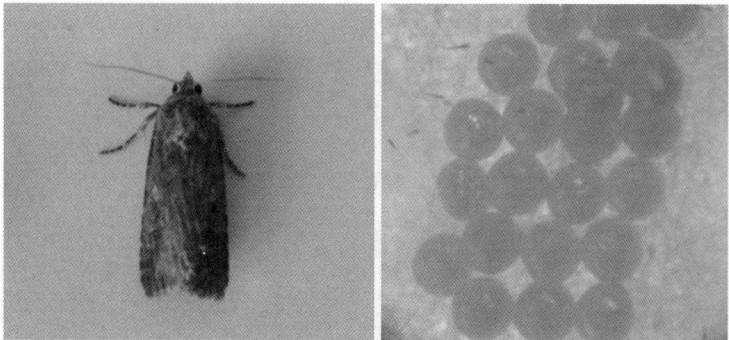

图5-5　甜菜夜蛾成虫和卵（陆秀君 拍摄）

图 5-6　甜菜夜蛾幼虫和蛹（陆秀君 拍摄）

北方地区一般 1 年发生 5 代，发生期在 5—10 月，世代重叠严重，其中 8 9 月第 4 代幼虫危害最重。3 龄后幼虫分散，4 龄后进入暴食期，4～5 龄幼虫食量占幼虫全期食量的 80%～90%，是危害最严重时期；老熟后钻入土内吐丝筑室化蛹，在田间以蛹越冬。成虫白天潜伏在土缝等隐蔽处，受惊起飞呈上下波浪形前进，成虫产卵多选择在植株上部嫩绿的地方。

3. 斜纹夜蛾（*Spodoptera litura* Fabricius）　属鳞翅目（Lepidoptera）夜蛾科（Noctuidae），是一种世界性分布的广食性农业害虫，在我国西藏以外的其他省份均有分布。产卵量大且集中，容易造成巨大的经济损失。

形态特征：成虫体长 14～20 mm，翅展 35～40 mm，头、胸、腹都为深褐色。前翅灰褐色，斑纹复杂，内横线及外横线为灰白色，呈波浪形，中间有白色的条纹。在环状纹与肾状纹之间，自前缘向后缘外方有 3 条白色的斜线，得名斜纹夜蛾。后翅为白色，没有斑纹。前后翅通常都带有水红色至紫红色的闪光。卵为扁半球形，直径 0.4～0.5 mm，初产时为黄白色，然后转为淡绿色，孵化前呈紫黑色。老熟幼虫体长 35～47 mm，头部黑褐色，胴部颜色因寄主和虫口密度的不同而有差异，通常有土黄色、青黄色、灰褐色或暗绿色等几种颜色，背线、亚背线及气门下线都为灰黄色及橙黄色。从中胸至第 9 腹节在亚背线内侧有三角形黑斑 1 对。蛹长 15～20 mm，圆筒形，赭红色，腹部背面第 4～7 节近前缘处各有小刻点。

发生规律：在河北省 1 年发生 4～5 代，多在 8—9 月大发生。成虫夜间活动，飞翔力强，一次可以飞数十米远，成虫有趋光性。卵多产在高大、茂密、浓绿的农田边际作物上，植株中部叶片背面叶脉分叉处最多。卵发育历时在 22 ℃约 7 d、在 28 ℃约 2.5 d。老熟幼虫在3～5 cm的表土内做土室化蛹，土壤板结时可以在枯叶下面化蛹（图 5-7）。

图 5-7 斜纹夜蛾成虫和幼虫（赵丹 拍摄）

（二）防治措施

1. 农业防治 选择抗虫性较强的花生品种，还可在花生田边穿插种植春玉米、高粱作为诱集带，引诱成蛾产卵，再集中消灭。

2. 生物防治 根据棉铃虫危害的程度释放姬蜂、茧蜂、赤眼蜂等寄生性天敌，以及瓢虫、草蛉、蜘蛛等捕食性天敌，有较为显著的控制作用。

每公顷可用 8 000 IU/mL 的苏云金杆菌（Bt）7 000 mL 或活孢子含量为 150 亿个/g 的球孢白僵菌可湿性粉剂对水喷雾防治。

3. 物理防治 利用棉铃虫的趋光性，可使用频振式杀虫灯诱杀成虫，以 50 亩地左右花生田安装一盏灯为宜，可明显降低花生田落卵量。

（1）糖酒醋液诱杀。将糖 6 份、醋 3 份、白酒 1 份、水 10 份和 2.5% 溴氰菊酯 1 份调匀后装在离地 0.6～1.0 m 的盆或罐中，置于田间，诱杀大量夜蛾科成虫。

（2）性诱剂诱杀。在田间悬挂性诱剂诱捕器，安装专用性诱剂诱芯，诱杀成虫。

（3）食诱剂诱杀。利用持续释放植物芳香物质和昆虫信息素引诱靶标害虫至混有少量快杀型杀虫剂的诱饵中，采用吸引害虫至某一特定范围集中诱杀以代替传统全田喷洒的方式诱杀。

4. 药剂防治　在成虫发生期，当每百穴花生累计卵量为 20 粒或有幼虫 3 头时，采用 4.5% 高效氯氰菊酯乳油 1 500～2 000 倍液，或 5% 甲氨基阿维菌素苯甲酸盐微乳剂 1 000～2 000 倍液，或含孢子量为 100 亿个/g 以上的 Bt 制剂 500～800 倍液喷雾防治。

三、刺吸类害虫

（一）种类及发生规律

1. 白粉虱（*Trialeurodes vaporariorum* Westwood）　属半翅目（Homoptera）粉虱科（Aleyrodidae）。白粉虱是一种世界性害虫，繁殖能力强，繁殖速度快，种群数量庞大，相聚危害，我国各地均有发生。大量成虫和幼虫密集在花生叶片背面吸食植物汁液，使叶片萎蔫、褪绿、黄化甚至枯死，分泌大量蜜露，引起煤污病发生，覆盖、污染叶片和果实，严重影响光合作用。同时，白粉虱还传播病毒，引起病毒病的发生与流行。

形态特征：成虫体长 1.0～1.5 mm，淡黄色。雌雄均有翅，体和翅覆盖白色蜡。停息时双翅在体上合拢覆盖于腹部，较平坦略呈屋脊状，翅端半圆状遮住全腹，两翅间无缝隙。翅脉简单，沿翅外缘有一排小颗粒。雌虫个体大于雄虫，产卵器针状。卵长椭圆形，有细小卵柄，初产淡黄色，孵化前变黑。若虫椭圆形，扁平，淡绿色或黄绿色，1 龄若虫体长约 0.29 mm，长椭圆形；2 龄若虫约 0.37 mm；3 龄若虫约 0.51 mm。4 龄若虫末期（伪蛹）椭圆形，体长 0.7～

0.8 mm，宽 0.48 mm，初期体扁平，逐渐加厚呈蛋糕状（侧面观），中央略高，黄褐色，体背有 5~8 对长短不齐的蜡丝，体侧有刺（图 5-8）。

发生规律：在北方温室 1 年发生 10 余代。世代重叠，同一时期可见到不同虫态。冬天于室外不能越冬，翌年春后，多从越冬场所向花生田逐渐迁移扩散危

图 5-8　白粉虱（范凡 拍摄）

害。虫口密度开始增长较缓慢，7—8 月增长较快，8—9 月危害十分严重。10 月下旬后因气温下降虫口数量逐渐减少，并开始向温室内迁移危害或越冬。

2. 蚜虫（*Aphis craccivora* Koch）　属半翅目（Homoptera）蚜科（Aphididae），别名豆蚜、苜蓿蚜等。世界各地均有发生，为多食性害虫，寄主植物有 200 余种，是花生上的主要害虫之一。花生从出苗至收获，均可受蚜虫危害，但以初花期前后受害最为严重。花生蚜通常以成蚜、若蚜群集在嫩茎、幼芽、顶端心叶、嫩叶背后和花蕾、花瓣、花萼管及果针上危害，导致叶片卷缩、变黄，荚果不饱满，秕果多，进而影响生长发育和产量。受害严重时蚜虫排出大量蜜露，引起霉菌寄生，使叶片卷曲、生长停滞，影响光合作用和开花结实，荚少果秕，甚至枯萎死亡。受害花生一般减产 20%~30%，严重者达 60% 以上，山东、河南、河北受害较重。花生蚜是 5 种花生病毒病主要的传毒介体，所以花生蚜的发生和危害是导致花生病毒病流行的主要因素。

形态特征：成虫可分为有翅胎生雌蚜和无翅胎生雌蚜两种。

有翅胎生雌蚜体长 1.5~1.8 mm，黑绿色且有光泽，腹部色稍淡，有灰黑色斑纹。触角 6 节，长度约为体长的 0.7 倍，第 1、2 节黑褐色，第 3~6 节黄白色，节间带褐色，第 3 节较长，上有 4~7 个

感觉圈，多数5～6个，排列成行。翅基、翅痣和翅脉均为橙黄色，后翅具中脉和肘脉。各足腿节、胫节端部及跗节暗黑色，其余部分黄白色。腹部第1～6节背面各有硬化条斑，第1节及第7节两侧各有1对腹侧突。腹管圆筒状，黑色较细长，端部稍细，具覆瓦状花纹，约为尾片的2倍。尾片长圆锥形，黑色，明显上翘，两侧各有刚毛3根。若蚜体小，黄褐色，体被薄蜡粉，腹管黑色细长，尾片黑色很短不上翘。

无翅胎生雌蚜体长1.8～2.0mm，体较肥胖，黑色或紫黑色，有光泽，体披蜡粉。触角6节，约为体长的2/3，第3节无感觉孔，第1、2节和第5节末端及第6节黑色，其余黄白色。腹部第1～6节背面隆起，有一块灰色斑，分节界限不清，各节侧缘有明显的凹陷。足黄白色，胫节、腿节端和跗节黑色。腹管细长，黑色，约为尾片的2倍。其他特征与有翅胎生雌蚜相似。若蚜体小，灰紫色或黑褐色，体节明显。

卵长椭圆形，初产淡黄色，后变草绿色，孵化前呈黑色（图5-9）。

图5-9　花生蚜（郭巍 拍摄）

发生规律：在华北地区，蚜虫在花生田有2个发生高峰期。第1个高峰出现在春花生苗期，第2个高峰出现在夏花生开花下针期和春花生结荚期。河北地区一般每年发生20代，每年发生代数因地理位置、气候条件的不同而有差异。一般于3月上中旬开始在越冬寄主上繁殖，4月中下旬温度达14～15℃时产生大量有翅蚜，向刺槐、紫穗槐的嫩梢和十字花科、豆科杂草迁飞，形成第一次迁飞高峰。5月中下旬花生出土后，由中间寄主向附近的花生田迁飞，形成第二次迁飞高峰，导致6月上中旬花生田内点片发生。6月中下旬可形成第三次迁飞高峰，在花生田内外扩展危害。如此时干旱、少雨、气温较高，便会繁殖极快，7～8 d即可完成1代，虫口密度剧增，花生蚜猖獗，这是花生蚜防治的关键时期。7—8月，如遇雨季来临，湿度大，气温升高，加之天敌增加，田间蚜量可明显减少。蚜虫多隐蔽在较阴凉的场所活动。9月下旬至10月上旬，气温下降，花生收获后，有翅蚜迁飞到十字花科或豆科杂草上危害和越冬。少数可产生性蚜，交尾后产卵，以卵越冬。

3. 西花蓟马 ［*Frankliniella occidentalis*（Pergande）］ 属缨翅目（Thysanoptera）蓟马科（Thripidae）。在全世界分布广泛，食性杂，对农作物有极大的危害。以锉吸式口器取食植物的茎、叶、花、果，导致花瓣褪色、叶片皱缩，茎和果则形成伤疤，最终可能使植株枯萎，同时还可传播病毒病。

形态特征：雌虫体长1.2～1.7 mm，体淡黄色至棕色，头及胸部的颜色较腹部略淡，雄虫与雌虫形态相似，但体形较小，颜色较淡。触角8节，腹部第8节有梳状毛。卵呈肾形，不透明。非常小，长约550 μm，宽约250 μm，通常单个分散产于叶面，有时也会沿叶脉行产；空气干湿程度是影响西花蓟马发育的重要因子。若虫有4个龄期。1龄若虫一般无色透明，虫体包括头、3个胸节、11个腹节；在胸部有3对结构相似的胸足，没有翅芽。2龄若虫金黄色，形态与1龄若虫相同。3龄若虫白色，具有发育完好的胸足、翅芽和发育不完全的触角，身体变短，触角直立，少动，又称"前蛹"。4龄若虫白色，头部具有发育完全的触角，有扩展的翅芽及伸长的胸足，又称"蛹"。不透明，肾形，约200 μm长。

发生规律：1年可繁殖10～15代，15～35℃条件下均能发育，15℃时完成1代需44 d，30℃时仅需15 d，雌虫平均寿命为40 d，每雌平均产卵 20～40 个，15℃时卵孵化需 10.4 d，但 20～30 ℃时仅需 2～4 d。雌虫可两性生殖和孤雌生殖。成虫极活跃，能飞善跳，喜阴怕强光，多在背光场所集中危害。对蓝色、黄色和白色有趋性，对蓝色趋性最强。西花蓟马远距离扩散主要依靠人为因素。尤其是切花运输及人工携带是其远距离传播的主要方式，也易随风飘散，随衣服、运输工具等传播（图 5 - 10）。

图 5 - 10　西花蓟马成虫及危害症状（郭巍 拍摄）

4. 小绿叶蝉［*Empoasca flavescens*（Fab.）］

形态特征：成虫体长 3.3～3.7 mm，淡黄绿色至绿色，复眼灰褐色至深褐色，无单眼，触角刚毛状，末端黑色，头冠长度短于两腹眼间宽。前胸背板、小盾片浅鲜绿色，常具白色斑点。前翅半透明，略呈革质，淡黄白色，周缘具淡绿色细边。后翅透明膜质，各足胫节端部以下淡青绿色，爪褐色；跗节 3 节；后足跳跃足。腹部背板色较腹板深，末端淡青绿色。卵为长椭圆形，略弯曲，长约 0.60 mm，短约 0.15 mm，乳白色。初孵若虫长约 0.7 mm，成长后若虫体长 2.5～3.5 mm，形态与成虫相似。复眼由赤色渐转灰褐色，足爪褐色，头冠及腹部各节生有白色细毛，翅芽随着脱皮而增大。

发生规律：每年发生 4～6 代，以成虫在落叶、杂草或低矮绿色植物中越冬。翌春桃、李、杏发芽后出蛰，飞到树上刺吸汁液，取食后交尾产卵，卵多产在新梢或叶片主脉里。卵期 5～20 d，若虫期 10～20 d，非越冬成虫寿命 30 d，完成 1 个世代需 40～50 d。因发生期不整齐致世代重叠。6 月虫口数量增加，8—9 月最多且危害重。秋后以末代成虫越冬。成虫、若虫喜白天活动，在叶背刺吸汁液或栖息。成虫善跳，可借风力扩散，旬均温 15～25 ℃ 适合其生长发育，28 ℃ 以上及连阴雨天气虫口密度下降。趋光性强，喜高温高湿，能传播病毒病。

5. 苜蓿盲蝽 ［*Adelphocoris lineolatus*（Goeze）］ 属半翅目（Hemiptera）盲蝽科（Miridae）。主要分布在北京、天津、河北、山西、内蒙古、辽宁、吉林、黑龙江、浙江、江西、山东、河南、湖北、广西、四川、云南、西藏、陕西、甘肃、青海、宁夏和新疆等地。

形态特征：成虫体长约 7.5 mm，宽 2.3～2.6 mm，黄褐色，被细毛。头顶三角形，褐色，光滑，复眼扁圆，黑色，端部黑，后伸达中足基节。触角细长，暗黄色，1 节较头宽短，顶端具褐色斜纹，中叶具褐色横纹，被黑色细毛。卵长 1.3 mm，浅黄色，卵盖有一指状突起。若虫黄绿色具黑毛，眼紫色，翅芽超过腹部第 3 节，腺囊口"8"字形。全翅芽及各腹节密布大小不一的黑色斑点。

（二）防治措施

1. 农业防治 加强田间管理，清除田间及周围杂草，减少越冬虫口基数，增强花生自身抵抗能力。高压喷灌驱赶附着在花生叶子上的害虫，减轻危害。

2. 物理防治 利用害虫对颜色的趋性，可使用黄、蓝色诱虫板进行诱集。

3. 生物防治 利用瓢虫、捕食螨、草蛉、隐翅虫、花蝽、寄生菌等可有效控制害虫数量。利用活孢子含量为 150 亿个/g 的球孢白僵菌可湿性粉剂、80 亿个/mL 的金龟子绿僵菌对水喷雾防治。

4. 化学防治 亩用 20％吡虫啉可溶性液剂 10～15 g、20％丁硫克百威 1 000 倍液、5％氟虫腈悬浮剂 1 500 倍液或 10％吡虫啉可湿性粉剂 2 000 倍液喷雾。喷洒农药时，注意不同农药交替使用以削弱其抗药性，注意使用间隔期及使用密度。一种农药通常使用 2 个月。

四、花生叶螨

(一) 种类

1. 朱砂叶螨 [*Tetranychus cinnabarinus* (Boisduval)] 属蜱螨目 (Arachnoidea) 叶螨科 (Tetranychidae)。俗称红蜘蛛，个体小，繁殖快，在我国各地均有分布，寄主植物多达 45 科 146 种（图 5 - 11）。

图 5 - 11 朱砂叶螨（李瑞军 拍摄）

形态特征：雌成螨 0.48～0.55 mm，宽 0.26～0.32 mm，背面椭圆形，体色因寄主而异，多为锈红色或深红色。雄成螨长 0.35～0.42 mm，宽 0.21～2.23 mm，前端近圆形，腹末稍尖，体色较雌成螨浅。卵近球形，直径 0.13 mm，初产时无色透明，后期浅黄色至深黄色。卵孵化前为红色。幼螨近圆形，长约 0.15 mm，宽约 0.12 mm，色泽透明，背面出现色斑，足 3 对。若螨前期体色淡，后期体色变红，足 4 对。雌成螨分前若螨期和后若螨期，雄若螨无后若螨期，比雌若螨少蜕一次皮。

2. 二斑叶螨（*Tetranychus urticae* Koch）属蜱螨目 (Arachnoidea) 叶螨科 (Tetranychidae)（图 5 - 12）。

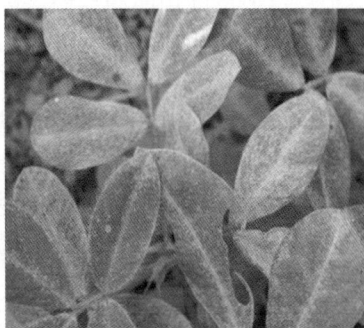

图 5 - 12 二斑叶螨（李瑞军 拍摄）

形态特征：雌成螨长 0.43～0.51 mm，宽 0.28～0.32 mm，卵圆形，体色淡黄色或黄绿色，越冬型体橙黄色，体背两侧各有一块明显黑斑。雄成螨体长 0.36～0.40 mm，宽 0.19～0.22 mm，腹末稍尖，呈菱形，体色为黄绿色或橙黄色，体背两侧也各有一块黑斑。卵球形，初为乳白色，后变淡黄色，直径 0.12 mm。若螨足 3 对，体色为绿色或墨绿色（图 5 - 12）。

（二）发生规律

发生规律：河北地区每年发生 10 代左右，平均气温在 26 ℃以上时，完成一代只需 7～8 d。通常以成虫在杂草、枯枝落叶及土缝中越冬。翌年 3 月中旬开始活动，10 月下旬开始转移到土缝、树皮下成群团聚蛰伏。3—4 月先在杂草或其他寄主上取食，开始繁殖，卵期 2～13 d，3 月中下旬虫量达到最大。朱砂叶螨发育起点温度为 7.7～8.8 ℃，最适温度为 25～30 ℃，最适相对湿度为 35%～55%。高温低湿的 6—7 月是危害花生的盛期，造成局部危害，在此期间，如果降雨频繁，田间相对湿度在 80% 以上能明显抑制叶螨的危害。7 月中旬雨季到来，发生量迅速减少，8 月若天气干旱可再次大发生，在花生荚果期造成危害。

（三）防治措施

1. 农业防治 选用优质抗性花生品种；加强田间管理，保持田园清洁，及时清除田间病残体及田间、周边杂草，减少虫源；合理进行作物布局，避免与豆类、瓜类轮作；气候干旱时注意浇水，增加田间湿度；花生收获后及时深翻，可杀死大量越冬叶螨。

2. 生物防治 食螨瓢虫、小花蝽、草蛉等天敌对花生叶螨有较好的控制作用；也可利用"以螨治螨"的方法，如用巴氏新小绥螨、智利小植绥螨等捕食螨控制花生叶螨的危害。

利用植物源农药 0.5% 藜芦碱可溶液剂、植物精油等生物农药能溶解花生叶螨体表蜡质层使其脱水干燥而死，对捕食螨安全无害。

3. 化学防治 当花生田间发现被害虫率达到 20% 以上时，要及时喷施化学药剂防治，注意药液要喷到花生叶片背面，雾点均匀；另外，对田边的杂草等寄主植物也要喷药，防止其扩散；注意轮换使用药剂，延缓抗药性的产生。药剂可选用15％哒螨灵乳油3 000倍液、22.4％螺虫乙酯乳油5 000倍液、43％联苯肼酯悬浮剂6 000倍液或28％阿维·螺虫酯悬浮液5 000倍液喷雾防治。

第二节 河北省花生主要病害

据统计，我国每年病害导致的花生减产达30％以上，病害是花生产业健康发展的制约因素之一。依据花生发病部位，可将花生病害分为叶部病害、根茎部病害和荚果病害。河北省花生病害主要包括苗期和开花下针期的花生根茎腐病、结荚期开始出现的花生叶斑病和花生果腐病等。利用"一拌三喷"花生病虫害统防统治与绿色防控技术，可以对花生叶斑病和花生根茎腐病进行有效防治。花生果腐病已经发展成为制约河北省花生产业提质增效的严重土传病害。

一、花生叶部病害

（一）花生叶斑病
花生叶斑病主要包括花生褐斑病、花生黑斑病和花生网斑病。

1. 花生褐斑病
（1）危害症状。在河北省普遍发生，是花生种植中分布最广、危害最重的病害之一。花生生长中后期为发生盛期。病叶布满病斑，光合作用面积减小，造成早期落叶、茎秆枯死。受害花生一般减产10％～20％，重者减产40％以上。

叶片发病初期产生黄褐色或铁锈色、针头状小斑点，随着病害的发展，逐渐扩大成圆形或不规则形状病斑，直径达1～10 mm。叶正面病斑暗褐色，背面颜色较浅，呈淡褐色或褐色，病斑周围有黄色晕圈。在潮湿条件下，大多在叶正面病斑上产生灰色霉状物，即病原菌分生孢子梗和分生孢子。发病重时，叶片上产生大量病斑，几个病斑汇合在一起，常使叶片干枯脱落，仅剩顶部3～5个幼嫩叶片。发病特别严重时，叶柄、茎秆也可受害，致使叶柄、茎秆干枯，造成大量减产。

茎秆、叶柄、叶托病斑为长椭圆形，暗褐色，病斑中间稍凹陷（图5-13）。

（2）病原菌。无性世代为花生尾孢菌（*Cercospora arachidicola*），属半知菌亚门真菌，丛梗孢目落尾孢菌属。有性世代为落花生球腔菌（*Mycosphaerella arachidicola*），属子囊菌亚门，座囊菌目球腔菌属。

图5-13　花生褐斑病危害症状
（孙伟明 拍摄）

病原菌多集中于病斑正面，分生孢子座不明显。分生孢子梗丛生或散生，黄褐色，膝状弯曲，不分枝，无隔膜或有1～2个隔膜。分生孢子棍棒形，顶生，无色或淡褐色，细长，有3～12个隔膜，多数为5～7个隔膜。子囊圆柱形或棒状，大小（27.0～37.8）$\mu m \times$（7.0～8.4）μm。子囊孢子无色，双孢，大小（7.0～15.4）$\mu m \times$（3.0～4.0）μm。褐斑菌在叶片正面产生深褐色子座，散生，排列不规则。

病原菌生长发育最适温度为25～28℃，相对湿度在80%以上，高温、多雨、多雾、日照不足的高湿天气有利于病害的发生和蔓延。

（3）发病条件。病原菌的侵染循环，主要以分生孢子和菌丝体在花生病残体上越冬，借风雨或昆虫进行初次侵染和再侵染，从叶片表面气孔侵入或直接穿透表皮侵入致病。病斑上产生分生孢子，成为田间病害再侵染源，春花生上的病原菌又成为夏花生的初侵染源。

花生褐斑病主要发生在花生生长的中后期，大约是每年的8月中下旬至 9 月上旬，此时进入秋季，雨水多，气候潮湿，利于此病发生。

2. 花生黑斑病

（1）危害症状。又叫花生晚斑病，俗称黑疸病、黑涩病等，是世界性花生病害，在我国各花生产区均有发生，是花生最常见的叶部病害之一。在花生整个生长季节均可发生，发病盛期在花生生长中后期，病叶出现大量病斑，光合作用效能降低，常造成植株大量落叶，影响荚果饱满度和成熟度。受害花生一般减产 10%～20%，重者减产 40%以上。

主要危害叶片，严重时也危害叶柄、托叶、茎秆和荚果。发病初期叶片上产生锈褐色小斑点，后扩大直径 1～5 mm，近圆形或圆形病斑，暗褐色至黑褐色，叶片正、背两面颜色相近。病斑周围通常没有黄色晕圈，老病斑或有较窄不明显的淡黄色晕圈，在叶片背面病斑上，通常产生许多黑色小点，即病原菌的子座，呈同心轮纹状，并有一层灰褐色霉状物，即病原菌的分生孢子梗和分生孢子。病害严重时产生大量病斑，引起叶片干枯脱落，叶柄和茎秆上病斑椭圆形或线形，深褐色至黑褐色，病斑多时连成不规则大斑，严重的整个叶柄和茎秆变黑枯死（图 5 - 14）。

（2）病原菌。无性世代为暗拟束梗霉（*Phaeoisariopsis persona-*

图 5 - 14 花生黑斑病危害症状
（孙伟明 拍摄）

ta），属半知菌亚门、丝孢纲、丝孢目、暗色孢科、暗拟束梗霉属。病原菌子座多产生于病叶背面，半球形，埋在寄主表皮下，直径为 60～100 μm，在子座上产生大量分生孢子梗，分生孢子梗褐色或暗褐色，有 1～3 个膝弯，多数无隔膜，少数 1～2 个隔膜，大小为

（10～100）μm×（3.0～6.5）μm；分生孢子顶生，灰褐色至淡橄榄色，短而粗，倒棒形或圆筒形，有1～9个隔膜，多数3～5个隔膜，大小为（20～70）μm×（4～9）μm。有性世代为伯克利球腔菌（*Mycosphaerella berkeleyi*），属于子囊菌亚门、座囊菌目、球腔菌属，比较少见。

（3）发病条件。病原菌主要以子座、菌丝和分生孢子在病残体上越冬，也可以子囊果在病残体内越冬，或以分生孢子附着在种壳、种子上越冬，翌年发病。在条件适宜时病原菌菌丝产生分生孢子，并随风雨传播。在22℃条件下，2～4 h分生孢子即可萌发产生芽管，从花生叶片表皮或气孔侵入；在25～30℃和较高湿度条件下，10～14 d就可产生病斑。病斑首先出现在靠近土表的老叶上，病斑上产生的分生孢子再次侵染。据观察，分生孢子扩散高峰出现在早晨叶面上露水刚消失和下雨之前。在合适的温、湿度条件下，分生孢子反复侵染，促进病情发展，收获前几乎使所有叶片脱落。

河北花生黑斑病始发期和盛发期均较褐斑病晚10～15 d，一般6月中下旬开始，7月下旬至9月上旬为发生盛期。适温高湿的天气，尤其是植株生长中后期降雨频繁，田间湿度大或早晚雾大露重天气持续，最有利于发病，少雨干旱发病轻。连作地、沙质土或土壤瘠薄、施肥不足、植株生长势差的地块发病较重。在植株生育前期发病轻，后期发病重，在花生收获前1个月内发病最重。一般生长衰老、分枝稀少、通风透光的植株上病斑多，嫩叶发病轻，成叶和老叶发病重，底部叶片较上部叶片发病早且重。花生品种间抗病性有差异，直生型品种较蔓生型或半蔓生型品种发病轻，叶片小而厚、叶色深绿、气孔较小的品种病情发展较缓慢。

（4）病害鉴别。花生黑斑病症状与花生褐斑病大致相似，危害部位相同，两者多同时混合发生。花生褐斑病和花生黑斑病都危害花生叶片、叶柄和茎部。褐斑病发生较早，在初花期即开始在田间出现；黑斑病多在盛花期在田间始现。后期严重时两种病害在同一植株上都有发生，引起严重落叶，甚至整株枯死。褐斑病多发生在叶片正面，病斑为黄褐色或暗褐色，圆形或不规则形，直径为 4～10 mm，潮湿时病斑上产生灰白色霉状物。黑斑病病斑小而圆，暗褐色和黑褐色，直径 1～6 mm。病斑边缘较褐斑病整齐，叶背着生许多黑色颗粒点，排列成同心轮纹。

3. 花生网斑病

（1）危害症状。主要危害花生叶片，其次危害叶柄和茎部。在花期开始侵染叶片，病株率达 92％～100％，一般减产 10％～20％，严重时减产可达 30％以上。

发病初期沿主脉产生圆形至不规则的黑褐色小斑，病斑周围有褪绿晕圈，后期在叶片正面边缘呈现网纹状的不规则褐色斑，且病部可见栗褐色小点，即病原菌分生孢子器，不透过叶面，干燥条件下病斑易破裂穿孔（图 5 - 15）。阴雨连绵时叶面病斑较大，近圆形（不规则），黑褐色；叶背病斑不明显，淡褐色，重者病斑融合。

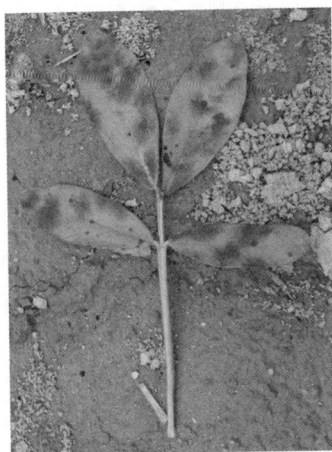

（2）病原菌。无性世代为花生网斑病菌（*Phoma arachidicola*），属半知菌亚门球壳孢目茎点霉属。在 PDA（马铃薯琼脂）培养基上菌

图 5 - 15　花生网斑病症状
（晏立英 拍摄）

落呈白色至灰白色，分生孢子无色，长椭圆形或哑铃形，多双孢，少数单孢，分生孢子大小为（12～20）μm×（3～4）μm。分生孢子器黑色，近球形，埋生或半埋生于病组织中，大小为 50～200 μm。有性世代为 *Didymella arachidicola*，属子囊菌亚门假球壳目亚隔孢壳属。

（3）发病条件。病原菌穿透表皮侵入，在表皮下呈网状蔓延，毒害邻近细胞，引起大量细胞死亡，形成网状坏死斑。连阴雨天有利于

病害发生和流行。田间湿度大的地块易发病，连作地发病重。

4. 花生叶斑病的防治方法

（1）轮作。花生与玉米、小麦等作物轮作，能改善土壤理化结构和性状，减轻杂草和网斑病的危害，还可以提高土壤肥力。

（2）选择抗病品种。选择抗叶斑病品种。

（3）药剂防治。在发病初期开始叶面喷施，选用苯醚甲环唑和丙环唑复配药剂 50％苯甲·丙环唑（如金极冠）3 000 倍液，或吡唑醚菌酯与代森联复配药剂 60％唑醚·代森联（如百泰）1 500 倍液或苯醚甲环唑和嘧菌酯复配药剂 32.5％苯甲·嘧菌酯（如阿米妙收）1 500～2 000 倍液，每隔 10～15 d 喷施 1 次，连喷 2～3 次。

（二）花生条纹病毒病

1. 危害症状 又叫花生轻斑驳病毒病。初在顶端嫩叶上出现褪绿斑和环斑，后发展成黄绿相间的轻斑驳或斑块，沿侧脉出现断续绿色条纹或橡叶状花纹，或一直呈系统性的斑驳症状。植株症状逐渐扩展到全株叶片。除发病早的病株稍矮外，一般不矮化。荚果小而少，种皮上有紫斑，果仁或变紫褐色。河北等北方花生产区发病率一般在 50％以上，有些达到 100％。由于该病害在田间发生早、发病率高，流行范围广，因此是影响花生生产的重要病毒病（图 5-16）。

图 5-16　花生条纹病毒病危害症状（孙伟明 拍摄）

2. 病原菌 花生条纹病毒（peanut stripe virus，PSTV）。在我国曾被报道为花生轻斑驳病毒（peanut mild mottle virus，PMMV），

属马铃薯 Y 病毒科（Potyviridae）马铃薯 Y 病毒属（*Potyvirus*）。病毒粒体线状，长 750～775 nm，宽 12 nm 左右。病毒在病组织细胞质内产生卷筒类型风轮状内含体。病毒致死温度 55～60 ℃，体外存活期限 4～5 d。

3. 发病条件　花生条纹病毒病属常发性流行病害，年度间流行程度受种传、蚜虫、品种以及气象因素影响。

花生条纹病毒可在带毒花生种子内越冬，种传花生病苗是病害主要初侵染源。病害被蚜虫以非持久性传毒方式在田间传播。如果种子带有病毒源，那么主要靠蚜虫传播。一般花生苗期降雨少、气候温和、干燥，容易导致蚜虫发生早、数量大，易引起病害严重流行。

4. 防治方法　主要从选择抗（耐）病品种、选择无毒种子和苗期控杀蚜虫三方面进行综合防控。

（1）选择感病程度低、种传率低的花生品种。

（2）无毒种子与毒源隔离 100 m 以上。

（3）及时喷药防蚜，种植隔离植物隔蚜。

（三）花生炭疽病

1. 危害症状　主要危害叶片，一般危害不大。病斑多自叶尖、叶缘开始，呈半圆形或不定形，褐色至暗褐色；后斑中部灰白色，斑面常现轮纹。后期斑面上现散生、针头大小黑粒（分生孢子盘），湿度大时小黑粒转呈朱红色小点（分生孢子），用放大镜检视，还隐现黑色刺毛状物（刚毛）。当看到刺毛状物或朱红色小点时，就可确诊为花生炭疽病（图 5 - 17）。

2. 病原菌　平头刺盘孢（*Colletotrichum truncatum*），属半知菌亚门盘菌目盘菌科刺

图 5 - 17　花生炭疽病危害症状
（晏立英 拍摄）

盘孢属。不同菌种引发的症状不同。菌落开始是白色，随后会密布很多黑色小点，并以轮纹状排布。分生孢子盘以圆形或者椭圆形生长在茎表皮以下，上面密布黑色刚毛。刚毛具有 0~3 个下粗上尖的隔膜，尖端颜色稍浅，大小为（20.0~135.5）$\mu m \times$（2.5~7.5）μm。分生孢子顶生，凝聚，单细胞无色，内含颗粒物呈新月形或镰刀状，两端渐细，上端较尖，下端稍钝，大小为（12.5~22.5）$\mu m \times$（2.5~5.0）μm。

3. 发病条件 病原菌以菌丝体和分生孢子盘随病残体过冬，或者是以分生孢子附着在荚果或种子上过冬，因此土壤病残体和带菌的荚果及种子为初侵染源。分生孢子为初侵及再侵接种体，通过雨水溅射和昆虫活动传播，通过寄主的伤口或气孔侵入，进而使花生发病。在连作地及氮肥过多、花生植株长势过旺的地块发病都比较严重。

4. 防治方法

（1）农业防治。重病区选择抗病品种；以轮作来降低土壤感染率；加强栽培管理，合理密植，增加磷钾肥施肥量，同时清沟排水，降低田间湿度。

（2）化学防治。结合防治黑斑病、褐斑病进行喷药兼治，还可用 25％溴菌腈可湿性粉剂 600 倍液或 80％炭疽福美可湿粉 600 倍液对以炭疽病为主的田块连续喷施 2~3 次，每隔 7~15 d 喷施 1 次。

（四）花生矮化病

1. 危害症状 又称普通花叶病毒病，广泛分布于河南、河北、辽宁、山东和江苏等地花生产区，影响花生荚果发育，形成小果和畸形果。花生早期感染花生矮化病原菌病害减产 40％以上。被花生矮化病原菌侵染后，花生病株开始在顶端嫩叶出现明脉（侧脉明显变淡、变宽）或褪绿，随后发展成浅绿色与绿色相间的普通花叶症状，沿侧脉出现辐射状绿色小条纹和斑点。叶片变窄、变小，叶缘波状扭曲（图 5-18）。

图 5 - 18　花生矮化病毒病症状（孙伟明 拍摄）

2. 病原菌　病原菌为 peanut stunt virus（PSV），属雀麦花叶病毒科（Bromoviridae）黄瓜花叶病毒属（*Cucumovirus*）。病毒球状粒体，直径 30 nm。致死温度 55～60 ℃。体外存活期限 3～4 d。

3. 发生条件

（1）蚜虫与气候。蚜虫发生的早晚和数量是花生矮化病害流行的重要影响因素。一般花生苗期蚜虫发生早、数量大，易引起花生矮化病害严重流行，反之则轻。花生生长前期、中期降水量影响蚜虫发生和活动，从而影响花生矮化病害流行。花生苗期降雨少，气候温和、干燥，易导致蚜虫大发生，造成病害流行，反之则轻。

（2）种子带毒。花生矮化病毒可通过花生种子传播，但种传率较低，仅为 0.02%。

（3）播期。播期的早晚影响花生的发病程度，一般春播花生重于夏播花生；早播田重于晚播田。

（4）土壤。土壤肥沃发病轻，土壤瘠薄发病重。

4. 防治方法　由于花生矮化病是由蚜虫传播的病毒病害，在防治上应采"预防为主、综合防治"策略，以抗病品种、农业防治为基础，结合药物治蚜，达到治虫防病的目的。

（1）选种。选用感病轻、有田间抗性的花生品种，从无病田选留花生种子，或用麦茬花生留种，减少种子带毒。

（2）农业防治。铲除花生田及四周杂草（不与烟草、菜田、槐树林靠近），减少蚜虫来源，可减轻病害发生；加强栽培管理，促进花生健壮生长，提高抗病力；适期晚播、覆盖地膜，可避蚜、驱蚜，减轻传毒、发病；早期及时拔除种传病苗，可以减少毒源、减轻病害。

（3）化学防治。

① 药剂拌种。用 10％的吡虫啉可湿性粉剂 500 倍液拌花生种，可有效地预防花生生长前期的蚜虫传播。

② 喷雾治蚜。花生刚出土时，用 10％吡虫啉可湿性粉剂 2 000 倍液或 3％啶虫脒乳油 1 000 倍液喷雾，治虫防病。

③ 药剂防治。对于易感病品种、常年易感病地区及田间出现零星病株的田块要及时进行药剂防治。每公顷可用 8％宁南霉素水剂 675 mL＋高效僵苗灵可湿性粉剂 1 500～3 000 g（或叶面肥等）＋10％吡虫啉 450 g，对水 750 kg 均匀喷雾，发病重的田块隔 5～7 d 再补施药剂 1 次，可控制病害蔓延。

二、花生根茎部病害

（一）花生根腐病

1. 危害症状 主要危害植株根部，也可危害果柄与荚果。花生各生育时期均可发病，开花结荚盛期发病重。发病率为 10％左右，严重时可达 20％～30％。在各花生产区均有零星发生。花生播种后出苗前受害，可造成烂种、烂芽。幼苗期受害，主根变褐色并腐烂，植株矮小，枯萎死亡。成株期受害，通常表现出慢性症状，开始暂时萎蔫，叶片失水褪绿、变黄，叶柄下垂。根茎部出现稍凹陷的长条形褐色病斑，根端呈湿腐状，皮层变褐腐烂，易脱落，主根粗短或细长，无侧根或侧根极少，形似老鼠尾，维管束变褐，植株逐渐枯死。严重时从出现症状到枯死快则 2～3 d，一般 7～10 d。土壤湿度大时，近地面根茎部可长出不定根，病部表面或有黄白色、青灰色至淡红色霉层，即病原菌的分生孢子梗及分生孢子。病株地上部矮小、叶片变黄，开花结果少，且多为秕果（图 5 - 19）。

(a)　　　　　　　　　　　(b)

图 5-19　花生根腐病危害症状（孙伟明 拍摄）

a. 根端呈湿腐状、鼠状　b. 整株枯死

2. 病原菌　多种镰孢菌，均属半知菌亚门瘤座菌目镰孢菌属。主要有茄病镰孢菌（*Fusarium solani*）、尖孢镰孢菌（*F. oxysporium*）、粉红镰孢菌（*F. roseum*）、三线镰孢菌（*F. tricinctum*）和串珠镰孢菌（*F. moniliforme*）。

3. 发病条件　由半知菌亚门镰刀菌侵染引起的花生根部腐烂病害。初侵染源主要是在土壤、病残体上越冬的花生根腐病病原菌，还有种子和未腐熟的土杂肥中带的菌。借助雨水、农事操作传播，厚垣孢子从作物伤口或表皮直接侵入形成初侵染，病株产生分生孢子后，从寄主伤口或表皮直接侵入，在维管束内繁殖蔓延形成再侵染。

发生原因如下：

（1）菌源。种子带菌率高，发病重。

（2）环境。苗期如遇低温阴雨、土壤湿度大可大面积发生。

（3）栽培。①土层深厚、透水性强、排水好的花生地发病轻；连作田、黄黏土、土层浅薄的沙砾地发病重。②过度密植，枝叶过于茂盛或杂草丛生，通风透气不良，抗病力下降。大雨过后，花生根腐病易发生。③土壤肥力不足，花生生长缓慢，植株矮小，可加重病情。

（二）花生茎腐病

1. 危害症状 在河北普遍发生，一般发病率为 10％～20％，严重的可达 50％～60％，甚至绝收。主要危害茎、根、子叶和荚果等，发病部位多在与表土层交界的根茎和茎基部。前期，花生幼苗出土前即可发病，病原菌通常先侵染子叶，造成子叶变黑腐烂，后蔓延到茎基部及地下根茎部产生黄褐色水渍状不规则病斑，逐渐绕茎产生黑褐色病斑。侧茎基部黄褐色病斑向上、下发展，造成侧茎基部变黑枯死和地下荚果腐烂、脱落。后期，有时仅主茎或侧枝中上部感病枯死，病部以下正常生长，之后向下扩展导致全枝枯死。潮湿条件下，病部变黑褐色腐烂，表皮易剥落；干燥时，病部表皮呈琥珀色凹陷，紧贴茎上，揭开表皮，内部呈纤维状。病部密生黑色小粒点，病株易从茎基部折断（图 5 - 20）。

图 5 - 20　花生茎腐病危害症状（孙伟明 拍摄）

a. 苗期茎腐病株　b. 病斑绕茎基　c. 基部变黑枯

2. 病原菌 棉色二孢（*Diplodia gossypina*），属半知菌亚门球壳孢目色二孢属真菌。

在 PDA 培养基上 23 ℃培养，菌落呈圆形或近圆形，质地疏松。菌丝体白色绒絮状，4 d 后菌落直径达 10 cm，5 d 后菌落变绿，最后变成黑色。分生孢子器球形至烧瓶状，暗褐色至黑色，单腔，壁厚，有一乳头状突出孔口，孢子器直径 130～250 μm，内有分生孢子。孢子器散生或聚生，埋生在寄主表皮下，成熟后外露。分生孢子为长椭圆形，未成熟时无色、单胞，成熟后呈暗色双胞，大小（20～30）μm×（10～13）μm。分生孢子梗是线状、不分枝且无色。

菌丝生长适温为 23～35 ℃，55 ℃ 10 min 会死亡，－3～－1 ℃ 21 d 仍具致病力，水浸 8 个月致病力无变化，自然条件下干燥 8 个半月或室内干燥 29 个月依然有危害。

3. 发病条件　病原菌菌丝和分生孢子器在种子和土壤病残株上越冬，成为翌年的初侵染源。病株和粉碎的果壳饲养的牲畜的粪便以及混有病残株的土杂肥也是重要的传播源，在田间主要通过风雨、流水传播。

在北方花生产区，一般 5 月下旬至 6 月初出现病株，6 月中下旬出现发病高峰，8 月中下旬出现第二次发病高峰，一般发病较轻。带菌种子是该病原菌的主要越冬场所和初侵染源，种子带菌率高低影响病害发生。花生苗期降雨较多，土壤湿度大，病害发生重，尤其是雨后骤晴，气温回升快，容易出现大批死株。5 cm 地温连续 10 d 稳定在 20 ℃ 以上、相对湿度为 60%～70% 有利于病害发生；苗期雨水多，土壤湿度大，阳光过强造成花生幼苗热灼伤，病害发生较重；雨量过多、雨次频繁、低温情况不利于病害发生。

连作、春播、花生病株茎蔓饲喂牲畜的粪肥以及使用病残株未腐烂的土杂肥的低洼积水、沙性强、土壤贫瘠的花生地发病重，轮作、夏播花生田发病轻。

（三）花生冠腐病

1. 危害症状　主要危害茎基部，也可危害种仁和子叶，造成死棵或烂种。

花生出苗前发病，引起果仁腐烂，病部长出黑色松软的霉状物即病原菌的分生孢子梗和分生孢子。受害子叶变黑腐烂，受害根茎部凹陷，黄褐色至黑褐色；出苗后发病，病原菌通常先侵染子叶和胚轴结合部位，进而侵染茎基部。随着病情的加重，病斑扩大，表皮纵裂，组织干腐破碎呈纤维状。在潮湿条件下，病部长满松软的黑色霉状物，病株呈失水状，很快枯萎死亡，拔起病株时病株易从病部折断，将病部纵向切开，可见维管束和髓部变为紫褐色。随着植株长大，对病原菌的抗性增强，死苗现象减少（图5-21）。

图 5-21　花生冠腐病危害症状（孙伟明 拍摄）

2. 病原菌　为黑曲霉菌（*Aspergillus niger*），属半知菌亚门丝孢目曲霉属。菌丛呈黑褐色，顶囊大球形，小梗双层，分生孢子为球形，呈黑色、黑褐色，平滑或粗糙。分生孢子梗无色或上部三分之一呈黄褐色，光滑；顶端膨大呈球形或近球形，无色或黄褐色；球状体表面生两层小梗，第二层小梗顶端生一串分生孢子。分生孢子呈球形，褐色，初期表面光滑，后变粗糙或有细刺以及其他瘤状突起。

3. 发病条件　病原菌以菌丝或分生孢子在土壤、病残体或种子上越冬，翌年成为侵染源。病原菌在土壤中腐生，寄生性较弱，只能侵染生活力弱或受伤的组织。花生播种后，越冬病原菌产生的分生孢子萌发，从受伤的种子脐部、子叶间隙或直接从种皮侵入子叶和胚芽，子叶和胚芽最易感病，严重者常腐烂不能出土。花生苗出土后，病原菌从残存的子叶处侵染茎基部和根茎部。病斑上产生分生孢子，借风雨、气流传播进行再侵染。田间侵染多发生在种子发芽后 10 d以内。潜育期约 6 d，多数病株在发病 10～30 d 死亡。一般在花生开花期达到发病高峰。

种子质量的好坏是影响发病的重要因素。种子内外都可带菌，带菌种子可以直接引起病害的发生。种子带菌率高、种子破损或霉变等病害发生严重。病原菌生长最适温度为 30～37 ℃，高温多湿、排水不良或旱湿交替有利于发病。播种过深、低温、高湿等不良气候条件延迟幼苗出土、使苗弱或其他病害发生，也能加重病害。多年连作、土壤带菌量大、有机质少、耕作粗放的地块发病重。花生品种间抗病性有差异。

4. 花生根腐病、茎腐病和冠腐病统防统治方法

（1）农业防治。选用抗（耐）病品种、无病种子，无病田留种，防止种了受潮发霉，播种前翻晒、精选种子，剔除变色、霉烂、瘦小种粒。实行水旱轮作，或与小麦、玉米等禾本科作物轮作，轻病田隔年轮作，重病田 3～5 年轮作。精细整地，高垄种植，足墒下种，提高播种质量。干旱时适当浇水，严禁在盛花期、雨前或久旱后猛灌水，大雨后及时清沟排渍降湿。配方施肥，施足底肥，增施磷肥、钾肥，施用充分腐熟的农家肥。清洁田园，拔除病株，清除病残体，集中处理。

（2）化学防治。在保证种子质量的基础上，采取种衣剂包衣，在发病初期及时进行药剂防治。

① 种子包衣。播种前，选用 3％苯醚甲环唑悬浮种衣剂，或 30％萎锈·吡虫啉悬浮种衣剂，或 2.5％咯菌腈悬浮种衣剂，或 35％精甲霜灵种子处理乳剂，选用 12.5％烯唑醇可湿性粉剂，或 22％苯醚·咯·噻虫悬浮种衣剂，选用 25％噻虫·咯·霜灵悬浮种衣剂，或 40％萎锈·福美双，或 6.25％精甲·咯菌腈，或 11％精甲·咯·嘧菌悬浮种衣剂等包衣或拌种。

② 药剂防治。发病初期，每亩可选用 70％甲基硫菌灵可湿性粉剂 70～90 g，或 30％醚菌酯悬浮剂 50～70 mL，或 25％戊唑醇可湿性粉剂 25～35 g，或 10％苯醚甲环唑水分散粒剂 50～80 g，对水 50～60 kg，喷淋花生茎基部或灌根，使药液顺茎流到根部。

(四) 花生根结线虫病

1. 危害症状　在河北普遍发生，一般减产 20%～30%，重者减产 70% 以上，甚至绝收。

危害植株地下部，从而引起地上部生长发育不良。主要危害根系，也可危害果壳、果柄和根茎等。前期，种子发芽后即可被侵染，出苗约 15 d，地上部即可表现症状，播种后约 40 d，花生团棵期症状最明显；植株矮小，茎叶发黄，叶片变小，生长缓慢，底部叶片焦灼，早期脱落，开花推迟，与健株相比，出现成片高低不齐的病窝。中后期，由 2 龄幼虫从幼嫩组织侵入根部，形成不规则根结。根结线虫从花生的根端侵入后，主根尖端逐渐形成纺锤状或不规则的虫瘿，一般直径为 2～4 mm，初呈乳白色，后变为淡黄色至深褐色。虫瘿上再生根毛，根毛上又生虫瘿，致使整个根系形成乱发似的须根团。线虫侵染荚果，荚果上的虫瘿呈褐色疮痂状突起，幼果上的虫瘿乳白色略带透明状，导致果小而少。

识别这一病害时，要注意线虫瘿与根瘤的区别，虫瘿长在根端，呈不规则状，表面粗糙并有许多小根毛；根瘤则着生在根的一侧，圆形或椭圆形，表面光滑，压碎后流出红色或绿色汁液（图 5 - 22）。

2. 病原菌　危害北方花生产区的主要是北方根结线虫（*Meloidogyne hapla*）。幼虫体长 347～390 μm，头端平或圆形，唇盘不隆起，侧唇小，头感器明显，排泄孔位于肠前端，半月体紧靠于排泄孔前，直肠不膨大，尾部向后渐变细，常有 1～3 道缢痕。

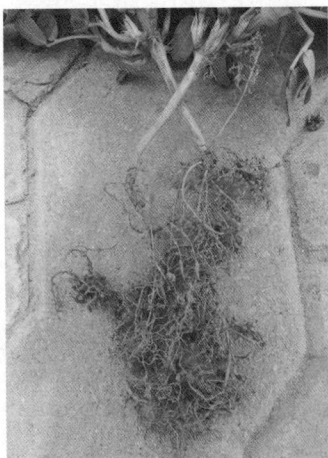

图 5 - 22　花生根结线虫病危害症状（孙伟明 拍摄）

雌成虫梨形或袋状，乳白色，体长 36～850 μm，体宽 200～250 μm，唇区口孔六角形，唇盘与中唇不对称，排泄孔位于口针基部球后，会阴花纹圆形至椭圆形，背弓低平，侧线不明显，在尾端区有一明显的刻点区，背线有时在侧区形成翼。雌虫阴门近尾尖处有刻点，近侧线处没有横纹。

雄成虫呈蠕虫形，头区隆起，与体躯的界限不明显，头部侧面圆弧形，口针粗壮，口针基部球圆形，与体躯界限明显，侧区平或圆形，唇盘与中唇融合，无侧唇，头感器长裂缝状。

3. 发病条件　病原线虫以卵和幼虫附于残根、残果上，在土壤或粪肥中越冬；翌年春天，当平均地温为 12 ℃时卵开始孵化。刚孵化的幼虫为仔虫期幼虫，在卵壳内脱第一次皮后，发育成侵染期幼虫。随着土壤温度的升高，越冬幼虫与刚孵化的幼虫在土壤中开始活动；当平均地温达到 12 ℃以上时，春播花生的胚根刚萌发，侵染期幼虫就能从根端侵入，由根皮细胞向内移动，头部经过皮层钻入中柱或中柱的分生组织，用吻针对细胞壁进行频繁的穿刺，最后将吻针插入细胞内，食道腺分泌毒液，破坏中柱细胞的正常生长，引起薄壁部细胞过度发育，核多次分裂，形成多核和核融合的巨型细胞，并以此为中心肥大生长，形成突起的瘤状根结。

在根组织内的幼虫取食巨型细胞内的液汁作为其生长发育所需的营养。当雌雄虫发育成熟后，雌成虫仍定居于原处组织内继续危害、产卵，不再移动；雄虫则可离开虫瘿到土壤中，钻入其他虫瘿与雌虫交配。雌虫产卵集中在卵囊内，卵囊一端附于阴门处，一端露于虫瘿外或埋于虫瘿内，雌虫产卵后即死亡。卵在土壤中孵化成侵染期幼虫，继续产生危害。卵囊内卵的孵化不是同期完成的，延续期可长达 4～5 个月。

线虫侵入的适宜土温为 11.3～34.0 ℃，最适土温为 15～20 ℃。在 12～26 ℃范围内，温度越高，侵入所需的时间越短（10～14 d），高于 26 ℃或低于 10 ℃则不利于侵入。土壤含水量为田间持水量的 70%左右适合线虫侵入，土壤含水量占田间持水量的 20%以下和 90%以上均不利于线虫侵入。

沙壤土或沙土、瘠薄土壤发病重，通气不良的黏土地不利于线虫生长发育；低洼、返碱和沙粒间结合较深紧的土壤中未见发生。伏雨来得早，雨量多，花生恢复生长早、生长快，受害就轻，干旱年份发病重。晚播距伏雨期近，可减轻发病；灌溉条件好，保水、保肥的土壤发病轻。一般连作田块早播的发病重，晚播的发病轻。花生地内外寄主杂草多少以及受根结线虫的危害程度与病害的发生轻重有密切关系，寄主杂草多发病重，反之则轻。

4. 防治方法

（1）检疫。严格执行检疫制度，防止蔓延，不从病区调种，以防病害传入无病区。如需从病区引种，要保证花生荚果含水量在 8％以下（虫瘿内线虫死亡）。

（2）农业防治。

① 轮作。与禾谷类作物或甘薯等非寄主作物轮作 2～3 年或更长，水旱轮作效果更佳。

② 选种。选育和利用抗病品种，增肥改土，增施腐熟有机肥。

③ 田间管理。加强田间管理，消除杂草，重病田可改为夏播；修建排水沟，忌串灌，防止通过水流传播。

④ 收获。病田就地收刨，单收单打；收获时深刨病根，进行晒棵或集中烧毁；收获后清除田间病残体。

（3）药剂防治。10％克线磷颗粒剂 30～45 kg/hm²，或 15％涕灭威颗粒剂 12～20 kg/hm²，或 5％硫线磷颗粒剂 120 kg/hm²，或 5％米乐尔颗粒剂 54 kg/hm²，或 10％灭线磷颗粒剂 15～18 kg/hm²。以上药剂拌干细土 300～375 kg，使用时先开沟，将颗粒剂条施于沟内，然后覆盖一层薄土，再播种覆土。

（4）生物防治。应用淡紫色拟青霉和厚垣轮枝菌等生物制剂能明显降低线虫群体和消解其卵，对根结线虫有较好的控制效果。

（五）花生丛枝病

1. 危害症状 花生丛枝病在河北偶有发生，是整株系统性侵染的病害，通常在花生开花下针时开始发生。感病越早，减产越多，早期感病颗粒无收，中期感病减产 60％以上，后期感病减产 10％～30％。

初期病株基部叶腋处伸出一些弱小茎叶，并向上发展至顶梢，新叶变小变厚，色深质脆，后病株腋芽大量萌发，枝叶丛生，呈扫帚状，正常叶片逐渐变黄脱落，仅剩小叶丛生的枝条。中后期，病株节间缩短，植株矮化，多为健株株高的 1/2。花器变形，花瓣、雄蕊和子房逐渐变成绿色叶片状。果针不能正常入土或入土很浅或顶端反向上生长变成秤钩状。根部萎缩，幼根和根毛少。荚果很少或不结实，果皮较厚，果仁不充实，表面有突起的红褐色导管，生吃味苦（图5‐23）。

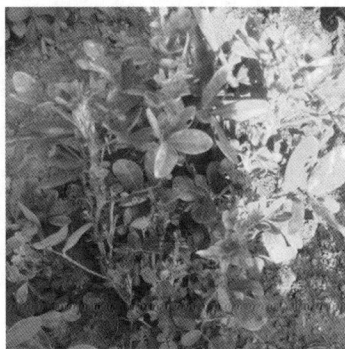

图5‐23　花生丛枝病危害症状
（孙伟明 拍摄）

2. 病原菌　为植原体（mycoplasma‐like organism），属原核生物界硬壁菌门柔膜菌纲（又称软球菌纲）非固醇菌原体目非固醇菌原体科。植原体是一种无细胞壁的单细胞原核生物，专性寄生于植物筛管内，主要分布在病株韧皮部。通过电镜观察，在病株叶脉、叶柄和茎的韧皮薄壁组织细胞中，均发现有多形态的植原体，大小为100～760 μm。植原体对四环素类抗生素敏感，对青霉素不敏感。

3. 发病条件　带毒成虫和若虫可终生传病。病株种子不传病，该病由叶蝉从其他寄主传到花生。

病害发生程度与叶蝉数量密切相关。叶蝉大发生年份发病严重。小绿叶蝉最短获毒期为 24 h 以内，虫体循回期 9～11 d，带毒成虫和若虫可终生传病，1～10 只叶蝉传毒效率差异不大。

4. 防治方法

（1）农业防治。因地制宜选用抗（耐）病品种；与非豆科作物实行 2 年以上的轮作；适时播种，春花生适时早播，秋花生适时晚播；

加强肥水管理,铲除花生田内外的豆科杂草和绿肥等,发病初期及时拔除病株,减少初侵染来源。

(2)化学防治。花生开花前及时喷药防治叶蝉,每亩可选用50%啶虫脒水分散粒剂2~3 g,或25%噻嗪酮可湿性粉剂40~50 g,或10%联苯菊酯水乳剂20~30 mL,或98%杀螟丹可溶性粉剂35~45 g,对水40~60 kg,均匀喷雾。也可选用10%吡虫啉可湿性粉剂2 000~3 000倍液,或10%氯氰菊酯乳油2 000~3 000倍液等,叶片正面、背面均匀喷雾,亩喷药液40~60 kg。对田边的杂草、果树等寄主也要喷药,间隔7~10 d喷1次,连续防治2~3次。

三、花生荚果病害

花生荚果腐烂俗称花生烂果病,是世界范围内普遍发生的一种土传病害。河北省已报道的病原菌包括新孢镰刀菌(*Fusarium neocosmosporiellum*,曾用名侵脉新赤壳菌 *Neocosmos poravasinfecta*)、群结腐霉(*Pythium myriotylum*)和茄病镰刀菌(*Fusarium solani*)等真菌。花生荚果病害可分为花生镰刀菌果腐病和花生腐霉菌果腐病。花生白绢病也可导致花生荚果腐烂,因此也放于此部分进行描述。

(一)花生镰刀菌果腐病

1. 危害症状 该病主要危害花生荚果,在河北省多始发于7月中旬。发病初期荚果果皮上形成黑褐色大小不一的斑点,根部及地上部正常。随着病情的发展,斑点逐渐扩展,后期整个荚果和种子腐烂,出现空腔,果壳只剩纤维组织,根部外表皮正常或发黑,一般情况下地上枝叶部分正常,烂果严重的植株在收获时枝叶更绿(图5-24)。

2. 病原菌 无性世代为新孢镰刀菌(*Fusarium neocosmosporiellum*),属半知菌亚门镰刀菌属。有性世代为侵脉新赤壳菌(*Neocosmospora vasinfecta*),属子囊菌亚门,侵脉新赤壳属。在PDA培养基上形成白色、灰白至浅黄色的平坦菌落,呈绒毛状。分生孢子较小,卵圆形

初期症状　　　　　　　　　　　冀南黄河故道

冀中沙河流域　　　　　　　　　冀东滦河流域

图 5-24　花生果腐病病害症状（孙伟明 拍摄）

或圆柱形至长椭圆形，无色，单胞，大小为（2.5～14.8）μm×（1.2～4.9）μm。在 PDA 培养基上很容易产生子囊果。子囊果为橙黄色或橘红色至红色子囊壳，球形或卵圆形，大小为（151.5～353.5）μm×（141.4～313.1）μm。子囊果有孔口，具短喙，喙长为 24.6～125.5 μm，直径为 36.9～147.6 μm。子囊圆柱形，薄壁，具有短柄，大小为（100.7～160.8）μm×（9.8～15.0）μm。短柄长为 4.9～27.3 μm。子囊内含 8 个子囊孢子，逐个单行排列在子囊中。子囊孢子圆形至卵圆形，透明或黄白色，表面具有纹饰，单胞，大小为（7.4～16.0）μm×（7.4～12.3）μm。

3. 发病条件

（1）气候条件。花生生长中后期，先遇到严重干旱或高温干旱，长势弱、抗性下降，随后较大降雨有利于病原菌侵染，导致花生果腐病加重。这种先旱后涝引起的烂果在沙土地较为严重，且同一地块地势高的地方烂果较重。花生结荚期至饱果成熟期连续降雨或突遇大雨田间积水，土壤湿度大、透气性差、散墒不及时，导致果腐病加重。这种后期多雨引起的烂果以黏土地较为严重，且同一地块地势低洼的地方烂果较重。

（2）土壤环境。花生果腐病是一种土传病害。花生连作地块，土壤中积累的病原菌逐年增多，同时花生根系分泌有毒物质，加上化肥的过量施用，造成土壤板结、养分失衡和盐渍化程度增加，花生生长的土壤环境明显变劣，极易诱发花生果腐病。土壤含钾量过高、缺钙的地块发病重。

4. 防治方法

（1）生物防治。生防制剂防治土传病害具有明显优势，目前主要将枯草芽孢杆菌、解淀粉芽孢杆菌、短小芽孢杆菌、胶冻样类芽孢杆菌和巨大芽孢杆菌等一种或几种制备成微生物肥料，用于花生果腐病的防治。如解淀粉芽孢杆菌 SWM1 菌剂、巨大芽孢杆菌 XJ‑32 生物有机肥以及解淀粉芽孢杆菌 GF‑3、巨大芽孢杆菌 GD‑16 和胶冻样类芽孢杆菌 GF‑32a 复合微生物肥料。

（2）化学防治。芸薹素内酯 5 g 与稀释 500～1 000 倍的 50％多菌灵可湿性粉剂，或稀释 1 000～3 000 倍的 25％苯菌灵乳油剂或亩施 25％吡唑醚菌酯 20 mL 联合喷施。

（3）农业措施。

①造墒、抢墒播种。4 月底至 6 月初均可进行地膜起垄播种。建议：5 月中上旬为白地膜起垄覆土播种适期，5 月下旬 6 月上旬为黑地膜起垄覆土、露天播种适期（保证足墒，覆膜起垄、适时晚播）。播种深度为 3～4 cm。足墒播种的花生，幼苗期一般不需浇水；进入开花下针期，花生生长速度加快，需肥需水增多，苗情显旱或接近缺

水症状时需浇水。生育中后期（结荚期）是花生生长周期中需水量最多的时期，由于恰逢冀东地区降雨期，一般无须浇水，或者视情况慎重浇水。生育后期（饱果期）如果墒情可以，无须浇水。

② 施肥。造墒后旋地前或旋地后播种前撒施微生物肥料（巨大芽孢杆菌 XJ - 32 生物有机肥或者解淀粉芽孢杆菌 GF - 3、巨大芽孢杆菌 GD - 16 和胶冻样类芽孢杆菌 GF - 32a 复合微生物肥料）和钙肥（石膏、生石灰等），且播种时沟施配方肥/复合肥，培育健康土壤，预防花生果腐病（可选用河北京安生态科技有限公司的花生专用肥套装生物有机肥和配方肥）。

③ 覆膜。连续 5 d 5 cm 地温稳定在 19 ℃ 以上，推荐白、黑膜，若用降解膜需注意中后期墒情。

④ 耕翻。深度一般为 25～30 cm，垄距为 85～90 cm，垄高 10～12 cm，垄面宽 50～55 cm，垄上种植 2 行花生，小行距不小于 28 cm，垄上行距垄面边缘不少于 10 cm。

（二）花生腐霉菌果腐病

1. 危害症状 在花生荚果成熟期遇到高湿环境，花生荚果呈现褐色到黑色的水渍状病斑，收获时整个荚果腐烂（图 5 - 25）。

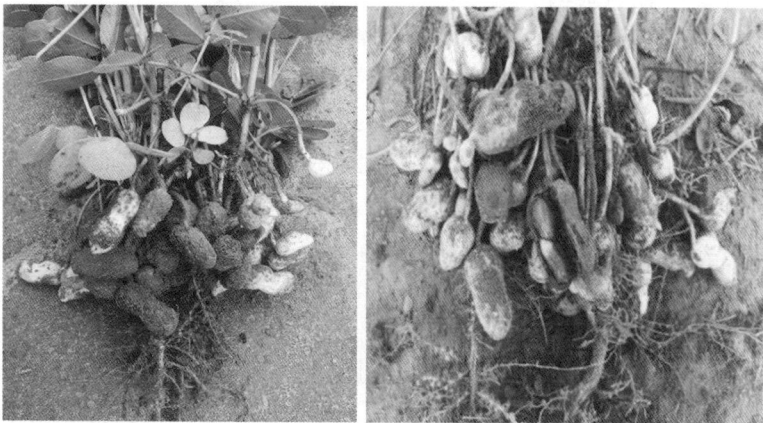

图 5 - 25 花生腐霉菌果腐病危害症状（孙伟明 拍摄）

2. 病原特征 群结腐霉（*Pythium myriotylum*），鞭毛菌亚门卵菌纲霜霉目腐霉属。菌落在 CMA（玉米粉琼脂培养基）培养基上无特定形态。菌丝发达，分枝，初生菌丝宽（6.64 ± 0.89）μm。孢子囊由膨大与不膨大的菌丝共同组成，膨大部分指状或裂瓣状，顶生或间生，长度可变，宽 $7 \sim 17 \mu m$；游动孢子肾形，双鞭毛；藏卵器球形或近球形，平滑，顶生或间生，偶有 2 个串生，直径 $26 \sim 34 \mu m$。雄器棒状或钩状，着生于分枝的雄器柄顶端，与藏卵器异丝生，以顶端与藏卵器接触，（$7.7 \sim 15.4$）$\mu m \times$（$4.2 \sim 8.5$）μm。卵孢子球形、平滑，直径 $17 \sim 25 \mu m$，壁厚达 $1.1 \sim 1.9 \mu m$。

3. 发病条件 土壤和病残体中的卵孢子是最重要的侵染菌源。菌丝体可在病株体内越冬。病原菌借助病株碎片随风、流水、养护机械进行传播。游动孢子具备在水中移动的能力，因此多雨或过度灌溉时此病更易发生。

4. 防治方法

（1）种植抗病花生品种。

（2）适时收获。

（3）化学防治。氟咯菌腈对群结腐霉有明显的抑制效果。

（三）花生白绢病

1. 危害症状 各生育时期均可侵染，多发生于生长后期，主要危害植株茎部、果柄及荚果。

我国各大花生产区均有白绢病的发生，南方花生产区发生较重。花生白绢病严重影响花生产量。河北省一般地块发病率在 10% 左右。

苗期，根部发病，茎基部变褐、软腐，出现云纹状病斑，病斑环绕茎基部一圈后幼苗逐渐萎黄枯死，基部表面长出一层白色绢丝状菌丝体（故称白绢病）。

成株期，病株茎基部变褐，长出白色绢丝状菌丝覆盖病部，并逐渐蔓延至植株中下部茎秆，在分枝间、植株间蔓延。受害茎基部组织腐烂、皮层脱落，剩下纤维状组织，植株叶片变黄、边缘焦枯，最后枯萎。土壤潮湿荫蔽时，病株周围土壤表面也布满白色菌丝体，菌丝

体中形成很多油菜籽状菌核。受侵
害果柄和荚果呈湿腐状腐烂，表面
长出白色菌丝（图5-26）。

2. 病原菌　无性世代为齐整小
核菌（*Sclerotium rolisi*），属半知
菌亚门无孢菌目小核菌属。有性世
代为罗耳阿太菌（*Athelia rolfsii*），
属担子菌亚门非褶菌目，不常见。
自然条件下很少产生有性态，主要
靠无性繁殖产生菌核和营养菌丝完
成侵染。

图5-26　白绢病危害症状
（孙伟明 拍摄）

在PDA培养基上菌落为圆形，
初期为白色，后变成黄褐色；菌丝呈辐射状生长，后期菌丝紧密聚集
形成菌核。初期菌核为白色小球体，后期菌核增大变成黄褐色，最后
变成黑褐色或茶褐色。菌核坚硬、表面光滑、圆球形，直径为0.4～
1.7 mm。萌发生长的最适温度为25～35 ℃，空气湿度在90%以上，
土壤相对含水量为40%～50%，pH为5～6。

3. 发病条件

（1）病害侵染循环。病原菌在田间以菌核或菌丝状态在土壤中或
植株病残体上越冬，土壤中大部分病原菌分布在表层土壤。菌核在土
壤中可较长时间存活，在干燥土壤中存活时间会更长，可达6年以
上。存留在土壤中的菌核在温湿度适宜时萌发产生菌丝，侵染根茎表
皮或伤口，植株进入生殖生长期后也能侵染子房柄或荚果。种子也可
以带菌传染，带菌率高的种子播种，出苗后苗期发病重。花生生长季
节，病原菌通过地表径流、昆虫等途径传播扩散。

（2）发病规律。病原菌萌发生长的最适条件为温度25～35 ℃，
空气相对湿度90%～100%。温度高、空气湿度大、土壤通透性差、
地表积水是花生白绢病大发生的客观条件。低洼地块、多雨年份的夏
季该病易严重发生。当地一般7月下旬即可发现田间病株，到8月中

下旬达到发病高峰。种子带病原菌、重茬地块、花生种植密度过大、播种时间过早是该病发生的原因。

4. 综合防治　利用农业措施进行提前预防，药剂防治效果有限。

（1）农业防治。选用抗（耐）病品种或无病种子；重病田实行水旱轮作，或与小麦、玉米等较抗病的禾本科作物实行 3 年以上的轮作；选择地势平坦、土层深厚、土质肥沃、排灌方便的地块种植；深翻改土，偏酸性土壤，每亩施石灰或石灰氮 30～50 kg；配方施肥，增施锌肥、钙肥、硼肥，施用充分腐熟的有机肥；春花生适当晚播，合理密植，化学除草，适时化控，防止徒长；大雨后及时排渍，降低湿度；清除病株残体，集中烧毁或掩埋。

（2）化学防治。播种前，种子包衣或拌种处理；耕翻土地时，土壤处理消毒；发病初期，及早喷药预防控制。

① 土壤处理。按药种比选用 25 g/L 氟咯菌腈悬浮种衣剂 1：（125～167），或 400 g/L 萎锈•福美双悬浮种衣剂 1：（160～200），或 41%唑醚•甲菌灵悬浮种衣剂 1：（273～820）等包衣或拌种。

② 土壤处理。结合春季耕翻整地，每亩选用 70%甲基硫菌灵可湿性粉剂 2～3 kg，或 80%多菌灵可湿性粉剂 2～3 kg，或 50%福美双可湿性粉剂 2～3 kg，加细土或水均匀混施于土壤中，进行土壤消毒。

③ 药剂喷淋。发病初期，每亩选用 39%精甲•嘧菌酯悬浮剂稀释 1 000～1 500 倍液，或 40%菌核净可湿性粉剂 600～800 倍液，或 25%吡唑•醚菌酯乳油 4 000～6 000 倍液等，亩喷药液 40～60 kg 于花生茎基部、地表或灌根。重发时间隔 7～10 d 喷淋 1 次，连续 2～3 次，药剂交替施用，药液喷足淋透，可兼治菌核病、根腐病等病害。

四、花生病害综合防治

根据花生植株生长时期及病虫害发生历程采取"一拌二施三喷"花生病害统防统治防控技术，达到农药减量控害的目的。

1. 一次拌种

杀菌剂（11%精甲·咯·嘧菌悬浮种衣剂或25%噻虫·咯·霜灵悬浮种衣剂）。

拌种功效：

（1）防治根腐病、茎腐病、冠腐病及病毒病。

（2）防止生理性烂种、死苗、烂根。

（3）对花生果腐病的发生也有一定的防治效果。

2. 两次施肥 第一次施肥：造墒后旋地前或旋地后播种前撒施微生物肥料（巨大芽孢杆菌XJ－32生物有机肥、解淀粉芽孢杆菌GF－3、巨大芽孢杆菌GD－16和胶冻样类芽孢杆菌GF－32a复合微生物肥料）和钙肥（石膏、生石灰等）。

第一次施肥功效：

（1）增加解磷、解钾、固氮微生物，减少化肥用量。

（2）增加有机质，并依据土壤理化性质科学施用钙肥、培育健康土壤。

（3）调节生防菌数量，抑制病原菌，平衡微生物菌群结构，预防花生果腐病。

第二次施肥：播种时沟施配方肥（复合肥）。

第二次施肥功效：平衡氮、磷、钾等大量营养元素，促进花生生长。

3. 三次喷药 第一次喷药：苗后30～40 d，亩用25%嘧菌酯10 mL、微量元素水溶肥20 g、15%烯唑醇·三唑酮20 mL以及芸薹素内酯5 g。

第一次喷药功效：

（1）防治花生根腐病、茎腐病以及生理性死苗烂根，有效缓解除草剂危害。

（2）解决花生缺素造成的黄叶小叶、失绿黄化、长势不良，补充多种微量元素。

（3）补充花生营养，增强光合作用，提高花生生长原动力，增强抗旱抗盐碱能力。

（4）增加根瘤菌含量、促进根系发达、增强授粉、多开花、多下针、防止重茬。

第二次喷药：花后 35～40 d（从第一朵花开放时算起），亩用 25%吡唑·嘧菌酯 20 mL、芸薹素内酯 5 g、15%多效唑 40 g、60%吡唑·代森联 20 g 以及微量元素水溶肥 20 g。

第二次喷药功效：

（1）控制花生旺长疯长，矮壮植株，促进结荚，增加叶绿素含量，提高光合作用。

（2）补充钾、硼、钙、铁、钼等微量元素，补充营养，防止黄叶，促进根瘤菌生长。

（3）防治花生叶斑病、花生果腐病等病害。

第三次喷药：花后 55～60 d，亩用 325 g/L 苯甲·嘧菌酯 20 mL、60%吡唑·代森联 20 g 以及磷酸二氢钾 80 g。

第三次喷药功效：

（1）调节叶片生长，延缓叶片衰老，提高花生抗逆性，防止落叶早衰。

（2）防治病害，有效防治叶斑病、锈病等病害。

（3）补充钾、磷大量元素和硼、钙、铁、钼等微量元素，促进果实膨大，提高双仁果率和三仁果率。

（4）保证植株活秆成熟，并使花生籽粒饱满，可大幅度增加产量。

第三节　河北省花生田主要杂草、鼠害和鸟害

河北省是黄淮海地区最主要的花生产地之一，作物一年二熟或二年三熟，花生生长季节高温高湿，杂草生长旺盛、草害面积大、危害严重。鼠类从花生播种至成熟的整个生长期都有危害，常造成缺苗、断垄和荚果大量空壳等，可致花生减产 5%～10%，严重的使花生减

产 30%～60%，造成巨大损失。另外，随着民众环保意识的增强、我国生态环境的改善等，鸟类的种类和数量都呈上升趋势。喜鹊、乌鸦等以稻谷、豆类为食的鸟类对花生的危害也日趋明显。

一、花生田主要草害及防治技术

花生田杂草分布广泛，各花生产区地理位置不同，气候条件差异、耕作制度、地势、土质、管理条件不同，杂草的种类、数量存在明显差异。河北省花生田的草害集中发生在 6 月中旬至 7 月上旬，其间发生的杂草数量占花生全生育期杂草数量的 90% 以上。据报道，河北省花生田常见杂草共 44 种，隶属于 18 科，禾本科、菊科杂草种类最多。

（一）花生田主要草害

1. 禾本科杂草　主要有马唐、毛马唐、牛筋草、狗尾草等。

（1）马唐［*Digitaria sanguinalis*（L.）Scop.］。一年生草本植物，株高 40～100 cm，茎匍匐，节有不定根。马唐是一种生态幅相当宽的广布中生植物。马唐喜湿、好肥、嗜光照，对土壤要求不严格，在弱酸、弱碱性的土壤上均能良好地生长。多数 5—6 月出苗，7—8 月开花，8—9 月成熟。

（2）毛马唐（*Digitaria chrysoblephara* Fig.）。与马唐相似，区别在于第二外稃边缘具长纤毛。

毛马唐是秋熟旱地危害最重的主要杂草之一，广布全国各地。

（3）牛筋草［*Eleusine indica*（L.）Gaertn.］。一年生草本植物。根系极发达，茎丛生。牛筋草根系发达，吸收土壤水分和养分的能力强，与花生竞争明显。牛筋草有性繁殖通过种子繁殖，无性繁殖通过根茎、匍匐茎等器官繁殖。牛筋草开花结果期在 6—10 月，一生均可产生危害。

（4）狗尾草［*Setaria viridis*（L.）Beauv.］。一年生杂草。植株直立，基部斜上，通常丛生。狗尾草适应性较强，在各种类型花生田均可生长。以种子繁殖，多数 4—5 月出苗，5 月上中旬为发生高峰期，8—10 月为结实期。种子可借风、流水与粪肥传播，越冬休眠后萌发。

2. 菊科杂草　主要有鳢肠、刺儿菜、苍耳等。

（1）鳢肠［*Eclipta prostrata*（L.）L.］。一年生草本植物，高 15～60 cm，茎下部平卧，节着土易生根，全株被糙毛。鳢肠以种子繁殖。5—6 月出苗，7—10 月开花、结果，种子越冬休眠后萌发。鳢肠喜湿耐旱，抗盐、耐瘠耐阴，繁殖力惊人，为秋熟旱作物地主要杂草之一，湿润土壤上发生更严重。

（2）刺儿菜（*Cirsium arvense* var. *integrifolium*）。多年生草本植物，有长根茎且深扎。刺儿菜适应性很强，在任何气候条件下均能生长。以根茎繁殖为主，以种子繁殖为辅，多数 5—9 月可随时萌发，6—7 月开花，7—8 月成熟。

（3）苍耳（*Xanthium sibiricum* Patrin ex Widder）。别名野茄子、刺儿棵、疗疮草。一年生草本植物，根纺锤状，茎直立，粗壮，多分枝。苍耳喜生长在土质松软深厚、水源充足及肥沃的地块上。种子繁殖，花期在 7—10 月，果期在 8—11 月。

3. 其他科杂草

（1）反枝苋（*Amaranthus retroflexus* L.）。一年生晚春性杂草。茎粗壮直立。反枝苋适应性极强，在不同条件下的花生田均可生长。多数 5—6 月出苗，7—8 月开花，8—9 月成熟。反枝苋以种子进行繁殖，种子数量多。反枝苋每株可结种子 1 万～3 万粒，埋在深层土壤中可 10 年保持发芽力。

（2）龙葵（*Solanum nigrum* L.）。别名黑星星、黑天天、黑豆豆等。属茄科茄属一年生晚春杂草。株高 25～100 cm。龙葵喜光，在有机质丰富、保水保肥力强的壤土上生长良好。多数 5—6 月出苗，7—8 月开花，8—9 月成熟。浆果和叶子均可食用，整粒种子被吞食后排出体外仍能发芽。种子被埋入耕作层不丧失发芽力。

（3）铁苋菜（*Acalypha australis* L.）。大戟科铁苋菜属一年生杂草。株高 30～50 cm。铁苋菜适应性广。5—6 月出苗，7—8 月开花，8—9 月成熟。以种子繁殖，种子边成熟边脱落，可借风和水流向外传播。在土壤深层不能发芽的种子数年不丧失发芽力。

（4）马齿苋（*Portulaca oleracea* L.）。别名马齿菜、蚂蚱菜、马舌菜，属马齿苋科一年生草本植物。马齿苋性喜肥沃土壤，耐旱也耐涝，生命力强，在各种花生田地均能较好生长。5—8 月为花期，6—9 月为果期，一株有种子数千粒至上万粒。除种子繁殖外，其断茎亦能生根成活。

（5）香附子（*Cyperus rotundus* L.）。莎草科莎草属多年生草本植物。具匍匐根状茎，顶端具褐色椭圆形块茎。香附子适应性广，喜光，多以块茎繁殖，种子也能繁殖，花果期在 5—11 月。

（二）花生田杂草防治技术

花生田杂草防治技术主要有化学除草剂除草、农业措施除草、物理性除草以及其他新技术除草等，各种措施搭配使用效果更好。

1. 化学除草 河北省花生主产区种植方式有春播、麦套、夏直播、覆膜与不覆膜多种。为取得良好化学除草效果，应根据花生种植方式和田间杂草发生、分布、种群结构特点以及危害程度等进行药剂选择和施用。常用的除草剂有精喹禾灵、苯达松、噁草酮、乙羧氟草醚等十几种。

（1）播前土壤处理。对播前杂草较多的地块，特别是麦套和夏直播免耕的花生田，应用播前土壤处理技术，可以采用混土处理和封闭处理。最好选用最低量且效果好的，例如施用 33％的氟乐灵乳油 1 500～2 250 mL/hm²、50％的乙草胺乳油 1 125～1 800 mL/hm² 等之后进行混土处理，对禾本科杂草和阔叶杂草有效。

（2）播后苗前土壤处理。覆膜栽培花生田均采用土壤处理剂。花生播种后随即喷施除草剂后立即覆膜。露栽花生播种后，在花生尚未出土、杂草萌动前处理土壤即可。播后苗前施用土壤处理剂在土壤湿度好的花生田能有效发挥其药效，但在免耕花生田、播后长期干旱地区除草效果不理想。

播后苗前施用 96％金都尔乳油 864 g/hm²、24％乙氧氟草醚乳油

180 g/hm² 对花生田马唐、马齿苋、牛筋草等一年生杂草的防除很有效，且对人畜及其他非靶标作物安全。72%异丙甲草胺乳油 1 080～1 620 g/hm² 对禾本科杂草、阔叶科杂草有效，且对花生安全。52%精异丙甲草胺·丙炔氟草胺悬乳剂能有效防除河北省花生田一年生杂草，如马唐、牛筋草、马齿苋、反枝苋等，适宜剂量为 780～975 g/hm²。

（3）苗后茎叶处理。对盐碱地、风沙干旱地以及土壤特别干旱或水涝地等不宜进行土壤处理的花生田，要根据杂草发生情况采用苗后茎、叶喷雾处理。施药时期应控制在杂草敏感而对花生安全的时期。以禾本科杂草为主的，可以选用精喹禾灵、精吡氟禾草灵等在 2～4叶期喷施；以阔叶杂草为主的，可以选用乙羧氟草醚、苯达松等在杂草株高 5～10 cm 时使用；若两种杂草均能发生则可药剂混合使用。

2. 农业防治 农业措施防控花生田杂草是花生田综合防除体系中不可缺少的途径之一。

（1）土壤深翻。适当深耕可降低表层土壤杂草种子萌发率，有效防控一年生和多年生杂草。播种前 10～15 d 或收获后，选连续晴天翻耕 2～3 次，能诱使 70%～80% 的杂草种子（根、茎、芽等）萌发，将其晒枯或翻耕杀灭。秋、冬季农闲时，用大功率拖拉机深翻1～2 次，表层土中的杂草种子和根、茎、芽等被深埋于 10～15 cm土壤中会失去发芽条件而不能萌发，或发芽也无力出土。秋耕比春耕杂草减少 24.5%。

（2）轮作换茬。旱旱轮作，深翻后杂草可减少 50%～60%。

（3）田间覆盖。覆膜花生播种后及时在畦面覆盖 1 层厚 1～2 cm的谷壳或稻草，或覆盖 1 层厚 0.5～1.0 cm 的耕作层以下的干红土或黄壤细土，这样多数杂草种子将不能发芽，少数发芽出土的较易人工除去。无药无色普通地膜、增温地膜及有色地膜防除花生田杂草效果理想，若能将覆膜和化学除草结合起来（除草药膜），防控时效长、效果好。需要注意，有色膜和除草药膜都是覆盖土壤表面封闭播种行，然后打孔点播或者破孔出苗。同时，花生垄必须耙平耙细，膜要与土贴紧。不要用力拉膜，以防影响除草效果。

（4）选良种合理密植。选用成熟、饱满、干燥和高纯度的花生种子，实现尽快封行覆盖而控草；合理密植利于早封行控草，防控杂草适宜的栽培密度为每亩春花生 8 000～9 000 穴、夏花生 9 000～10 000 穴。

（5）施用腐熟农家肥。施用充分腐熟的农家肥可致 95% 以上的杂草种子失去发芽能力。

3. 物理防治　人工拔除，利用中耕除草机、耕翻机械去除杂草；电力和微波除草可防阔叶杂草，利用超声波高频辐射静电场高压电流除去杂草对农作物无害。

4. 生物及其他新技术除草　利用化感作用、昆虫、小动物、鱼类、病原菌等杂草生物天敌防除杂草，如以香附子尖翅小卷蛾、蒿蓄角胫叶甲、稗草螟等昆虫除草；利用植物分泌有毒物质控草，以草治草；利用作物竞争性治草，如向日葵能有效地抑制花生田杂草中马唐、马齿苋、曼陀罗等的生长。

二、花生田主要鼠害及防治技术

鼠类属哺乳纲（Mammalia）啮齿目（Rodentia）动物，是动物界进化地位最高、最为先进的类群之一。鼠类繁殖次数多，孕期短，产仔率高，性成熟快，短期内数量可急剧增加。鼠类分布广，几乎遍布全球。除极少数种类外，绝大多数鼠类都给人类带来不同程度的危害，故称害鼠。

（一）河北省花生田主要鼠害

根据鼠害信息网（http://www. Chinarodent. coml）多年全国农区鼠害发生趋势预报数据以及害鼠分布数据可以看出，褐家鼠、黑线仓鼠、棕色田鼠为河北省花生田的优势鼠种。褐家鼠是花生田优势鼠种。

1. 褐家鼠（*Rattus norvegicus*）　也称为褐鼠、大家鼠、白尾吊、粪鼠、沟鼠，属啮齿目鼠科。褐家鼠为中型鼠类，体粗壮，成鼠体长110～250 mm，在各地的毛色有个体差异。褐家鼠繁殖力很强，只要环境和气候适宜、食物丰盛，一年四季都可繁殖，每年繁殖 6～10 窝。

褐家鼠广泛分布于我国各省，是农村和城镇的最主要害鼠。栖息场所广泛，为家野两栖鼠种，生活场所以室内为主，常随着气候、季节和作物生长情况的变化进行室内与田间的往返迁移。褐家鼠的栖息方式多是打洞穴居，并有群居习性，多做巢于室内，在粮仓饲养房地下较多。

褐家鼠属昼夜活动型，以夜间活动为主。在不同季节，褐家鼠一天内黄昏后活动最为频繁、危害最重。褐家鼠有明显的季节迁移现象，一年中有 2 次迁移高峰。第一次迁移高峰在 4—5 月，这时正是花生的播种期，褐家鼠从居民区向野外迁移危害农田；第二次迁移高峰在 8—10 月，在野外的褐家鼠随作物的成熟期在不同作物的田间进行迁移危害活动。到 10 月天气转冷，褐家鼠又迁入居民区。两次迁移高峰既是褐家鼠两次田间危害活动高峰期，也是花生田被害高峰期。

2. 黑线仓鼠（*Cricetulus barabensis* Pallas） 别名花背仓鼠、背纹仓鼠、搬仓、中华仓鼠、中国地鼠等，隶属啮齿目（Rodentia）仓鼠科（Cricetidae）仓鼠属（*Cricetulus*）。体型较小，体长一般在 80～120 mm。背部毛色因地区不同而变化较大，头、体背至尾背、颊部、体侧和四肢背面的毛色均为黄褐色或灰褐色，背中央有 1 条黑色或暗褐色的纵纹（有时不明显）。繁殖力极强，具有明显的季节性繁殖特征，春夏季繁殖，冬季停止。

栖息环境以草原、半荒漠、农田为主，一般不迁入农家庭院。为夜行鼠类，除秋季储粮季节，白天一般不出洞活动。

黑线仓鼠是我国黄河以北一些省份的优势鼠种，广泛分布于我国东北和华北地区的农田。多见于草原、耕地、山坡及河谷的灌木丛。对播种和成熟的花生危害较重，春季刨食播下的花生种子，继而啃食幼苗；冬季其他种子很少，而残留在地里的花生较多，故取食率亦高。

3. 棕色田鼠（*Microtus mandarinus* Milne‐Edwards）　又叫北方田鼠。属啮齿目仓鼠科田鼠亚科田鼠属，是一种小型田鼠。一年四季均可繁殖，3—4月和8—9月出现两次繁殖高峰期，也为其活动频繁期。

喜栖息于靠水潮湿地。在花生产区，花生田栖居的数量最多。昼夜活动，日间活动水平较低，以夜间活动为主。

主要分布在我国北方，如内蒙古、河北、山西、山东等地，几乎所有的农作物都可作为棕色田鼠取食危害的对象。多以植物的地下根茎及绿色部分为食，尤喜食多汁液、含糖高的鲜嫩食物的植物根部，如甘薯、胡萝卜、小麦根茎、果树嫩枝条等。夏季棕色田鼠喜食花生、豆角等。

（二）花生鼠害防治技术

1. 化学防治　化学杀鼠剂包括胃毒剂、熏蒸剂、驱避剂和绝育剂等，以胃毒剂使用最为广泛。化学灭鼠要扬长避短，科学合理用药。

（1）药剂拌种。播种期用种子重量0.1%的50%辛硫磷乳剂50 mL＋50%福美双粉剂50 g＋水3 kg与50 kg花生种仁充分混拌，或用40%拌种双粉剂、25%多·福·克种衣剂、25%克·多·甲种衣剂拌种。

（2）毒饵诱杀。毒饵由灭鼠剂、诱饵和附加剂3部分组成。

① 选择最佳防治时期。春播前5～7 d和成熟期鼠害零星发生时进行农田诱杀；在秋熟作物收获后，害鼠从田间迁回居民区后进行防控。

② 灭鼠剂的选择。灭鼠剂的选择应遵循原则：毒力强，按国际标准LD_{50}应达1～99 mg/kg；适口性好，毒饵摄食系数应大于0.5；灭鼠率应大于80%；在实际使用浓度下，对人畜安全，没有蓄积毒性，植物对其没有内吸性，保护天敌，不污染环境；毒饵的配制和使用方便，消耗饵料少，药剂价格便宜；要"三证"，即国家农药登记证、生产许可证和产品标准号。

③ 选择合适的诱饵和附加剂。根据当地优势鼠种取食习性选择

诱饵。附加剂主要为引诱剂、黏着剂和警戒色。一般情况下，糖、味精、油脂和蛋白含量高的食品均具有一定的引诱力，能明显增加毒饵采食率；常用的黏着剂有植物油、面汤、米汤等；鼠色盲，在毒饵中加少量的红色颜料（品红或红墨水），能防止人、禽、畜误食中毒。

④ 合理配制毒饵。黏附法。加菜油 1 kg 于锅内，加入 90% 氯鼠酮原粉 5.5 g，将菜油加热到 80 ℃ 左右，不断搅拌，待氯鼠酮全部溶解后，冷却，即制成 0.5% 氯鼠酮油剂 1 kg。将 5 kg 诱饵和 1 kg 氯鼠酮油剂拌匀后用塑料布包好，堆闷 2 h 即可使用。

湿润法。取 80% 敌鼠钠盐 6 g、小麦或大米等 5 kg、水 0.5 kg、菜油 50 mL、红墨水 10 mL、白酒少量，将敌鼠钠盐溶解于少量白酒，加入 500 mL 热水，搅拌均匀制成毒水。将毒水倒入盛有 5 kg 诱饵的容器中，边倒边拌，水分被吸干后再加入菜油和红墨水，再拌均匀即可。

毒糊和毒丸的制作。将 50 mL 菜油入锅加热，加入 25 g 食盐和适量水，开锅后缓慢倒入 5 kg 面粉不断搅拌成糊糊状后停火，再加入 75% 甘氟钠盐 100 g 或 80% 敌鼠钠盐 6 g，拌匀。

⑤ 巧妙使用和投放毒饵。一般在害鼠经常出没点的田间进出水口处、鼠洞、渠道两边、田埂两边、草堆等处投放，投放量根据情况随时调整，一般每隔 2 d 投放一堆，每堆 6~10 g。

⑥ 大力推广毒饵站灭鼠技术。鼠密度在 10% 以下的农田，每亩放置毒饵站 1 个；鼠密度在 10% 以上的农田，每亩放置毒饵站 2 个。用铁丝将毒饵站固定于田埂或沟渠边，离地面 2~3 cm。每个毒饵站投放毒饵 20~30 g，放置 3 d 后根据害鼠取食情况补充毒饵。一般连续放 2~3 个月，不用时回收待用。

2. 农业生态控鼠

（1）实行花生与药用植物、葱、蒜等轮作。

（2）及时清除农田、沟渠、田埂周边杂草、落叶和堆积的厩肥等，破坏害鼠繁殖、栖息场所；及时抢收成熟的花生或周围其他作物；随时发现随时捣毁花生田及周围鼠洞；修建农舍或粮仓时增加防鼠设施，如门（窗）框间隙应小于 1 cm。

（3）各花生产区可利用春耕、秋播加大农田耕作面积和深度，后重新做埂、整畦，可破坏大部分鼠洞或直接杀死部分幼鼠等。

3. 物理防治

（1）人工捕杀。在春播前以及中、后期老鼠开始危害作物时组织人力查找农田周围和居民区的鼠洞，做上标记，用灌水法、烟熏法、洞外守候法以及灯光捕捉法、跌洞法等人工方法有效控制鼠害，并结合配套的农业防治措施进行捕杀。

（2）器械捕杀。使用 120.0 mm×66.0 mm×0.8 mm 的中型鼠夹。花生播种前 5～7 d 和饱果成熟期鼠害开始时是最适宜的布夹期。鼠夹应布放在害鼠出没的路径、洞口周围、田埂边和花生田四周 5 m 等处，全面布夹，3～5 m 放 1 个夹。诱饵应新鲜可口，各地可因地制宜选择 1～2 种。也可同时用多种诱饵，将诱饵固定在饵钩上。

4. 生物防治　保护利用蛇、猫头鹰、黄鼠狼等鼠类天敌，不乱捕乱杀。利用对人畜无毒而对鼠有致病力的病原微生物，如肉毒素灭鼠。利用苦瓜、蓖麻、芫荽等能够产生具有特殊气味或者口感的次生物质的植物趋避鼠类；引入不同遗传基因，改变鼠类基因库，使其不适应环境或丧失种群调节作用而防控鼠害。

5. TBS 技术灭鼠　TBS 技术也称围栏＋陷阱捕鼠器灭鼠技术。对鼠密度较高的农田，在春播沿田边（或田埂）设置长 60 m 的线形TBS（L-TBS）、孔径≤1 cm 的金属网围栏，按直线方式固定，围栏地上部分高 45 cm，埋入地下的深度为 15 cm，每 5 m 设置一个捕鼠器（连续捕鼠笼或捕鼠桶），共 12 个。也可在田间围成矩形 TBS（R-TBS）20 m×10 m 的围栏，并在周边设置 12 个筒状捕鼠器。一般 200 亩左右田块设置 1 个 60 m 的 TBS 即可有效防控害鼠，TBS 设置的时间为整个作物的生长期。

6. 鼠害不育控制技术　可以采取手术不育（阉割、卵巢切除、输卵管切除和结扎）、化学不育剂（合成的左炔诺孕酮、炔雌醚类固醇激素）、免疫不育等技术。

三、花生田主要鸟害及防治技术

（一）河北省花生田主要鸟害

危害花生的鸟类主要有喜鹊和乌鸦。

1. 喜鹊（*Pica pica*） 属雀形目鸦科鹊属。头、颈、背至尾均为黑色，并自前至后分别呈紫色、绿蓝色、绿色等。

喜鹊是很有人缘的杂食性鸟类之一，喜欢栖息于平原村庄和城市树林，在居民点附近活动。除繁殖期间成对活动外，常成3～5只的小群活动，秋冬季节常集成数十只的大群。在旷野和田间觅食，食物组成随季节和环境而变化。夏季主要以蝗虫、蚱蜢、象甲、甲虫、地老虎等农作物的害虫为食。喜鹊主要取食播下的花生种子，影响花生全苗，造成田间局部缺苗断垄，严重时会造成花生减产。

2. 乌鸦（*Corvus* sp.） 鸟纲雀形目鸦科鸦属中数种黑色鸟类的俗称，又叫老鸹，是大型的雀形目鸟类。乌鸦是雀形目鸟类中个体最大的。

乌鸦多群居在树林中或田野间，集群性强。除少数种类外，常结群营巢，每对乌鸦通常各自将巢筑于树的高枝上，秋冬季节混群游荡。行为复杂。杂食性，多喜食腐肉。危害同喜鹊，主要通过取食播下的花生种子影响出苗。

（二）防治方法

1. 覆膜栽培 播种后整平地面，使鸟看不出播种痕迹而不下落危害花生。

2. 驱鸟

（1）声音、形象驱赶。如在田间竖立草人（可移动）恫吓或安放能发出猛禽、鸟类遇难等叫声的装置。二者结合效果更好。

（2）驱鸟剂拌种或浸种。花生幼苗期喷雾使用，可缓慢持久释放影响鸟类中枢神经系统的气味，趋避鸟类，使其在其记忆期内不会再来。

第四节　河北省花生病虫草害综合防控技术

　　河北省花生主产区由于连年重茬，同时受气候条件、耕作管理模式等因素的影响，花生病虫草害发生与危害呈现逐渐加重趋势。花生蛴螬、棉铃虫、甜菜夜蛾、蓟马、叶斑病、果腐病、茎腐病、根腐病等主要病虫害发生严重，阔叶杂草危害逐渐加重，花生病虫草发生面积逐年加大。长期使用化学农药导致抗性产生、污染环境等问题，集成河北省花生主要病草害全程防控技术，可以有效控制病虫草害的发生，同时提高花生产量和品质。坚持"预防为主、综合防治"的植保方针，树立"公共植保、绿色植保、科学植保"理念；推广"四诱"技术（灯诱、色诱、性诱、食诱）以及生物防治、生态控制等绿色防控措施，合理选用高效、低毒、低残留化学农药，实现病虫草害防控化学农药减量、低碳、环保、可持续发展新模式，保障花生生产、产品质量和生态环境安全。

一、播前准备

（一）选用优良品种

　　不同地区根据当地主要病虫害种类选择抗病虫性优、适合当地的花生品种。

（二）种子处理

　　做好播种前选种、晒种处理。

（三）健身栽培

　　（1）提倡冬前耕地，早春顶凌耙耢，或早春化冻后耕地，破坏地下害虫的栖息场所；及时清除田间及地边杂草，减少虫口数量。

　　（2）推广高垄栽培、合理密植、适时播种、科学轮作等措施。

　　（3）适当轮作。适当与甘薯、玉米、大豆等作物倒茬，以减轻病虫的危害。

　　（4）平衡施肥。科学施用化肥，彻底解决烧种、空壳、烂果等突出问题。增施有机肥和生物菌肥，厩肥、堆肥等有机肥料要充分腐熟防止害虫发生。将常规化肥与缓控释肥配施，根据地块土壤养分丰缺情况因地制宜施用硼、锌等微肥。

二、生长期综合防治

（一）播种期

1. 包衣拌种技术　使用杀虫剂和杀菌剂复配药剂拌种可有效预防蛴螬、根腐病、茎腐病等土传病虫害，如用 25％噻虫·咯·霜灵悬浮种衣剂、600 g/L 吡虫啉、200 g/L 萎锈·福美双、38％苯醚·咯·噻虫悬浮种衣剂对种子包衣。拌种或包衣后，晾干种子皮播种。

2. 适时化学除草　播后苗前，禾本科杂草可用 33％二甲戊灵乳油或 50％乙草胺乳油，阔叶杂草用 240 g/L 乳氟禾草灵乳油或 15％噻吩磺隆可湿性粉剂，对水均匀喷施畦面和垄背。

3. 生态防控　在花生田四周的田埂、路边、水渠边、地头间隔、零星种植吸引天敌、趋避或毒杀害虫的植物，优化生态环境，可增加天敌数量、增强自然控害能力。利用蓖麻诱杀金龟子；以荞麦、榨油用油菜、诸葛菜、薄荷、鸡冠花等的花蜜及红麻分泌的花外蜜为土蜂、茧蜂、食蚜蝇等天敌提供营养，增强天敌对蛴螬等害虫的控制效果。

（二）出苗期至结荚期

1. 物理防治（四诱技术）

（1）杀虫灯诱杀。利用金龟子、棉铃虫、地老虎、蝼蛄等害虫的趋光性，在害虫发生前至结束（4—9 月）安装杀虫灯诱杀。每 40～50 亩安一盏诱虫灯，灯管下端距地面 0.8～1.5 m，每天黄昏时开灯，翌日清晨关灯。

（2）性诱剂诱杀。利用人工合成的暗黑鳃金龟、棉铃虫、甜菜夜蛾、斜纹夜蛾、地老虎等害虫的性引诱剂在害虫成虫发生前于田间架设诱捕器，安装专用性诱剂诱芯，诱杀雄成虫；每 60～80 m 设置一个诱捕器，诱捕器应挂在通风处，田间使用高度为 2.0～2.2 m。

（3）色板诱杀。利用有翅蚜虫等对黄板、蓟马等对色板的趋性，在害虫发生期在田间放置黄（蓝）板诱杀，在 30 cm×50 cm 的硬纸板上涂粘虫胶，将害虫吸引过来并将其粘住。

（4）食诱剂诱杀。在生物食诱剂中加入 20％氯虫苯甲酰胺悬浮剂 5 g，混合均匀。采用作物叶片滴洒法条带施药方式进行施药，每代棉铃虫使用一次，根据监测的棉铃虫成虫高峰期时间，在 6—8 月花生棉铃虫成虫期连续施药。使用时间为棉铃虫羽化高峰期前 2～3 d；施药时间多为 16：00 以后。

用杨树枝诱捕地老虎成虫；在田间堆集的新鲜马粪或鲜草上加毒饵可诱捕蝼蛄；在蛴螬危害严重的花生田地旁混种蓖麻，诱杀金龟子。

2. 生物防治　在生产中保护和利用天敌控制害虫，如捕食类的蟾蜍、步行甲、瓢甲、小花蝽、食蚜蝇、捕食螨等，寄生类的多种土蜂、多种茧蜂等。

在花生田边种植红麻、薄荷、鸡冠花、甜荞麦、甘薯等可分泌花蜜、蜜露的植物招引土蜂等天敌控制蛴螬等害虫。

利用活孢子含量为 150 亿个/g 的球孢白僵菌可湿性粉剂 3 或 10 亿个/g 的金龟子绿僵菌 CQMa128 微粒剂防治花生田地下害虫，将菌粉和土混匀，在播种时施药于播种沟、穴内，或中耕期时均匀撒入花生根际附近土中或将菌粉混于水中，将菌液施于根部，浅锄入土。

棉铃虫、甜菜夜蛾、造桥虫等食叶害虫，每公顷可用 8 000 IU/mL 苏云金杆菌（Bt）对水喷雾，也可用阿维菌素、核型多角体病毒、绿僵菌、白僵菌等生物农药防控害虫。

3. 化学防治　棉铃虫、甜菜夜蛾、造桥虫、叶甲、象甲等食叶害虫，于幼虫 3 龄前用 25 g/L 溴氰菊酯乳油、4.5％高效氯氰菊酯乳油、200 g/L 氯虫苯甲酰胺等对水喷雾防治。

蚜虫、叶蝉、粉虱、盲蝽等害虫，可用 600 g/L 吡虫啉、25％噻虫嗪等防治。

蓟马可选用 60 g/L 乙基多杀菌素、35％丁硫克百威、600 g/L 吡虫啉等，菊酯类药剂对蓟马无效；防治红蜘蛛可用 10％哒螨灵、34％螺螨酯、5％阿维菌素等。

防治茎叶部病害，可用 60％唑醚·代森联水分散粒剂、30％苯甲·丙环唑乳油、32.5 g/L 苯甲·嘧菌酯、50％苯甲·丙环唑乳油等喷施。

防治禾本科杂草可以选用 10％精喹禾灵、150 g/L 精吡氟禾草灵等；防治阔叶杂草可以选用 10％乙羧氟草醚等；若是两种杂草均能发生则可药剂混合使用。

喷药防治要注意将药液均匀喷洒于花生叶片的正面和背面，喷雾时喷头向下又向上翻，即"两翻一扣，四面打透"。对田边的杂草等寄主植物也要喷药，防止其扩散。轮换使用药剂，延缓抗药性产生。

4. 一喷三防技术　开花下针期至饱果成熟期是多种食叶害虫、茎叶部病害交织的关键期，选用适合的杀菌剂、杀虫剂和植物生长调节剂（中期控徒长）或叶面肥（后期控早衰）等合理混用，既可防病治虫，又可防徒长、早衰，达到一喷三防、省工节本和增产保产的目的。

（三）收获期

无特别需要预防的病虫害时，要注意捡拾蛴螬降低虫源，留种花生要及时晒干，防止霉变。

参 考 文 献

敖礼林，宋孝才，饶卫华，等，2014. 花生田鼠害综合高效防治技术 [J]. 科学种养（7）：2.

彩万志，庞雄飞，花保祯，等，2001. 普通昆虫学 [M]. 北京：中国农业大学出版社.

陈坤荣，任莉，徐理，等，2018. 花生白绢病研究进展 [J]. 中国油料作物学报，40（2）：302-308.

程增书，王瑾，宋亚辉，等，2020. 花生果腐病的发生与防治 [J]. 现代农村科技（8）：47-48.

崔新倩，2011. 花生田杂草化学防除现状及趋势 [J]. 农药科学与管理，32（12）：4.

段爱菊，韩瑞华，王利霞，等，2011. 不同药剂拌种对花生地下害虫的防治试验 [J]. 花生学报，40（4）：37-40.

范永强，2014. 现代中国花生栽培 [M]. 济南：山东科学技术出版社.

郭巍，曲明静，2014. 花生蛴螬生物防治 [M]. 北京：中国农业出版社.

韩运发，1997. 中国经济昆虫志 [M]. 北京：科学出版社.

何晶晶，周如军，崔健潮，等，2015. 不同杀菌剂对花生网斑病原菌室内毒力测定及田间防效研究 [J]. 中国油料作物学报，37（4）：525-531.

洪晓月，2017. 农业昆虫学 [M]. 3 版. 北京：中国农业出版社.

李阳，李绍伟，芦振华，2020. 不同药剂处理对花生紫纹羽病防治效果及产量影响的研究 [J]. 农业科技通讯（9）：91-93.

李莹，张竹青，王连刚，等，2021. 三种花生根腐病原菌间生物学特性及致病力的比较分析 [J]. 花生学报，50（4）：9-13，22.

廖伯寿，2012. 花生主要病虫害识别手册 [M]. 武汉：湖北科学技术出版社.

刘乾开，1996. 农田鼠害及其防治 [M]. 北京：中国农业出版社：108-111.

刘小民，郭巍，李瑞军，等，2010. 12 种药剂对蛴螬的田间药效评价 [J]. 花生学报，39（3）：12-15.

刘协广，郝同华，李国昌，1995. 花生紫纹羽病的发生和防治 [J]. 植保技术与推广（6）：32-33.

孟宪英，张新龙，孟宪国，2011. 花生田杂草发生特点与配套防除技术 [J]. 安徽农学通报，17（10）：131-131.

强刚，姚良琼，魏峰，2014. 花生常见地上害虫的识别与防治 [J]. 农业灾害研究，4（5）：13-15，20.

强胜，2009. 杂草学 [M]. 北京：中国农业出版社：50-63.

施大钊，郭永旺，苏红田，2009. 农牧业鼠害及控制进展 [J]. 中国媒介生物学及控制杂志，20（6）：499-501.

史普想，王辉，于国庆，等，2016. 花生根腐病田间药剂筛选试验 [J]. 湖北农业科学，55（6）：1448-1450.

万书波，2003. 中国花生栽培学 [M]. 上海：上海科学技术出版社.

王才斌，万书波，2009. 麦油两熟制花生高产栽培理论与技术［M］. 北京：科学出版社.

王朝阳，2017. 花生病虫害原色图谱［M］. 郑州：河南科学技术出版社.

王疏，董海，2008. 北方农田杂草及防除［M］. 沈阳：沈阳出版社.

王新会，李兆鹏，武立强，等，2019. 七种药剂对两种花生叶螨的室内毒力和盆栽药效测定［J］. 花生学报，48（1）：15－20.

仵均祥，2016. 农业昆虫学［M］.3 版. 北京：中国农业出版社.

武立强，马凯悦，王新会，等，2017. 两种叶螨对花生等寄主植物的选择适应性研究［J］. 花生学报，46（1）：38－43.

徐秀娟，2009. 中国花生病虫草鼠害［M］. 北京：中国农业出版社.

许曼琳，迟玉成，王磊，等，2015. 花生病毒分子生物学研究进展［J］. 花生学报，44（1）：47－52.

杨普云，赵中华，2012. 农作物病虫害绿色防控技术指南［M］. 北京：中国农业出版社.

于静，万书波，吴菊香，等，2020. 防治花生腐霉果腐病的化学药剂筛选［J］. 中国油料作物学报，42（1）：6.

张建航，张幸果，刘婷，等，2017. 花生茎腐病病原菌的鉴定及生物学特性研究［J］. 河南农业大学学报，51（6）：822－827.

张俊，刘娟，臧秀旺，等，2016. 花生田常见杂草防治措施及展望［J］. 江苏农业科学，44（1）：141－145.

Cabrera W G，Ávila C J，Cabrera N，et al. ，2020. Biology and management of pest *Diabrotica* species in South America［J］. Insects，11（7）：421.

Pandey M K，Kumar R，Pandey A K，et al. ，2019. Mitigating aflatoxin contamination in groundnut through a combination of genetic resistance and post－harvest management practices［J］. Toxins（Basel），11（6）：315.

Peles F，Sipos P，Kovács S，et al. ，2021. Biological control and mitigation of aflatoxin contamination in commodities［J］. Toxins（Basel），13（2）：104.

Yu J，Xu M，Liang C，et al. ，2019. First report of *Pythium myriotylum* associated with peanut pod rot in China［J］. Plant Disease，103（7）：1794.

第六章
河北省花生机械化生产

机械化生产是农业发展转方式、调结构的重要基础，直接影响农民种植意愿和农业生产成本，影响先进农业科技的推广应用，影响水、肥、药的高效利用。花生机械化生产作业可有效降低农民在花生地进行深耕、覆膜播种、田间管理、收获、产后处理等主要生产环节的劳动强度，压缩农耗，提高作业质量和作业效率，确保抢墒播种和及时收获，缩短农时，为花生增产增收创造良好的条件。大力推广花生机械化生产技术对促进花生生产农机农艺高度融合，促进花生标准化种植、轻简化作业、规模化生产，促进花生产业高质量发展等具有重要意义。

第一节　花生耕整地机械

良好的土壤环境是花生丰收的保障，耕整地作为花生种植过程中的首要环节，也是开展后续其他农艺工作的基础，对花生的生长发育具有重要影响。耕整地作业是提升土地肥力、提高作物产量的有效方式。

一、耕地

花生是一种地上生长、地下结果的作物，相较于小麦、大豆等农作物，花生的生长发育对耕作深度有更高的要求，需要适时耕作为花生植株生长发育提供良好的土壤环境。土壤耕作包括翻耕、深松和旋耕等。

（一）翻耕

1. 翻耕及其作用　翻耕是利用翻耕机械对耕作层土壤进行翻动、疏松和混合，其主要作用如下：

（1）翻耕可有效改良土壤结构，使土层深厚疏松，使土壤中固相、液相、气相相互协调，增强土壤的蓄水保墒能力，为作物生长发育提供有利条件。

（2）翻耕后的土壤温度高，土壤昼夜温差小，有利于作物根系生长发育和对营养物质的吸收，促进作物生长。

（3）翻耕可将上层的熟土翻埋至下层，同时将下层土壤翻至上层，使熟土层变厚，改善土壤耕作层结构。

（4）翻耕将土壤表面的绿肥、作物残茬和人工施撒的肥料翻埋至土壤下层，为土壤中微生物的生存和繁殖提供良好条件，加快土壤的熟化进程，有利于充分发挥肥料的肥效。

（5）翻耕可破坏杂草和害虫的生存环境，将杂草和害虫深埋到土壤中，从而减轻其危害。

2. 翻耕作业要求　翻耕一般 3 年进行一次，通常在秋收后进行，可使土壤在冬季得到很好的休整。翻耕时通常应配合施用有机肥，以培肥地力，休闲地在翻耕后应及时耙糖、镇压。翻耕作业要求如下：

（1）把握好土壤适耕性，土壤含水量为 10%～25%时进行翻耕为宜。

（2）耕深需达到规定深度（>20 cm），且整体耕深一致。

（3）翻耕后地表平整，犁底平稳，墒沟小，伏脊小。

（4）开墒直且无生埂，耕幅一致，翻垡碎土效果好，耕后无较大土块。

（5）避免出现少耕、重耕、漏耕等情况。

3. 翻耕作业机具　翻耕作业一般采用铧式犁、翻转犁、栅条犁、圆盘犁。机具要合理配套、正确安装，正式作业前必须进行试运转和试作业。

（1）铧式犁。铧式犁是常用的翻耕机具，具有打破犁底层、恢复土壤耕层结构、提高土壤蓄水保墒能力、消灭部分杂草、减少病虫害、平整地表等作用。铧式犁种类众多、结构简单，在世界范围内均有广泛应用。按照与拖拉机的挂接方式可分为牵引犁、悬挂犁和半悬挂犁；按照重量可分为轻型犁和重型犁；按照用途可分为旱地犁、水田犁和果园犁等。

牵引犁（图6-1）由牵引架、犁架、调节机构、升降机构、行走轮、安全装置等组成。牵引犁与拖拉机单点连接，在运输时，犁的全部重量均由自身的轮子承担，拖拉机对犁体只起牵引作用。作业时，通过机械或液压调节机构调整地轮相对于犁体的高度，以调节耕深和控制犁体水平。牵引犁作业时无须过多的人工辅助，工作效率高，但由于整机的体型较大，转弯半径大，机动性较差。

悬挂犁（图6-2）由犁体、犁架、悬挂装置和限深轮等部件组成。悬挂犁通过悬挂装置与拖拉机挂接，由拖拉机的液压系统控制升降。当拖拉机液压悬挂机构采用高度调节进行耕作时，通过调整限深轮与犁架的位置来调整耕深。在运输时，机具的全部重量由拖拉机承担。悬挂犁结构紧凑，重量轻，机动性好，应用较为广泛。

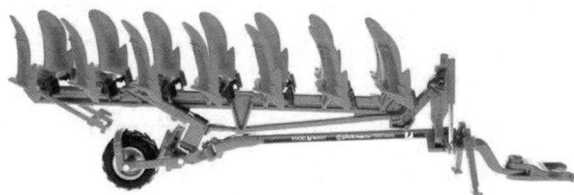

图6-1 牵引犁

图6-2 悬挂犁

半悬挂犁（图6-3）的前半部分与悬挂犁相似，机器尾部装有轮子，在运输时轮子承担部分机具的重量，减轻了拖拉机悬挂机构的负担。与牵

图6-3 半悬挂犁

引犁相比，半悬挂犁结构更加简单，可装配更多犁体，机动性好，工作效率高，半悬挂犁还解决了悬挂犁纵向操作不稳定的问题。

（2）翻转犁。翻转犁（图6-4）在普通犁的基础上增设翻转机构，主要由悬挂架、翻转油缸、止回机构、地轮机构、犁架和犁体等组成，通过油缸中活塞杆的伸缩带动犁架上的正反向犁体做垂直翻转运动，交替更换到工作位置，通常采用丝杠调节地轮控制耕深。

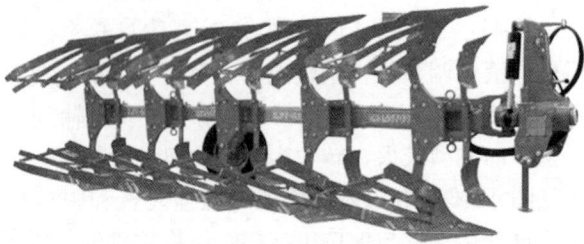

图6-4 液压式翻转犁

翻转犁可实现双向翻土，也称双向犁。用翻转犁耕地时，垡片始终向地块的一边翻倒，地表不留沟垄，耕后地表平整，不会出现非翻转犁耕作后形成的沟和埂，减少后续作业的工作量。另外，翻转犁的犁体可双向翻转，可实现往复梭式作业，机具空行程少，地头转弯时间短，作业效率高。长期使用铧式犁耕作的土地，犁底层厚度增加，土壤蓄水能力减弱，土壤中的水分得不到最大限度的保存和利用，影响农作物产量。利用翻转犁代替铧式犁进行土壤翻耕作业，机具一次进地即可对工作幅宽内的土壤进行耕深范围内的翻土及犁底层的松土，满足上翻下松、不乱土层的深耕要求。

翻转犁的构造比较复杂、重量较大，难以进行耕耙联合作业。目前我国采用较多的翻转犁是在犁架上下安装两组不同翻垡方向的犁体，由双联分配器控制犁的升降和翻转。根据犁体的不同配置可将翻转犁分为全翻转式和半翻转式两种，全翻转式的两组犁体呈180°相对配置，半翻转式的两组犁体的夹角大于90°。

（3）栅条犁。栅条犁是（图6-5）是犁壁为栅条形的铧式犁，其犁壁多做成可调式。由于栅条之间存在空隙，耕地时可减少土壤与犁壁的接触，脱土性能较好，大大降低了犁的工作阻力，适用于较黏湿土壤。改变调节板位置，即可改变犁体的翻土及碎土性能。

（4）圆盘犁。圆盘犁（图6-6）是以球面圆盘为工作部件的耕作机械，它依靠其重量强制入土，在土壤中所受摩擦力小，切断杂草能力强，适用于开荒、黏重土壤作业，但入土性能与铧式犁相比较差，翻垡及覆盖能力较弱，容易跑垧。

图6-5　栅条犁

图6-6　圆盘犁

（二）深松

1. 深松及其作用　深松是用深松铲或凿形犁等深松农机具只疏松土壤而不翻转土层的一种深耕方法，适用于长期耕翻后形成犁底层、耕层有黏土硬盘或白浆层、土层厚而耕层薄不宜深翻的土地。深松技术能大幅度提高作物尤其是深根系作物的产量，其主要作用如下：

（1）打破坚实的犁底层，增加土壤的透气性和透水性。

（2）加深耕作层，熟化底土，利于作物根系深扎。

（3）使保水层加深，增强土壤蓄雨储墒能力，减少地面径流。

（4）只松土而不翻动土壤，减少扬尘引起的环境污染。

（5）相较于传统耕作方式，油耗更低，工作效率更高，降低作业成本。

（6）增加土壤透水性，使盐碱随水层下移，在盐碱地区起到压盐降碱的作用。

2. 深松作业要求 深松包括全面深松和间隔深松两种方式，间隔深松是指仅耕松一部分耕层，另一部分保持原有状态，形成行间、行内虚实并存结构。深松部分透气性好、储水能力强，未深松部分的土壤紧实提墒，利于根系生长和增强作物抗逆性。

深松作业要结合当地土壤情况（土壤类型、土壤含水量等），土壤出现板结或耕作层较浅时可以考虑进行深松作业。深松作业时，耕作深度在 25～35 cm，耕作间距一般在 40～50 cm，深松应 2～3 年轮作一次，宜在前茬作物收获后立即进行。

3. 深松作业机具

（1）深松犁。深松犁（图 6-7）一般为悬挂式，由机架、凿形深松铲、限深轮等组成。凿形深松铲安装在机架上，连接处装有安全销，在深松铲碰到坚硬障碍物时，剪断安全销，防止深松铲被损坏。限深轮安装在机架上，被用来调节和控制耕作深度。有些小型深松机没有限深轮，靠拖拉机液压悬挂系统来控制深度。

（2）层耕犁。层耕犁有深松铲与铧式犁组合和铧式犁与铧式犁组合两种。深松铲与铧式犁组合式层耕犁（图 6-8）的铧式犁在正常耕深范围内翻土，而深松铲将下面的土层松动，达到上翻下松、不乱土层的深耕要求；铧式犁与铧式犁组合式层耕犁的上下两层均为铧式犁，其优点是碎土能力优于单层犁，且覆盖性能好。

图 6-7　深松犁　　　　　图 6-8　层耕犁

（3）深松联合作业机。深松联合作业机（图6-9）可一次完成两种以上的作业项目。按联合作业方式，可分为深松联合耕作机，深松、旋耕、起垄联合作业机和多功能组合犁等多种形式。

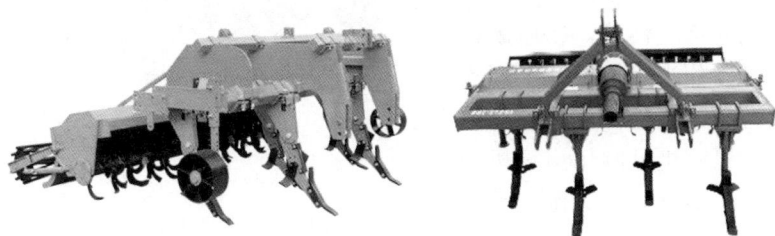

图6-9　深松联合作业机

深松联合耕作机是为适应深松少耕法农艺要求和大功率拖拉机发展需要而设计的，主要用于我国北方干旱、半干旱地区，以深松为主，兼顾表土松耙作业，既可用于隔年深松破除犁底层，又可用于形成上松下实的熟地全面深松，也可用于草原牧草更新、荒地开垦等其他作业。

（4）全方位深松机。全方位深松是利用深松铲进行全面松土并打破犁底层的作业，一般是从土壤中切出梯形截面土垡并铺放回田中，创造适合作物生长的"上虚下实、左右松紧相间及紧层下部有鼠道"的土壤结构，有利于通水透气、积蓄雨水，改善耕层土壤特性。但全方位深松对土壤的扰动量较大，有较大的水分蒸发。全方位深松的深松区域较大、碎土性能好，保持表层秸秆、残茬的覆盖，可减少土壤的风蚀、水蚀。全方位深松机不仅能使50 cm深度内的土层得到高效的松碎，同时能使黏重土壤的透水能力得到改善，且能在底部形成"鼠道"，增加土壤的透气透水能力。

全方位深松机（图6-10）克服了以往凿形深松机比阻大、松土系数小、松后土层留下直沟缝易跑墒等弊端，使土壤在上下、前后、左右均得到充分松动，且不用翻土和搅乱土层。与传统的凿式深松铲相比，全方位深松机比阻较铧式犁的耕翻比阻至少降低35%，作业油耗小，是一种节能、高效的土壤深松机具。

（5）振动式深松机。振动深松可减少牵引阻力、改善拖拉机的牵引性能，按照激振形式可以分为强迫振动式深松机和自激式振动深松机。强迫振动式深松机是利用拖拉机的动力输出轴作为动力源驱动振动部件，在偏心轮的作用下深松

图 6 - 10　全方位深松机

铲产生一定频率和振幅的振动，打破土壤板结从而使土层松散开，且不改变土层结构，达到保护性耕作的目的，大大减少了牵引阻力，但驱动部件易增加拖拉机的功率消耗；自激式振动深松机主要是利用弹性元件使深松部件产生自激振动，可以减少拖拉机动力驱动造成的能耗。

振动式深松机（图 6 - 11）作业时，遇到硬物深松钩可自动弹起，离开硬物后回落可继续进行深松作业。另外，振动式深松机的入土阻力小，被动

图 6 - 11　振动式深松机

式振动装置可有效扩大松土范围、减少作业阻力。

（三）旋耕

1. 旋耕及其作用　旋耕可以一次性完成耕地和耙地作业，减少了作业工序，降低了作业成本。旋耕机碎土能力强，旋耕后土壤细碎、地面平整、耕层透气透水性好，有利于作物根系发育。旋耕作业可同时满足旱田和水田的土壤处理需求。旋耕机在作业时功率消耗较大，耕层较浅，翻土质量较差。

旋耕按作业方式分为原茬旋耕和翻后旋耕。原茬旋耕作业深度较小（一般在 10 cm 左右），只能松动表层土壤，对深层土壤无作用。如果长期进行表层旋耕，会导致犁底层过浅、土壤深层的黏重结构严重，不利于作物根系生长。翻后旋耕是对翻耕后的土壤进行旋耕，通过将垡块打碎、打散，以达到起垄、播种及利于平地的目的。翻后旋耕多在春季起垄播种作业之前或者收获后进行，以达到封墒、保水的目的。

2. 旋耕作业要求

（1）作业前的安装与调整。旋耕机大多需要与拖拉机进行配套作业，拖拉机为旋耕机提供动力，因此要对旋耕机与拖拉机进行合理安装，确保其功能匹配。安装的重点在于后悬挂部位和动力连接部位。后悬挂部位多采用三点式悬挂，在装配过程中，应注意保证各拉杆连接后旋耕机具有一定的浮动量，以保证机具能够微调整。安装过程中要求旋耕机的左右、前后方向达到水平状态。采用万向节轴将旋耕机与拖拉机后动力输出轴相连，实现动力传输，连接后万向节轴的两端应处于同一平面内，并确保万向节轴具有良好的伸缩余量。装配后应进行空转检查，查看机具是否存在异常振动、响声等，如发现问题应及时调整和处理。

（2）作业过程中的操作。正式开始作业时，旋耕机应处于升起状态，操作挡杆先使动力输出轴转动，并逐渐将转速提升到额定转速，然后缓慢下降旋耕机，直到刀片的入土深度符合作业要求，不可刀片入土后再结合动力输出轴。旋耕机入土下降速度不宜过快，以免出现刀片损坏、折断等问题，严重时可能造成拖拉机受损。在旋耕作业过程中，拖拉机应保持作业速度匀速直线行驶。旋耕机不能在土壤旋耕的状态下转弯，如需转弯，应先将机具升起，逐渐减小车速，待旋耕机升起到指定位置后再进行转弯操作。在倒车、过田埂和转移地块时，应将旋耕机提升到最高位置，并在动力切断的状态下进行操作。

（3）作业后的保养。旋耕机完成每日工作后，应对其进行必要的检查与保养，重点检查螺栓、插销、开口销等紧固和定位零件，确保各个配合部位安装可靠、不出现松动和零件丢失等问题。认真检查旋耕刀具的磨损情况，发现破损及时修补。注意要在作业完成后及时清理旋耕机，去除机具上的泥土、杂草等，并向万向节轴的注油口加注润滑油，检查万向节轴有无松动破损，发现问题及时更换或维修。按照机具要求定期做好旋耕机的润滑油更换、变速箱检查等工作，避免长时间不更换润滑油造成磨损加剧而影响旋耕机使用寿命。

3. 旋耕作业机具 旋耕机（图6-12）的刀片由拖拉机动力输出轴驱动做回转运动，以旋转的刀齿为工作部件对土壤进行耕作，又称旋转耕耘机。工作时，刀片一方面做回转运动，另一方面随机组前进做直线运动。刀片先将土垡切下后抛向罩壳和平土拖板，经撞击细碎后落回地表。随着机组不断前进，旋耕刀不断使土壤松碎。

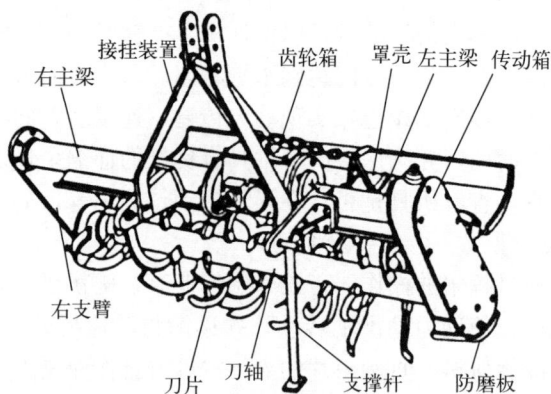

图6-12 旋耕机

旋耕机主要由机架、传动系统、刀轴、刀片、耕深调节装置、罩壳等组成。机架由中央齿轮传动箱、左右主梁、侧边传动箱和侧板组成，是与拖拉机挂接和刀轴安装的基础。刀轴由无缝钢管制成，轴的两端焊有轴头，轴头与左右支臂销接。刀座按螺旋线排列焊接在刀轴上，被用来安装刀片。旋耕机还配有用来防止泥土飞溅的挡泥板和用来进一步平整地表的平土板，起到保护工作人员安全、改善劳动环境的作用。

刀片是旋耕机的主要工作部件，常见的刀片形式有弯形刀片、凿形刀片和直角刀片。弯形刀片具有滑切作用，不易缠草，且翻土和碎土能力较强，但功率消耗较大。凿形刀片入土能力和松土能力较强，功率消耗较小，但工作时容易缠草。直角刀片的性能和弯形刀片的性能类似。

旋耕刀的排列形式与旋耕机的作业质量有很大关系，其排列方式有单螺旋线、双螺旋线、星形、对称排列等。旋耕刀的排列应满足刀轴受力均匀、径向受力平衡、相邻两片刀的径向夹角大等要求。

根据刀轴位置的不同可将旋耕机分为横轴式（卧式）、立轴式（立式）和斜轴式；按照与拖拉机的挂接方式可分为牵引式、悬挂式和直接连接式；按照刀轴的传动方式可分为中间传动式和侧边传动式。

卧式旋耕机（图6-13）有较强的碎土能力，一次作

图6-13　卧式旋耕机

业就能完成松碎土壤、掺匀土肥、平整地表等作业，达到旱地播种或水田栽插的要求，有利于争取农时、提高工效。但其对残茬、杂草的覆盖能力较差，耕深较浅（旱耕12～16 cm，水耕14～18 cm），能量消耗较大。重型卧式旋耕机的耕深可达20～25 cm。

立式旋耕机（图6-14）的刀齿或刀片绕立轴旋转。工作部件由两个钉齿构成倒置U形的转子，多个转子横

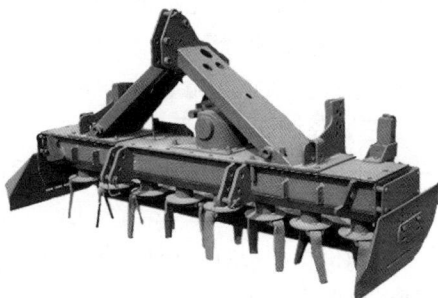

图6-14　立式旋耕机

向排列成一排。两个相邻的转子由两轮直接啮合驱动，每个转子与左、右相邻转子的旋转方向相反。在安装时，相邻转子的倒置 U 形平面均互相垂直，故不会相互干扰，并使相邻钉齿的活动范围有较大的重叠以防止漏耕。工作时，钉齿旋转破碎土壤。

二、整地

(一) 整地及其作用

花生种子的脂肪含量较高，在萌发时需要较多的水分和氧气。为保证花生出苗率，要求土壤的耕作层平整疏松、活土层深厚、排水能力和肥力保持能力强。土壤耕作后土块一般较大，土垡间存在空隙，土地不平，所以在播种前必须进行耕后整地。

整地的主要作用是平整土地、松碎土壤，同时还可以起到混合肥料和杀虫剂的作用，为种子发芽和后续生长发育提供良好的土壤条件。如果整地不实，将影响种子吸收水分，导致种子出苗率低和发育较差；如果整地质量差，则土块较大，造成种子悬空，容易导致缺苗。

(二) 整地作业要求

整地作业质量与播种质量密切相关，按照花生种植需求，对整地作业的要求如下：

(1) 土壤有充足的底墒，地表干土层厚度小于 2 cm。

(2) 地表平整，无高包坑洼。

(3) 表层疏松无板结，上虚下实。

(4) 表土细碎，无土块（黏土地无大土块）。

(三) 整地作业机具

1. 圆盘耙 圆盘耙常用于犁耕后的土地平整和松碎土壤，也可以用于混肥、除草、灭茬等作业，是表层耕作机械中的一种常用机具。按照机重、耙重和耙片直径，可将圆盘耙分为重型、中型和轻型三种；按照与拖拉机的挂接方式，可将圆盘耙分为牵引式、悬挂式和半悬挂式三种；按照耙组的配置方式，可将圆盘耙分为对置式和偏置式两种；按照耙组的排列方式，可将圆盘耙分为单列耙和双列耙。耙组的排列与配置方式如图 6 - 15 所示。

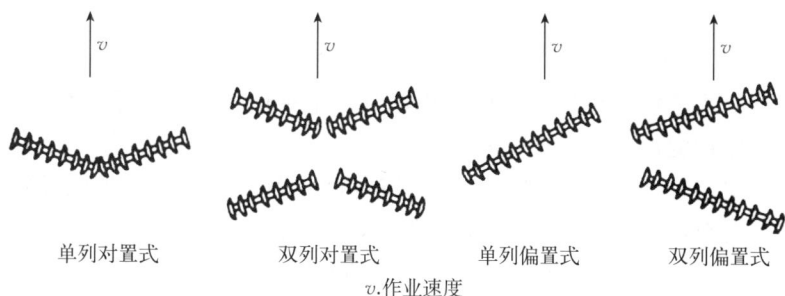

单列对置式　　双列对置式　　单列偏置式　　双列偏置式

v.作业速度

图 6 - 15　耙组的排列与配置方式

圆盘耙（图 6 - 16）一般由耙组、耙架、牵引器和偏角调节器等组成。耙组是圆盘耙的主要工作部件，由圆盘耙片穿插在一根方轴上，耙片之间保持一定距离，最后用螺母锁紧而成。耙组安装在耙架上，作业时，所有耙片都随耙组做整体转动。每个耙片的凹面侧都安装有一个刮土器，用来清除耙片上的泥土；耙片是一个球面圆盘，在凹面的一侧边缘磨有刃口，增强入土和切土能力。耙片分为全缘耙片和缺口耙片两种，缺口耙片的外缘的缺口形式有三角形、梯形和半圆形等。缺口耙片相较于全缘耙片有更强的切土和切断残茬的能力，适

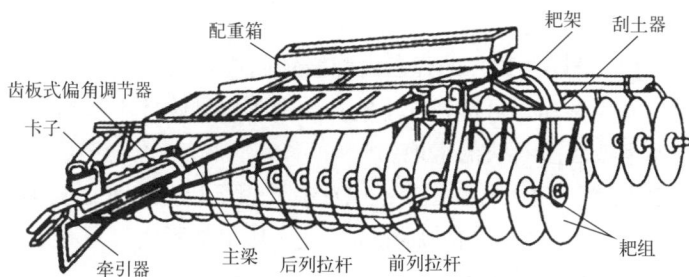

图 6 - 16　圆盘耙

用于黏重土壤和新土地的开垦；耙架是其他零部件安装的基础，是由矩形钢管制成的整体刚性架，具有良好的强度和刚度；偏角调节器被用于调节耙组相对耙架的偏转角度，以适应不同的耙深要求，有齿板式、丝杆式、插销式、液压式等形式。

2. 齿耙　齿耙主要被用于旱地耕后进一步松碎土壤和平整土地，为接下来的播种创造良好的土壤条件，也可用于撒播或撒肥后的覆盖。常用的齿耙类型有钉齿耙和弹齿耙。

钉齿耙（图 6 - 17）按其结构特点可分为固定式、振动式、网状式等。钉齿耙的主要工作部件是钉齿，钉齿按其形状可分为菱形、方形、刀型、圆形、箭形等。菱形钉齿的应用最为广泛，具有良好的松土和碎土能力，工作稳定。菱形钉齿有两个刃口，一个刃口磨钝后可以旋转半周继续使用。

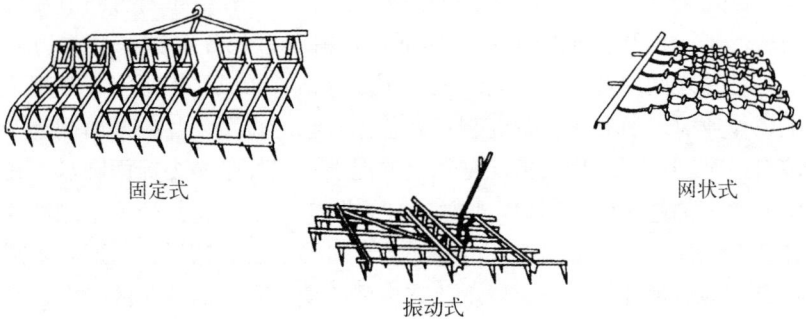

固定式　　　　　　　　　　　网状式

振动式

图 6 - 17　钉齿耙

弹齿耙（图 6 - 18）的弹齿由弹簧钢制成，具有一定的弹性，工作时弹齿发生振动，可增强碎土能力，遇到坚硬物体不易损坏，适用于凹凸不平或者多石块的土地。

3. 镇压器　镇压器（图 6 - 19）主要用于压碎土块、压紧土层、平整土地等，也可用于播种后镇压，使土壤更加紧实，有利于土壤中的水分上升，促使种子萌发。镇压器有 V 形镇压器、网环形镇压器和圆筒形镇压器等。

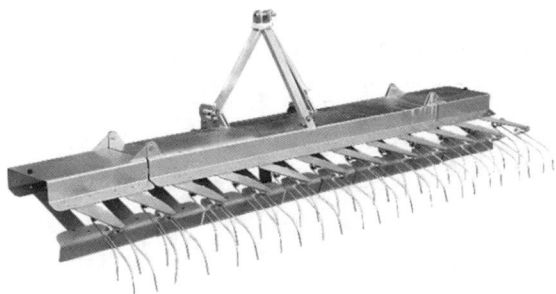

图 6 - 18　弹齿耙

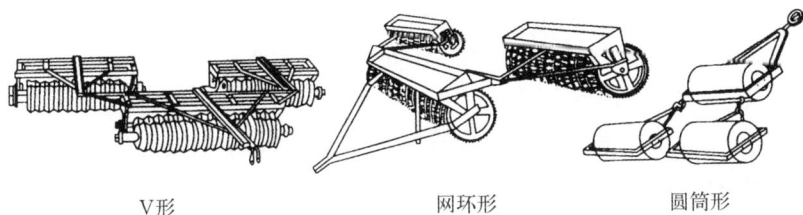

V形　　　　　　　　网环形　　　　　　　圆筒形

图 6 - 19　镇压器

V 形镇压器由若干个有 V 形边缘的镇压轮固定在一根轴上构成。工作时一般由三组镇压器排列成"品"字形，前面的一组直径大于后面两组，以压碎大土块、减小阻力。

网环形镇压器又称心土镇压器，其结构与 V 形镇压器类似，其工作部件的外缘为网状，直径和重量比 V 形镇压器更大。镇压后的地面为网状压痕，心土紧实，表层土壤疏松，镇压后土壤保墒作用良好。

圆筒形镇压器表面光滑，结构简单，接地面积较大，对表土的镇压效果较好，而对心土的镇压效果较差。

三、起垄

(一) 垄作及其作用

垄作是在田间起垄，将花生播种在垄上的种植方式。在灌溉条件较差、土壤肥力较低的地区常采用平作的种植模式，在灌溉条件较好、土壤肥力较高的地区一般采用起垄种植模式。河北的花生种植一般采用垄作的模式。相较于平作，起垄种植有以下优势：

（1）起垄后垄面三面受光，有利于提升地温，增大了昼夜温差，有利于种子的萌发和植株与荚果的发育。

（2）起垄使耕作土层增厚、土壤的透气透水性提高，有利于花生根系的生长和荚果的发育。

（3）起垄后田间更加通风透光，有利于作物生长，能有效提高花生的产量与质量。

（4）垄作便于灌溉、排水，田间管理更加便利。

（二）起垄作业要求

起垄作业前施足底肥并进行精细整地，耕作层深厚、土壤细碎疏松；起垄时土壤底墒要足，保证种子萌发率；垄高适宜，保证足够深度的肥厚土层，一般垄高在 12 cm 左右为宜；垄宽适宜，保证花生种植后植株与垄边有 10 cm 以上的距离；垄坡要陡，用矩形坡替代梯形坡，提高土地利用率；垄面要平，起垄后将垄面压平，确保无土块、石块等杂物，为后续铺膜提供良好的条件，确保薄膜与垄面贴合。

（三）起垄作业机具

开沟起垄机械有垄作犁、开沟作畦机等，如图 6 - 20 所示。

图 6-20 开沟起垄机械

第二节 花生播种机械

播种是花生生产过程中的重要环节，播种是否满足农艺要求直接影响着种子萌发和植株生长发育。相较于人工播种，机械化播种在提高播种效率、保证播种质量、节约播种时间、节省人力物力等方面有显著优势，且播种作业机械化使种子在土壤中排列得更加均匀、播深更加精准，为后续田间管理、收获等生产过程机械化作业提供良好的作业条件，是实现农业现代化的重要技术手段之一。

一、播种机的播种质量评价指标

播种机常用性能评价指标如下：

（1）播量稳定性。指排种器的排种量不随时间变化而保持稳定的程度，可用于评价条播机的稳定性。

（2）各行排量一致性。指一台播种机上各个排种器在相同条件下排种量的一致程度。

（3）排种均匀性。指从排种器排种口排出种子的均匀程度。

（4）播种均匀性。指播种时种子在种沟内分布的均匀程度。

（5）播深稳定性。指种子上面覆土层厚度的一致性。

（6）种子破损率。指排种器排出的种子中受机械损伤的种子量占排出种子量的百分比。

（7）穴粒数合格率。穴播时，每穴种子粒数以规定值±1粒或规定±2粒为合格。合格穴数占取样总穴数的百分比即穴粒数合格率。

（8）穴距合格率。单粒精密播种时，设 t 为平均粒距，$0.5t<$ 粒距 $\leqslant 1.5t$ 为合格、粒距 $\leqslant 0.5t$ 为重播、粒距 $>1.5t$ 为漏播。

二、花生机械化播种农艺要求

花生机械化播种农艺要求主要包括播种量、行距、株距（或穴距）、播种均匀度、播种深度、覆土深度及土壤紧实程度等。不同作物的播种农艺要求不同，有时同一种作物因土壤条件、气候特点、耕作制度的不同也会有很大差异。花生机械化播种农艺要求如下：

（1）种床适宜：种床是种子萌发、扎根和出苗的土层。条件适宜的种床是保证种子良好发育的基础，不仅可以提高种子的出苗率，还可以缩短种子萌发至出苗的时间，增强幼苗抵御不良气候条件的能力，无论是垄作还是平作，都应在播种前按照规范进行耕整地作业。

（2）播量适宜：播种量决定单位面积的苗数、分蘖数。花生机械化播种多为穴播，通常而言，大花生每亩 8 000～10 000 穴，小花生每亩 10 000～12 000 穴为宜，每穴 2 粒。为保证产量，每亩播量在达到农艺要求的前提下且尽可能保持播量一致。一般情况下，播种早、土壤肥力高、降雨多、地下水位高的地方，或播种中晚熟品种，播种密度宜小；播种晚、土壤瘠薄、中后期雨量少、气候干燥、无水利条件的地方，或播种早熟品种，播种密度宜大。

（3）播量精确：花生多采用双粒穴播，机械化播种的穴粒数合格率（≥85％）和空穴率（≤2％）须达到标准要求。

（4）播深一致：播种深度是保证作物发芽生长的重要因素。播深过大，种子发芽时所需的空气不足，导致幼芽不易出土；播深过浅，土壤中水分太少影响种子发芽。花生播种深度要根据墒情、土质、气温灵活掌握，并尽可能保证播深一致，一般机械播种以 5 cm 左右为宜。沙壤土、墒情差、地温高的地块可适当深播，但播深不能大于 7 cm；土质黏重、墒情好、地温低的地块可适当浅播，但不能浅于 3 cm。

（5）覆土可靠：覆土可靠是保证花生出苗率和产量的关键因素。播后覆土压实可增加表层土壤的坚实程度，使下层土壤中的水分上升，使种子和土壤贴合紧密，有利于提高种子的发芽率。花生机械化播种应确保种穴完全覆土，且覆土厚度须达到当地农艺要求，避免因覆土不可靠而造成晾种等问题。另外，在干旱多风地区，适当压实也是保证种子出苗率、防止扬尘的有效措施。

（6）伤种率低：机械播种伤种率是考核花生播种装备作业性能的重要指标，机械播种伤种率须满足标准要求（≤1.5%），以防出现缺苗现象影响产量。

三、花生播种模式

按照播种时间的不同可将花生播种形式分为春播、夏播和套种。

（一）春播

春播可分为平作、垄作和畦作 3 种形式。

1. 平作　平作即直接在地面开穴或开沟播种，是我国花生产区一种常见的种植方式，有等行距和宽窄行之分。平作不受起垄限制，行距大小可调，减少起垄工序，有利于抢时播种，省时省工，但排灌不方便，易致土壤板结、紧实度增加。

2. 垄作　垄作是将种子播种在垄上的种植方式，不仅可改善土壤的团粒结构，还起到提高地温的作用。垄作的田间通风性、透光性较好且排灌方便，能避免积水烂果现象发生，适用于土层深厚、肥力较强、地势平坦、排灌条件良好且肥力在中等以上的地块。若在丘陵地区进行起垄作业还应加厚土层以扩大根系的吸收范围、促进荚果发育。

花生垄的一般规格：垄距 70～90 cm、垄高 10～15 cm、垄面宽

40～60 cm。植株较矮小、紧凑的品种，垄距宜小些；植株较高大、茂密的品种，垄距宜大些。垄作花生多采用宽窄行种植模式，其垄上窄行距通常为 25～30 cm、穴距为 15～20 cm、双粒穴播亩种植密度为 8 000～12 000 穴。

3. 畦作 在降水量较大、易受涝害的地区以及土层较浅、易渍涝的丘陵旱地宜采用畦作种植模式，如广东、广西、福建、湖南等地区的水稻花生轮作地块，宜做成畦面宽 100～110 cm、畦沟宽 40 cm 的高畦，而鲁南和苏北地区的丘陵旱地宜做成畦面宽 130～300 cm、畦沟上口宽 15～20 cm、沟深 20～25 cm 的高畦。

(二)夏播

夏播分为灭、翻、旋、播复式作业和免耕播种作业两种。

1. 灭、翻、旋、播复式作业 针对黄淮海地区"小麦—花生"一年两作制的夏播花生机械化生产需求，主要用于有前茬作物的夏播花生平作及垄作，通过组配适宜的灭茬机、深翻犁、旋耕机和花生复式播种机等机具实现夏播花生作业。夏播花生采用先灭茬再深翻后旋耕的生产工艺，基本可顺利完成起垄、开沟、排种、施肥、覆膜、覆土等机械化复式播种作业，但对前茬作物的处理有一定的要求：前茬收获应尽可能实行低割茬（小于 15 cm）收获；秸秆粉碎长度应不大于 15 cm，且应抛撒均匀；秸秆和根茬应深埋（大于 20 cm）。采用该模式实现机械化夏播花生，作业环节多，需多种机具多次下田，生产成本较高。

2. 免耕播种作业 免耕播种技术是指在地表有前茬作物秸秆覆盖或留茬的情况下，不耕整地或少耕后播种的一种播种技术，在花生种植上多用于夏花生播种。我国大多数产区为一年两（多）熟制，实现机械化免耕播种，抢农时、节成本，又可用秸秆覆盖地表，蓄水保墒，增加土壤有机质含量，提高土壤肥力，改善土壤结构，同时还能避免秸秆焚烧及扬尘，保护生态环境。

(三)套种

在前茬作物的生长后期，将花生播种在前茬作物的行间，以增加花生生长期内的光热量。花生套种的前茬作物主要是小麦，另外也有大麦、油菜、豌豆和蚕豆等。套种花生实现机械化难度较大。

四、播种机

播种机是以作物种子为播种对象的种植机械。专用于某类或某种作物的播种机，常被冠以作物种类名称，如谷物条播机、花生播种机、棉花播种机、牧草撒播机等。播种机主要由排种器、开沟器、成穴器、机架、种子箱、导种管、覆土器、镇压器等组成。

（一）排种器

排种器是播种机的核心工作部件，决定了播种机的排种方式和播种质量。排种器按排种原理可分为机械式和气力式。机械式排种器有圆盘式、窝眼式、型孔带式、指夹式等，其结构相对简单，成本较低，但对种子的几何尺寸要求比较严格，在工作过程中种子会受到挤压，易造成种子损伤，且在高速作业时难以保证排种精度；气力式排种器可以分为气吸式、气吹式和气压式等，工作时，依靠气力完成充种、清种等过程，减少了机械作用对种子的损伤，对种子的适应性较强，即使在高速作业时也能较好地保证排种精度，但其结构相对复杂，制造成本和作业成本较高，常用于精量播种。

1. 机械式排种器

（1）圆盘式排种器。圆盘式排种器可分为水平圆盘式排种器（图6-21）和倾斜圆盘式排种器（图6-22）。水平圆盘式排种器的排种盘上的型孔可以根据不同种子的尺寸特点来制作，每个排种器均单独配备一个种箱和一个开沟器。水平圆盘式排种器结构较为简单，充种性能好，工作时排种盘水平旋转，排种盘上方安装有刮种刷和推种器，刮种刷将型孔上方多余的种子刮去，推种器将型孔内的种子推到下方导种管中，使其落入种沟内。水平圆盘式排种器在清种时易对种子产生挤压作用，对种子造成损伤。由于结构限制，水平圆盘排种器在高速播种时适应性较差，影响播种精度。在进行单粒精播时，需先对种子进行尺寸分级处理。

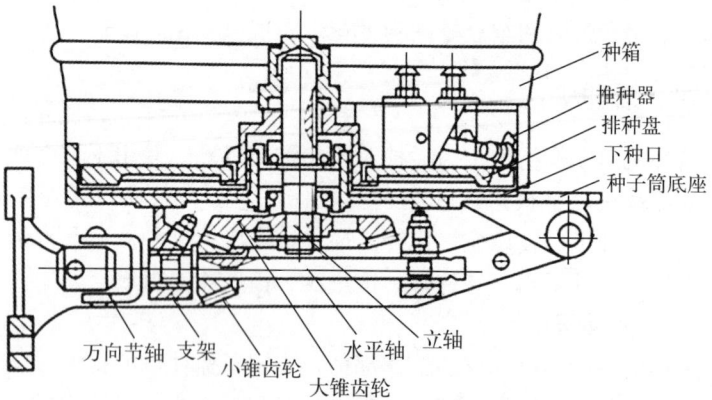

种箱
推种器
排种盘
下种口
种子筒底座

万向节轴　支架　小锥齿轮　水平轴　立轴
大锥齿轮

图 6 - 21　水平圆盘式排种器

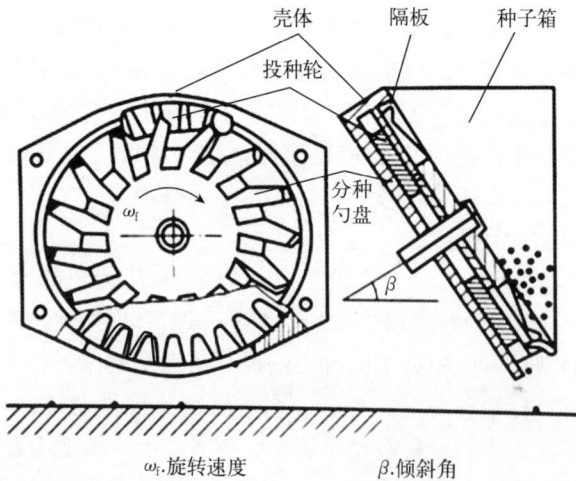

壳体　隔板　种子箱
投种轮
分种
勺盘
ω_{f}
β

ω_{f}.旋转速度　　　　β.倾斜角

图 6 - 22　倾斜圆盘式排种器

倾斜圆盘式排种器（图 6 - 22）的排种盘与水平面有一定夹角，充种区位于排种盘的下方，排种区位于排种盘的最高处。工作时，排种盘持续转动，充种区的部分种子在分种勺盘上勺齿的作用下向上运动，勺齿内多余的种子在重力作用下落回充种区，种子随勺齿运动到排种区后通过排种口落入种沟内。

（2）窝眼式排种器。窝眼式排种器（图6-23）的核心部件是绕水平轴旋转的窝眼轮。工作时，排种轮在地轮的驱动下旋转，一定量的种子进入窝眼内，排种轮边缘的种子被刮种板扫回种箱，窝眼内的种子随窝眼向下转动到排种口后排出。窝眼式排种器排种轮通常设为双排或者多排，可有效降低窝眼轮转速、增加充种时间、提高充种效率。窝眼式排种器的结构较为简单，但排种精度有限。

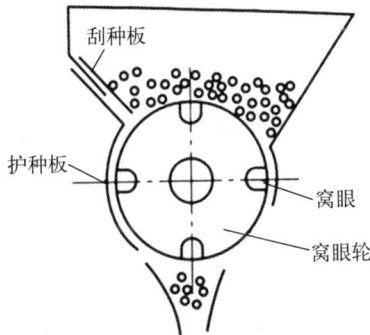

图6-23　窝眼式排种器

（3）型孔带式排种器。型孔带式排种器（图6-24）通过带有型孔的柔性输送带完成充种、排种作业。型孔带式排种器可以根据不同种子类型更换不同孔型的型孔带，适应性好，伤种率较低，但结构较为复杂。

（4）指夹式排种器。指夹式排种器（图6-25）依靠排种盘上由凸轮与弹簧控制的夹子来夹取种子。夹子转动到取种区时，在凸轮的作用下，指夹打开夹住一粒或几粒种子，指夹继续转动过程中多余的种子被清种刷刷落，只保留被夹紧的种子，当指夹运动至排种口位置后，指夹松开种子落到导种叶片上，随后排入种沟内。指夹式排种器对扁平形的种子有很好的效果，作业速度较快。

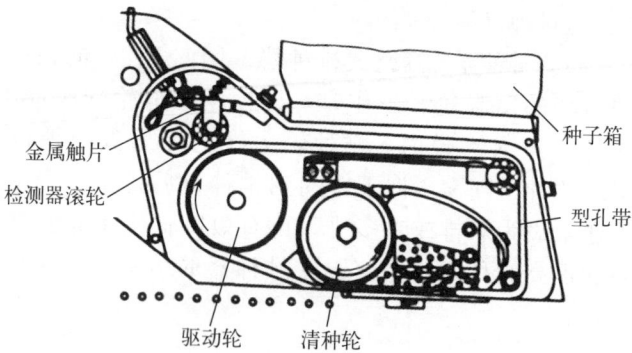

图 6-24 型孔带式排种器

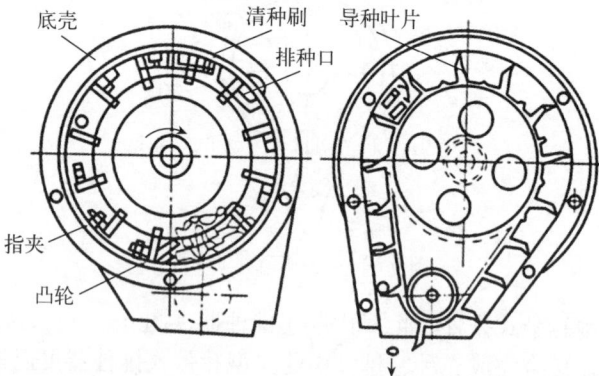

图 6-25 指夹式排种器

2. 气力式排种器

（1）气吸式排种器。气吸式排种器（图 6-26）的主要工作部件是带有吸孔的竖直排种圆盘，它利用真空产生的吸力进行工作。排种器圆盘背面的真空室与风机的吸风口连接，使真空室内为负压环境。排种圆盘另一面为种子室，用来储存种子。在工作时，种子在真空室负压作用下被吸在吸孔上，随排种圆盘转动。种子转出真空室的范围后，不再受到吸力，在自身重力作用下掉落到开好的种沟内。气吸式排种器对种子的适应性好，排种精度和排种速度较高，可用于精量播种。但结构较为复杂，气密性要求和压力要求高。

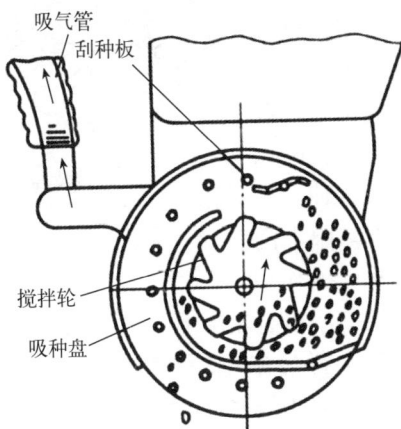

图 6-26 气吸式排种器

（2）气吹式排种器。气吹式排种器（图 6-27）的型孔多为圆锥形，其内部排种轮的锥形孔底部与排种轮内腔相连，排种轮内腔与风机的吸风口相连。工作时，种子落到排种圆盘的锥形孔中随着排种盘持续转动，气流经喷嘴将多余的种子吹掉，剩余种子留在窝眼内，种子运动到排种口上方，在推种片的作用下脱离型孔轮，完成排种。气吹式排种器充种性能好，对种子的外形和尺寸适应性较强，通过更换型孔轮和调整气压可用于不同作物的播种。

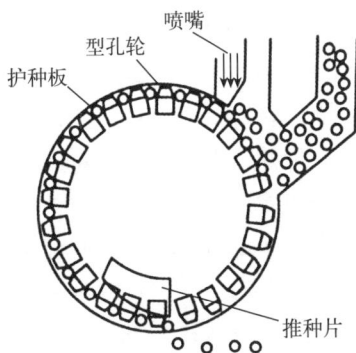

图 6-27 气吹式排种器

（3）气送式排种器。气送式排种器（图6-28）的主要工作部件为做回转运动的排种滚筒，滚筒内壁有均匀分布的通孔，风机吹出的气流由进气管进入排种滚筒内，小部分通过滚筒周围的通孔流出，大部分通过漏斗进入气流输种管。由于筒内的压力较大，种子受压差作用紧紧贴附在窝眼上随排种管上升，在清种刷的作用

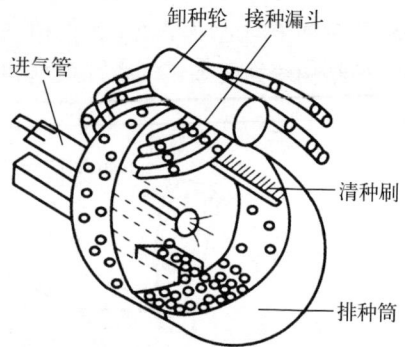

图6-28 气送式排种器

下，多余的种子落回底部。卸种轮位于排种筒上方，可阻断型孔中气流，使种子落入输种软管中，随后被气流强制吹落到开好的种沟中。这种排种器可以使用一个排种器播多行种子，结构紧凑，通用性好。

（二）开沟器和成穴器

开沟器和成穴器的作用是在耕整好的土壤表面开出种沟或种穴，将种子导入后覆盖土壤。

1. 开沟器 开沟器的工作质量对播种深度、种子出芽率、种子分布情况等都有很大影响。对开沟器的要求是开沟直，行距一致，开沟深度一致且符合播种要求，不乱土层，种子在行内分布均匀，播后覆土质量好，阻力小以及对地表杂物的适应性好，不易堵塞。

开沟器可分为移动式和滚动式两大类。移动式开沟器又可以分为锐角式（入土角 $\alpha < 90°$）和钝角式（入土角 $\alpha > 90°$）。锐角式开沟器的入土能力强，但在开沟时会将下层湿土翻起，不利于保墒。钝角开沟器依靠器刃划开土壤而不翻动土壤，保墒效果好且开沟深度比较稳定。滚动式开沟器依靠滚动切开土壤和残茬，碎土能力较好，滚动式开沟器有双圆盘式和单圆盘式。

（1）锄铲式开沟器。锄铲式（图6-29）开沟器属于锐角式开沟器，尖部锐利，容易入土，具有结构简单、工作阻力较小、价格低廉

等优点，应用比较广泛。但工作过程中容易缠
草，且碎土能力较差，适用于整地较好的土壤。

（2）芯铧式开沟器。芯铧式开沟器（图6-
30）属于锐角式开沟器。在工作时，芯铧入土开
沟，两侧土壤被侧板挡住形成种沟，种子经输种
管落入沟内，随着开沟器前进，被侧板挡住的土
壤回落到种沟内覆盖种子。芯铧式开沟器开沟宽
度大，沟底平整，苗幅宽，但工作阻力较大。

（3）滑刀式开沟器。滑刀式开沟器（图6-
31）属于钝角式开沟器。工作时，滑刀前刃向前
滑动切开土壤，随后土壤被侧板向两侧挤压形成
种沟，种子从两侧板中间落入种沟，机具前进后
两侧土壤落入种沟覆盖种子。滑刀式开沟器的沟
深稳定、沟底平坦，切断能力强。

图6-29 锄铲式
开沟器

图6-30 芯铧式开沟器

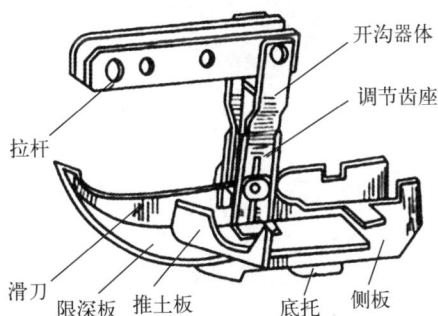

图6-31 滑刀式开沟器

（4）双圆盘开沟器。双圆盘开沟器（图6-32）属于钝角式开沟
器，工作部件为两个平面圆盘，两个圆盘在前下方交于一点。在工作
时，开沟器在机器压力作用下入土，在机器前进时旋转，将圆盘两侧
的土壤挤开形成种沟，种子掉落后，被挤开的土壤重新掉回到种沟内
覆盖种子。双圆盘开沟器具有较强的碎土切草作用，适应性强，工作

可靠，能适应高速作业，但入土能力较差，在工作时需要施加较大压力，开沟后沟底质量较差。

（5）单圆盘开沟器。单圆盘开沟器（图6-33）是一种钝角式开沟器，其工作部件是一个偏斜放置的球面圆盘，圆盘的凹面与机器前进方向呈3°～8°夹角。工作时，圆盘随机器前进的同时自转，圆盘凹面的土壤沿凹面上升开出种沟，种子从凸面一侧落入种沟。单圆盘开沟器相较于双圆盘开沟器架构简单，质量较轻，入土能力较强，对土壤的适应性好，但开沟过程中会将干湿土壤混合，不利于保墒，播深一致性较差。

图6-32 双圆盘开沟器　　　　图6-33 单圆盘开沟器

2. 成穴器　成穴器主要有鸭嘴式和轮刺式两类。鸭嘴式成穴器（图6-34）主要由取种器、接种杯、滚筒、"鸭嘴"等组成。在工作时，滚筒转动带动取种器工作，将种子投放到"鸭嘴"中。随着滚筒的转动，"鸭嘴"在土壤表面打出一个穴。此时"鸭嘴"在拨杆的带动下打开，种子被投放到开好的种穴内。随着滚筒继续转动，"鸭嘴"从种穴中离开，在弹簧的作用下，"鸭嘴"关闭。机

图6-34 鸭嘴式成穴器

具继续前进，完成播种工作。鸭嘴式成穴器可以很好地保证株距，一般用于掘穴播种，也可用于铺膜后的打孔穴播。

（三）播种机其他部件

1. 机架 机架是安装其他零部件的基础，同时与动力机器连接，传递由动力装置产生的牵引力。

2. 种子箱 种子箱被用来储存种子，一般采用整体结构，安装在排种器上方。

3. 导种管 导种管被用来将排种器排出的种子引导进种沟里。为保证排种精度，要求排种器对种子干扰小，并有一定的伸缩变形能力，以适应开沟器的调整和仿形机构的位置变化。在精密播种时，排种器是影响播种株距合格率的关键部件，所以应尽量缩短排种管的长度。

4. 覆土器 覆土器位于开沟器后方，用来为种子覆盖土壤，保证覆土厚度。覆土器工作时应满足覆土厚度一致，不改变种子在种沟内的位置。常用的覆土器形式有圆盘式、刮板式、弹齿式、链环式等。

5. 镇压器 镇压器被用于播种后镇压土壤，使种子和土壤的接触更加紧密。有些镇压器还可以用作开沟器的仿形装置和排种器的驱动装置。平面和凸面镇压器的轮辋较宽，一般被用于沟内镇压；凹面镇压器从两侧压紧土壤，中间土壤依然比较疏松，有利于种子的萌发。空心橡胶轮的结构类似于汽车车胎，它的气室与大气相通，受到压力变形后会依靠自身弹性恢复，在镇压过程中压力保持恒定。

6. 免耕播种机破茬部件 免耕播种机常用的破茬部件有波纹圆盘刀、凿形齿或窄锄铲式开沟器和驱动式窄形旋耕刀等，如图 6 - 35 所示。波纹圆盘刀呈波纹形，对两侧土壤具有一定的松碎作用，能开出 5 cm 宽的小沟。其适应性好，在湿度较大的土壤中作业也能保证良好的作业质量，并且能适应高速作业。凿形齿或窄锄铲式开沟器的结构较为简单，入土性能好，但容易缠绕杂草影响开沟质量。当土壤特别干硬时，容易翻起大土块，作业后的土地平整性差，影响种沟质量。驱动式窄形旋耕刀有很好的松土、碎土能力，但工作需要动力驱动，结构也相对复杂。

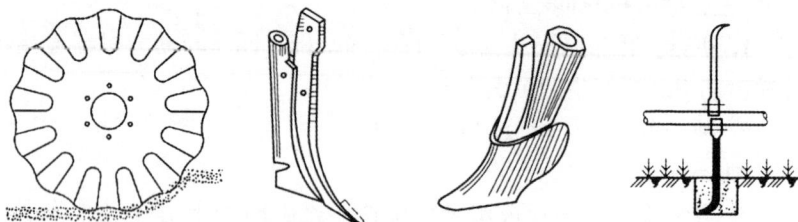

波纹圆盘刀　　　凿形齿式开沟器　　　窄锄铲式开沟器　　　驱动式窄形旋耕刀

图6-35　免耕播种机破茬部件

（四）典型花生播种机

1. 花生精播施肥一体机

图6-36中为花生精播施肥一体机，作业时，由人工手扶行进，可同时进行施肥和播种作业。该机适用于山地、丘陵、梯田等小地域作业。操作简单、性能稳定，下肥量、下种量和播种深度均可调节。

图6-36　花生精播施肥一体机

2. 花生覆膜播种机　花生覆膜播种机的工作模式为先播种后覆膜，目前市场上常见的机型可依次完成起垄、播种、覆土、喷药、覆膜、膜上覆土等作业。

图6-37为一款多功能花生覆膜播种机，作业时该机由小型拖拉机牵引，地轮产生的驱动力经链轮传递，驱动排种、排肥装置，实现播种和施肥，覆土板为化肥、种子覆土，并修饰垄面；随后喷药覆膜，由覆土盘完成膜上苗带覆土，完成播种。

图6-38所示为可折叠式花生播种联合作业机，该机可以完成起

垄、施肥、播种、喷药、铺设滴灌带、覆膜、膜上覆土、漏播监测等
联合作业。

图 6-37 多功能花生覆膜播种机　　图 6-38 可折叠式花生播种联合作业机

3. 花生覆膜打孔播种机　　花生覆膜打孔播种机作业时先覆膜，后
通过鸭嘴式穴播器实现膜上打孔播种。膜上打孔只在播种位置对覆膜
开孔，对土壤扰动小，有利于土壤保墒和抗旱，并可省去后续的人工
放苗作业环节。图 6-39 所示为 2BHFPLM-6 型多功能覆膜花生播种
机，该机由拖拉机牵引作业，可一次性完成平地、施肥、起垄、播种、
镇压、铺滴灌带、喷药、覆膜、膜上打孔、上土等工作，效率高。

图 6-40 为 2BMD-3/6 型花生膜上穴播机，该机能完成起垄、
施肥、喷药、滴灌带铺设、铺膜、覆土、膜上打孔播种等联合作业。
作业时，由拖拉机为电动下肥器和增压泵提供动力，起垄铲汇土成垄，

图 6-39 2BHFPLM-6 型多功　　图 6-40 2BMD-3/6 型花生膜
　　　能覆膜花生播种机　　　　　　　　上穴播机

培土铲将土压在地膜两侧；穴播轮带动内充种排种器转动，种子通过排种管进入"鸭嘴"，"鸭嘴"穿透覆膜打出种穴；同时在垄面的作用下打开"鸭嘴"，实现落种；后经覆土铲覆土、镇压轮镇压完成播种。

4. 花生免耕播种机 免耕播种机能一次性完成灭茬、施肥、播种、喷药、镇压、均匀覆秸等联合作业，相比于传统先旋耕后播种的分段作业更省时省工。目前常用的麦茬全秸秆覆盖地花生免耕播种机可同时完成旋耕和播种作业。作业时，拖拉机动力输出轴带动秸秆粉碎装置转动，调节秸秆分流装置以实现碎秸秆部分留田、部分收集，随后由播种机进行开沟、施肥、播种、覆土等作业，再由抛撒装置在播种后的土地表面均匀覆盖碎秸秆，完成免耕播种。

第三节　花生施肥机械

土壤是花生植株生长发育的基础，植株在生长过程中需要的养分绝大部分都是从土壤中汲取的。土壤经过长期的耕作后，其肥力会逐渐下降，难以满足花生生长发育的需求，因此需要及时施肥以提高土壤肥力、改善土壤结构。机械化施肥相较于人工施肥更加精准、高效，是提高肥料利用率、花生增产增收的重要手段。

一、施肥机械分类

肥料可分为化学肥料和有机肥料两种形式，有机肥料有固态和液态两种形式，化学肥料有颗粒状、粉末状、液态等形式。肥料不同，配套的施肥机械也不同。按照施肥时间的不同可分为施基肥、施种肥、追肥。施基肥是指在耕整地前将肥料撒在地表，随着耕整地机械的翻土作用将其埋入土中，或者在耕整地机械上安装施肥装置，在耕整地的同时，将肥料翻盖到土壤中；施种肥是指将肥料和种子一起播入土中；追肥是指在作物生长期为作物追加肥料，按照施肥位置的不同又可分为根部追肥和根外追肥。有的花生播种机可一次性完成起垄、播种、施肥、覆土、覆膜等多个过程，减少了作业环节和劳动力投入，同时极大提高了肥料的利用率。

（一）颗粒肥料撒布机械

颗粒肥料是指按预定平均粒径制成的固体肥料，是当今化肥的发展趋势。颗粒肥料具有装卸时不起尘、长期存放不结块、流动性好、施肥时易撒布等优点，同时还可起到缓释作用、提高肥料的利用率。此外，品种不同但大小相近的颗粒肥料可实现直接掺混使用，具有和复合肥同样的肥效。

颗粒肥料可利用撒肥机通过螺旋抛撒、链条输送等形式被均匀撒布在田间。可根据肥料的颗粒大小对撒肥机的抛撒宽度和最大施肥力进行调整，以保证施肥作业效率和作业质量。颗粒肥料被广泛用作旱地作物和水田作物的底肥。颗粒肥料施用机械主要被用于整地前将化肥均匀撒布在地面，再通过翻耕将肥料埋入耕作层下。

1. 离心式撒肥机　离心式撒肥机（图6-41）一般由撒肥盘、肥料箱、机架等组成，撒肥盘上安装有叶片。工作时，撒肥盘在动力作用下旋转，在离心力的作用下，肥料被向外抛洒。离心式撒肥机撒布的肥料分布很不

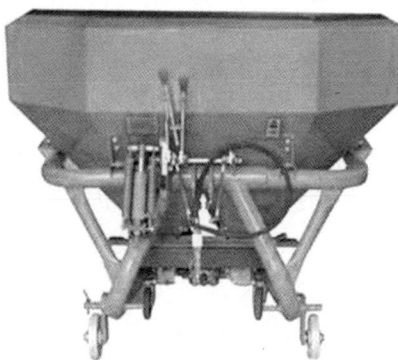

图6-41　离心式撒肥机

均衡，需要通过重叠作业面积来保证肥料覆盖的完整性，也可以通过改变撒肥盘叶片的形状或倾角来改变撒肥后肥料的分布，叶片前倾可以增加肥料的流动使肥料被撒得更远，叶片后倾可以减少受潮肥料的黏结情况。

离心式撒肥机具有结构简单、撒肥范围大、生产效率高等优点，调整后不仅可以撒布颗粒状化肥，还可以撒布粉状肥料，在国内外有广泛的应用。

2. 全幅施肥机　全幅施肥机可在机器的全幅宽内均匀地施肥，

其工作原理可以分为两类：一类是由多个双叶片的转盘式排肥器横向排列组成；另一类是由装在沿横向移动的链条上的链指组成，沿整个机器幅宽施肥。

3. 气力式宽幅施肥机　气力式宽幅施肥机以高速旋转的风机所产生的高速气流为动力，通过机械式排肥器与喷头对肥料大幅宽、高效率地进行撒施。

全幅、宽幅施肥机大多与耕整地、播种等环节设备联合作业，配合机械式排肥器与喷头，可大幅宽、高效率地撒施化肥与石灰等土壤改良剂，实现幅宽范围内的种肥同施等复式作业。

（二）厩肥撒肥机

厩肥主要是指家畜粪尿和垫圈材料、饲料残渣混合堆积并经微生物作用而形成的肥料，富含有机质和各种营养元素，使用厩肥能改良土壤、使作物增产。

利用厩肥撒施机械将厩肥均匀撒施到田间可显著提高生产率，并可提高撒肥质量。大多厩肥撒施机均通过肥料箱底部的输肥部件进行肥料的输送，通过螺旋、甩链等抛撒装置实现肥料撒施。

1. 螺旋式厩肥撒肥机　螺旋式厩肥撒肥机（图 6-42）主要由肥料箱、输肥链、撒肥滚筒、撒布螺旋、击肥器等组成。工作时，装在肥料箱内的肥料被输肥链缓慢向后输送，撒布滚筒将输送来的肥料击碎后输送给撒布螺旋。撒布螺旋高速旋转，将肥料向后方和两侧均匀地抛洒开。击肥器安装在肥料箱上部，用来击碎肥料表面的硬层，并

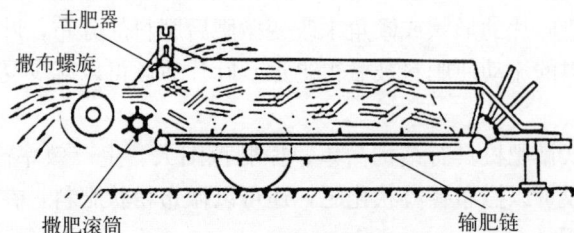

图 6-42　螺旋式厩肥撒肥机

将多余肥料抛回肥料箱，使待撒区的肥料保证一定的厚度，从而保证撒肥均匀性。

2. 甩链式厩肥撒布机　甩链式厩肥撒布机（图6-43）的肥料箱为圆筒形，筒内安装有一根纵轴，轴上交错安装有若干根端部装有甩锤的甩肥链。工作时，动力驱动纵轴旋转带动甩肥链旋转，将筒内厩肥破碎并甩出。

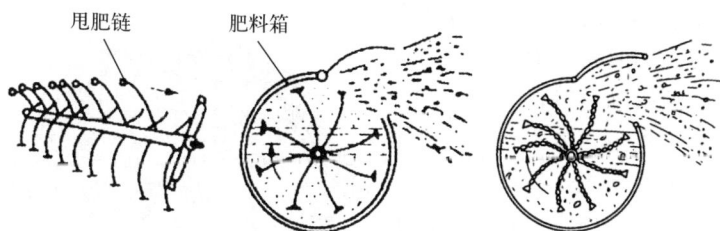

图6-43　甩链式撒肥机

3. 牵引式装肥撒肥车　牵引式装肥撒肥车（图6-44）以动力输出轴传输撒厩肥的动力，也有人把撒肥器设计为既能撒肥又能装肥的结构。装肥时，撒肥器位于下方，将肥料上抛，由挡板导入肥箱内。这时，输肥链反转，将肥料运向撒肥机前部，将肥箱逐渐装满。撒肥时，油缸将撒肥器升到靠近肥箱的位置，同时更换传动轴接头，改变转动方向，进行撒肥。

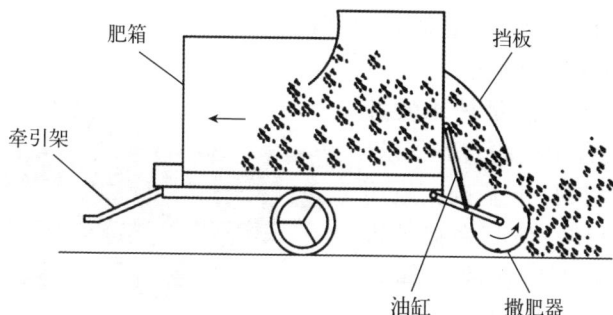

图6-44　牵引式装肥撒肥车

（三）液肥施肥机

液肥有化学液肥和有机液肥两种。与固体有机肥相比，液态有机肥更容易在土壤中渗透和进行肥力分布，可直接与作物的根部及叶接触，能被直接吸收，虽养分总量较低，但肥效较快，适用于追肥。另外，液肥制造过程较简便，不需经干燥、冷却、包装等过程，可降低生产成本。

最早的液态有机肥洒施主要是通过动力泵将肥液吸出，再通过管道或喷嘴直接将液态肥洒到地表，但通过该方式施用的液肥直接裸露在地表，易损失且不卫生。目前较为先进的施用设备主要是泵式液态有机肥施用车（图6-45）。作业时，通过抽吸液泵将液态有机肥从储粪池抽吸到液罐内，再运至田间后由泵对

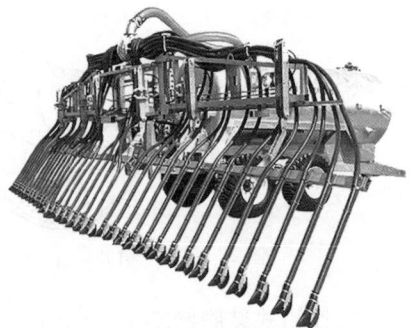

图6-45 泵式液态有机肥施用车

液罐增压，排出肥液，同时配合专用管道或开沟覆土设备实现肥液深施。

部分液肥（叶面肥）还可以使用喷雾器喷洒在植物叶片表面，植物利用叶片吸收养分。叶片肥可以用来弥补根部施肥的不足，快速补充营养，经济实惠，也减少了对土壤的污染。但叶面肥不能代替根部施肥，存在养分吸收量少和"烧苗"的缺点。

（四）种肥施肥机

种肥可以满足种子发芽及生长发育初期的营养需求，为后期生长打下基础。施用种肥的机械一般是在播种机上安装施肥装置的一体机（图6-46），播种的同时将肥料施入土壤中。按照种子与

图6-46 播种施肥一体机

化肥在土壤中的位置可以将种肥施肥机分为种肥混施和种肥分施。种肥混施是将种子和化肥混合同时施播于开好的种沟内，但这种混施方式容易造成"烧苗"。种肥分施使用组合式开沟器使种子和化肥上下分层或者施肥装置使用单独开沟器使种子和施肥在空间上错开，可以有效避免"烧苗"。

（五）中耕追肥施肥机

中耕追肥是农业精耕细作的重要环节之一，是保证稳产、高产不可缺少的重要措施。此技术可提高地温、补充肥料并促进肥料分解吸收，并可减小水分蒸发，起到蓄水保墒的作用，保证地表下土壤有一定湿度。

中耕施肥机作业时，先将地表土壤锄松后进行机械施肥、培土、镇压等，可提高肥料利用率，促进土壤微生物的分解活动，释放土壤潜在养分。中耕可将追施在表层的肥料搅拌到底层，达到土肥相融的目的。除此之外，中耕可较好地实现定向追肥，能有效提高肥料利用率，增强了追肥的时效性。

中耕追肥施肥机一般包括机架、仿形机构、肥箱、排肥器、松土除草铲等，是在通用中耕机的基础上加装排肥器、施肥开沟器等，从而实现中耕除草、松土、追肥一体化作业。其工作原理为在进行中耕松土除草时，通过传动装置带动排肥器排肥，肥料进入施肥管，顺着施肥管进入地面，仿形机构通过限深轮控制施肥部件入土深度。

二、排肥器

排肥器是施肥机械的重要工作部件，目前常用排肥器的形式有水平星轮式、外槽轮式、螺旋式、水平刮板式、搅刀-拨轮式等。

（一）水平星轮式排肥器

水平星轮式排肥器（图6-47）的主要工作部件为绕垂直轴转动的水平星轮。工作时，通过传动机构带动排肥星轮转动，肥箱内的肥料被星轮齿槽及星轮表面带动，经肥量调节活门后被输送到椭圆形排肥口，肥料靠自重或打肥锤的作用落入输肥管内。常采用相邻两个星轮对转以消除肥料架空和锥齿轮的轴向力。

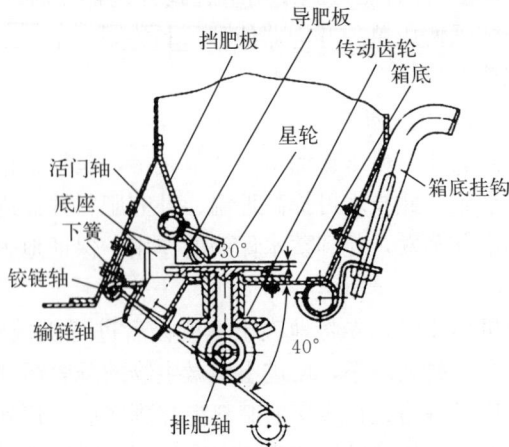

图 6-47　水平星轮式排肥器结构

　　水平星轮式排肥器的肥箱底部装有活页式铰链，箱底可以打开，便于清除残存的化肥。通过调节手柄改变肥量调节活门的开度来调节排肥量。水平星轮式排肥器适合排晶状化肥和复合颗粒肥，还可以排施干燥粉状化肥。排施含水量高的粉状化肥时，排肥星轮易被化肥黏结，发生架空和堵塞。水平星轮式排肥器主要用于谷物条播机上。

（二）外槽轮式排肥器

　　外槽轮式排肥器（图 6-48）的主要工作部件槽轮的工作过程类似于外槽轮式排种器，也可将其换成钉齿轮，其工作原理相同。钉轮式排肥器被用于排施流动性较好的颗粒化肥时，排肥稳定

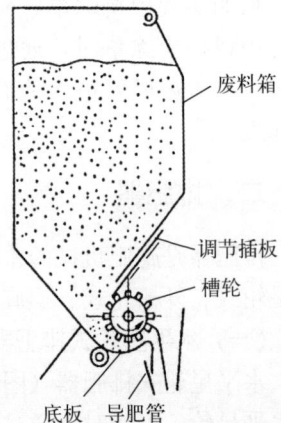

图 6-48　外槽轮式排肥器结构

性与均匀性都较好；其特点是结构较简单，适用于排流动性好的松散化肥和复合粒肥。排粉状及潮湿的化肥时，易出现架空和断条等现象，且槽轮易被肥料黏附而堵塞并失去排肥能力。

（三）螺旋式排肥器

螺旋式排肥器（图 6-49）的排肥螺旋叶片有普通型、中空型和钢丝弹簧型三种。工作时，螺旋回转，将肥料推入排肥管。普通型叶片式施肥量大，但对肥料的压实作用较大，只适合排施粒状及干燥的粉状化肥，施用吸水性强、松散性差的化肥，肥料易架空、叶片易黏结化肥而无法工作；中空型对肥料的压实作用较小、施肥量较叶片式均匀，其他特点与叶片式相同；钢丝弹簧型不易被肥料黏

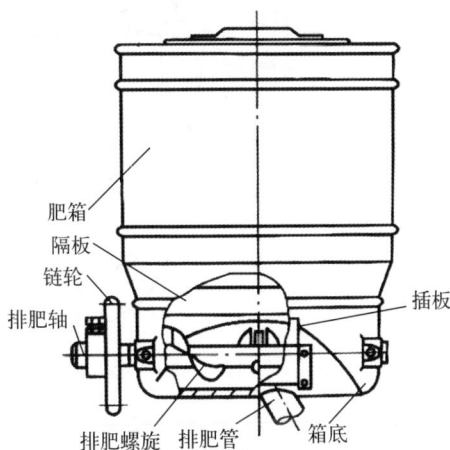

图 6-49　螺旋式排肥器结构

附，排施潮湿肥料的能力较前两种强，但对吸水性很强而松散性较差的化肥如碳酸氢铵、粉状过磷酸钙、磷矿粉等的适应性仍然较差。当排肥量较小时，螺旋式排肥器的排肥均匀性较差。

（四）水平刮板式排肥器

水平刮板式排肥器（图 6-50）是我国为解决碳酸氢铵排施问题而研制的一种排肥器。它的基本特征是由在水平面旋转的曲面排肥刮板或弹击别板将化肥排出。其优点是能可靠地排施碳酸氢铵等流动性差的化肥，排肥稳定性较好；缺点是排肥阻力较大和不适于流动性较好的颗粒状化肥。

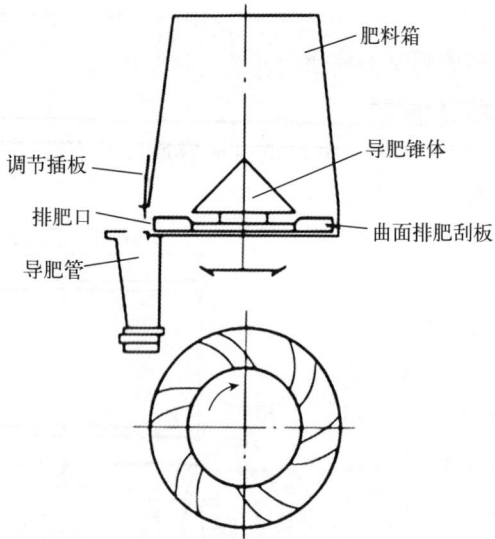

图 6-50 水平刮板式排肥器结构

(五) 搅刀-拨轮式排肥器

搅刀-拨轮式排肥器（图 6-51）是一种通用性排肥器，其肥箱内装有搅肥刀，在排肥口下方装有拨轮。其优点是能有效地消除肥料的架空，可靠地排施含水量很大的碳酸氢铵。当肥料吸湿后别的排

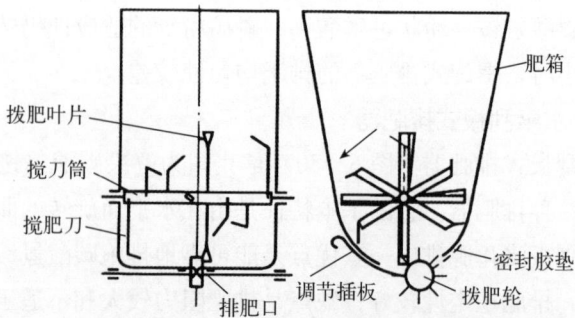

图 6-51 搅刀-拨轮式排肥器结构

肥器无法排出时，该排肥器能有效地工作。搅刀-拨轮式排肥器结构简单，排肥工艺过程简单，供排关系协调、通畅。排肥稳定性、均匀性良好，并可通用于排施颗粒状化肥，还可用于播种玉米、大豆与机械脱绒棉籽。缺点是清肥不便，工作阻力大，作为双行或单行追肥机比较合适，不适合在多行谷物条播机上作排肥部件。

（六）振动式排肥器

振动式施肥机由肥箱、振动板、振动凸轮等组成，如图 6 - 52 所示。

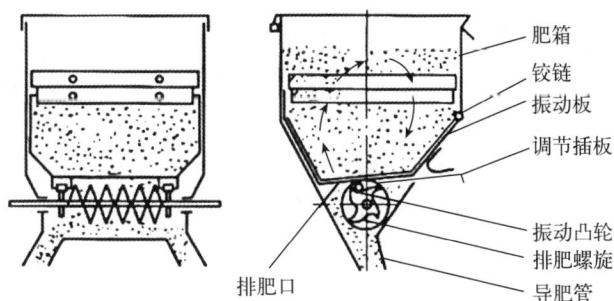

图 6 - 52　振动式排肥器结构

工作时，振动凸轮使振动板不断振动，使化肥在肥箱内循环运动，可消除肥箱内化肥的架空，并使之沿振动板斜面下滑，经排肥口排出，用调节板控制排肥量的大小。由于振动，肥料排量受肥箱内肥料多少、肥料密度、黏结力等的影响较大，排肥量的稳定性和均匀性较差。

第四节　花生田间管理机械

在作物的田间生长过程中需要进行间苗、除草、松土、培土、灌溉、施肥和防治病虫害等作业，统称为田间管理作业。必要的田间管理是保证作物高产、高效、优质的有效措施。田间管理机械主要包括中耕机械和植物保护机械等。中耕机械是指在作物生长过程中进行松土、除草、培土等作业的土壤耕作机械。植物保护机械是指喷洒杀菌剂、杀虫剂、除草剂、土壤消毒剂、植物生长激素等的喷施机械。

一、中耕除草机械

中耕除草是在作物生长期间进行田间管理的重要作业项目，通常在苗株行间使用中耕除草机具进行除草、松土、培土等作业，其目的是改善土壤状况，蓄水保墒，消灭杂草，为作物生长发育创造良好的条件。

常见的中耕除草机有锄铲式和回转式两大类。其中，锄铲式中耕除草机（图6-53）应用较广，更换不同的作业部件可实现除草、松土、培土等功能；回转式中耕除草机（图6-54）结构紧凑，操作轻便、调头灵活，适合山区、坡地、坝区的垄间培土和除草作业，具有开沟、中耕和培土功能，根据用户需求可配行走轮、作业轮、开沟除草刀、中耕抛土刀等作业机具。

图6-53 锄铲式中耕除草机

图6-54 回转式中耕除草机

二、中耕开沟培土机械

中耕开沟培土是将土壤向两侧翻开并向植株基部壅土，形成中间低、两侧高的形状，以满足播种、浇灌、翻晒土壤等需求。中耕开沟培土有助于干旱、半干旱区的土壤蓄水保墒，有效削减坡耕地地表径流，提高土壤水分入渗率，促进增产增收。多用于块根、块茎和高秆谷类作物，以增厚土层、提高土温、覆盖肥料和压埋杂草，有促进作物地下部分发达和防止高秆作物倒伏的作用。

中耕培土机具备开沟、除草、培土等功能，用户应根据自身地块面积及作物特性进行合理选择。按照作业部件的不同，可将中耕开沟培土机分为犁刀式、圆盘式、螺旋式和弹齿式等。按设备使用场景，可将中耕培土机分为手扶式（图 6-55）和悬挂式（图 6-56）两大类。

图 6-55　手扶式中耕培土机　　　　图 6-56　悬挂式中耕培土机

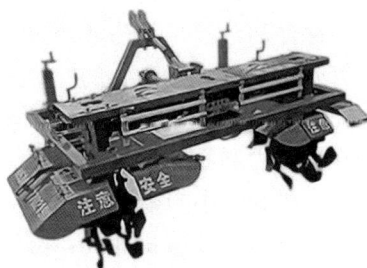

三、植保机械

作物保护是花生生产过程中非常重要的过程，使花生在生长过程中尽量避免病虫草害以及其他生物的危害，是确保花生高产、高质的重要手段。随着现代科技的发展，植保机械正越来越多地被应用于作物保护。

（一）喷雾机

喷雾机是将药液雾化成细小雾滴并喷洒到农作物茎叶上的作业机械。

1. 喷雾器　手动式喷雾器（图 6-57）主要由液药箱、活塞泵、空气室、喷杆、喷头单向阀、开关等组成。作业

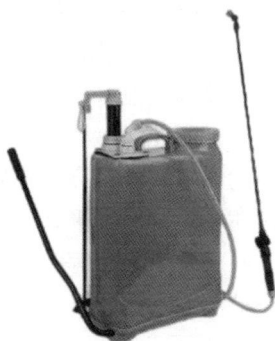

图 6-57　手动式喷雾器

时由工作人员背负，通过压动手压杆带动活塞在缸筒内上下运动，使药液经单向阀进入空气室。随着药液不断进入，空气室内的压力逐渐增大。打开开关后，药液经喷杆从喷头喷出。

2. 弥雾机 弥雾机（图6-58）主要由风机、药液箱、弥雾喷头、喷管等组成，其中弥雾喷头有旋转叶片式、栅网式、远喷式等形式。工作时，风机产生高速气流，大部分气流通过喷管到弥雾喷头处喷出，少量气流通过进气管进入药液箱内，以增加药液箱内的压力，保证药液流出。药液经过出液管到达喷嘴，喷嘴上的叶片在高速气流的作用下高速旋转，药液在离心力和高速气流的作用下分散成极为细小的雾滴喷出。

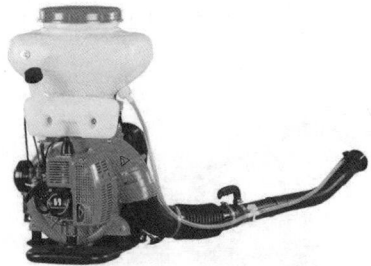

图6-58 弥雾机

弥雾机与喷雾机相比，雾滴更细，可以使用更浓的药液，减少稀释水的用量，作业效率高。高速气流在作业时会吹动作物，增加了雾滴的穿透性，提高了防治效果。通过更换喷头等部件还可以用于喷粉作业。

3. 喷杆式喷雾器 喷杆式喷雾器（图6-59）主要由喷头、喷杆、喷杆架等组成，喷杆上设有多个喷头，可以进行大面积喷雾作业。喷杆式喷雾器大多为可以折叠的形式，可提高其道路通过性，在作业时喷杆展开呈水平状态。

图6-59 喷杆式喷雾器

4. 无人植保机喷药 无人植保机（图6-60）具有灵活性好、效率高、作业成本低等优点，并且可以远程控制、自动化作业，大大减少了劳动投入，但在喷洒均匀性和精准性等方面仍有较大发展空间。

图 6-60 无人植保机

(二) 喷粉机

喷粉机是用来喷洒粉状固体的机械，喷撒时不需要对水。喷粉机（图 6-61）一般由风机、药箱等组成。在作业时，动力驱动风机产生高速气流，小部分气流沿吹粉管进入药箱底部，将药箱内的药粉吹散送至粉门。大部分气流吹向输气管，通过输气管的弯曲部分时，输粉管出口处会形成一定的真空度，药粉被吸入输气管，被高速气流吹出。喷粉机作业效率高，减少了劳动消耗，但直接喷粉降低了作业时的整体质量，粉末在植株上的黏附性不高，影响药效。

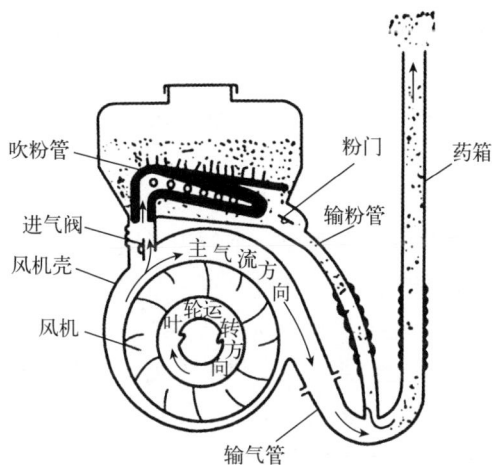

图 6-61 喷粉机

(三) 烟雾机

烟是固态微粒在空气中的分散状态，而雾则是微小的液滴在空气中的分散状态，共同的特征是粒度细，粒径通常在 $0.01 \sim 10.00\ \mu m$。在空气扰动或有风的情况下，烟雾微粒很难沉降，适用于相对密闭的温室。

烟雾机是把农药分散成烟雾状态的施药机械。常见的有常温烟雾机和热烟雾机两大类。

常温烟雾机是利用压缩空气或高速气流，在常温下使药液雾化成小于 25 μm 烟雾的机械。农业上主要被用来保护大棚温室内作物，防治病虫害，进行封闭性施药。具有省水、省药、雾量分布均匀、穿透性强等特点。作业时人机分离操作安全可靠，雾滴分布密度可达到 3 000～5 000 粒/cm³，能使作物各部位均匀受药，具有较好的防治效果。

热烟雾机是利用热能将药液雾化成均匀、细小的烟雾的机械，使药液在空间弥漫、扩散，呈悬浮状态，可有效地在密闭空间内杀灭飞虫和消毒处理。具有施药液量少、防效好、不用水等优点。常用于林业、果园、棚室内的病虫害防治。

四、灌溉机械

花生在苗期需要一个较为干燥的土壤环境，而在开花期则需要一个比较湿润的土壤环境，在之后的结荚期，又需要土壤保持比较干燥的状态。花生从开花期到结荚期的需水量约占花生生命周期总蓄水量的一半以上，如果花期供水不足，严重时可能会产生大量空荚。但土壤水分长期过多会影响根系生长，甚至导致烂根、烂果。这就要求花生田既要做到适时灌溉又要做到及时排涝。

(一) 漫灌

漫灌也称浸灌，是将水引入田间，使其顺着畦或垄流淌，依靠重力浸润土壤的一种灌溉技术。漫灌耗水量大，灌溉后水分在田间分布不均，会引起土地盐碱化。现在已逐渐被淘汰，改用喷灌、滴灌等节水灌溉形式。

漫灌通常采用水泵进行灌溉。根据工作原理的不同，可将水泵分为容积泵、叶片泵等类型。容积泵是利用其工作室容积的变化来输送液体；叶片泵是利用回转叶片与水的相互作用来输送液体，有离心泵、轴流泵和混流泵等类型。目前农田排灌中常用的水泵有离心泵、混流泵和轴流泵等叶片泵。

（二）滴灌

滴灌是在一定压力下使水通过滴头进入土壤进行灌溉的技术。滴灌是一种局部灌溉技术，减少了水分蒸发和积水乱流，极大地提高了水分利用率，可以很好地节约水资源。搭配水肥可以实现水肥一体化，肥料随水分集中分布在作物根系附近，有利于植株对肥料的吸收，提高了肥料利用率，降低了劳动力投入。

滴灌系统一般由水泵、加压设备、控制设备、输水管道、滴管带等组成，部分滴灌系统还配有混肥装置，用来储存和混入肥料。

（三）喷灌

喷灌是对水加压后使其喷到空中形成细小液滴洒落到地面和植物上的一种灌溉技术。生产中常见的有固定式喷灌系统、时针式喷灌机、平移式喷灌机、绞盘式喷灌机等。

固定式喷灌系统的管道在整个灌溉季节都是固定在田里，输水管道多埋于地下，喷头安装在固定竖杆上。这种喷灌系统管理方便、运行成本低、使用寿命长、节省人力，但搭建成本较高，适用于需要经常灌溉的地区。

时针式喷灌机将喷头和支管固定在一个可以移动的支架上，支架一端固定，用来连接水源，整个支架绕这个中心点做圆周运动并进行灌溉。这种灌溉方式的灌溉质量较好，自动化程度较高，但是由于做圆周运动，灌溉面只能为圆形。

平移式喷灌机将喷头和支管安装在可以移动的支架上，在工作时，机架水平移动，灌溉范围呈矩形。这种灌溉机克服了时针式喷灌机只能灌溉圆形面的缺点，更加适合国内的地块情况，但进行换行时比较麻烦。

绞盘式喷灌机利用绞盘上的软管为喷头供水进行灌溉。在灌溉时，先将连接软管的喷水小车拉出，放置到需灌溉位置，喷头在水流作用下往复摆动喷射，同时绞盘缓慢转动，卷绕软管，使喷头小车一边喷洒一边向绞盘方向移动逐渐将软管重新收回到绞盘上，实现连续喷灌。此设备不需要复杂的田间工程，设备简单，投资少，机动灵活，可进行多地块作业。

第五节 花生收获机械

一、花生机械化收获技术

花生是一种地上开花地下结果的作物，这种特点大大增加了花生机械化收获的难度，使得花生收获的工艺流程复杂烦琐。花生收获包括挖掘去土、铺放晾晒、捡拾摘果和清选等过程。花生收获工艺可分为分段式收获、两段式收获和联合收获。

（一）分段式收获

分段式收获（图 6-62）将花生收获过程分成挖掘去土、集堆运输、铺放晾晒、捡拾、摘果、清选等多个不连续的作业过程，利用不同机械相互配合完成花生的整个收获作业。分段式收获常用的装备有花生起收机、花生摘果机、花生清选机等。这种收获方式多采用小型机械，作业过程相对简单，但采用的机器种类和数量较多，作业工序较多，作业效率较低。

花生挖掘去土 花生集堆运输

花生清选 花生摘果

图 6-62 分段式收获模式

（二）两段式收获

两段式收获（图6-63）是把收获过程分成两个阶段，第一个阶段完成挖掘、去土、铺放等工序，第二个阶段完成捡拾、摘果、清选等工序。使用花生起收机完成挖掘、去土、铺放工作，将花生秧果直接在田间进行晾晒，然后使用捡拾收获机进行捡拾摘果作业。相较于分段收获，两段式收获大大减少了使用机具的数量，降低了劳动人员的工作强度，提高了工作效率。相较于联合收获，两段式收获适应性更好，且直接在田间晾晒，减少了场地占用。

花生起收　　　　　　　　　　　　　花生捡拾摘果

图6-63　两段式收获模式

（三）联合收获

联合收获（图6-64）仅使用一台机器就可以完成花生的挖掘拔取、去土、摘果、清选和集果等多个过程或全部过程。花生联合收获机械实现了花生收获作业工序的集成，工作效率高，大大降低了工作人员的劳动强度。

图6-64　联合收获模式

二、花生机械化收获要求

花生的收获期应根据花生的生长状况确定，花生植株基部和中部叶片脱落，上部叶片变黄，大多数荚果果壳变硬、网纹明显，种皮呈现粉红色时即可收获。机械化收获作业应根据当地土壤条件、经济条件、种植模式、种植规模等选择适宜的机械化收获方式和机具。机械化收获作业宜在土壤含水量为18%左右时进行。

对于丘陵坡地等小地块，宜采用分段收获方式，使用花生起收机进行挖掘去土，人工对铺放在田间的花生秧果捡拾收集后进行晾晒，使用摘果机、清选机进行摘果、清选作业。对于中等规模种植的沙壤土平坦地块宜采用联合收获方式，一次性完成花生挖掘、输送、去土、摘果、清选、集果等作业。大规模种植的平坦地块或缺少晾晒场地的地区，宜采用两段式收获方式，使用花生起收机将花生挖掘、去土后，将花生秧果在田间晾晒3～7 d后，由花生捡拾联合收获机完成捡拾、摘果和清选作业。

三、花生分段收获机械

（一）花生挖掘收获机

挖掘是花生收获的第一步，主要是将花生从土壤中拔出，清除花生夹杂的土壤后使花生荚果朝上或朝同一侧有序铺放在地面上。挖掘机械按照输送和去土方式的不同，可分为链铲组合式、铲拔组合式和链筛组合式三种。

1. 铲链组合式花生起收机 铲链组合式花生起收机（图6-65）主要由机架、挖掘铲、输送机构、拢禾器、传动系统等组成。作业时，花生由挖掘铲掘出后被输送到振动输送链杆上，随链杆向后方运动。输送链杆在击

图6-65 铲链组合式花生起收机

振装置的作用下，在竖直方向上做往复运动，大部分泥土在振动输送链的振动作用下被抖落到地面。花生秧果被输送到机器尾部的拢禾器

上，在拢禾器的作用下被聚拢后被有序地铺放到地面，等待后续作业。有的机器安装有碎土辊，对较大土块进行压碎，降低收获后的含土率。

2. 铲拔组合式花生起收

机　铲拔组合式花生起收机（图 6 - 66）主要由机架、挖掘铲、限深轮、夹持输送链、去土装置、导秧杆等组成。作业时，花生被挖掘铲掘起松动后，被一组平行对夹的回转链条夹持住，随着链条向后上方运动，花生被从土中拔起，向机器尾部输送。

图 6 - 66　铲拔组合式花生起收机

在输送过程中花生夹杂的泥土被去土装置去除。花生秧果到达机器尾部的翻秧铺放装置后，被有序铺放到地面，完成起收作业。

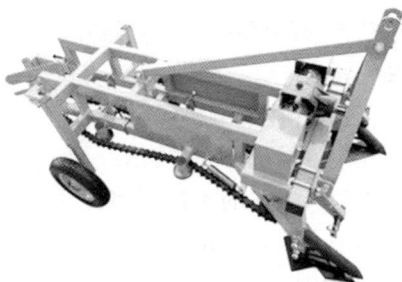

3. 铲筛组合式花生起收

机　铲筛组合式花生起收机（图 6 - 67）主要由机架、挖掘铲、振动筛、传动系统、行走轮等组成。作业时，挖掘铲以一定角度入土将花生掘起，并将掘起的花生秧果和泥土输送到振动筛上。传动系统将拖拉机动力输出轴输出的动力传递到振动筛，

图 6 - 67　铲筛组合式花生起收机

驱动振动筛做前后往复运动。随着振动筛的振动，花生秧果和被掘起的泥土向机器后方运动，大部分泥土随着振动筛的振动被振落至筛下。花生秧果到达机器尾部后被抛送到地面，等待进行后续作业。

为防止秧蔓缠绕造成的堵塞和对未收区秧蔓的拖拽，有的机型侧

面装有切割器，用来切割待收区和未收区之间缠连的花生秧蔓。为降低收获过程中的机器振动，有些机型会采用双振动筛形式，它的振动筛包括前后两个振动筛，前后筛均包含主筛和副筛。作业时前后筛体做同频等幅反向运动，使惯性力相互抵消，降低机具的振动频率，提高收获作业的可靠性。前后筛的主筛均可更换，以适应不同的工作状况和作物。

（二）花生摘果机

花生摘果机可完成摘果、清选、集果、秧蔓处理等工作过程。按照秧果喂入方式的不同可将花生摘果机分为半喂入式和全喂入式两种，其中全喂入式花生摘果机又分为轴流式和切流式两种。

1. 半喂入式花生摘果机 半喂入式摘果机主要由机架、摘果辊、夹持输送机构、传动系统等组成。工作时，人工将花生秧果有序喂入机器中，花生在夹持输送机构的夹持下向后输送。进入摘果阶段后，花生果在相向转动的摘果辊的作用下从秧蔓上脱落。摘果后的花生秧蔓被继续向后输送。半喂入花生摘果机摘果后花生秧较为完整，但在工作速度较高或喂入秧苗较杂乱时，难以保证摘果质量。

2. 全喂入式花生摘果机 全喂入式花生摘果机主要由机架、摘果装置、风机、振动筛、输送装置、传动系统等组成。作业时可将秧果直接喂到摘果装置中，无须摆放整齐，可一次性完成摘果、秧果分离和清选等过程，极大地提高了作业效率。按摘果原理可分为钉齿式、蓖梳式和甩捋式等。作业时，人工将花生秧果喂到摘果机中，花生秧果随着摘果滚筒旋转，秧果受到滚筒的击打和梳刷作用，同时与凹板筛产生撞击和摩擦，花生果从花生秧上被摘下。摘下的花生果和夹杂的泥土及破碎枝叶透过凹板筛落到振动筛上，花生秧被排出机外。在振动筛和风机的联合作用下，夹杂的泥土和破碎枝叶与花生果分离，花生果被输送到集果装置中。

四、花生全喂入捡拾联合收获机械

花生全喂入捡拾联合收获机（图 6 - 68）主要由捡拾收获台、秧果输送装置、摘果装置、清选装置、荚果输送装置、集果箱等组成，可一次性完成捡拾、摘果、清选、集果等作业过程。

图 6-68　4HJL-10 全喂入捡拾联合收获机

（一）捡拾收获台

捡拾收获台（图 6-69）主要由压禾器、捡拾弹齿、滑草板、输送绞龙、机架、限深轮等组成。国内收获机的捡拾机构大多采用弹齿式捡拾器，有少数机型采用齿

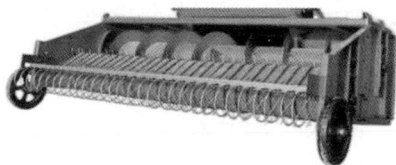

图 6-69　捡拾收获台

流式捡拾器。作业时，花生秧果在压禾器和捡拾弹齿作用下被捡起，沿滑草板表面向后运动，脱离捡拾弹齿的花生秧果在输送搅龙的作用下向捡拾收获台中间运动，随后通过中间交接口进入后续工作部件。

（二）摘果装置

摘果装置（图 6-70）一般由摘果滚筒、凹版筛、机架和传动系统等组成。摘果装置有切流式和轴流式两种，按照滚筒数量可分为单级摘果装置和多级摘果装置，按照摘果齿的形式可分为刚性齿摘果滚筒和弹性齿摘果滚筒，按照摘果原理可分为齿式摘果滚筒、莅捋式摘果滚筒、甩捋式摘果滚筒、差动式摘果滚筒等。作业时，喂入的花生秧果被摘果齿挂住随摘果滚筒转动，在摘果齿的击打、拉拽作用和凹版筛的摩擦、刮带作用以及花生秧间相互揉搓的作用下，花生果与秧蔓分离，透过凹版筛掉落到下方的清选装置上，进行后续清选作业。

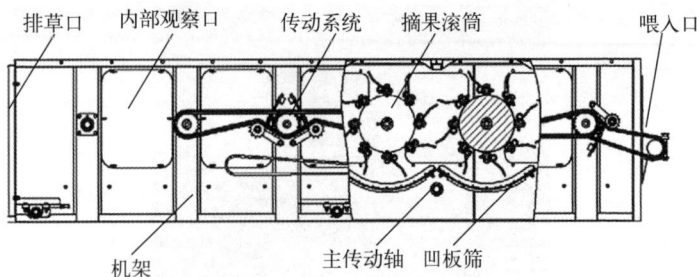

图 6-70　摘果装置

（三）清选装置

花生捡拾联合收获机的清选装置多采用风筛组合式清选装置。通常被摘果滚筒摘下的花生荚果夹杂着残枝残叶、泥土等一起落到清选装置中。偏心机构带动清选筛往复振动，花生和夹带的杂质在清选筛上规律运动，在与振动筛的碰撞和摩擦中，夹杂的泥土从荚果上脱落，透过清选筛与荚果分离。质量较轻的残枝残叶在风机的作用下被吹出机外。

（四）荚果输送及集果装置

输送装置将清选后的花生荚果输送到集果箱中，实现荚果的收集。常用的荚果输送方式有带输送、螺旋输送、刮板输送和气力输送等。带输送结构简单，但在高速或提升角度较大时，物料容易下滑，所以提升角度不能太大；刮板输送是在带输送的基础上加装刮板，防止输送过程中物料下滑，提高了输送装置的输送能力；螺旋输送是利用输送搅龙进行提升输送，输送效果好、效率高；气力输送是利用风机产生的气流进行输送，配置简单，输送能力强。

五、花生半喂入联合收获机械

半喂入联合收获机可同时完成挖掘、清土、摘果、清选、集果等作业过程，是目前集成度最高的花生收获机械，具有荚果破损率低、秧蔓完整、作业效率高等优点。但半喂入联合收获机对花生的种植模式、花生品种、收获时花生植株状况、土壤湿度等都有较高的要求，使用不当容易造成较高的损失率。

半喂入花生联合收获机主要由挖掘输送装置、清土装置、摘果装置、集果装置等组成。作业时，扶禾器先将待收区的花生秧与两侧的花生秧分开，花生秧在挖掘器的作用下松动后被夹持输送装置夹住向后上方运动脱离地面进入清土作业。清土机构安装在夹持装置下方，被用来清除花生根部夹杂的泥土。清土后的花生秧果继续向后输送到摘果区，在一对反向转动的摘果辊的作用下花生果被从花生秧上摘下。被摘下的花生果掉落到下方的清选筛上，在清选筛和风机的作用下，花生果中夹杂的泥土和碎叶等杂质被分离出来并排出机外。清选后的花生果由输送装置运送到集果箱中暂时储存，摘果后的花生秧被继续向后输送抛出机外。

（一）挖掘输送装置

半喂入联合收获机的挖掘输送装置类似于铲拔组合式花生起收机，挖掘铲对称安装在夹持装置前方的机架上。工作时，挖掘铲将花生主根切断并对周围土壤进行疏松，夹持输送链夹住花生秧蔓向后上方运动，将花生秧果从土壤中拔出。

由于半喂入联合收获机的摘果方式为半喂入式，摘果时对花生秧夹持的有序程度要求较高，所以在挖掘阶段就要让花生秧整齐有序地进入机器，为后续的清土、摘果作业做好准备。由于花生收获时枝蔓仍比较茂盛，行间的枝叶往往会交错在一起，不利于挖掘和有序夹持，严重时还可能导致机器堵塞，影响机器正常作业，所以在挖掘前首先要用扶禾器将花生秧扶正、归拢。

扶禾器的形式主要有锥辊式和拨指式。锥辊式扶禾器工作时，锥辊前端紧贴地面前进，锥辊在动力驱动下向外旋转，将待收区的花生扶起归拢并使其与未收区的秧蔓分开，使秧蔓整齐有序地进入夹持装置。锥辊式扶禾器结构简单，安装调整方便，应用较为广泛；拨指式扶禾器主要由拨指、传动链、链轮等组成，与地面成一定角度对称安装在收获台上。工作时，两侧的拨指在链轮的带动下由外向内运动。花生秧被拨指挂住后随拨指向后上方运动，花生秧蔓被扶起并向中间归拢。随后被夹持输送链夹住，花生被拨起后继续被向后输送。拨指式扶禾器引导效果好，即使秧苗杂乱也有较好的扶禾效果，但其结构较为复杂、制造成本较高。

夹持装置是半喂入联合收获机的重要部件，其主要作用是将花生秧拨起并向后输送。夹持装置有夹持链、夹持带等形式。夹持带采用两根 V 带，V 带在张紧轮的作用下被张紧，花生秧与 V 带间产生摩擦力，花生秧被夹持住。V 带夹持是一种柔性夹持，对花生秧的损伤较小，但工作中需要较大的张紧力，否则会出现夹持不住的情况。

（二）清土装置

花生秧果被从土壤中拔出后根部会带有大量泥土和薄膜等杂质，这会影响接下来的摘果、运输、清选等工序的作业质量。如果不能及时清除，容易造成摘果不净、收获荚果的含土率高、机器堵塞等问题，去土效果直接影响收获机的作业质量。

半喂入花生联合收获机采用两个对称安装的拍土板击打花生秧果，清除花生秧果中夹杂的泥土。按照拍土板拍击花生秧位置的不同，可将其分为直接拍击花生根部夹杂的土壤使土壤松碎掉落和拍击秧蔓使夹杂的土壤抖落两种形式。

摆拍去土机构一般安装在加持输送链的下端，主要由连杆、偏心机构和两个对称安装的拍土板等组成。作业时，偏心机构带动链杆做往复运动，拍土板在链杆的作用下做往复运动拍击花生秧果上的泥土达到去土的目的。

（三）摘果机构

摘果是花生联合收获中的关键环节之一，摘果机构的作业质量直接影响整机的工作效率和工作质量。

摘果对辊是摘果机构的主要部件，由两个安装有摘果叶片的滚筒组成，安装在夹持链的下方，对夹持链输送来的花生秧经行摘果作业。按照摘果叶片的形状可以分为直板、折弯板和曲面板三种。

直板和折弯板式摘果叶片均匀分布在摘果辊筒上，叶片底座与辊筒轴线平行。工作时，摘果叶片直接作用于花生荚果，使花生荚果被刷落，工作过程中花生荚果受力较大，允许的工作速度高，摘净率高，但会造成破果率较高、带柄率较高和断枝残叶较多等问题。

曲面板的凸向与滚筒的旋转方向相同，叶片底座与辊筒轴线平行，叶片呈螺旋状分布在辊筒。在工作时，曲面外侧先接触花生荚果，对花生荚果进行拍击，类似于手工甩捋摘果。与直板和折弯板式的摘果叶片相比曲面板摘果叶片摘果较为柔和，花生碎果率、带柄率和含杂率较低，但脱净率较低。

(四) 清选机构

清选是将花生与夹杂的泥土、残枝残叶等杂质分离，降低荚果的含杂率，清选机构的工作质量会直接影响机器工作的流畅性和工作质量，是花生收获过程中的一个非常重要的环节。按照分离清选装置的不同可以分为振动筛式、环形筛式、风筛组合式。

振动筛式清选装置通过偏心装置带动清选筛做往复运动，花生荚果在筛面运动，通过摩擦和撞击使夹杂的泥土和花生果分离，较大的茎秆被抛出机器外。这种分离筛类似于谷物收获机的逐稿器，适应性、清选效果较好，但几乎很难使较为黏重的土壤的花生果和泥土分离，所以仅适用于沙质土壤。

环形筛式清选装置利用环形筛的转动，通过撞击和摩擦将夹杂的土壤分离出来。这种形式延长了分离的时间，大大提高了分离效果，但是筛体结构较为复杂，制作困难。

风筛组合式分离装置在振动筛的基础上加装了风机，将轻质的泥土、薄膜和茎叶等杂质吹出机器外，增强了分离效果，同时避免了犁筛眼堵塞等问题的发生，提高了荚果的清洁度。

第六节　其他机械

一、花生分级机

目前，花生分级机大多采用如图6-71所示的三种方式。滚筒式花生分级机构，在滚筒转动的过程中，滚筒内壁的螺旋叶片推动花生整体向前运动，使花生荚果从相应筛孔中分选出来，实现花生荚果分级；振动式花生分级机构，筛板随着偏心机构做规则振动，使花生荚果受筛板的振动作用在相应的分级筛孔中筛分出来；阶梯轴双辊式花生分级机构，花生荚果从进料斗落入双辊分级机构，在相应阶梯辊处落入相应接料箱中，从而实现分级。

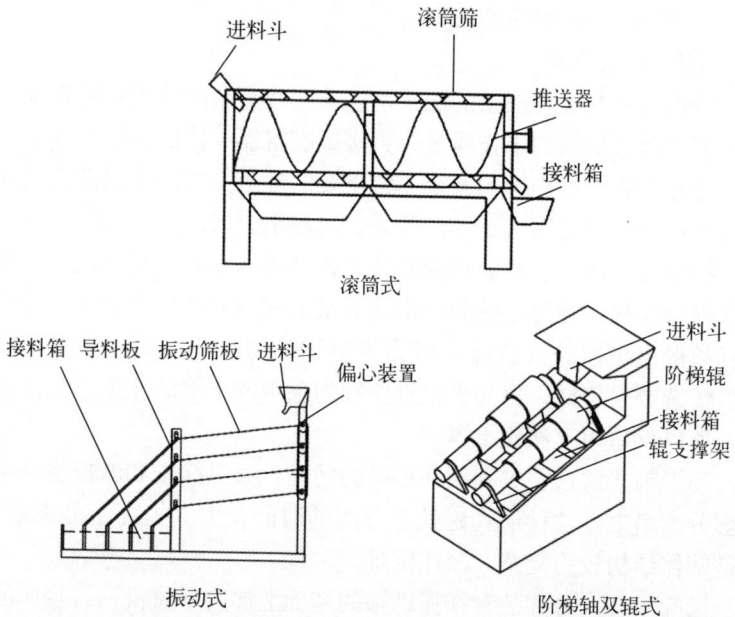

图6-71　花生分级机分类

二、花生脱壳机械

花生脱壳是去除荚果果壳的过程，是花生产后加工的重要环节，相较于手工剥壳，机械脱壳的作业效率更高、人工成本更低，适合大规模作业。目前，花生脱壳常用的方法有打击揉搓法、磨盘式脱壳法、撞击法、碾搓法、剪切法、搓撕法、挤压法、真空法、压力膨胀法、激光法等。其中，打击揉搓法和磨盘式脱壳法应用较为广泛，使用机械为打击揉搓式花生脱壳机和磨盘式花生脱壳机。

（一）打击揉搓式花生脱壳机

打击揉搓式花生脱壳机如图6-72所示。花生荚果由喂料斗进入脱壳仓，在仓内受到滚筒与凹板筛的挤压、揉搓作用形成果仁与果壳的混合物，凹板筛与振动筛之间安装的清选风机将混合物中较轻的果壳吹出，较重的果仁则落至下方的振动筛上，随后果仁与未脱净的花生荚果在振动筛的作用下实现分离，果仁被由出料口排到集果箱，未脱壳的荚果经由气力输送管路进入复脱装置。

图6-72 打击揉搓式花生脱壳机

由脱壳滚筒及凹板筛组成的脱壳仓为其关键部件。根据脱壳滚筒结构形式的不同（图6-73）可将其分为开式及闭式两种（图6-74）。

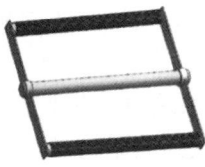

两纹杆脱壳滚筒　　　三打板脱壳滚筒　　　橡塑滚筒

图6-73 打击揉搓式脱壳滚筒

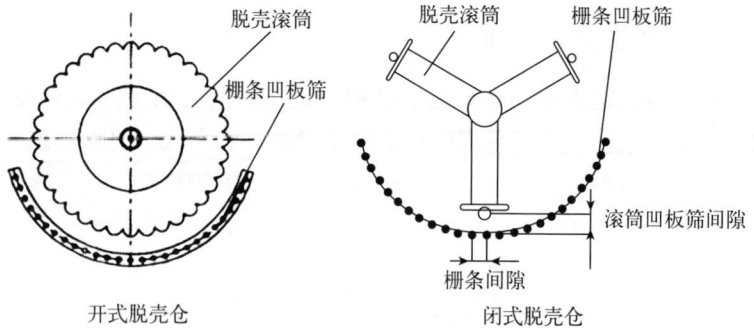

图 6-74　打击揉搓式花生脱壳仓结构

　　开式脱壳滚筒与凹板筛组合对花生进行脱壳时，花生荚果进入脱壳仓后受到旋转打杆的击打，随后下落至滚筒凹板筛之间，通过脱壳滚筒的旋转作用及凹板筛的阻滞作用，荚果受到外力揉搓及挤压从而破裂，果仁在外力作用下脱出，破裂的果壳及脱出的果仁在旋转打杆挤压及连续料流的共同作用下，由栅条凹板筛间隙排出脱壳仓。该结构形式下各部件对花生荚果的打击作用较为显著，破损率相对较高，但其结构特点是脱壳仓内空间较大，对荚果喂入均匀性要求较低，可实现较大喂料速率的花生荚果脱壳，生产率相对较高，适用于油用、食用花生高效脱壳。

　　闭式脱壳滚筒凹板筛组合与上述结构相比，对荚果的打击作用较弱，荚果由料斗下落至脱壳仓时，在闭式滚筒的带动下，在脱壳滚筒的揉搓、挤压作用下实现脱壳，破损率相对较小，但由于闭式脱壳滚筒凹板筛的结构特点，其脱壳仓内空间相对狭小，在实际生产中对脱壳设备喂料均匀性要求较高，喂料速度快易产生堵塞，影响正常作业，可用于种用花生的低损脱壳作业。

　　不同厂家生产的花生脱壳设备凹板筛结构有较大差别，主要有编织筛、栅条凹板筛，如图 6-75 所示，以栅条凹板筛式结构较为常见。编织筛在脱壳过程中对花生阻滞较大，脱净率高，但破损率亦较高，常用在油用花生脱壳设备中；栅条凹板筛对花生的阻滞作用较编织筛小，破碎率相对较小。

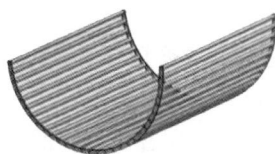

编织筛　　　　　　　　　栅条凹板筛

图 6 - 75　打击揉搓式花生脱壳机凹板筛

（二）磨盘式花生脱壳机

磨盘式花生脱壳机（图 6 - 76）主要由进料斗、磨盘、动磨盘等组成。由动磨盘与静磨盘组成的脱壳仓是其关键部件，动磨盘在静磨盘下方，且盘间间隙可根据不同花生品种进行调节。脱壳时，花生荚果由进料斗进入脱壳仓，动磨盘在驱动轴的旋转下带动静磨盘与动磨盘之间的花生荚果并与之产生摩擦及挤压作用，同时花生荚果之间也相互挤压，在挤压、揉搓、摩擦的共同作用下，花生荚果果壳破裂，果仁脱出，完成脱壳过程，部分花生脱壳机为降低破损率，还在动磨盘上设置橡胶，以实现对花生荚果的柔性挤压。该类设备尺寸大、生产率高、果仁破损率较高，通常在榨油厂使用。

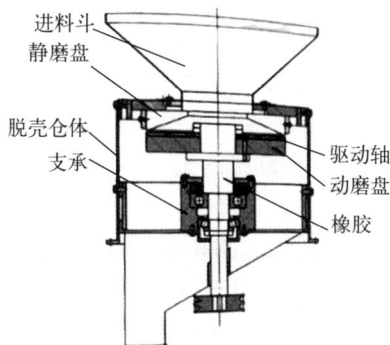

脱壳机　　　　　　　　　　脱壳仓结构

图 6 - 76　磨盘式花生脱壳机

三、清选机械

清选主要为清粮和选粮，清粮是为了将籽粒中夹杂的残枝残叶、石子、泥土等杂物分离清除，选粮是将未成熟、霉变、干瘪的果实与饱满的果实分开。机械清选的基本原理是利用各成分间的物理性质差异进行分离。常用的清选形式有气流清选、振动筛清选、窝眼筒清选、风筛组合式清选等。

（一）气流清选

气流清选主要利用待清选混合物中不同成分的空气动力学特性差异进行清选，可以有效分离果实中夹杂的轻质杂物，如残留茎叶、泥土、干瘪果实等。常用的气流清选方式有垂直气流式、倾斜气流式、扬场机式等。

垂直气流式清选一般由喂料装置、垂直气道、风机、沉降室等组成。工作时，待清选混合物由喂料装置喂至垂直气道下部的筛面上，果实和掺杂的杂质等受到气流的作用，小于悬浮速度的轻质杂物随气流被吹出机外，完成分离。

倾斜气流式清选装置根据不同成分在气流中的运动轨迹差异来完成清选分离。工作时，果实被喂到倾斜吹风机构建的风场中，果实和杂质由于漂浮特性的不同而被吹至不同距离，实现分离作业。

扬场机在工作时将果实和杂质的混合物按照一定角度抛出，由于空气对不同物料的阻力不同，其抛掷后落地的距离会出现差异，从而实现分离。扬场机的抛洒角度与水平方向一般呈 30°～35°角。

（二）振动筛清选

振动筛清选装置可以根据果仁的厚度或宽度将籽粒分离开，常用的有长方孔筛、圆孔筛。对于长方孔筛，孔的宽度应大于籽粒的厚度并小于籽粒的宽度，筛孔的长度应大于籽粒的长度，籽粒在长度和厚度上不受长方孔筛的限制。工作时，筛子只需要做水平方向上的振动；对于圆孔筛，筛孔直径应大于籽粒的厚度而小于籽粒的长度。作业时，筛体需要做垂直方向振动，使籽粒可以竖起来，籽粒的厚度和长度不受圆孔筛的限制通过筛眼。

（三）窝眼筒清选

窝眼滚筒清选装置（图 6-77）是按照籽粒长度分选籽粒，其工作部件是一个内部压有口径一致窝眼的窝眼筒。工作时，籽粒混合物被喂到滚筒内，窝眼筒在动力作用下旋转。长度小于窝眼口径的籽粒随着滚筒的旋转被向上提升，到达一定高度后自动落入承种槽内。长度大于窝眼口径的籽粒不能完全进入窝眼，在滚筒旋转时不能被提升到

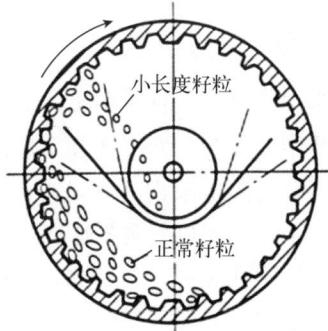

图 6-77　窝眼筒清选装置

承种槽的位置，上升到一定高度便滑下并沿滚筒轴线运动，从排种口流出。

（四）风筛组合式清选

风筛组合式清选是常用的清选形式，效率高、清选效果好。工作时，清粮装置依靠风机产生的气流把漂浮性较强的杂质吹走，漂浮性较差、尺寸较大的种子落到筛子上依靠振动筛清选。风筛式清选相较于只用振动筛清选可有效减少籽粒中的轻质杂物，减少筛孔堵塞的情况，分离效果更好。

风筛组合式清选装置采用的筛子有冲孔筛、网眼筛、鱼眼筛、鱼鳞筛等形式。冲孔筛的筛孔多为圆形或矩形，甄别能力强，但残枝残叶等杂质容易插入孔中造成堵塞；鱼眼筛的筛孔在凸起的垂直面上，工作时不易堵塞，但清选效率较低；网眼筛的有效工作面积较大，生产效率高，但选别能力较差，多用于粗选；鱼鳞筛的筛孔是由许多鱼鳞状筛片构成的，大小可调，对气流的阻力小，适应性广，生产率高，但是结构复杂，成本较高。

风筛组合式清选装置的筛子大多采用上下两层配置，上层筛子筛孔较大，清选夹杂的残枝、碎壳等较大杂质，下层筛子的筛孔较小，

用于对籽粒的进一步清选。此外，还有使用多层筛子的清选装置，可在清选的同时进行籽粒分级。

四、干燥机械

干燥机械将具有干燥性质的空气通入装有荚果的大型容器中，使谷物中的水分蒸发以达到干燥的目的。按照谷物和介质相对流动的方向可分为固定床式、顺流式、逆流式、横流式、混流式等，按照干燥机的结构形式可分为平床式、厢式、柱式、带式、滚筒式等，根据处理的连续性还可分为连续式干燥机和循环式干燥机。机械干燥可人为控制温度、湿度等参数，大大降低了自然干燥过程中的损耗，缩短了干燥时间以充分保证花生品质。

（一）仓式干燥机

仓式干燥机（图6-78）主要由仓房、热源、风机、透风板、通风管道等组成。

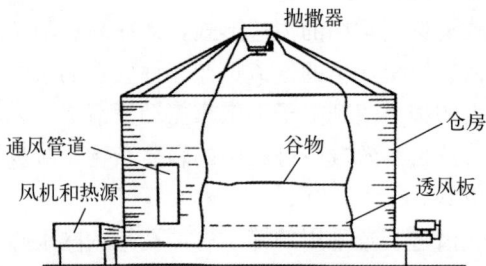

图6-78 仓式干燥机

工作时，将待干燥的花生加入仓内，当仓内种子达到固定量时停止输入，随后风机和热源启动并持续向仓内通入热风直至花生含水率达到要求后停止。循环流动式干燥仓在仓式干燥机的基础上加装搅龙机构，通过搅龙将仓内上下层花生调换位置，使仓内花生干燥得更加均匀。仓式干燥机成本相对较低，干燥完成后可直接进行储存。

（二）横流式干燥机

横流式干燥机自上而下分为三段（图 6-79），即上层储粮段、中层干燥段和下层冷却段。工作时，上层储粮段内待干燥的花生依靠重力作用进入中层干燥段，用于干燥的热空气横向穿过花生层，通过控制排粮轮转速控制花生在干燥段的停留时间。干燥后的花生进入冷却段冷却，随后从排粮口排出。横流式干燥机的结构简单，制作成本低，但由于侧面进风，容易出现干燥不均匀的情况，工作中能源利用率低，耗能较高。

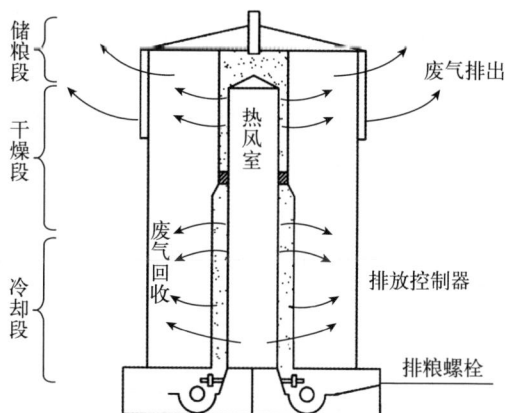

图 6-79　横流式干燥机

为了避免横流式干燥机干燥不均匀的情况，可在干燥机粮柱中安装换流器，使内外侧的花生互换，这样可以减轻干燥后内外侧水分不均的问题。改变热风的方向也可以使不同侧的花生均匀受热。使用多级横流干燥或锥形粮柱以改变粮柱的厚度也可以改善干燥不均匀问题并提高干燥效率。

（三）顺流式干燥机

顺流式干燥机（图 6-80）配有热风机和冷风机。工作时，干燥热风与花生同向运动，待干燥的花生先与热风接触，之后依靠重力自

上而下运动，干燥后与冷风接
触进行冷却。顺流式干燥机可
以使用较高的温度，干燥速度
快，干燥均匀性好。

常见的顺流式干燥机多采
用二级或三级顺流式干燥段和
一个逆流冷却段，以获得更高
的生产率和干燥质量。

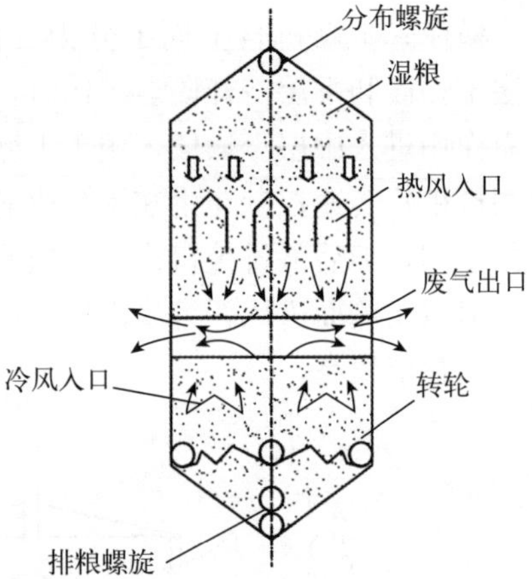

（四）逆流式干燥机

逆流式干燥机（图6-81）
从仓顶加入待干燥花生，热风
流动方向与花生流动方向相
反。低温高水分的花生进入
干燥室后，首先与水分含量

图6-80 单极顺流式干燥机

较高的热空气接触，然后逐渐受到温度较高、水分含量较低的热气
的作用，最后逐渐接近热风温度。由于花生和热风平行流动，因此
所有的花生均可得到很好的干燥。逆流式干燥机干燥均匀性较好，

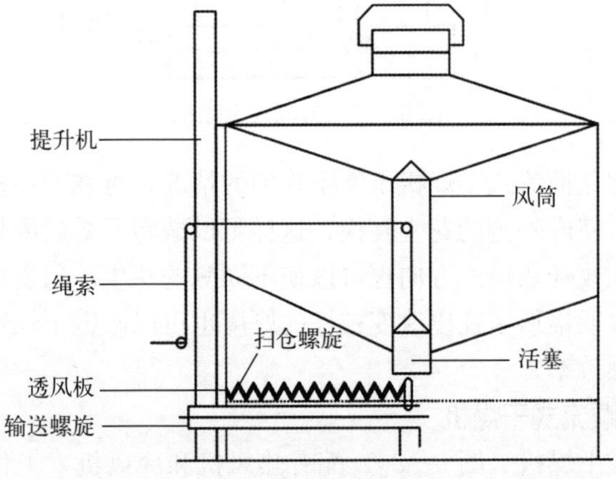

图6-81 逆流式干燥机

热效率较高，但由于热风先与干燥的花生接触，所以不能使用过高的温度。

（五）混流式干燥机

混流式干燥机的热风在干燥仓内有顺流、逆流和横流等流动方式。混流式干燥机（图6-82）主要由提升机、热风系统、烘干塔和排料机构等组成。烘干塔主体采用积木式结构，其主体结构主要包括储料段、干燥段、缓苏段、干燥段、冷却段、排料段、进排气角状管及废气风道。干燥机进料作业时，关闭干燥机底部排料装置，由提升机将待干燥物料输送至干燥仓内，物料在重力作用下沿着交替排布的角状管之间的空隙缓慢向下流动，待物料装满干燥仓后，开启热源，干燥作业开始；热风由进气管进入待干燥物料层，穿过物料层后经排气管排出机外；同时底部排料装置工作，物料排出后再次由提升机输送至干燥仓内，重复上述作业流程，直至物料的含水率达到要求。物料依次经过干燥—缓苏—干燥—缓苏—冷却的作业流程，完成整个干燥过程。混流式干燥机采用的干燥方式使花生与热风接触的时间短，减少了对花生的损伤，干燥后花生质量较好。

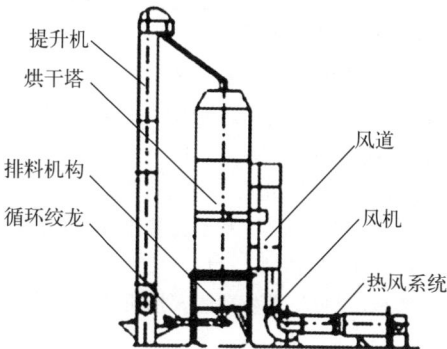

图6-82　混流式干燥机

参 考 文 献

陈付东，江景涛，王东伟，等，2020. 花生种植机械的应用现状及研究进展 [J].
江苏农业科学，48（13）：41-46.

陈中玉，高连兴，2020. 美国花生收获机械现状与发展 [J]. 农机市场（8）：
57-59.

崔晓明，张亚如，张娜，等，2016. 根土空间对花生生长发育和产量的影响 [J].
华北农学报，31（3）：141-146.

杜凤永，李连辉，郑万众，等，2021. 一种新型鸭嘴式播种器的研制及推广应用
[J]. 农业工程技术，41（11）：59-60.

范鑫，王建国，兰玉彬，等，2020. 飞行参数对结荚期花生航空施药雾滴沉积特
性的影响 [J]. 中国农机化学报，41（12）：36-41.

耿端阳，何珂，印祥，等，2017. 玉米花生间作播种施肥一体机研制与试验 [J].
农业工程学报，33（17）：34-41.

郭伟宏，郭辉，于欣东，等，2020. 基于两段式收获工艺的花生起收机设计与试
验 [J]. 中国农机化学报，41（7）：34-39.

韩鹏，宋亚辉，安艳阳，等，2020. 河北省高油酸花生绿色高效栽培 10 大关键
技术 [J]. 中国农技推广，36（8）：47-50.

郝建军，聂庆亮，马璐萍，等，2020. 锥盘式花生种子脱壳装置研制 [J]. 农业
工程学报，36（17）：27-34.

胡志超，2017. 花生生产机械化关键技术 [M]. 镇江：江苏大学出版社.

黄尚书，武琳，叶川，等，2018. 耕作深度对红壤坡耕地花生根系生长及活力的
影响 [J]. 江西农业学报，30（12）：9-12.

李宝筏，2003. 农业机械学 [M]. 北京：中国农业出版社.

李英春，王东伟，何晓宁，等，2022. 基于高垄种植的花生播种施肥机设计与试
验 [J]. 农机化研究，44（1）：107-111，123.

刘彩玲，宋建农，王继承，2007. 花生覆膜穴播机成穴机构研究 [J]. 中国农业
大学学报（3）：61-64.

马春燕，陈维强，李政平，等，2022. 喷杆喷雾机喷药系统设计 [J]. 农机化研
究，44（7）：264-268.

尚书旗，王方艳，刘曙光，等，2004. 花生收获机械的研究现状与发展趋势 [J].
农业工程学报（1）：20-25.

宋亚辉，韩鹏，王瑾，等，2020. 花生膜下滴灌水肥一体化生产技术规程 ［J］. 河北农业科学，24（6）：45－48.

王东伟，2013. 花生联合收获机关键装置的研究 ［D］. 沈阳：沈阳农业大学.

王申莹，胡志超，徐弘博，等，2019. 全喂入式花生捡拾收获机捡拾输送装置研制 ［J］. 农业工程学报，35（19）：20－28.

王允，李淑芳，尹海燕，等，2021. 不同储藏条件对花生品质的影响 ［J］. 食品安全质量检测学报，12（11）：4544－4551.

肖伟中，孔得鹏，等，2022. 全量秸秆条件下花生免耕播种机的设计与试验 ［J］. 农机化研究，44（7）：128－132.

谢焕雄，2020. 花生脱壳机械化关键技术研究 ［M］. 北京：中国农业科学技术出版社.

杨立国，李小龙，2020. 粮经作物机械化技术及装备 ［M］. 北京：中国农业科学技术出版社.

杨然兵，尚书旗，2010. 花生联合收获机柔性夹持装置设计与试验 ［J］. 农业机械学报，41（8）：67－71.

张贺斌，2019. 磨盘式花生脱壳机的设计及优化 ［D］. 保定：河北农业大学.

张祥彩，李洪文，王庆杰，等，2015. 我国北方地区机械化深松技术的研究现状 ［J］. 农机化研究，37（8）：261－264，268.

赵其斌，张兴华，2016. 花生机械化播种铺膜技术 ［J］. 河北农业（3）：11－12.

中国农业机械化科学研究院，2021. 农业生产全程全面机械化解决方案 ［M］. 北京：企业管理出版社.

周桂元，梁炫强，2017. 花生生产全程机械化技术 ［M］. 广州：广东科技出版社.

周巾英，2018. 花生干燥技术与装备研究 ［G］. 青岛：中国作物学会油料作物专业委员会第八次会员代表大会暨学术年会综述与摘要集.

第七章

河北省花生加工与利用

花生是世界第四大油料作物、第三大蛋白质来源作物，是一种食、油两用的经济作物。世界上各个国家对花生消费利用的比例不同，发达国家的花生以食用为主，如美国花生仅 1% 被用来榨油，欧盟花生约 3% 被用来榨油，而发展中国家的花生以榨油为主，如印度 55%、我国 51%。从榨油与食用的比例来看，食用的比例逐年增加，从 20 世纪 70 年代到目前，我国的花生榨油比例从 58% 下降到 51%，食用比例从 31% 增加到 40%。随着世界经济的发展和人民生活水平的不断提高，人们更加关注营养、健康的食品。花生的蛋白质及其特征氨基酸的含量、脂肪酸的比例、蔗糖含量等花生的加工特性和黄酮含量等功能特性指标已经成为重要研究指标。

不同花生品种的品质特性具有显著的差异，不同的加工方式和消费方式对花生的品种和原料的品质要求不同。粒形、皮色、含糖量、O/L 是影响出口花生质量的重要指标。脂肪的含量、脂肪酸的比例和维生素 E 等活性物质的含量是影响花生油品质的重要质量指标。明确花生原料特征特性与产品品质之间的关系对花生的育种方向和产业发展具有重要意义。

第一节　花生的价值与应用

现代营养学和流行病学开展了包括人群膳食干预、病例对照分析、动物实验和细胞培养实验的大量关于花生、花生制品及副产物的保健、抗病研究，为促进花生及其制品和副产物在人类膳食营养和保健方面的应用提供了理论基础。

一、花生仁的价值与应用

（一）花生仁的营养成分

花生营养丰富，约含脂肪 50%、蛋白质 25%、碳水化合物 15%，同时还含有维生素、酚类物质、植物甾醇、活性多糖、磷脂、膳食纤维等生物活性成分。

1. 脂肪　花生中的脂肪酸包括饱和脂肪酸［棕榈酸（6%～18%）、硬脂酸（1.3%～6.5%）、花生酸（1.0%～3.0%）、二十二烷酸、木焦油酸、肉豆蔻酸］和不饱和脂肪酸（油酸 35%～83%、亚油酸 3%～45%、花生烯酸），不饱和脂肪酸含量达 85%以上，与橄榄油的脂肪酸组成（棕榈酸、硬脂酸、油酸、亚油酸、花生酸含量分别是 6.9%、2.3%、84.4%、4.6%、0.1%）很相近，有"中国人的经济橄榄油"之称。油酸是一种单不饱和脂肪酸，具有顺反异构体，对软化血管有一定效用，在人体新陈代谢过程中也起着重要作用，但人体自身合成的油酸不能满足需要，要从食物中提取，故食用油酸含量较高的食用油有益于健康。O/L 是衡量花生及其制品耐储性的一个很重要的生化指标，比值越大，花生及其制品的货架期就越长，因此高油酸花生及其制品具有更高的营养价值和更稳定的品质，已经成为花生产业发展的主流。

2. 蛋白质　食用营养价值研究证明，花生蛋白质的生物价（BV）为 59，蛋白质的净利用率（NPD）为 51，纯消化率可达 90%。花生蛋白粉的营养价值与动物蛋白相近，蛋白质含量是瘦牛肉的 2.8 倍、瘦猪肉的 3.3 倍、鸡蛋的 3.8 倍、牛奶的 16 倍（表 7-1）。花生蛋白质的营养功能与大豆蛋白质接近，却比大豆蛋白质更易吸收；花生蛋白质的不消化糖、棉籽糖和水苏糖含量只相当于大豆蛋白质的 1/7，食用后不会产生食用大豆后出现的腹胀、嗝气现象，因此花生蛋白质的生物学效价比大豆高得多，被认为是一种极具开发潜力的乳糖不耐受消费者的蛋白基料和牛乳等动物奶类的代替品。另外，花生可溶性蛋白质和氮溶解指数（NSI）高，添加到动物食品或植物食品中都能起到改善食品品质、强化食品营养的作用，并且有花生固有的香味，应用前景十分广阔。花生蛋白质含有 8 种人体必需氨基酸（表 7 - 2），除蛋氨酸含量较低外，其他氨基酸含量均达到联合国粮食及农业组织（FAO）规定的标准，同时，花生富含精氨酸、亮氨酸、苯丙氨酸、谷氨酸和天门冬氨酸。花生中精氨酸的含量明显高于大豆、菜籽等其他大宗粮油作物，因此精氨酸是花生的特征氨基酸。花生蛋白质中赖氨酸的含量比大米、小麦、玉米中的高，其有效利用率达 98.8%，而大豆蛋白质中赖氨酸的有效利用率仅为 78%。

表 7 - 1   花生蛋白粉与肉蛋奶类食物的营养成分

名称	蛋白质 (g)	脂肪 (g)	碳水化合物 (g)	钙 (mg)	镁 (mg)	铁 (mg)
花生蛋白粉（100 g）	55.0	4.5	23.0	93	510	2.6
鲫鱼（100 g）	13.0	1.1	0.1	54	203	2.5
干虾米（100 g）	58.1	2.1	4.6	577	614	13.1
瘦猪肉（100 g）	16.7	28.8	1.0	11	177	2.4
牛肉（100 g）	20.1	10.2	0.1	7	170	0.9
牛奶（100 g）	3.3	4.0	5.0	600	465	1.0
鸡肉（100 g）	21.5	2.5	0.7	11	190	1.5
鸡蛋（100 g）	14.6	11.6	1.6	55	210	2.7

表 7 - 2   花生及其他粮油作物中的氨基酸组成（g，16 g N 中的含量）

氨基酸	花生蛋白	大豆蛋白	菜籽蛋白	棉籽蛋白	大米蛋白	小麦蛋白	玉米蛋白	FAO/WHO推荐模式
赖氨酸	3.05	6.01	5.81	4.48	3.52	2.44	3.67	5.50
组氨酸	2.31	2.25	2.72	2.90	2.32	2.23	3.03	—
精氨酸	11.30	7.55	6.64	12.45	9.15	4.29	4.70	—
天门冬氨酸	14.12	10.38	7.12	9.11	8.46	7.22	7.05	—

（续）

氨基酸	花生蛋白	大豆蛋白	菜籽蛋白	棉籽蛋白	大米蛋白	小麦蛋白	玉米蛋白	FAO/WHO推荐模式
苏氨酸	2.54	3.66	4.50	3.00	3.85	3.04	4.40	4.00
丝氨酸	4.91	4.61	4.71	4.12	5.02	5.97	3.62	—
谷氨酸	19.92	18.42	17.92	20.47	19.68	29.94	13.25	—
脯氨酸	4.40	6.20	6.14	3.60	3.95	7.56	5.63	—
甘氨酸	5.61	4.62	5.33	4.15	3.27	4.46	6.65	—
丙氨酸	4.12	4.50	4.90	3.73	5.43	4.02	4.62	—
胱氨酸	1.35	1.63	2.64	0.82	2.21	2.54	2.40	>3.50
蛋氨酸	0.91	1.56	2.38	1.31	1.73	1.41	1.83	
缬氨酸	4.50	5.30	5.29	4.60	5.43	4.22	4.95	5.00
异亮氨酸	4.14	5.02	4.20	3.47	3.54	3.58	3.28	4.00
亮氨酸	6.72	7.72	7.31	5.81	8.40	7.11	15.20	7.00
酪氨酸	4.11	3.91	3.10	3.15	3.80	3.20	5.20	>6.00
苯丙氨酸	5.22	5.00	4.14	5.51	4.75	4.53	4.96	
色氨酸	1.02	1.20	1.45	1.15	1.68	1.14	0.78	1.00

3. 碳水化合物　花生仁中淀粉约占 4%，其余是游离糖，分为可溶性糖和不溶性糖。可溶性糖主要是蔗糖、果糖、葡萄糖，同时还有少量水苏糖、棉籽糖和毛蕊糖等低聚糖；不溶性糖有半乳糖、木糖、阿拉伯糖和氨基葡糖等。花生中的膳食纤维主要存在于花生壳、花生饼粕和花生茎叶中，花生壳中的膳食纤维含量最高，为 65%～80%。花生中的膳食纤维是一种复杂的混合物，其化学组成主要有纤维素、半纤维素、果胶和木质素。由于花生中膳食纤维成分复杂，因此有多种分类方法。根据在水中的溶解度不同，可分为水溶性膳食纤维和水不溶性膳食纤维；根据品质的不同，可分为普通膳食纤维和高品质膳食纤维；根据被大肠菌群发酵程度的不同，可分为部分发酵膳食纤维和完全发酵膳食纤维。花生中的膳食纤维具有良好的持水性、阳离子

结合与交换和吸附作用等理化性质，而且还具有诸多的生理功能。花生膳食纤维可添加到乳制品、肉制品、饮料和焙烤食品中，改善这些食品的感官品质和营养功能，还可以制成休闲食品或减肥食品供肥胖、高血脂、高血压等疾病患者食用。由于花生膳食纤维具有广泛的来源和诸多的生理功能，制备工艺简便、检测方法丰富、应用范围广，因此具有广阔的开发前景。

4. 维生素 花生中富含维生素，主要包括烟酸、维生素 E、维生素 B_1、维生素 B_2、维生素 B_6、泛酸等。其中烟酸、维生素 E 和泛酸的含量较高，占维生素总含量的 85% 以上；其次为维生素 B_1、维生素 B_2 和维生素 B_6，3 种维生素含量均在 $0.1 \sim 1.0$ mg/100 g，约占维生素总量的 10% 左右；维生素 K、叶酸、生物素在花生中含量很低，均小于 0.1 mg/100 g，占维生素总量的比例小于 5%。花生中的维生素 E 主要含有 α - V_E、γ - V_E 和 δ - V_E 3 种异构体（表 7 - 3），其大致含量分别为 20.0 mg/100 g、7.0 mg/100 g、0.5 mg/100 g。

表 7 - 3　不同植物油中维生素 E 的含量和组成（mg/100 g）

食品名称	维生素 E 总量	维生素 E 组成			
		α - V_E	β - V_E	γ - V_E	δ - V_E
花生油	42.61	33.98	—	16.93	1.30
菜籽油	69.37	23.16	0.19	38.93	7.09
大豆油	105.91	11.90	4.44	65.48	24.09
玉米油	88.65	31.71	2.44	51.64	2.86
葵花籽油	74.45	64.12	5.06	4.52	0.75
生芝麻油	117.10	—	—	113.60	3.50
橄榄油	22.03	19.75	0.64	1.55	0.09
米糠油	32.27	29.95	1.47	0.85	0.00
核桃油	20.94	1.39	0.00	16.92	2.63
枸杞籽油	162.44	151.40	11.04		
生胡麻油	101.44	1.83	94.03	—	5.58
杏仁油	55.32	3.55		49.38	2.38

5. 其他成分　　花生中除含有丰富的蛋白质、脂肪、碳水化合物外，还含有矿物质、白藜芦醇、原花色素、黄酮类等生物活性成分。花生仁中的矿物质含量仅为 2‰～3‰，但是从营养角度来讲，花生仁中锌、钾、磷、镁较为丰富，钙、碘、铁较为缺乏。Zn^{2+}、Mg^{2+} 等金属离子是很多金属酶的组成成分或激活剂，100 g 花生油中 Zn^{2+} 含量达到 8.48 mg，是色拉油的 37 倍、菜籽油的 16 倍、大豆油的 7 倍。100 g 花生仁中植物甾醇的含量为 150～250 mg，主要含有菜油甾醇、豆甾醇、β-谷甾醇 3 种植物甾醇。

（二）花生仁的应用

烘烤花生是花生仁休闲食品的一种，通常选择颜色均匀、没有变质的花生仁，平铺于烤盘，控制厚度，以一层为宜，烤箱温度设置在 150 ℃，烤制 15～20 min，待花生颜色变为红褐色、表皮有裂纹时，取出放凉，即可直接包装，产品香脆可口。

咸酥花生也是广受大家喜爱的花生仁休闲食品，将花生带皮过清水冲洗后沥干，和盐一起倒入炒锅，不断铲动花生，大火炒制 5 min 后，改中小火继续翻炒，其间采用喷水器对花生喷水，15～20 min 后过筛，铺摊吹凉后包装即可。

椒盐花生通常是将花生用水浸泡 15 min，捞起沥干水分，用沸水煮制 3 min 后捞出，然后把椒盐撒在煮好的花生上，混匀，放置 30 min 后，倒入炒锅中，撒入适量盐拌匀，翻炒 10～15 min，摊开吹凉后，包装即可。

五香花生是将花生仁用冷水洗净，准备好花椒、大料、桂皮、香叶、红辣椒，提前用冷水浸泡这些辅料 20 min。然后，将浸泡后的香料倒入水中煮开，再倒入洗净的花生，煮制 8～9 min，加盐，搅拌均匀继续煮制，花生熟后再浸泡约 2 min，即可盛出放凉后包装。

此外，对上述花生制品进行粉碎也可以得到不同口味的风味花生仁、花生碎等产品。

二、花生粕的价值与应用

(一)花生粕的价值

我国每年约有 900 万 t 的花生被用于榨油,2022 年花生油年消费量约 331 万 t,花生饼粕年产量约 414 万 t,90％被用作饲料。花生饼粕中蛋白质含量约为 55％。以花生粕为原料,可以制备花生蛋白粉、花生短肽、植物蛋白肉等产品。

(二)花生粕的应用

花生粕在食品加工中应用非常广泛,既可以作为食品加工中的主要食材,也可以作为食品的配料。

1. 花生蛋白粉 花生蛋白粉及固体冲调饮料营养丰富、含多种维生素,具有高蛋白、低脂肪、不含胆固醇的特点,其冲调性和稳定性均很好。脱脂花生蛋白粉的蛋白质含量高达 57％,脂肪含量低于 1.0％。

在面制品加工方面,花生蛋白可提高产品营养价值、有效补充居民日常蛋白质摄入量,同时可改善产品的稳定性、咀嚼性等品质。

在肉制品加工方面,利用花生蛋白的凝胶性、乳化性等功能特性可以显著改善肉制品的弹性和咀嚼性。如在火腿肠的制作过程中添加 4％的花生蛋白粉可以明显提高产品得率,并且火腿肠的硬度、弹性、蒸煮损失率,与企业目前应用的大豆蛋白质相当,失水率显著低于大豆蛋白质。

2. 花生组织蛋白 花生组织蛋白又被称为植物基肉制品,以花生蛋白质为原料,采用挤压技术加工而成,成品蛋白质含量在 50％以上,胆固醇含量为 0％;在人体内的消化吸收生物价值达 93％～97％,是一种具有类似于动物肌肉的纤维结构和口感的低脂高蛋白制品。根据物料水分含量的不同,可分为低水分组织化花生蛋白质(水分含量在 20％～40％)和高水分组织化花生蛋白质(又称新型植物蛋白肉,水分含量在 40％～80％)。低水分组织化花生蛋白质是目前国际和国内市场上的主要的植物蛋白肉产品形态,多作为肉制品添加物被应用于火腿肠、饺子等食品中，可部分替代动物肉，降低生产成本，增加食品中蛋白质的含量，改善膳食结构。近几年，中国农业科学院研发的新型植物蛋白肉产品组织化程度高、营养成分损失少，且极具动物肉质地和结构，具有即食、即用的特点，是比较理想的动物肉部分替代产品（图 7 - 1）。

花生蛋白素鸡丁　　　　　　　　花生蛋白休闲手撕肉

图 7 - 1　高水分组织花生拉丝蛋白系列植物蛋白肉新产品

3. 花生豆腐　以花生蛋白粉制备的豆腐凝固状态好、弹性好，质地均匀，口感细腻，具有浓厚的花生香气，符合儿童和老年人的饮食喜好并利于消化吸收。中国农业科学院以花生专用品种为原料，建立了花生豆腐加工专用工艺，研发出硬豆腐、软豆腐、内酯豆腐系列产品。花生硬豆腐色泽洁白、花生风味浓郁，得率为 294.5%。与市售产品相比，弹性高 7.5%、硬度高 2.8%、咀嚼性高 12.2%，具有优良的保水性和耐煮性。花生软豆腐色泽洁白、口感细腻，得率高达1 100%，可进一步开发花生布丁等系列产品。花生内酯豆腐口感嫩滑，得率达 900%，可进一步开发成甜豆花等产品（图 7 - 2）。

4. 花生短肽　花生短肽的消化吸收性好、食品安全性高，故可作为营养强化剂应用于减肥食品、运动员食品和医疗食品中。

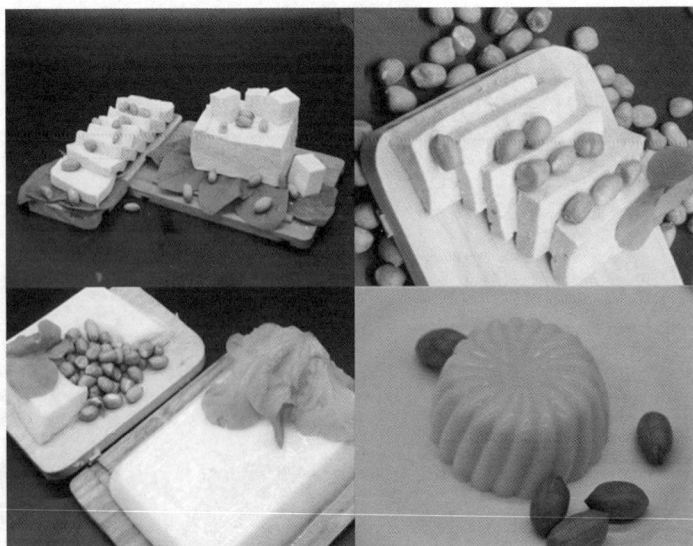

图 7-2 花生豆腐系列产品

5. 饲料 花生粕可用于饲喂猪、鸡等单胃动物及反刍家畜，适口性很好。但由于花生粕的氨基酸组成欠佳，同时易感染黄曲霉菌，所以饲用量受到一定限制。花生饼粕感染黄曲霉菌后需要脱毒处理，黄曲霉毒素 B_1 允许量达到 $2.5\ \mu g/mL$ 以下 [《饲料卫生标准》（GB 13078—2017）] 方能作为饲料使用。

6. 酿制酱油 花生粕与花生饼相比，不仅蛋白质含量高、脂肪含量少，而且没有经过高温处理，蛋白质变性程度小，水分含量低，易粉碎，是酿制酱油的理想原料。

7. 发酵食品 花生粕具有促进微生物生长发育和代谢的功能，能促进双歧杆菌的发酵，同时还能促进乳酸菌、霉菌及其他菌类的增殖，并具有促进面包酵母充气的作用。因此，花生粕发酵食品应用范围广泛，如生产酸奶、干酪、醋、酱油和发酵火腿等。同时，有效澄清则可用于生产酸性饮品、谷物营养饮品等，或者生产乳酸菌制剂：片剂、冲剂、口服液、胶囊等。

三、花生芽的价值与应用

发芽花生是指花生种子经萌发后，短时间内生长为花生芽或者食用幼苗的一种芽苗类蔬菜，富含蛋白质、氨基酸和维生素以及众多生理活性成分，具有生产过程无污染、味道鲜美可口、食用安全、价格低廉等特点。花生发芽后：①蛋白质逐渐降解为肽和氨基酸，改善花生种子内蛋白质的内聚力、胶黏性和回弹性等凝胶特性；②脂肪含量降低 5.68%～11.39%，能有效减少脂肪的摄入；③维生素含量升高（尤其是维生素 C），提高了人体对维生素的吸收利用率；④具有重要生理功能的多酚类物质如白藜芦醇等含量增加 3～8 倍，更具营养价值；⑤花生致敏性显著降低，能满足更多人的饮食要求（图 7-3）。

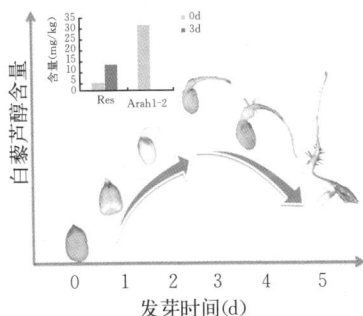

图 7-3　发芽花生

目前，发芽花生的生产工艺有基质栽培和水培两种方式。工艺流程包括品种筛选、籽粒精选、浸种、催芽、播种管理、收获等过程。花生芽主要用于鲜食、发酵花生芽浆、花生芽低温乳化肠、花生芽果冻、花生芽咀嚼片以及提取后用于面包、酸奶和牛奶等。

四、花生红衣的价值与应用

（一）花生红衣的组成

花生红衣具有丰富的营养成分，其中粗脂肪含量为 23.09%、蛋白质含量为 17.96%、粗纤维含量为 12.48%、磷含量为 0.26%、氨基酸总量为 15.79%；微量元素中含量最高的是铁（108.25 mg/kg），其次是铜，含量为 43.17 mg/kg（风干后）。

花生红衣中的活性成分主要是酚酸、黄酮、原花青素等多酚类物质，含量约为 150 mg/g。其单体物质组成包括儿茶素类，表儿茶素类，A 型和 B 型原花色素二聚物、三聚物和四聚物，没食子酸，咖啡酸，阿魏酸，对香豆酸，白藜芦醇，槲皮素，山奈酚，杨梅素和芦丁等。此外，还有少量生物碱等物质。

（二）花生红衣的作用

1. 传统中药，补血止血　花生红衣又名花生种衣、花生皮等，为豆科植物花生的种皮，是一味传统中药，被记录在《全国中草药汇编》中，其"性味甘、微苦、温平，止血、散瘀、消肿。用于多种出血症状"。中西医均认为花生红衣具有补血止血的功效，其对血小板生成具有调控作用，作用机制可能类似于血小板生成素（TPO）。

2. 抗氧化　花生红衣中富含抗氧化活性极强的原花青素，由于分子结构中具有较多的酚羟基，可以竞争性地与自由基结合，起到抗氧化作用，被认为是天然的抗氧化剂。

3. 降血脂、降血糖　花生红衣中的原花青素能够降低血浆中胆固醇、甘油三酯水平，从而起到降脂、降血糖作用。

4. 抗过敏　花生红衣原花青素具有抗过敏作用，动物实验证实花生红衣提取物具有良好的抗过敏性，其中原花青素 A_1 通过细胞外 Ca^{2+} 内流，诱发细胞脱颗粒反应，发挥抗过敏作用。此外，花生原花青素及其原花青素 A_1 还可以通过避免免疫球蛋白的合成调节 T 辅助细胞因子的生产，从而发挥抗过敏作用。

5. 抑菌　植物多酚具有收敛性，可对多种细菌、酵母菌、霉菌等产生抑制作用。纯化后的红衣多酚对大肠杆菌、枯草芽孢杆菌等细菌，黑曲霉、毛霉、青霉等真菌有明显抑制作用，最低抑菌浓度为 250 mg/L。

（三）花生红衣的应用

1. 食品添加剂　花生红衣在食品中可作为安全的天然食品添加剂，有两个作用：①作为天然食用红色素，花生红衣红色素在肉制品中的着色效果与传统的腌制香肠的亚硝酸盐相似，而且更健康。②作为天然抗氧化剂，用于食品保鲜，在意大利蒜味腊肠中加入花生红衣作为天然添加剂，可以保持腊肠的物质稳定性和感官属性；添加0.01％花生红衣提取物可以显著降低猪油过氧化值，具有抗氧化能力；添加0.05％花生红衣提取物可显著降低葵花籽油的过氧化值；添加0.01％～0.02％的花生红衣多酚可以提高花生酱的储藏稳定性；在牛肉产品中加入花生红衣提取物可以延长保存期。

2. 功能食品基料　花生红衣由于其可食用性还常被做成糖、饮料等具有保健功能的食品。由于其富含多酚等活性物质，是廉价易得的膳食多酚来源。

3. 药品　花生红衣制成的中成药血宁片在临床上用于治疗消化道出血和血友病，还被制成复方红衣补血口服液，临床使用证实对小儿缺铁性贫血作用明显，使贫血症状得到改善，血红蛋白、血清铁、血清铁蛋白显著回升，耐受性好，有补气养血、健脾等功效。将花生红衣、红枣和木耳配伍，开发成补血口服液用于治疗贫血。

4. 饲料　花生红衣富含蛋白质、脂肪，适口性好，可作为反刍动物的饲料。但由于花生红衣富含原花青素，饲喂不当可能降低畜禽的蛋白质利用率。

五、花生茎叶的价值与应用

花生茎叶是指花生属植物的茎和叶，是花生植株的"不可食用"部分。花生叶互生，为4小叶偶数羽状复叶，某些品种也可见多小叶的畸形叶，有叶柄和托叶，小叶片椭圆、长椭圆、倒卵和宽倒卵形，也有细长披针形小叶，叶面较光滑，叶背略显灰色，主脉明显，有茸毛，叶柄和小叶基部都有叶枕，可以感受光线的刺激而使叶枕薄壁细胞的膨压发生变化，导致小叶昼开夜闭，闭合时叶柄下垂。我国是花生生产大国，花生品种丰富，种植广泛，除西藏、青海、宁夏外均有大规模种植，每年产生花生茎叶约 200 万 t（干重）。由于传统利用方式的局限性，花生植株的主体部分茎叶主要被作为动物饲料以及燃料使用，不能被充分、高效地利用，且产值较低。

目前，中国农业科学院在落花生种属的茎叶中共鉴定了 8 类化学物质，其中生物碱类 11 种、甾体及苷类 13 种、萜类物质 30 种、醌类物质 21 种、木脂素类 19 种、黄酮及黄酮苷类 18 种、其他类 32 种、未归类的 139 种，共计 283 种化合物，其中 207 种为花生中新鉴定的化合物。

花生茎叶具有助眠养神的功效，在我国民间，花生茎叶作为一种中药使用最早可追溯到明洪武年间。《滇南本草》《中药大辞典》《浙江药用植物志》和《福建药物志》中均有花生茎叶具有治疗失眠的功效的描述。1971 年中国中医研究院编写、人民卫生出版社出版的《常见病验方研究参考资料》中记载："神经衰弱、失眠：取鲜花生叶三两，煮水喝。"现代中医学研究表明，花生茎叶中含有多种具有镇静作用的功能物质成分。茎叶水提物在100 g/kg 的剂量下可以减少小鼠自主活动次数，增加阈下剂量戊巴比妥钠致小鼠入睡，其改善睡眠作用的主要物质基础为柚皮素- 4，$7'$-二甲醚、$2'$- O -甲基异甘草素、阿魏酸、芳樟醇，该作用主要通过对小鼠脑中神经中枢的多巴胺、5 -羟色胺等主要信号通路中核心神经递质水平的干预实现。

此外，花生茎叶中的果胶还能够形成肠胃保护膜，避免食物对肠胃的损伤，帮助肠胃快速消化。花生茎叶还具有保肝解毒的功效作用，花生茎叶中的 B 族维生素可以增强肝脏的解毒能力。

六、花生根的价值与应用

我国花生根产量每年约 400 万 t，大部分被丢弃在田间，小部分与茎叶被用作饲料和燃料，还有一部分未被充分利用。花生根中含有丰富的维生素 B_3、烟酸、黄酮类化合物、白藜芦醇、色氨酸及叶酸等营养物质。

（一）健脑益智

花生根中的维生素 B_3、烟酸及一些黄酮类化合物能提高脑细胞活性，还能改善大脑血液的供给，经常服用能促进智力发育、增强大脑功能。

（二）调节情绪

花生根中的色氨酸被人体吸收以后，能直接作用于人的神经，对人类情绪有明显调节作用，经常焦虑烦躁的人食用花生根有利于情绪好转，能有效降低抑郁症的发病率。

（三）预防胎儿畸形

花生根中的叶酸可以促进胎儿发育，预防胎儿畸形，增强新生儿出生后的抗过敏能力，并能降低小儿哮喘的发病率。

（四）抗癌

花生根中白藜芦醇含量可达 $1\,330\,\mu g/g$ 以上，其含量大约是葡萄酒中的 908 倍，对癌症有较好的作用，能稳定癌症病情、阻止癌细胞扩散、降低人体内癌症细胞的活性、抑制癌细胞繁殖再生。在医药、食品、化妆等行业有广泛的应用前景。

七、花生壳的价值与应用

（一）花生壳含有丰富的膳食纤维

花生全身都是宝，就连花生壳也是宝，花生壳含有丰富的膳食纤维，被誉为人体"第七大营养素"。花生壳质地粗糙，一般无人直接食用。

（二）花生壳含有大量的黄酮类化合物

营养学研究表明，花生壳含有丰富的黄酮类化合物。以往，人们忽视了对花生壳的利用，遗弃了很多低成本的黄酮类化合物，近年来，大量科研人员开始回收利用花生壳，提取黄酮类化合物，增加资源的利用率，变废为宝。

（三）花生壳有强抗氧化作用

研究人员通过对花生壳多酚进行提取，对照比较维生素 C 的抗氧化性，发现花生壳多酚的抗氧化能力更强。

（四）食品加工的原料

花生壳被用作食品加工的原料多见于发酵生产中，如制作酱油。花生壳经过粉碎、蒸煮、接曲、蒸馏可制白酒，每 100 kg 花生壳可制酒精体积分数为 10％的白酒 6 kg。

（五）保健食品的开发

花生壳可用于保健品的开发，这与其所含的药效成分有关。花生壳用于治疗高血压及高血脂有显著疗效。花生壳中的贝塔谷固醇具有降低血脂的作用，木樨草素具有降压、镇咳、降血脂、降血清胆固醇的作用，对高血压、动脉硬化、冠心病及其并发症均有一定疗效。

（六）食用菌培养基料

花生壳可作为平菇、草菇、香菇、鸡腿菇、金针菇等食用菌的培养基料。据报道，用花生壳栽培食用菌，其产量比用棉籽壳、谷壳、木屑、稻草等的产量高 1 倍以上，而且在粗纤维含量、粗蛋白含量和无氮浸出物的比例等方面，都以花生为较优。

（七）提取花生风味物质

用乙醇可从花生壳中提取具有浓郁花生香味的花生风味物质，提取率高达 16％。提取物中除含香味物质外，其主要成分为多酚类物质及少量可溶性糖类。多酚类物质具有较强的抗氧化能力，并且在不同的酸碱条件下可呈现不同的颜色（由黄色到棕黄色），应用该提取物作花生酱、花生果奶、花生酥糖及花生巧克力等食品的添加物，既可增加产品的花生风味，又可增强产品的抗氧化、抗腐败性能，延长产品的货架期，同时还可起到为产品调色的作用。

（八）制造食品容器

采用农作物副产品如谷壳、秸秆（如棉秸、玉米秸、麦草、高粱秆、麻秆、烟秆等）、花生壳、甘蔗渣、玉米芯等制作一次性食品容器，成本低、无毒、无味。此容器的生产工艺是将各类植物纤维粉碎后加入少许添加剂、增硬剂和胶黏塑化剂混合，在低温低压下一次成型。产品强度高，手感合适，耐热水（100 ℃沸水 4 h 不渗漏不变形），适用于冷餐、热饮；微波穿透能力强，可用于微波加热，也可冷冻；产品被使用后，在自然环境中可自然分解（温度越高分解越快），变为有机肥料，能促进生态系统良性循环。

第二节　花生储藏加工技术与产品研发现状

国内专家主要开展了花生产地储藏与干燥技术、花生制酱适宜性评价与加工专用品种筛选技术、花生蛋白高水分挤压组织化技术、酸性可溶花生蛋白改性制备技术、花生豆腐制备技术及产品研发、花生蛋白基胶黏剂制备技术。

一、花生产地干燥技术研发与进展

在我国花生收获后天气条件合适的情况下，主要采用自然晾晒法干燥湿花生，其干燥周期长、易污染、易霉变、受天气条件限制等问题更加突出。如何使阴雨天气条件下高水分花生果不霉变或不产生毒素成为亟待解决的问题。国家花生产业技术体系研发了花生通风抑霉干燥技术及装备，提供了湿花生果收获后干燥降水、通风抑霉、安全存储的一体化解决方案，经试验效果良好。该技术操作简单，对花生的水分含量、品种适应性强，可实现一机多用，单机适用于小农户，多机并用适用于大农户，具有较强的实用性和经济性，多年示范应用证明该技术及设备的通风抑霉干燥效果良好、技术成熟。2021 年进一步进行了不同仓囤规模、仓囤大小、风机配置形式的应用测试，为该技术装备的应用推广提供了更加实用的使用方式、工作模式等。河南省农业科学院保鲜与加工研究室系统研究了热泵干燥失水特性及品质调控技术，建立了花生高效节能干燥工艺技术规程。

二、花生储藏技术研究

为规范花生储藏技术，国家花生产业技术体系加工研究室完成的粮食行业标准 LS/T 1224—2022《粮油储藏 花生储藏技术规范》2021 年通过审定。对干燥花生荚果后期储藏中吸湿与霉变以及储藏发热霉变机制的研究对生产应用起到了指导作用。花生中的己醛、棕榈酸、2-戊基呋喃、2-乙基-1-戊醇等挥发物质对主要储藏害虫印度谷螟具有引诱作用，但挥发物质种类和数量在品种间具有显著差异，研究表明，有 3 个高油酸花生品种不利于印度谷螟的生长发育，使其存活率降低、发育历期变长。

三、花生加工特性指标快速检测技术

利用传统化学检测方法鉴定花生品质存在价格昂贵、分析速度慢、预处理烦琐等问题。生产中，花生加工企业及种植合作社需要对花生品质进行快速检测。中国农业科学院建立了花生品质近红外快速检测技术，研发了便携式花生加工品质速测仪。仪器配有样品杯和单粒花生检测配件，可在田间地头或原料收购现场快速检测花生品质，无损分析花生水分、脂肪、蛋白质、脂肪酸、氨基酸、酸价等品质指标，建立的 28 个模型的预测值与化学值的相关系数范围为 0.85～0.99。河北农业大学开发了不同种皮颜色花生糖含量测定的近红外模型。

四、花生加工适宜性评价与提质增效技术

我国是世界第一花生生产与加工大国，但不是加工强国。长期存在原料混收混用、产品品质差、产业效益低的瓶颈，其根本原因是尚未建立花生加工适宜性评价技术与科学分类方法，缺乏加工专用品种；缺少专用品种的专用加工工艺，产品品质难以提升，严重阻碍了产业提质增效与转型升级。

花生产业技术体系加工研究室揭示了原料关键指标与产品品质的关联机制，创建了花生加工适宜性评价理论体系与技术方法，实现了传统评价技术的革新。自主创制了高通量快速检测新技术新设备，首次按加工用途进行科学分类并筛选出花生加工专用品种，破解了混收

混用的瓶颈。创建了专用品种的专用加工工艺，首次研发出原生初榨花生油等系列新产品，显著提升了品质与效益。

五、花生低温压榨制油与饼粕蛋白高值化利用技术

我国是世界上最大的花生和花生油生产与消费国，在花生油生产中90%以上沿用传统高温压榨制油工艺，高温压榨油品质差、营养损失重。且高温压榨制油产生的饼粕中的蛋白质严重变性，只可用作饲料，不能用于食品，综合利用程度和附加值低。

花生产业技术体系加工研究室在花生油品质改善、饼粕综合利用、蛋白质附加值提升三方面取得了重大技术突破：①创制花生低温压榨制油与饼粕蛋白粉联产技术及装备，与传统高温压榨工艺相比，低温压榨花生油酸值低50%、β-谷甾醇高53%、饼粕蛋白氮溶指数高6.3倍。②发明伴球蛋白低温冷沉制备技术、浓缩蛋白制备与改性技术，使用伴球蛋白、高凝胶型浓缩蛋白制备的火腿肠硬度、弹性、蒸煮损失率均达到了同类产品标准，首次实现了花生蛋白质在肉制品中的应用。③创建功能性花生短肽制备技术，短肽得率为89.0%、纯度为90.3%，附加值较蛋白粉提高了30～35倍。

六、新型植物基肉制品加工过程智能调控技术与产品创制

植物基肉制品产业发展对于有效缓解人口增加带来的动物肉短缺、改善居民营养健康等具有重要意义。国家花生产业技术体系加工研究室构建了新型植物基肉制品高水分挤压综合物理能量场及核心加工工艺装备链，揭示了纤维结构形成的分子机制，创建了国内外首个新型植物基肉制品"制备过程-蛋白结构变化-品质精准调控"可视化平台。立足平台建立了在线调色调味、一体化成型等系列关键核心技术，创制了植物蛋白素牛肚、素肠、素鸡块、素风干牛肉等颠覆性新产品十余个，攻克了高水分挤压法制备新型植物基肉制品质地和风味难以精准调控的难题。与低水分挤压工艺相比，生产效率提高50%以上，能耗降低2/3以上，营养损失减少20%左右。

七、花生饮料

软饮料深受各国消费者欢迎，其 60%～70% 为酸性饮料，主要成分为水、糖、色素、食用香精等，缺乏蛋白质，无法满足消费者全面、均衡的营养需求。植物蛋白在酸性条件下易絮凝沉淀，限制了其在酸性饮料中的应用，因此，对天然植物蛋白进行改性、开发一种在酸性条件下可溶的植物蛋白将显著提升传统酸性饮料的应用价值，对拓展植物蛋白的应用领域具有重要意义。王强等（2019）结合了物理改性和酶改性的优点，使花生蛋白在 pH 为 4.0 时的溶解度由 4.49% 提升至 44.75%，酸性可溶花生蛋白溶解度达 93%，制备的酸性可溶花生蛋白在果汁饮料和酸性功能性饮料中得到了应用。

八、基于高内相 Pickering 乳液的人造奶油替代系列产品

反式脂肪酸已经被证实具有引发心血管疾病、糖尿病和癌症的风险，2018 年 5 月 14 日，世界卫生组织（WHO）宣布 2023 年前将在全球范围内停用人工反式脂肪酸。目前膳食中反式脂肪的主要来源为部分氢化植物油（PHOs），以 PHOs 为原料的人造奶油制造业将面临前所未有的挑战。因此，寻求零反式脂肪酸的人造奶油替代品就成为现代食品产业亟待解决的瓶颈技术问题。花生分离蛋白微凝胶颗粒可有效稳定内相高达 85% 的高内相 Pickering 乳液，该乳液的外观、组成和流变性质与人造奶油类似，为人造奶油绿色健康替代产品的研发提供了技术支撑。

王强等（2022）采用热交联、酶交联、高速剪切和高压均质的方法制备各类植物蛋白的微凝胶颗粒，筛选适用于工业生产的大豆蛋白作为微凝胶颗粒的制备原料，并基于该微凝胶颗粒制备高内相 Pickering 乳液，进一步研发基于高内相 Pickering 乳液的植脂奶油，产品搅打起泡性能良好，塑性较强，发泡体积可膨胀 2.9 倍，与市售搅打稀奶油接近，且具有相似的微观形态，该产品不含氢化植物油且色泽更加天然柔白，具有进一步开发奶油系列产品的应用潜力。

九、花生豆腐制备技术及产品研发

豆腐作为我国的传统美食，受到东亚乃至全世界人民的广泛喜爱，但与发达国家相比，我国豆腐原料单一。花生低温粕中蛋白质含量可以达到50％～60％；营养价值高，含有8种必需氨基酸，蛋白质功效比为1：7，纯消化率达87％，不含胀气因子，利用潜力巨大。由于不同花生品种蛋白质含量和组成不同，导致加工的豆腐品质差异显著。

郭亚龙等（2019）开展了花生豆腐加工专用品种筛选研究，确定影响豆腐品质的原料指标为球/伴球蛋白、35.5 ku亚基、谷氨酸、极性氨基酸等的含量，建立了花生豆腐品质预测模型。筛选出适宜加工花生硬豆腐的鲁花11、潍花25等品种，制备的花生硬豆腐得率可达到311％，拥有良好的硬度、弹性和咀嚼性，其数值分别为659.44 g、0.968 g和525.19 g，高于市售产品平均水平（硬度、弹性和咀嚼性分别为613.34 g、0.941 g和468.38 g），具有优良的保水性和耐煮性。

十、花生蛋白基绿色无醛胶黏剂制备技术

我国木材工业胶黏剂消耗量约占胶黏剂使用总量的2/3，2018年我国木材胶黏剂消耗量超过1 800万t，"三醛胶"（酚醛树脂胶黏剂、脲醛树脂胶黏剂、三聚氰胺甲醛树脂胶黏剂）约占其中的80％。随着广大消费者的环保意识的增强和全球石油价格的日益提高，传统的"三醛胶"已经不能满足消费者的需求，因此开发一款无甲醛蛋白胶黏剂迫在眉睫。我国高温花生粕年产量达400万t且价格低廉，是加工蛋白胶黏剂的良好原料。屈阳等（2019）以附加值低的高温花生粕为原料，制备了一款耐水性强、胶合强度高的无甲醛木材胶黏剂（单组分和双组分），该工艺普适性强，且成本仅为市售大豆蛋白胶黏剂的2/3，耐水胶合强度达到国家Ⅰ类胶合板的标准，湿态胶合强度达0.86 MPa（＞0.7 MPa），攻克了传统"三醛胶"污染环境、危害人

体健康的突出问题。

十一、高油酸花生油预防代谢综合征活性作用机理

代谢综合征是多种疾病状态在个体聚集的一组临床症候群，可诱发糖尿病、心血管疾病等多种严重慢性病。高油酸花生油在人体内通过支链氨基酸生物合成通路影响机体代谢，以达到抑制体重、降低胰岛素抵抗指数、抑制肝脏脂质蓄积、稳定肠道菌群等预防代谢综合征的功效。

十二、花生黄曲霉及毒素快速检测技术

黄曲霉及其毒素污染是影响花生质量安全的主要因素之一。花生样品基质复杂，而黄曲霉毒素含量和限量极低，因此高效特异性样品前处理技术和高灵敏精准检测技术是监测黄曲霉毒素的关键。国家花生产业技术体系加工研究室（2021）建立了一种基于重组酶聚合酶扩增（RPA）的快速、灵敏的花生黄曲霉现场快速检测方法。该方法可在环境温度（26 ℃）和体温（36 ℃）下 30 min 内完成检测，检测限为每克样品 10 个孢子，特异性与实时 PCR 相当。浙江大学（2021）发明了基于三聚氰胺泡沫和金属有机骨架的吸附响应型杂合海绵，将其用于快速收集/清除和检测真菌毒素。通过整合多孔荧光 Zr‐LMOF（发光金属‐有机骨架）和坚固的三聚氰胺海绵吸附/去除和检测霉菌毒素；杂合海绵在 10 min 内达到了 15.8 mg/g 的高负载能力，并且在较宽的 pH 和温度范围内都能很好地工作。这种简单、耐用且低成本的双重功能杂合海绵，检测限 LOD 为 1.6 μg/kg，线性范围宽为 0.031 2～15.6 000 mg/kg。这种低成本、坚固耐用且具有弹性的杂合海绵在构建新型传感器方面具有巨大潜力，可实际应用于环境和农业安全领域。

十三、花生黄曲霉毒素绿色防控及脱毒技术

花生黄曲霉毒素的防控技术主要包含两个方面，即主动预防（黄

曲霉生长控制）和被动脱除（黄曲霉毒素脱除）。在主动预防方面，国家花生产业技术体系加工研究室（2021）研究发现茉莉酸甲酯（MeJA）可高效抑制黄曲霉生长和毒素合成；陕西科技大学（2021）发现孜然精油中的孜然醛可以阻碍花生中黄曲霉的生长以及 AFB_1 的生物合成。

在被动脱除方面，国家花生产业技术体系加工研究室（2021）重点研发了花生及花生粕臭氧脱毒技术和芽孢杆菌生物降解抑菌脱毒技术，对 AFB_1 的降解率均达到 90％以上，并在青岛天祥食品集团有限公司进行示范应用；河南工业大学（2021）分离并鉴定出两种能够降解 AFB_1 的菌株为 *Bacillus velezensis* H16v8 和 *Bacillus megaterium* HGD9229，并纯化到胞外解毒酶。

第三节 花生品质及加工适宜性

一、品质特性

对于不同品种的花生原料而言，品质特性包括感官品质、理化与营养品质、加工品质。

（一）感官品质分析方法

花生感官品质主要包括荚果的大小、形状、色泽，籽仁的大小、形状、色泽、气味、口感、百果重、百仁重、不完善粒、变质仁、杂质、哈喇仁等指标。其分析方法具有相应的国家标准。

荚果大小：NY/T 1893—2010《加工用花生等级规格》。

籽仁大小：NY/T 1893—2010《加工用花生等级规格》。

色泽：GB/T 5492—2008《粮油检验 粮食、油料的色泽、气味、口味鉴定》。

气味：GB/T 5492—2008《粮油检验 粮食、油料的色泽、气味、口味鉴定》。

口感：GB/T 5492—2008《粮油检验 粮食、油料的色泽、气味、口味鉴定》。

百果重：SN/T 0798—1999《进出口粮油、饲料检验名词术语》。

百仁重：SN/T 0798—1999《进出口粮油、饲料检验名词术语》。

不完善粒：GB/T 5494—2019《粮油检验 粮食、油料的杂质、不完善粒检验》。

变质仁：SN/T 0798—1999《进出口粮油、饲料检验 检验名词术语》。

杂质：GB/T 5494—2019《粮油检验 粮食、油料的杂质、不完善粒检验》。

（二）理化与营养品质分析

理化与营养品质是指花生中各种化学组成及人体必需营养素的种类及各种化学组成及营养素的数量和质量。主要包括脂肪、蛋白质、水分、粗纤维、灰分、糖类、氨基酸、脂肪酸、维生素和白藜芦醇。各指标测定方法按国家标准进行。

脂肪：GB 5009.6—2016《食品安全国家标准 食品中脂肪的测定》。

蛋白质：GB 5009.5—2016《食品安全国家标准 食品中蛋白质的测定》。

水分：GB 5009.3—2016《食品安全国家标准 食品中水分的测定》。

粗纤维：GB/T 5515—2008《粮油检验 粮食中粗纤维素含量测定 介质过滤法》。

灰分：GB 5009.4—2016《食品安全国家标准 食品中灰分的测定》。

糖类：GB 5009.8—2016《食品安全国家标准 食品中果糖、葡萄糖、蔗糖、麦芽糖、乳糖的测定》。

氨基酸：GB 5009.124—2016《食品安全国家标准 食品中氨基酸的测定》。

脂肪酸：GB 5009.168—2016《食品安全国家标准 食品中脂肪酸的测定》。

维生素：GB 5009.82—2016《食品安全国家标准 食品中维生素A、D、E的测定》。

白藜芦醇：GB/T 24903—2010《粮油检验 花生中白藜芦醇的测

定 高效液相色谱法》。

(三）加工品质分析

加工品质主要包括油酸/亚油酸（O/L）、花生球蛋白/伴花生球蛋白等与加工密切相关的品质属性，花生的加工特性与其主要加工产品密切相关。其测定方法参照国家标准。

O/L：GB 5009.168—2016《食品安全国家标准 食品中脂肪酸的测定》；GB/T 5510—2011《粮油检验 粮食、油料脂肪酸值测定》。

花生球蛋白/伴花生球蛋白：SDS－PAGE 配合光密度分析。

二、加工适宜性评价与专用品种

（一）适宜鲜食花生专用品种

花生仁含有丰富的氨基酸，人体不能合成的亚油酸、亚麻酸等不饱和脂肪酸以及具有抗衰老功能的白藜芦醇、黄酮和叶酸等成分，高亚油酸、高蛋白质、高含糖量、硒含量及白藜芦醇含量高的花生品种适合鲜食及休闲加工。花生仁还含有胰蛋白酶抑制剂等抗营养成分，它会抑制人体内胃蛋白酶的活性，导致食物难以消化，使人产生胀气感。胰蛋白酶抑制剂可以作为评价花生的指标之一。现有研究只对脂肪、蛋白质、总糖、水分这 4 种基本指标提出了要求，对其他指标未进行研究，如粗纤维含量会影响鲜食花生的口感，粗纤维含量低的花生品种口感更加细腻，咀嚼后残渣少。

根据适宜鲜食花生品质评价指标体系，筛选出适宜鲜食花生专用品种，有冀花甜 1 号、冀花甜 2 号和冀花 13（表 7 - 4）。

表 7 - 4　适宜鲜食花生专用品种的品质特点

品种	年份	果型	脂肪 （g/100 g）	蛋白质 （g/100 g）	蔗糖 （g/100 g）	粗纤维 （g/100 g）
冀花甜 1 号	2020	普通型	48.55	24.43	8.60	2.30
冀花甜 2 号	2020	普通型	48.74	24.94	6.20	3.20
冀花 13	2017	蚕茧型	47.57	23.97	6.28	3.75

（二）适宜制油花生专用品种

根据适宜制油花生品质评价指标体系，筛选出适宜制油的花生专用品种，有冀油 4 号、冀 5038、冀花 1522、冀花红 1128、冀花 10 号（表 7-5）。

表 7-5　适宜制油花生专用品种的品质特点

品种	年份	脂肪（g/100 g）	O/L	油酸（%）	亚油酸（%）
冀油 4 号	2018	52.34	1.67	46.36	27.73
冀 5038	2018	52.16	1.55	47.82	30.80
冀花红 1128	2020	52.81	1.21	41.97	34.60
冀花 1522	2020	52.12	1.32	44.35	33.55
冀花 10 号	2015	52.86	1.47	52.50	35.70

（三）适宜制酱花生专用品种

色泽（L：50～60，a：9～12，b：27.5～28.5），香味 [2，5-二甲基吡嗪＞4；2,3,5-三甲基吡嗪＞1；2,3-二氢苯并呋喃＞5；2，5-二甲基-4-羟基-3（2H）-呋喃酮＞1，单位为 mg/L]，组织状态（坚实度：30～52；内聚性：15～30，单位为 g），口感 [粒度 D_{50}（μm）＜120）] 是花生酱品质的重要评价标准。根据适宜制酱花生品质评价指标体系，河北省育成品种中适宜制酱的品种有冀花甜 2 号、冀农花 12、冀花 11、冀花 13 和冀花 10 号（表 7-6）。

表 7-6　适宜制酱花生专用品种的品质特点

品种	年份	脂肪（g/100 g）	蛋白质（g/100 g）	蔗糖（g/100 g）	O/L
冀花甜 2 号	2020	48.74	24.94	6.20	1.28
冀农花 12	2019	49.14	22.70	4.35	38.67
冀花 11	2017	49.97	24.59	6.01	23.07
冀花 13	2017	47.57	23.97	6.28	16.48
冀花 10 号	2017	49.95	21.84	6.01	1.40

（四）适宜加工溶解型蛋白花生专用品种

根据适宜加工溶解型蛋白花生品质评价指标体系，筛选出适宜加工溶解型蛋白花生专用品种，有唐 308 和唐 8252（表 7 - 7）。

表 7 - 7　适宜加工溶解型蛋白花生专用品种的品质特点

品种	年份	蛋白质 (g/100 g)	花生球蛋白 (%)	23.5 ku 亚基 (%)	谷氨酸 (g/100 g)	精氨酸 (g/100 g)	天门冬氨酸 (g/100 g)	亮氨酸 (g/100 g)
唐 308	2020	25.89	62.32	26.87	5.99	2.95	3.02	1.62
唐 8252	2020	26.62	62.89	26.72	5.87	2.98	3.07	1.67

（五）适宜加工凝胶型蛋白花生专用品种

根据适宜加工凝胶型花生品质评价指标体系，筛选出适宜加工凝胶型蛋白花生专用品种，有冀 18155、冀花 16、唐 8252、冀 0701、冀 2031（表 7 - 8）。

表 7 - 8　适宜加工凝胶型蛋白花生专用品种的品质特点

品种	年份	蛋白质 (g/100 g)	伴球蛋白 (%)	半胱氨酸 (g/100 g)	蛋氨酸 (g/100 g)
冀 18155	2018	32.10	50.80	0.49	0.31
冀花 16	2018	28.35	46.77	0.52	0.32
唐 8252	2018	35.26	42.45	0.64	0.36
冀 0701	2018	32.66	45.82	0.55	0.30
冀 2031	2018	31.75	49.07	0.49	0.30

第四节　花生加工利用的发展对策

一、存在问题

（1）花生品种加工特性不明，加工专用原料基地建设滞后。长期以来，河北省没有从加工适宜性角度进行原料特性与品质评价技术研究，导致花生加工专用品种缺乏、产品品质难以提高，比如含油量不高的品种被用来榨油，口味不好的品种被用来加工花生制品，结果是企业效益降低，市场竞争力弱。加工专用原料基地建设滞后制约了花生加工业健康发展。

（2）花生良种更新速度有待提高，农民的花生种子基本停留在自留自用水平，进入流通领域的花生种主要是更换品种或余缺调节，数量有限，从而制约了良种的推广速度，缩短了优良品种的使用寿命，限制了区域化、规模化种植，直接影响花生的产业化经营。

（3）花生副产物深度加工不够，综合利用程度低。目前河北省花生榨油后，饼粕主要作饲料。饼粕蛋白变性重、功能性差，不能广泛应用于食品工业多个领域。花生红衣和花生茎叶尚未得到开发利用。花生食品种类少，缺乏具有特色的、适合不同消费者需求的花生食品，如鲜食花生、花生豆腐、发芽花生以及添加花生蛋白的馒头和面条制品。

（4）河北省花生种植仍以一家一户农户分散种植为主，四大花生产区中有 70％的农户的花生经营规模不足 10 亩，这种小规模种植方式，不确定的品种、数量及质量，很难与销区建立相对固定的供货渠道；花生产业的小规模生产与大市场、大流通的矛盾日趋突出，不能满足规模化企业对原料质量的需求，不能适应消费者对高营养、无害化花生油、花生食品的要求。

二、发展对策

（1）研究不同花生品种加工特性，明确原料特性与品质评价的加工适宜性，筛选优质加工专用品种，建立加工专用原料基地，高效促进花生加工业健康发展。

（2）围绕市场需求，推广适于各种用途的专用高产优质新品种是花生加工企业的当务之急。新品种的推广要靠企业的品种需求、政府的政策引领、农业部门的技术指导、农民的种植积极性四位一体的协调发展。

（3）加大花生副产物的深加工与利用，开发满足消费者需求的高品质系列花生产品。

（4）强化托管服务，促进农民增收。合作社通过统一采购国内知名厂商的优质生产资料，实现种子、农药、化肥的统一。由高校科研院所长期提供技术及产品研发支持。合作社和当地农牧局联手打造农技推广1＋1模式，为入社社员从种、管、药、肥、收等环节提供"农资＋农机＋农技"一条龙土地托管服务，不但降低了成本，而且保证了生产资料的品质和生产技术的支撑。

参 考 文 献

陈鹏泉，王殿轩，王晨光，等，2021. 基于双组分结构的高油酸花生荚果干燥动力学研究［J］. 花生学报，50（1）：64－69.

邓磊，2017. 花生茎叶提取物促睡眠活性物质鉴定及作用［D］. 北京：中国农业科学院.

董新红，赵谋明，蒋跃明，2011. 花生蛋白改性的研究进展［J］. 中国粮油学报，26（12）：109－117.

巩阿娜，刘红芝，刘丽，等，2015. 花生酱制备工艺、品质分析及安全性评价研究进展［J］. 食品科学，36（13）：272－275.

李佳笑，2020. 酸性可溶花生蛋白改性制备与产品开发［D］. 北京：中国农业科学院.

刘翠，2015. 花生红衣多酚的制备及其抗氧化活性研究［D］. 北京：中国农业科学院.

孙大容，1998. 花生育种学［M］. 北京：中国农业出版社，105－108，312－313.

万书波，2003. 中国花生栽培学［M］. 上海：上海科学技术出版社.

王传堂，王秀贞，唐月异，等，2015. 中国高油酸花生种质创制、品种选育进展与建议［J］. 花生学报，44（2）：49－53.

王强，2012. 花生生物活性物质概论［M］. 北京：中国农业大学出版社.

王强，2013. 花生加工品质学［M］. 北京：中国农业出版社.

王强，2014. 花生深加工技术［M］. 北京：科学出版社.

王强，2018. 粮油加工适宜性评价与风险监控 [M]. 北京：科学出版社.

伍艳梅，吕斌，2020. 我国人造板产品发展现状及建议 [J]. 中国人造板，27（4）：7 - 11.

周丹，闵亚杰，戚欣，等，2020. 基于阵列芯片现场高灵敏同步快速检测粮油中氨基甲酸酯类农药残留混合污染 [J]. 中国油料作物学报，42（3）：341 - 349.

Brishti F H，Chay S Y，Muhammad K，et al.，2021. Texturized mung bean protein as a sustainable food source：Effects of extrusion on its physical，textural and protein quality [J]. Innovative Food Science & Emerging Technologies，67（3）：102591.

Ch R，Chevallier O，McCarron P，et al.，2021. Metabolomic fingerprinting of volatile organic compounds for the geographical discrimination of rice samples from China，Vietnam and India [J]. Food Chemistry，334：127553.

Deng L，Shi A M，Liu H Z，et al.，2016. Identification of chemical ingredients of peanut stems and leaves extracts using UPLC - QTOF - MS coupled with novel informatics UNIFI platform [J]. Journal of Mass Spectrometry，51（12）：1157 - 1167.

Deng L，Shi A M，Wang Q，2018. Sedative - hypnotic and anxiolytic effects and the mechanism of action of aqueous extracts of peanut stems and leaves in mice [J]. Journal of the Science of Food and Agriculture，98（13）：4885 - 4894.

Farber C，Sanchez L，Rizevsky S，et al.，2020. Raman spectroscopy enables non - invasive identification of peanut genotypes and value - added Traits [J]. Scientific Reports，10（1）：7730.

Hu H，Wang Q，2021. Study on key aroma compounds and its precursors of peanut oil prepared with normal - and high - oleic peanuts [J]. Foods，10（12）：3036.

Li Y，Liu D，Zhu C，et al.，2020. Sensitivity programmable ratiometric electrochemical aptasensor based on signal engineering for the detection of aflatoxin B_1 in peanut [J]. Journal of Hazardous Materials，387：122001.

Meng S，Tan Y，Chang S，et al.，2020. Peanut allergen reduction and functional property improvement by means of enzymatic hydrolysis and transglutaminase crosslinking [J]. Food Chemistry，302：125186.

Venkataratnam H, Cahill O, Sarangapani C, et al. , 2020. Impact of cold plasma processing on major peanut allergens [J]. Scientific Report, 10: 17038.

Yu H W, Liu H Z, Wang Q, 2021. An explorative study on the relationships between the quality traits of peanut varieties and their peanut butters [J]. LWT - Food Science and Technology, 151: 8.

Zhang J C, Liu L, Zhu S, et al. , 2018. Texturization behavior of peanut - soybean/wheat protein mixtures during high moisture extrusion cooking [J]. International Journal of Food Science and Technology, 153 (11): 2535 - 2541.

第八章

河北省花生市场贸易

花生是众多食品生产中的重要添加品，在农业领域处于重要地位。随着经济的不断发展，花生产品国际贸易日益频繁，在国内，河北省作为花生生产大省，市场贸易稳定，进入市场贸易的花生产品向多样化发展。

第一节　国外及国内花生贸易概况

随着世界经济的不断发展，花生产品国际贸易日益频繁，虽然花生与油菜同属于经济作物，但花生具有可食用性，在全球农业领域处于重要地位。

一、国外花生贸易概况

（一）世界花生生产发展

世界花生主要分布在非洲、亚洲和美洲（合计占播种面积的99.9%），非洲是世界花生种植面积第一大洲，亚洲种植面积位居第二、总产位居全球之首，美洲花生播种面积和总产均居世界第三位，大洋洲和欧洲有零星种植。FAO统计数据显示，2016年非洲花生种植面积1 411万 hm^2，占世界的51.0%，总产为1 274万 t，占世界的29.0%；亚洲1 218万 hm^2，占世界的44.0%，总产为22 664万 t，占世界的60.6%；美洲135万 hm^2，占世界的4.9%，总产为457万 t，占世界的10.4%。

全球花生种植面积迅速增加，亚洲、非洲花生种植面积不断扩大，但其他地区花生种植面积不断缩小。花生种植面积排名靠前的国家包括中国、印度、美国等。随着种植面积的扩大，世界花生产量逐步上升，美洲花生单产最高。20世纪90年代以来中国花生作物产量稳居世界第一位，印度花生产品出口数量逐渐下降，阿根廷花生产量逐渐上升。花生主要生产国中，中国、美国花生单产水平较高。全球各大花生主要生产国在生产加工科研方面取得了重大突破，推动了全球花生产业发展，使花生产量不断增加、品质逐渐提升。生物遗传技术的重大进展促进各国新花生品种培育，技术进步使全球花生产量增加20%，日本在栽培方面的技术被引入中国，使花生产量大幅度提升。美国花生各项领域远超其他国家，包括生产机械化、应用良种等方面。中国、印度生产技术水平进步较快，非洲地区相关国家花生作物种植中，种子质量筛选技术到种植水分保持技术处于匮乏阶段。

（二）世界花生产业贸易发展

1. 花生贸易规模明显增加　1990/1991—2016/2017年度，世界花生贸易总量从117.8万t增加至365.2万t，增加2.1倍，年均增长2.5%，与花生生产发展增速基本相等（表8-1）。

依据贸易规模和波动幅度可将近半个世纪以来的世界花生贸易发展分为4个阶段：

第一阶段（1972/1973—1984/1985年度），花生贸易总量总体处于较低水平，在200万t附近。其中，1972/1973年度，世界花生贸易总量为236.6万t，至1984/1985年度减少至213.8万t，减幅为9.6%。此阶段贸易规模较小，主要是因为世界花生总产量较小，且受种植规模波动和气象条件变化影响，产量波动较剧烈，所以各国种植花生主要用于本国食用，商品化程度较低。

第二阶段（1985/1986—1998/1999年度），世界花生贸易规模维持平稳增长。至1998/1999年度，世界花生贸易总量达到275.3万t，累计增幅28.8%，年均增速1.7%，但仍明显小于花生总产量年均增速，这是因为此阶段花生总产量增加的动力主要来自生产国国内对花生需求量的增加。

表 8 - 1　1990/1991—2016/2017 年度世界花生主要产出国产量和单产水平

(USDA 数据库)

年度	国家	印度	中国	美国	尼日利亚
1990/1991	产量（万 t）	751.4	636.8	163.4	—
	占比（%）	34.6	29.3	7.5	—
	单产（kg/hm²）	904.3	2 190.6	2 232.2	—
2000/2001	产量（万 t）	570.0	1 443.7	148.1	290.1
	占比（%）	17.1	43.4	4.4	8.7
	单产（kg/hm²）	703.7	2 973.0	2 737.5	1 500.0
2010/2011	产量（万 t）	584.0	1 564.4	188.6	379.9
	占比（%）	14.6	39.2	4.7	9.5
	单产（kg/hm²）	997.3	3 455.7	3 712.6	1 362.1
2016/2017	产量（万 t）	670.0	1 740.0	253.2	300.0
	占比（%）	15.7	40.7	5.9	7.0
	单产（kg/hm²）	1 264.2	3 663.2	4 070.7	1 200.0

　　第三阶段（1999/2000—2010/2011 年度），世界花生总产量已处于较高水平，受经济全球化稳步推进和花生消费多样化发展的影响，世界花生贸易规模大幅增加，尤其是专用花生（如加工花生、食用花生）的贸易量迅速增加。至 2010/2011 年度，世界花生贸易总量达到 595.9 万 t，较 1999/2000 年度增加 1.16 倍，年均增速 6.7%，远高于花生总产量的年均增速 2.4%。

　　第四阶段（2011/2012—2016/2017 年度），世界花生贸易规模增速放缓，波动幅度加剧。至 2016/2017 年度，世界花生贸易总量达到 669.1 万 t，累计增幅 12.3%，年均增幅 2.0%，较第三阶段明显放缓，主要是因为种植面积继续增加空间有限、单产增速有限造成世界花生总产量增速放缓，再加上世界食用油籽和植物油供需宽松、不同油脂品种间消费替代增强、花生价格波动加剧、终端消费空间增长有限，致使世界花生贸易规模增速放缓，且波动性增强。

2. 花生贸易格局基本稳定，集中度不断下滑 进口国家和地区集中度下降。欧盟和印度尼西亚是花生主要进口国家和地区，2016/2017年度欧盟和印度尼西亚的花生合计进口量占世界花生进口总量的比例为41.3%，比2000/2001年度下降8.8%。主要是因为欧盟进口花生的要求越来越严格，要求进口花生必须经过严格加工，花生仁、果粒要均匀，具有较好的光泽，不含恶性杂质，同时对进口花生的品种也进行了限定，还调高了黄曲霉毒素限量标准，再加上进口葵花籽、亚麻籽、油菜籽等油籽产品的替代，花生占比明显下降。中国花生进口量自2014/2015年度开始明显增加，主要是因为国内产量减少、价格波动，2016/2017年度进口量占世界花生进口总量的比例为8.0%。墨西哥上升为世界花生第四大进口国，进口量占世界花生进口总量的6.7%，比2000/2001年度增加1.2%。2016/2017年度前五大主要进口国家和地区的花生合计进口量占世界花生进口总量的比例为62.7%，比2000/2001年度下降8.9%。

出口国家和地区较为集中，出口贸易结构波动较剧烈。印度、阿根廷、美国、中国是花生主要出口国，2016/2017年度合计出口量284.6万t，占世界花生出口总量的77.9%。印度花生出口量占世界花生出口总量的比例从1995/1996年度的5.7%持续增长至2010/2011年度的43.1%，成为世界第一大花生出口国，2016/2017年度花生出口量有所下降，占比为25.7%。中国花生因产量和价格优势，在历史上曾一直是最大出口国，后续不断下滑，2016/2017年度出口量占世界的比例仅为14.1%。中国为花生生产大国但不是出口强国，主要原因：①出口品种单一，具有高附加值的花生酱、加工花生等产品占比较低；②出口花生市场集中度高，增加了花生贸易的风险程度，一旦遇到贸易风波，产量和出口量会明显减少，不利于贸易可持续发展；③出口产品的质量有待进一步提高，以满足欧盟、日本等传统贸易伙伴日益严格的质量要求。

（三）全球花生主产国贸易现状

当前，全球花生贸易格局主要是出口国家集中且竞争激烈，进口国家集中度逐渐下降。

国际花生贸易量仅占世界总产的 6% 左右，约 270 万 t。美国农业部统计结果表明，2010—2013 年，世界主要的花生出口国有印度（80 万 t）、阿根廷（58 万 t）、中国（56 万 t）、美国（39 万 t），分别占世界出口量的 28.8%、20.9%、20.4% 和 14.1%，分别占各自本国花生总产的 15.0%、59.2%、3.4% 和 18.4%。需要给予关注的是，不同于其他国家和产区，阿根廷花生的最主要的用途是出口（占其国内花生总产的 57.0%），中国是阿根廷花生出口的主要国家之一，近年来，中国从阿根廷进口的花生数量呈逐年增加趋势。1961—2019 年印度花生出口量波动上升，2002 年后快速增长，目前是全球最大花生出口国。随着阿根廷、巴西、荷兰等国花生出口量的逐步增加，美国和中国的出口量占比下降，中国近 5 年出口量占比排名降至第六。

荷兰、印度尼西亚、中国、墨西哥和俄罗斯是主要的花生进口国，近 5 年来，总进口量为全球进口量的 47.02%。荷兰花生进口量近 59 年波动上升，长期保持在全球首位。印度尼西亚于 2010 年开始花生进口量大幅增加。2014 年以前中国花生进口较少，在 2019 年以 41.21 万 t 跃居全球进口国第一位。近 59 年来进口市场分散，一方面是因为墨西哥、俄罗斯、加拿大和菲律宾等新市场花生进口量不断增多，另一方面是由于法国、英国和德国等旧进口大国进口量持续下降并逐渐趋于稳定。

印度是世界播种面积最大、总产第二的花生生产国。总体上看，印度花生利用属油用型消费结构。2012—2016 年，印度年均生产花生（果）703.9 万 t，其中 66.7% 被用于榨油，11.3% 被作为食用原料。另外，印度花生的 11.4% 被用于出口，是世界第一大花生出口国，年均出口约 80 万 t，占国际贸易总量的 28.8%。印度花生总产从 20 世纪 70 年代的 565.8 万 t 增长到 2012—2016 年的 703.9 万 t，增长了 24.4%。但在消费比例上，印度花生一直以榨油为主（20 世纪 70 年代占 79.1%、20 世纪 90 年代占 79.3%、21 世纪 10 年代占 66.7%），近年来油用比例略有下降，食用比例从 7% 左右提高到 11%。另外，近年来，印度花生的出口量逐年增加，2010—2013 年年均出口约 80 万 t，占印度总产的 11.3%，印度成为世界第一大花生出口国，这也是近年来印度花生原料油用比例下降的重要原因。

尼日利亚花生以食用为主，兼顾油用。2012—2016 年，尼日利亚年均花生（果）总产 313.7 万 t，其中 66% 被用于食用，24% 被用于榨油，22% 为其他用途。尼日利亚的花生总产从 20 世纪 70 年代的 51.6 万 t 增长到 2012—2016 年的 313.7 万 t，增长了 5 倍多，与此同时，尼日利亚花生的消费结构也发生了显著变化，油用比例从 20 世纪 70 年代的 70.5% 下降到 20 世纪 90 年代的 27.4%，21 世纪初下降到 24.0%，食用比例从 20 世纪 70 年代的 17.2% 上升到 20 世纪 90 年代的 49.6%，又上升至 21 世纪初的 64.0%，这与 20 世纪 90 年代以来尼日利亚大力开发以棕榈油为主的其他植物油源以满足国内增长的消费者需求密切相关。

美国花生主要为食用，少量榨油。2012—2016 年，美国年均花生总产 314 万 t，占世界的 7.0%，其中 58.5% 为食用，13% 被用来榨油，12.4% 用于出口，年均出口约 39 万 t，是世界第四大花生出口国，占国际贸易量的 14.1%。美国花生总产从 20 世纪 70 年代的 166.7 万 t 增长到 2012—2016 年的 314 万 t，增长了 88.4%。与此同时，美国花生在消费结构上表现为食用比例提高、油用比例下降的趋势，食用比例从 20 世纪 70 年代的 46.8% 提高到 21 世纪初的 58.3%，油用比例从 21.2% 下降到 13.0%。总体来看，近 40 年以来美国花生总体保持食用为主、油用和出口为辅的消费结构。

阿根廷花生主要用于出口和油用，食用比例很小。作为南美洲最大的花生生产国，阿根廷 2012—2016 年年均花生总产 98 万 t，其中 58 万 t 用于出口（占比 59.2%），占国际贸易总量的 20.9%；另有 23.6% 用于榨油，食用比例仅为 2.5%。20 世纪 70 年代以来，阿根廷花生的食用比例一直低于 5%，油用比例从 20 世纪 70 年代的 76.9%下降到 20 世纪 90 年代的 45.2%，21 世纪初降至 23.6%，出口量的不断增加是导致油用比例持续下降的主要因素。因此，近年来虽然阿根廷花生总产不高，但由于用于出口的比例很大，已超越我国成为仅次于印度的世界第二大花生出口国。

二、我国花生贸易概况

（一）我国花生生产发展概况

我国花生种植历史悠久，花生是我国主要油料与经济作物之一，改革开放以来全国花生生产得到持续发展，近十年来再跨上新台阶，种植面积、单产、总产量、总产值、花生油产量持续增长（表 8-2），综合优势进一步扩大。在国内市场植物油和蛋白质供给严重不足的市场背景下，花生生产的发展在调整种植结构、保障有效供给、增加农民收入、促进农业生产良性循环、提升油料行业国际竞争力等方面均发挥了重要作用，并面临进一步快速发展的良好机遇和广阔前景。

表 8-2　2010—2020 年我国花生种植面积及总产量

年份	种植面积（万 hm^2）	总产量（万 t）
2010	452.7	1 513.6
2011	458.1	1 530.2
2012	463.9	1 579.2
2013	463.3	1 608.2
2014	460.6	1 590.1
2015	461.6	1 596.1
2016	472.7	1 636.1
2017	485.0	1 709.2
2018	462.0	1 733.2
2019	463.3	1 752.0
2020	473.1	1 799.3

我国油料作物中花生种植范围大，目前我国花生区划分为黄淮海产区、长江中下游产区、东南沿海产区、云贵高原产区、黄土高原产区、东北产区、西北产区 7 个产区。北方是花生主产区，南方生产区占七成，花生主产省份有河北、山东、河南等，我国花生种植面积快速增长，产量总体呈上升趋势，近几年产量增幅趋于平缓，花生单产一直处于增长态势，我国花生单产水平位居世界第二。

1978 年以来，我国花生主产区的变化并不大，但是大部分省份在主产省份中的位次出现了明显的变化，比如山东省花生的产量在1978 年遥遥领先，而到了 2008 年则被河南省超越，之后一直居全国第二位。可以说，河北省作为花生主产区的位次一直以来都比较平稳。东北的辽宁省与吉林省从 2003 年开始种植花生以来，其位次一直呈现稳中有升的发展趋势。所以总体来看，我国花生各个产区中，东南沿海地区的花生主产省份位次均有不同程度的下降趋势，而华中地区与东北地区的花生主产省的位次则明显提升。另外，根据花生生产地区的自然条件以及耕作方式进行划分，能够将全国的花生生产区域划分为华北、东北、华东、华中、华南、西南和西北 7 个区域。自从改革开放以来，我国各个区域的花生种植面积也在不断地增加，尤其是华东地区一跃成为全国最重要的花生主产区，2012 年的花生播种面积达到 135.0 万 hm^2，与 1978 年相比涨幅达到 79%。而华中地区作为我国传统花生种植区，一直以来花生种植产量都在迅速提升，并且花生的种植面积不断扩大，增长速度高达 8 倍之多，已经成为我国花生种植面积最大的区域。

我国花生生产处在从传统手工操作到全程机械化生产转变的阶段。近年来，综合国力提升带动了花生生产机械的普及，加上劳动力成本的不断攀升，我国花生生产正在向全程机械化迈进。我国种植的花生多为中间型、珍珠豆型、普通型和多粒型四大类。按照播种时期分为春播、夏播和秋播；按照种植方式可分为单作、间作和套种。直立型品种高密度种植、肥料和农药的大量使用、地膜覆盖栽培在提升花生单产、增加总产中发挥了重要作用，因此，适合我国花生种植特点的全程配套机械研发和应用对花生种植面积的稳定和扩大产生了巨大作用。

（二）我国花生贸易概况

我国是世界花生传统出口大国，2005 年前后出口量曾居世界首位并占全球花生贸易量的近 50%。但是，近十年来由于国内花生生产成本上升、高油酸花生发展滞后、质量安全控制技术不够健全、农产品贸易政策等因素的影响，花生出口呈连续下降趋势，从 2009 年的 50 万 t 下降到 2018 年的 38 万 t（下降 24%）。与此同时，花生进口快速上升，从 2009 年的 1.4 万 t 上升到 2018 年的 35 万 t。花生进口快速增长的原因：①价格差异，从发展中国家进口廉价的榨油原料花生；②由于境内加工企业（含外资企业）的特殊（原料）需求，从美国和阿根廷等地进口了高油酸花生；③由于季节差异，从东南亚进口了上市早的花生（含鲜食）。预计未来受成本和需求影响，花生进口将进一步增长。

综合分析国家粮油中心和中国海关发布的统计数据可知，20 世纪 70 年代以来，我国花生总产从 223.3 万 t 增长到 2012—2016 年的 1 762.2 万 t，增长了近 7 倍，但在消费比例上，榨油比例一直维持在 45%～50%，食用在 35%～40% 小幅波动，总体维持在一个相对稳定的水平。作为仅次于菜籽油的第二大国产植物油，花生油的价格远高于国内供给充足的大豆油、棕榈油和菜籽油等其他大宗植物油，其主要原因不仅是花生原料价格较高，也与黄淮流域和华南花生产区居民长期形成的喜食花生油的消费习惯有关。

1. 进出口规模 数据显示，2009 年之前，我国花生进口量一直维持在 1 万 t 以下。2015 年我国花生进口量达到最高值 25 万 t，但之后几年进口量有所下滑。我国进口花生绝大部分来自非洲，以 2019 年为例，非洲花生已占进口花生总量的 94.9%。

我国花生质量较好，具有竞争优势，是我国重要的出口创汇作物，在世界花生贸易中占有重要地位。改革开放以来，我国花生出口经历了两个阶段：①快速增长时期（1978—2002 年），这一阶段，我国花生出口量持续增加，并于 2002 年达到最大值 109.2 万 t。②逐步回落时期（2003—2018 年），2003 年以来，巴西、美国花生出口能力显著增强，挤占了我国的出口份额，使得我国花生出口量逐渐下滑。

2. 进出口品种结构　联合国粮食及农业组织（FAO）的统计资料表明，2000—2005 年，我国去壳、带壳及加工花生的出口总量在世界同类花生及花生制品出口贸易中分别达 29.8%、33.9% 和 44.6%。

原料花生指带壳花生和去壳花生。在世界原料花生贸易中，我国一直是原料花生的净出口国。2000—2006 年，我国原料花生的出口量年平均为 44 万 t，占世界原料花生年均出口总量的 1/3 以上。2003 年以来，我国原料花生的出口量趋于下降，而原料花生的进口在年度之间波动较大。

加工花生主要包括除花生油以外的花生制品，如烤果、油炸花生仁、烤红衣、花生粉粒和花生酱等。同原料花生不同的是，2000 年以来，我国加工花生的出口量稳步增长，而进口量在年度之间波动不大，大体维持在 1 万 t 左右。加工花生出口量的增加反映了国际市场对加工花生需求量的增加。

我国花生以油用为主，榨油花生量占全国花生总产量的 50% 以上。近年来，花生油在植物油总消费量中的比例趋于下降，但仍占 10% 左右。2000 年以来，我国花生油的产量维持在年均 210 万～220 万 t，主要供国内消费。2000—2006 年，我国花生油的进出口贸易在年度之间波动较大。2003 年以前，进口量大于出口量；2003 年以后，出口量大于进口量。

花生粕是原料花生经过压榨以后的副产品，含有丰富的蛋白质，可用于提取花生蛋白和加工饲料。随着畜牧业的发展对饲料工业的带动，国内对花生粕的需求强劲，近两年花生粕的进口量增长迅速。花生粕的出口则在 20 世纪 80 年代以后表现出下降的趋势，1981—1990 年，花生粕的年均出口量为 6.04 万 t，1991—2000 年，下降为 3.87 万 t，2001—2006 年，下降到 1.06 万 t。

我国主要进口花生产品为花生饼，原料花生比重较低，产品进口量较小。美国、印度尼西亚等是我国主要的花生产品进口国，我国与东南亚国家如泰国等的花生产品交易日益频繁，欧盟地区是我国第一大产品进口区，我国是世界上最重要的花生生产贸易国之一，花生产品在世界市场上处于大国地位。花生总产量常年居世界首位，单产水平在花生主产国中位列第二，花生产品出口量居世界第一位。花生产业发展对促进地区经济发展具有重要意义，2006 年以来，花生产品贸易受到其他种植国的挑战，花生产品中花生油遇到其他油料产品的竞争。

3. 进出口地区结构 近年来，我国花生总产量及出口量的下降直接造成世界花生供应不足，导致花生价格大幅上涨。FAO 的统计数字表明，2003 年以来，世界市场上主要出口国花生仁及花生油的价格均出现上涨的趋势。同 2001 年相比，2005 年我国、美国和印度花生仁的出口价格分别上涨了 32.3%、7.7% 和 22.3%；花生油的出口价格分别上涨了 25.4%、27.8% 和 84.8%。显然，随着我国花生种植面积的进一步缩减和花生总产量和出口量的下降，世界市场上花生的价格还会上涨。

从花生进出口的地域分布来看，我国花生进口产品来源国也有差异。我国进口的未去壳花生几乎全部来自美国，进口的去壳花生的则主要来自塞内加尔、埃塞俄比亚。花生罐头主要来自泰国和美国。烘焙花生进口的来源国较多，包括美国、印度尼西亚、泰国等，但从各国的进口数量都不大。

（三）我国花生贸易存在的问题

1. 花生出口管理混乱 1987 年前，我国花生出口基本上由中国粮油进出口总公司所属的几个省（自治区、直辖市）的粮油食品进出口公司垄断经营，这一做法在一定程度上阻碍了我国花生出口的发展。1987 年以后，由于改革开放，各国间的贸易往来日益频繁，花生的对外贸易也逐渐放开，从而也刺激了国内花生种植产业和花生的大量出口，花生的年均出口量也逐年上升。但是，随着花生出口有关企业及单位的过度膨胀，其出口管理混乱，出口的花生质量出现下降，影响了我国出口花生的声誉。

2. 适合加工出口的专用型优质品种少 由于我国出口花生内在品质不高，直接影响了花生在国际市场上的竞争力，与国际上的先进水平相比，我国花生突出的问题表现为没有形成油用、食用、加工出口专用配套的花生优质品种，以致我国出口的花生大都是原料花生、半成品花生产品和"大路货"，在国际市场上严重缺乏竞争力。

3. 出口的花生产品加工工艺落后 1980 年以前，我国出口花生大多为人工脱壳，花生的商品品质较好，水分不高且大小均匀，很少会有在运输过程中发霉的现象。20 世纪 80 年代中期，随着生产技术的发展，我国花生机械化脱壳技术逐步完善，为了减轻对花生产生的机械损伤，一些农民选择采取先用水将花生润湿再脱壳的方法，如果脱壳后马上分离壳仁，花生仁的水分不会增加很多，马上晾干就可以达到安全的水分含量，但有一些不法商贩为了个人利益，故意给花生加水，增加重量，殊不知这样会严重损害花生的品质和口感，致使有些出口花生到货后严重发霉变质，造成了极坏的国际影响，也严重损害了我国出口花生的声誉。另外，我国花生分级加工工艺也较落后，花生果主要靠手拣分级，花生仁分级设备机械化、自动化程度低，加工花生使用人工多，增加了出口的成本。

4. 从事花生出口的人员专业能力不足 目前我国花生原料出口加工厂和外贸部门已数千家，从事花生出口工作的人员日益增多。有很多老旧的小加工厂是 20 世纪 80 年代以来组建的，这些工厂的工作人员中多数人甚至分不清花生品种，更谈不上对花生品质等的了解，因此，他们难以掌握出口花生的品质。尤其是在我国加入 WTO 以后，我国花生产业的工作人员及加工厂短时间内根本无法实现与国际接轨，也难以参与到正常的国际竞争中去。

5. 花生出口企业缺少专用出口花生生产基地 目前花生出口企业绝大多数没有自己的生产基地，更没有专用品种生产基地，一般都是外商要什么样的花生、要什么品质的花生，企业就按照其要求来分拣花生，以达到外商的要求，对是否有黄曲霉毒素污染无法检测，对花生内在品质很少考虑，更没有把花生产地作为衡量花生品质的因素考虑在内，缺少我国花生出口应有的特色，所以出口后经常出现因质量问题而退货的现象。

6. 各国对花生及其产品的检验要求不同　随着全球经济的发展，人民生活水平不断提高，各国对进口花生的质量要求也越来越严，尤其是加强了农药残留、生物毒素、重金属等安全卫生项目的限量。日本、中东地区增加了对丁酰肼的检验要求；澳大利亚对花生中重金属镉的含量要求最严，其限量为 0.05 mg/kg；欧盟从 1999 年开始实施新的黄曲霉毒素限量标准，2002 年 3 月 1 日起要求氟草烟低于 0.5 mg/kg 等。我国对于花生及其产品的检验要求严格程度不高，使得有些花生出口以后不能达到出口国的检验要求而被退回，这也是限制我国花生贸易的一大因素。

第二节　河北省花生市场贸易现状

花生是河北省最重要的油料作物之一，河北省花生产业的健康发展在河北省种植结构的优化调整、全国花生市场的供需平衡等方面发挥着重要作用。

一、市场基本流通模式

花生的产后流向决定了其主要流通模式。目前，河北省花生种植仍以散户小规模种植模式为主，产品自用比例约为 30%，其余进入流通环节，用于加工花生油的花生米类产品约占 50%，用于油炸及烘焙加工的花生米和花生果类产品约占 40%，用于鲜食及甜品加工的约占 10%。交易流通方式仍然以花生经纪人收购、贸易商实体市场批零方式为主。近年来，以深加工企业订单基地为特征的"新型经营主体＋农户"模式也快速发展。从流通平台和手段来看，传统的实体市场流通仍占主导，但是逐渐呈现信息源的线上流动和实体产品线下交易相结合的特征趋势。

（一）传统流通模式

此种模式是长期以来存在的花生产后交易流通模式，也是目前河北省的主要交易流通模式，主要过程分两个阶段：第一阶段是花生经纪人到农户手中收购，或者农户将收获的花生直接交至花生经纪人处，收购价格随市场波动。第二阶段是花生经纪人或在实体交易市场或通过网络交易平台将花生售卖给花生贸易商，此过程也可以由花生贸易商发起。部分实力雄厚的花生经纪人本身也是贸易商，可以直接将花生销售给终端客户。

（二）"新型经营主体＋农户"流通模式

近年来，此种模式发展迅速，"新型经营主体＋农户"可细分为多种小类，其中，"龙头企业＋合作社＋农户"的模式最为典型，该模式由龙头企业通过合作社向农户提供特定品种、农资、生产技术及操作规范等，签订购销合同，确保产品品质和双方利益。

以鲁花集团在河北省深州建设的深州鲁花浓香花生油有限公司为例。该公司创建于 2008 年，主要生产 5S 压榨一级花生油等食用油产品，产品主要销往北京、天津、石家庄、张家口、保定、沧州、呼和浩特、德州、太原等大中城市。目前该公司 40％以上的原料花生采用"龙头企业＋合作社＋农户"的订单生产模式获得，公司在河北省多地建设了订单生产基地，公司面向花生种植合作社或者种植大户签署订单合同，同时为种植主体提供各种专业服务：①测土配肥服务，对公司基地种植户实行测土配肥服务，根据土壤土质情况设计种植方案，配方施肥，解决用肥不合理、不科学、浪费等问题。确保种植户科学合理施肥，提高花生产量，减少病虫害、空壳等现象的发生。②全程技术指导服务，为种植户提供种植模式、品种选择、田间管理、收获加工等系列服务，由专家全时提供咨询服务。公司专家团队在播种期间、生长期间以及收获阶段现场为种植户提供技术指导，种植户也可以通过电话、微信等方式随时与公司联系，解决在生产过程中遇到实际的问题。③保价收购政策，公司与种植户签订收购合同，实行价格保护政策，避免价格波动影响收益。④套餐式服务，公司由专业人员根据种植户的需要量身打造，提供农资、农机一条龙配套服务，以低于市场价格有偿供应。⑤种植保险服务，公司根据客户需要联系保险公司，为种植户提供农业种植保险服务，降低自然灾害带来的损失。⑥财务保障服务，公司所建基地均由公司直接发展建设并依法签订合同，对外无任何委托代理行为，且所有款项均由公司统一账户收支，切实保障种植户利益不受损失。

这种模式确保从品种到种植流程再到收获的全程标准化，降低了收购成本，确保了企业的产品品质，提升了附加值，同时，通过订单合同，也保证了农户的利益，达到了双赢。

（三）信息媒介和交易平台

目前，河北省传统的市场实体交易仍然占据主导地位，但是供求信息的发布与获取已经日益依赖有线网络和移动互联媒介（新型信息媒介），产品的交易也加入了电商平台等新兴渠道。以新乐花生米交易市场为例，约有 30% 的交易量供求信息来源于新型信息媒介，40% 以上的经纪人利用新型信息媒介达成过交易，56% 的经营主体使用过阿里巴巴等电商平台以及中国花生信息网等专业网站平台。

（四）流通存在的主要问题

由于贩销大户或经纪人到产地收购、农户直接到农贸市场将花生产品卖给消费者或进入当地批发市场与花生批发商直接交易等传统市场经营流通模式存在产品流通经营成本高、交易效率低和信息不对称等突出问题，已经越来越不能适应现代社会对产品质量等的要求。与此同时，花生贸易中形成的一些新型模式，如"公司＋农户""公司＋专业合作社（农业协会）＋农户"、电子交易市场、拍卖制等由于缺少相关法规和制度规范、市场主体不成熟等各种原因，不时出现毁约、人为操控市场交易等现象，给参与者带来了严重损失。

二、2021 年市场价格变化

花生价格监测分布广泛、及时、准确，影响面大，实行花生价格监测对河北省花生产业发展具有重要意义。

（一）花生市场价格变化分析

总体来看，2021 年河北省花生行情整体呈现先上升再下降后稳定的趋势。2021 年第一季度，河北省花生行情整体呈现先涨后跌态势，尤其是进入 3 月以后，价格震荡下行。2021 年第二季度，河北省花生行情整体呈现稳中有降的态势，尤其是进入 6 月以后，价格震荡下行。2021 年第三季度，河北省花生行情整体呈现先升后降、稳中有降的态势，尤其是进入 9 月以后，价格缓慢下行。2021 年第四季度，河北省花生行情整体呈现先下降后上升的态势，从 10 月中旬开始，迎来了花生油市场的旺季，油企全面入市，花生油价格稳中有升。11 月和 12 月，价格仍处于上涨态势。

根据监测点的汇总情况，截至 12 月 31 日，2021 年第四季度河北大名南李庄 99 - 1 花生均价 9 125 元/t，环比上一季度走低 0.56%。唐山滦县的唐油 285 均价约 9 100 元/t，环比上一季度走低 0.96%。衡水深州的冀油 4 号均价 9 275 元/t，环比上一季度走低 0.98%。

具体价格走势及原因分析如下：

1 月，花生价格基本稳定。由于元旦及春节的带动，下游市场采购氛围好转，寻货积极性增加。且 1 月正值春节前交易陆续收尾的阶段，河北省主要花生交易市场前期库存偏低，产业链前端贸易商有适量补库需求，但基本属于理性采购状态，议价能力较强，导致其他各环节购销积极性不足，月末价格高位，批发市场及食品厂等备货基本结束。因而此轮需求未能实际带动价格上行，交易基本停滞，行情缺少变化。

2 月，花生价格略有波动，但整体价格基本稳定。本月跨越春节假期，市场存在 10 d 左右的空窗期，腊月二十前后花生交易各方进入收尾状态，花生价格基本维持平稳，油厂原料普遍停收，批发市场等备货结束。春节后，2 月 18 日前后，各贸易商陆续开业，交易整体处于恢复状态，下游市场及食品厂开业后便产生了少量的补库需求，贸易商在较长时间的平缓期内操作意愿降至低位，整体价格维持偏强。直到月末，个别油厂恢复收购，价格与春节前持平。加之节后进口量有所增加，出货速度偏慢，价格有弱势调整。

3月，花生价格震荡下行。3月初开始，花生价格便开启下行之路，整个月河北省花生市场交易进入持续僵持状态。春节后，批发市场及食品厂等补货有限，销量不理想，导致出货受限（图8-1）。

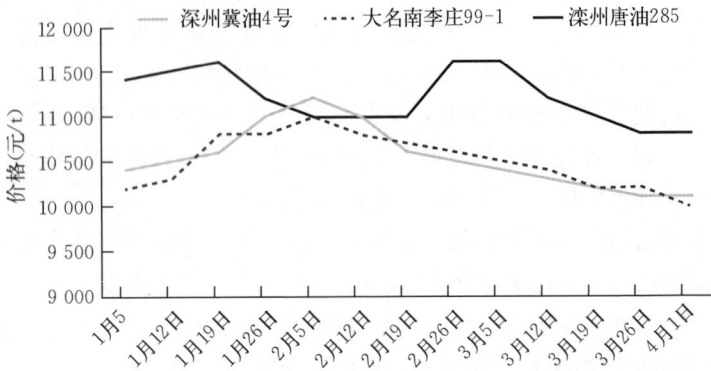

图 8-1　河北省 2021 年第一季度花生价格走势（中国花生信息网）

4月，产区及销区等进入持续僵持状态，价格震荡下行。春节后，批发市场及食品厂等补货有限，销量不理想，产区出货受限。基层及贸易商初期稳价观望，随着时间的推进，心态受到一定压制，出货意愿增强。随着油企的陆续入市，油料米到货量相对充足，筛选厂等消耗油料，适当回笼资金，所以商品米出货不理想。

5月，本月产区价格下滑明显，月末略有反弹。部分油企在货源渐增的情况下适度存货。在两种力量的综合作用下，5月较4月价格波动不大，整体略有增加。

6月，花生价格震荡下行。本月产区价格整体延续下探走势，下旬局部短暂回调后再度偏弱震荡。因前期油料花生价格较高，油企利空氛围渐浓，市场需求不足，因此价格有所下降，但幅度不大（图8-2）。

7月，河北省花生市场行情延续了6月的小幅下降趋势，下旬局部短暂回调后再度偏弱震荡。本月花生米价格持续压低，多数油厂停

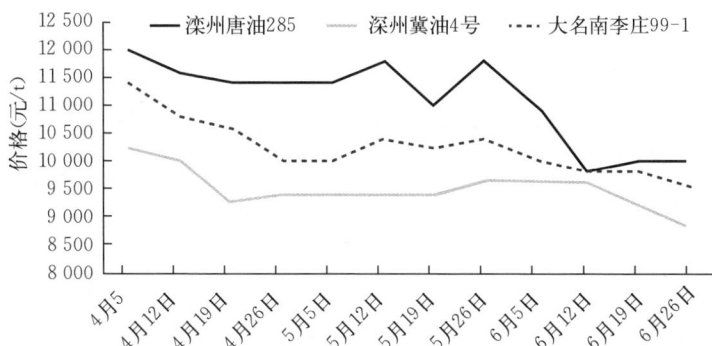

图8-2 河北省2021年第二季度花生价格走势（中国花生信息网）

收新货。从本监测点的数据来看，本月国内规模型批发市场日均到货量较上月下滑31.89%，日均出货量较上月下滑43.95%。

8月，价格趋势整体稳定，月末略有反弹。本月处于新陈花生交接阶段，因持续多雨，新花生上市进程拖后，截至月底新花生上市量仍然维持低位且水分普遍偏高，新花生价格较陈米走高明显。

9月，花生价格维持区间平稳震荡调整，整体呈下降趋势。本月春花生陆续上市，上市价格高于陈米，价格偏弱运行，下游需求略提升，批发市场按需采购或补库。部分油厂少量入市收购新季原料，多数油厂为观望状态。又受中秋节、国庆节备货影响，花生价格底部形态明显，但节日效应支撑在月底逐渐减弱（图8-3）。

10月，河北省花生市场行情延续了9月的小幅下降趋势，价格呈现先下降后上升的态势。随着国庆节的到来，下游市场采购谨慎，价格再度转弱，整体来看市场采购意愿偏低。多数油厂仍然处于观望态势，部分地方油厂到货不多。

11月，产区花生价格呈现小幅上升后持续震荡偏弱走势。整体来看，本月商品米市场交易有限，对产区未起到支撑作用，主要消耗油料花生。月初油厂对好货的收购意愿增强，好货略偏强支撑产地信心。中旬前后雨雪天气加重僵持态势，批发市场以消耗库存为主，采购持续维持低位，中下旬部分油厂到货压力增大，收购标准以及价格

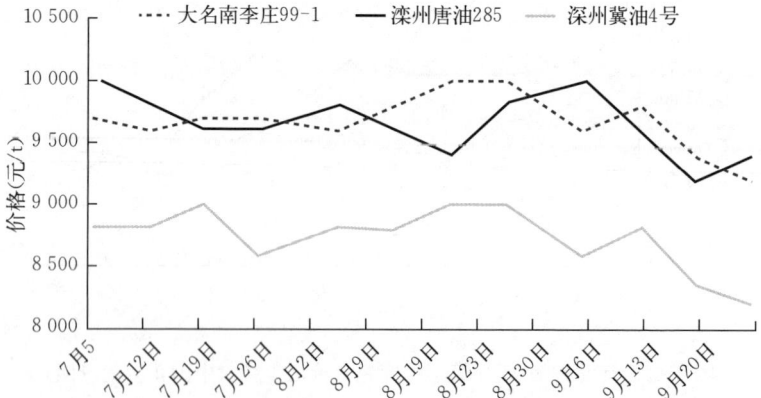

图 8-3 河北省 2021 年第三季度花生价格走势（中国花生信息网）

紧缩运行，产区价格打破僵持局面，偏弱震荡。

12 月，前期产区花生价格震荡偏弱运行。市场交易持续清淡，部分贸易商继续操作油料花生，部分压车，收购指标连续紧缩，对产区心态起到压制作用。中旬由于节日效应，部分市场销量有所好转，因临近元旦，市场入市信心渐渐增强，随着成交态势的好转，支撑花生价格平稳运行，部分价格偏低区域则呈现小幅回升趋势（图 8-4、图 8-5）。

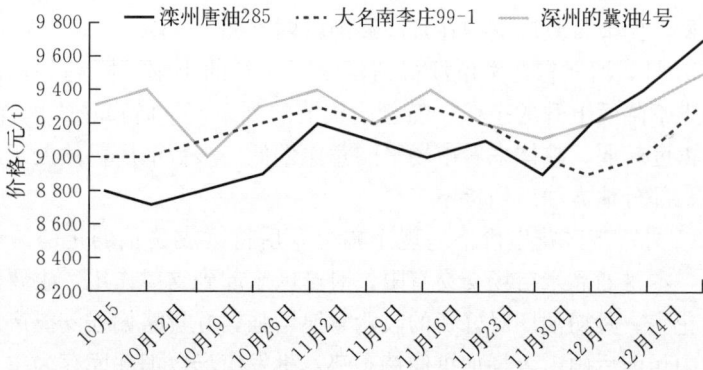

图 8-4 河北省 2021 年第四季度花生价格走势（中国花生信息网）

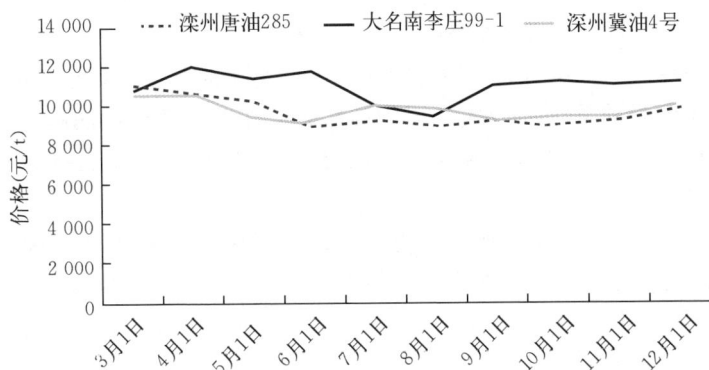

图 8 - 5　河北省 2021 年花生价格走势（中国花生信息网）

（二）花生油市场价格变化分析

河北省花生制品加工缺乏以花生为特色原材料的大型油企和食品企业，市场价格受花生整体市场行情影响较多，整体呈现先上升后下降再上升的趋势。

1 月，河北省花生油价格高位运行，作为原料的花生价格在供货量降低的情况下偏强整理，油厂收购价格维持稳定。但花生油价格高位下散油交易偏缓，部分议价成交，价格重心略有下行。随着春节临近，开工率逐渐下行，同时原料收购也基本进入尾声，原料价格整体处于低位，而贸易商前期备货较为充足，节日气氛未能带动价格上升。2 月花生油整体价格变动不明显，春节前油厂交易尚可，节后初期也供应部分合同，小包装出货相对理想，因价格整体高位运行，散油实际成交略松动。春节后，油厂尚未普遍恢复对原料花生的收购，所以供货量较少，大宗油脂价格高位使花生油报价持稳运行，2 月下旬进入交易淡季。对花生油价格承托作用有限，因此原料价格和成品价格普遍维持平稳。3 月是花生油市场传统的淡季，中上旬花生油整体价格变动不明显，基本维持平稳。由于节后处于消耗淡季，油厂缓慢入市收购原料，开工率也处于恢复阶段，但出货偏慢，因此虽有大宗油脂明显支撑，实际价格维持平稳。但下旬油料花生价格弱势下行，成本压力减小。

4月，河北省花生油整体价格变动不明显，基本维持平稳。节后处于消耗淡季，虽有大宗油脂明显支撑，实际价格维持平稳。近期油料花生价格弱势下行，成本压力减小，4月天气转热，油脂消耗仍慢，短线或弱稳观望。随着豆油价格先涨后落，供需支撑将持续转弱。

5月，河北省花生油整体价格变动不明显，月末议价心态浓厚，实际成交走低。本月原料花生价格下滑明显，成本压力持续放缓，开工率高位运行。花生油整体出货迟缓，有一定交易压力，实际成交价格可议空间增加。进入5月，气温陆续攀升，短线消费速度仍难有支撑，价格或弱势运行。同时，4月大豆油行情震荡反复，油脂市场整体震荡走低，对花生油价格的承托作用有限，因此原料价格和成品价格普遍维持平稳。

6月，6月属于传统的油脂需求淡季，原料花生价格变动幅度有限，花生油价格本月走低明显，下游需求偏淡，油厂成交量较少。本月原料花生月初货源仍维持充足状态，油厂收购意愿走低，合同充足情况下持续下调价格，成本压力下行。

7月，花生油价格走低明显，下游需求偏淡，油厂成交较少。本月原料花生月初货源仍维持充足状态，油厂收购意愿走低，合同充足情况下持续下调价格，成本压力下行。油厂处于消耗淡季，出货较慢，油厂报价可议空间增加，低位震荡。

8月，花生油价格低位运行，受大宗油脂支撑有限。油厂库存相对充足，随着进入中秋节备货阶段，出货略好转，继续消耗库存。但花生油价格毕竟仍远远高于其他油品，市场占有率较低，且受气温升高的影响，食用油终端消费不振，需求面不配合，原料花生尚未大量上市，油厂开工率维持低位。整体来看，销量慢于往年，部分高价成交。

9月，花生油价格略有增加，本月是花生油市场传统的淡季，但受节日效应影响，中秋节前市场陆续采购备货，交易氛围略好转。油厂库存普遍相对充足，成交价格低位。中下旬随着个别油厂少量入市采购新花生，新原料压榨油报价略高，整体成交重心仍低位。

10月，花生油价格继续攀升，呈N形走势，月底现年内新高。受长假期影响，国庆节后市场有补货需求，库存消化较快，中旬前后存在市场对油脂需求担忧，但第四季度旺季情况下，出货陆续好转。

11月，花生油震荡走强，中上旬现货价格不断创年内新高，下旬转震荡。本月成本支撑较好，现货交投在年底备货的背景下相对活跃。年底需求旺季，花生油库存将继续消化，供需支撑佳。

12月，花生油先涨后落，整体好于上月，市场观望居多。原料花生到货量维持高位，成本略有下行，整体仍有支撑，花生油价格继续维持高位运行。

（三）花生粕市场价格变化分析

整体来看，2021年河北省花生粕价格处于先降后升的波动趋势，2021年初花生粕的销售以消耗上一年度的库存为主，价格处于较低态势。

1月中上旬，河北省花生粕的价格在豆粕急涨带动下涨势迅猛，出货好转明显，但是自中旬后，外部利多因素消化殆尽，市场紧张情况有所缓解，叠加终端备货接近尾声，花生粕价格回踩。随着豆粕价格的获利回吐，花生粕价格承压走低。本月油厂开工率仍维持高位运行，现货价格相对抗跌。

2月，河北省花生粕价格在较长一段时间内受到豆粕弱势压力的影响，价格持续低迷运行，节后初期豆粕价格小幅反弹后，花生粕报价略有好转，但是随着月末豆粕价格的大幅下滑，河北省花生粕短线也处于受压制状态。油厂开工恢复不及预期，花生粕供需两面均表现出弱势。

3月，河北省花生粕的价格在豆粕的弱势下行影响下继续明显下行，偏弱调整，春节后油厂陆续开始收购原料，开工率缓慢提高，花生粕整体货量不足。豆粕持续有压制作用，花生粕仍跟随偏弱。且部分企业维持原有报价，调价心态不强。

4月，河北省花生粕的价格在豆粕的弱势下行影响下偏弱调整，市场供应的收紧并未给价格带来支撑，由于终端需求的疲软表现，市场走货不理想，终端心态较为悲观，采购情绪不高，节后油厂陆续开始收购原料，开工率缓慢恢复，花生粕整体货量不大。豆粕持续有压制作用，花生粕短线或仍有跟随偏弱可能，短线花生粕价格低位震荡。

5月，河北省花生粕的价格在豆粕的影响下震荡运行，下旬小幅走高。本月油厂开工率维持高位，整体出货偏慢，部分供应合同。本月初期弱势调整，月末由于产区天气好于预期，价格小幅回落。

6月、7月，河北省花生粕价格整体维持偏强状态，虽然阶段性豆粕有走低，但花生粕企业挺价观望，主要原因为花生油出货较慢且价格走低明显，企业有一定挺价心态。本月油厂开工率维持下行状态，出货较慢。7月豆粕或先弱后强，给予花生粕一定支撑。

8月，花生粕价格整体维持偏强状态，一定程度上受到豆粕支撑，同时花生粕货源不多，油厂有一定挺价心态。但花生粕属于小品种粕类之一，市场占有率较低，终端需求受限。

9月，花生粕价格整体维持偏强状态，加上国庆节前备货陆续展开，花生油厂开工率继续维持低位，原料紧张，花生粕货源不多，同时受到大宗蛋白饲料原料支撑，整体出货尚可。

10月，花生粕价格受到豆粕支撑大幅走高，月末略有偏弱回调。本月部分油厂陆续收购原料，成本有一定支撑，同时也支撑花生粕价格走高，油厂开工率处于恢复状态。初期，随着价格的陆续攀升，出货速度受到一定抑制。月末花生粕价格震荡偏弱。

11月，花生粕价格走低明显。市场现货成交明显放缓，油厂库存压力逐渐显现。临近年末，终端养殖迎来消费旺季，出栏量增加抑制花生粕需求，对现货价格形成一定压制。此外，种植区天气好转，成本端继续拉涨动力不足。本月下旬开始，北方多地油厂由于榨利不佳以及空气污染治理等有停机检修情况，市场供应被动减少。

12月，花生粕价格回落，期货价格弱势震荡，市场基本面表现平稳，供应充足，需求端随采随用，预计价格继续低位震荡后暂稳运行，整体出货速度仍慢，整体价格暂难好转。

第三节　河北省花生市场现状与潜力

我国是当今世界上最大的花生生产国，花生产量占全球花生产量的40％，同时也是最大的花生消费主体。在消费方面，随着我国经济水平的快速发展，居民可支配收入逐年提高，居民对花生产品的市场需求呈现逐步增长态势。消费类型主要为食用、压榨、农民留种及其他，占消费的总比例分别为食用消费占44％，压榨消费占50％，留种及其他占6％。近年来，河北省紧紧围绕农业供给侧结构性改革这条主线，大力推动花生产业发展，将花生列为特优农产品，重点发展花生优质专用品种。

市场泛指商品交换的领域。主要是买方出资以交易形式换取卖方提供货物或服务，通过市场可以调节社会资源配置。然而，河北省花生生产长期以来以传统的小农户自主种植为主，新型农业种植主体占比不足30％，供应链主要为"花生种植—商家收购—企业加工—市场销售"模式，农户在市场中处于被动的地位，对市场需求把握不准，生产的产品不能很好地适应市场对于制品种类和品质的需求，难以掌握价格，生产收益相对不高，种植积极性受挫。长此以往，将不利于花生产业的可持续发展。因此，采取有效措施调节市场供需平衡、提升生产经营者经济效益、促进花生产业持续健康发展已成为当前亟须解决的问题。

一、市场供给现状

（一）生产经营主体现状

经调查分析，河北省花生生产经营模式主要有三种：传统小农户模式、合作社经营模式和专业大户、家庭农场、农业企业经营模式，主要特点如下：

1. 传统小农户经营模式 在河北省花生种植过程中,小农户经营模式仍然占多数。一家一户,农户精耕细作独立种植,全省超70%的花生种植户种植规模不足10亩,种植地块分散,品种分布杂乱,优质品种无法成片种植,难以形成市场竞争力,无法保证企业对原料的品质要求,难以建立固定的产销供货渠道;产业链短,多以直接出售花生果实为主,难以满足市场对于花生产品日益丰富健康的要求;市场竞争力弱,难以拥有定价话语权(表8-3)。

表8-3 2014—2018年河北、山东、河南、广东花生
成本比较(中国农村统计年鉴)

单位:元/hm²

省份	年份	人工费	物质与服务费用	土地成本	总成本
河北	2014	11 646.15	7 355.55	3 518.10	22 519.80
	2015	11 729.85	7 174.05	3 701.10	22 605.00
	2016	12 278.85	7 316.55	3 901.35	23 496.75
	2017	11 544.45	7 410.75	3 891.45	22 846.65
	2018	10 982.70	7 382.10	3 652.80	22 017.60
	平均	11 636.40	7 327.80	3 732.96	22 697.16
山东	2014	11 660.10	7 791.15	3 079.95	22 531.20
	2015	12 012.75	7 937.55	3 187.05	23 137.35
	2016	12 148.65	8 049.60	3 201.00	23 399.25
	2017	11 938.95	7 925.40	3 211.80	23 076.15
	2018	12 072.00	7 993.20	3 206.40	23 271.60
	平均	11 966.49	7 939.38	3 177.24	23 083.11
河南	2014	8 348.85	5 961.75	4 956.15	19 266.75
	2015	7 968.90	6 669.00	5 341.50	19 979.40
	2016	8 250.30	7 007.25	5 276.25	20 533.80
	2017	8 552.25	7 181.85	5 336.55	21 070.65
	2018	8 416.80	7 061.40	5 270.55	20 748.75
	平均	8 307.42	6 776.25	5 236.20	20 319.87

（续）

省份	年份	人工费	物质与服务费用	土地成本	总成本
广东	2014	11 582.70	6 184.80	2 992.20	20 759.70
	2015	11 440.50	6 339.00	3 007.20	20 786.70
	2016	11 456.70	6 686.25	2 586.00	20 728.95
	2017	10 736.55	6 436.80	2 539.95	19 713.30
	2018	11 707.50	6 877.50	2 729.70	21 314.70
	平均	11 384.79	6 504.87	2 771.01	20 660.67
全国	2014	10 171.05	6 432.90	3 546.90	20 150.85
	2015	10 404.60	6 694.95	3 852.90	20 952.45
	2016	10 426.20	6 954.30	3 830.10	21 210.60
	2017	10 408.05	6 954.75	3 830.55	21 193.35
	2018	10 373.70	7 053.60	3 766.50	21 193.80
	平均	10 356.72	6 818.10	3 765.39	20 940.21

　　以河北省滦县、新乐、大名三大花生主产区为例，在花生种植方面仍以一家一户的小规模种植为主。其基本特征主要表现为：①种植分散，细碎化问题较为明显，70％以上的农户花生种植规模在 10 亩以下；②种植品种杂乱，品种更新缓慢，对高产、高油、高油酸的新品种接受较慢、使用较少，普遍存在盲目性、跟从性现象，用于榨油、食品加工等的优质专用品种较少，对市场需求把控不到位，价格难以得到保障；③标准化程度较低，在种植和管理过程中缺乏专业技术指导，新技术往往不能被很快应用，另外，大多农户在化肥、农药的使用上不够科学，花生的品质得不到保障，市场竞争力较弱；④生产成本较高，近年来，一些地区根据实际情况采取旱作雨养、休耕地块、林下种植等措施进行节水固氮，在节水节肥方面取得了一定成效，但从整体生产情况来看，小规模种植户进行

花生种植，其人工、农资、管理服务等方面的费用难以控制在较低的水平。

河北省花生种植成本与全国花生主产省份相比不占优势且高于全国平均水平（表8-3）。总体来看，传统小规模种植户花生销售量及效益难以得到保障。

2. 合作社经营模式 为从根本上解决花生种植和管理成本高、技术指导欠缺、标准化水平较低、销售价格低、农户收入不稳定等一系列问题，一些花生种植户开始联合组建农民专业合作社，截至目前，河北省成立花生合作社200多家，以滦县百信花生种植专业合作社和新乐市新乐助农种植专业合作社为代表的新型经营主体对优质花生规模化种植的引领带动作用十分显著。

（1）花生种植专业合作社凭借自身种植规模大的优势统一进行种植、管理和销售，有效地保障了种子品质，也为日后进行统一管理提供了便利条件，降低了生产成本。

（2）农资供应方面，花生专业合作社对花生生产中所需的农资产品实行统一采购、统一供应，在享受农资产品价格最大优惠的同时，也确保了花生达到生产标准要求。

（3）合作社对社员的土地资源进行整合，实行规模化生产，更有利于其与花生加工企业建立利益连接关系、实行订单生产，在保障企业原料供应的同时促进了花生销售量的提高及价格的提升，保障了合作社农户的收益。

（4）合作社可以作为农户利益代表与企业进行谈判并达成约定，不仅能保证农户产品的销路及价格，还可以做好合作社内部的二次分配，保证了农户的利益。

（5）企业可以借助合作社这一平台稳定原料供给，降低交易成本。助农合作社属于能人大户牵头型，这种模式下的合作社是建立在农民自愿平等并保证家庭经营独立性的基础上的，能切实提高农户生产及经营的规模效益。

（6）合作社作为连接农户与市场的中介，充分代表农民的利益，不但有利于打破外部垄断、减少行政依附，而且有助于实现平等竞争、降低市场交易成本。

以滦县百信花生种植合作社为例，其属于公司领办型，这种模式使合作社和农户双双获利的同时还带动了本地经济发展。该合作社成立于 2011 年，位于唐山滦县，主要从事花生种植、农产品销售等业务。在生产经营上，一方面利用规模化采购降低成本，另一方面，利用规模化种植保证质量、提高花生市场销量。

3. 专业大户、家庭农场、农业企业经营模式 花生专业种植大户是指通过承包大片土地，利用自身经验和技术优势进行花生种植经营的农户。其特点是以户为单位，家庭式经营，花生产销收入占家庭总收入的 70% 左右，种植面积和经营规模较普通种植户明显增大。其优势主要体现在：

（1）种植规模大，便于统一播种、统一防治病虫害、统一管理、统一收获，同时也便于机械化作业，生产效率明显提高。

（2）能更好地对新品种、新技术、新模式进行推广、应用，花生产量和品质能得到显著提升，花生市场竞争力增强。

（3）与一般农户相比，在交易市场上的影响力更大，更能吸引花生采购方注意，使花生更易销售。

家庭农场作为新型农业经营主体，可以说是专业种植大户的升级版，其主要劳动力为家庭成员，主要从事花生规模化、集约化、商品化生产经营，并以花生生产经营收入为家庭主要收入。以河北省滦县、新乐、大名三地为例，截至目前，有从事花生生产经营的家庭农场 600 余家，与种植大户相比，其生产经营规模更大，抵御自然灾害风险和市场销售风险的能力更强。具体表现如下：

（1）家庭农场经营者文化素质更高。其管理者大部分为初中及以上文化水平，种植及管理知识较为丰富，对花生生产经营的安排和规划更科学和长远，且部分经营者具有较强的学习能力和意识，伴随着国家相关培训的日益增多，大部分经营者拥有较高的花生种植和管理技能。

（2）固定资产更多，生产能力更强。由于生产经营规模较大，家庭农场对农业机械设备的需求更大，且更具备对机械的购买、维护和保养的经济实力，耕地及花生播种、收获等机械较为齐全。

（3）融资能力较强，资金往来活跃。家庭农场平均贷款规模和参与贷款比例更大，资金实力更为雄厚，在国家相关政策的扶持下，资金短缺现象很少出现，为花生生产经营活动的顺利开展提供了有力保障。

（4）销售渠道多、范围广，导向性更强。家庭农场花生总产量高，为尽快达成交易、获得利润，经营者往往主动拓宽销路，采取多种销售方式，销售范围更广，有的家庭农场可直接与省内外大型花生加工企业签订销售订单，此外，家庭农场对品牌和相关认证的重视程度较高，对品种的选择也更科学，市场导向性更强，所产花生更能满足加工市场的需求，经济效益明显高于普通花生种植户。

（二）河北省花生加工企业现状

近年来，河北省花生加工业快速发展，据统计，目前河北省花生加工企业近 500 家，其中以中小规模企业为主，大型企业不多。较多企业以进行花生初级加工为主，产品主要包括花生油、花生酱和一系列花生食品等。邯郸市名福植物油有限公司、邢台广宗伊格制油有限公司、枣强县正阳红实业有限公司等 7 家企业规模较大，加工能力较强，年加工花生量在 4 000 t 以上。

河北省花生加工企业大多规模小，年花生加工量在 100 t 以下，产品主要为花生油、花生酱、花生碎、裹衣花生等，加工能力较弱。从区域分布、加工能力、企业规模、产品销售量等方面看，邯郸市名福植物油有限公司、滦县天申粮油有限公司、冀中能源邢矿集团油脂分公司等花生加工企业具有较强的代表性。

（三）河北省加工企业对花生的需求

1. 河北省大中型加工企业对花生的需求　我国大豆进口受控于国际市场，因此发展花生产业成为提高油脂自给率和国家食用油安全的重要保障。近年来，河北省花生加工企业发展速度较快，各种规模的油企也都纷纷建成落地，但万吨级规模以上榨油企业只有4家，虽然也拥有深州鲁花浓香花生油有限公司、石家庄益海嘉里粮油工业有限公司和邯郸市名福植物油有限公司等大型榨油厂，但是缺少带动能力强的龙头企业，如山东鲁花集团有限公司。数据显示，花生含油量每增加1个百分点，企业利润就可提高6个百分点。由图8-6可知，冀中能源邢矿集团油脂分公司拥有万亩的高油酸花生种植基地，并引进了先进的生产工艺，满足消费者的多元化需求，对高油酸花生原料的年需求量超过7 500 t。邯郸市名福植物油有限公司年产花生油3.5万t，对高油酸花生原料的需求接近7 000 t。

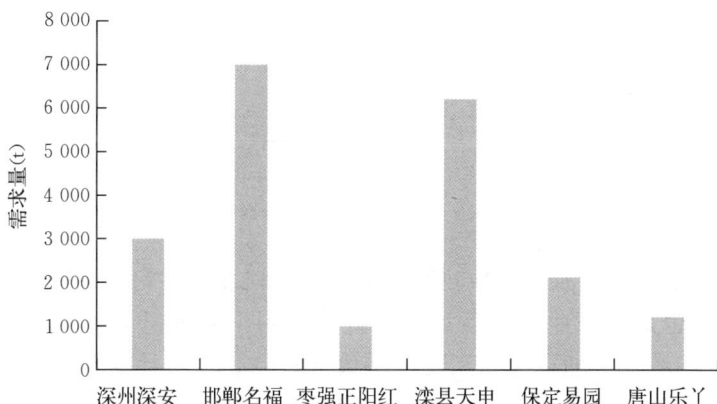

图8-6　河北省大中型加工企业花生原料需求量
（花生产业经济岗位调研数据，2019）

2. 河北省小型榨油厂对花生的需求　河北省现有花生加工企业超过500家，绝大部分都是小型的榨油厂和小作坊，由于接近80%的花生都被小型榨油厂占有，所以小型榨油厂对花生原料的需求量不容忽视。普通种植户大多会将收获的花生留一部分，一方面是当作来年的种子，另一方面是为了榨油。而在当地基本上都会有一两家小型的花生榨油作坊。如图 8-7 所示，以大名县埝头乡为例，该乡种植高油酸花生的面积达到了 133 hm²，几乎每相邻 3 个村就有一个小型的油作坊，规模很少有超过 10 t 的，但是数量却足够多。从更深层次来看，省内大量小型规模榨油厂的存在抑制了花生产业进一步发挥其优势，同时也会造成原料资源的浪费，从而制约了河北省花生市场的发展。

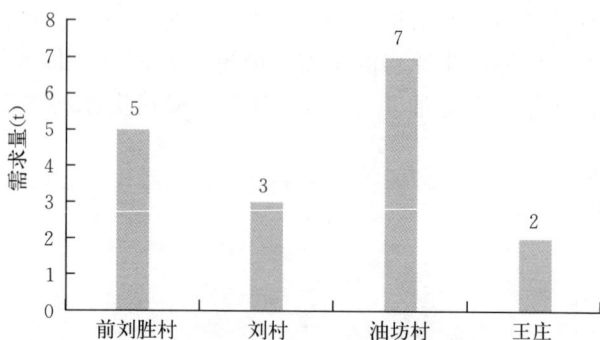

图 8-7 河北省小型加工企业花生原料需求量
（花生产业经济岗位调研数据，2019）

3. 河北省深加工企业对花生的需求 河北省的花生原料除去榨油外，也是轻工业和食品加工的优质原料，通过粗加工可以增值 0.5～10.0 倍，通过深加工可以增值 2～10 倍。而且随着消费者健康、营养意识的提高，高油酸花生使用和综合利用的比重逐渐增大。高油酸花生也将成为花生产业发展的主流，花生蛋白相关产品的开发不断深入，花生酱的创新产品陆续涌现。半脱脂、风味花生食品以及多种坚果混合的休闲食品也会迎来迅速发展的机会。同时富含多种功能成分的花生秧、花生红衣和花生壳等副产物的开发研究持续深入。近年来，河北省规模型加工企业纷纷把目光聚到高油酸花生的深加工生产，深加工产业链在省内的不断发展使花生原料的需求量进一步增加（图 8-8）。

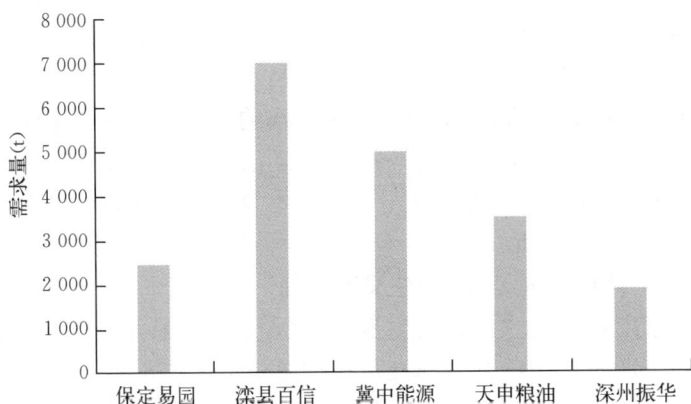

图 8-8　河北省深加工企业花生原料需求量
（花生产业经济岗位调研数据，2019）

二、市场发展潜力

作为全国最主要的花生产区和集散地之一，河北省环绕京津拥有超过 5 000 万的消费群体，高端食用油、花生制品拥有巨大的市场容量。河北省在花生产销过程中逐渐形成了特色鲜明的花生交易市场。依托不同类型核心产区，发展了大规模、全品类、高集中度的大型花生交易市场。典型代表为冀东春花生主产区的滦县（孟家屯）花生交易市场，冀中麦茬花生主产区的新乐（承安镇）花生交易市场，冀南春播及夏播花生主产区的大名（南李庄）花生交易市场，以及涿州、高碑店、新乐等鲜食花生生产基地。

（一）滦县（孟家屯）花生交易市场

唐山滦县是我国花生之乡、"全国首批油料生产试点县""国家油料生产基地"和"国家花生出口基地县"，也是河北省政府命名的"花生特产之乡"。区域内"东路花生"是国家地理标志产品。2017 年，全市花生种植面积达 25 万 hm²，年产量近 7 万 t，是河北省主要的花生生产县之一。滦县花生交易市场位于孟家屯，紧邻京哈高速和京秦高速，距唐山港和曹妃甸港只有 50 km，是冀南地区最重要的花生交易集散地，拥有固定摊位 1 000 余个，相关从业人员超过 8 000 人，辐射范围包括滦南、迁安、卢龙、昌黎等花生产区，主要面向北京、天津、内蒙古等市场，在北京和天津的市场占有率均超过 30%，在西南和东南省份也有一定份额，同时还出口欧美及东南亚，市场主要产品为新唐油 285、潍花 8 号、小日本等，年交易量超过 10 万 t，年交易额超过 6 亿元。

（二）新乐（承安镇）花生交易市场

石家庄新乐是"河北花生米之乡"，域内"新乐花生"是国家地理标志产品，2017 年新乐花生播种面积超过 0.8 万 hm²，产量超过 3 万 t，是河北省麦茬花生的主产区。新乐花生米市场始建于 1982 年，是"河北省十大农副产品批发市场"之一。市场位于承安镇京广铁路和 107 国道旁，距京深高速公路新乐出口不足 10 km，交通非常便利，市场占地面积超过 6 000 m²，日最高上市摊位 4 000 个，上市量超过 1 000 t，该市场已成为华北地区重要的花生米价格形成中心。主要市场有北京、天津、山西、陕西、内蒙古、河南、山东等省份，部分出口日本、澳大利亚、东南亚等地，市场主要产品为冀油 4 号、冀花 4 号、冀花 5 号、鲁花系列等，2017 年市场成交额接近 10 亿元。在新乐花生交易市场的带动下，目前已建成承安、大岳、杜固、正莫 4 个接近 700 hm² 的生产基地和 41 个花生购销、加工专业村。培育了龙头企业，花生种植专业合作社等新型经营主体 7 个，注册了"天灌"和"六孔桥"等新乐花生品牌。

（三）大名（南李庄）花生交易市场

邯郸大名是"中国花生之乡"，全县花生常年种植面积 3.34 万 hm² 左右，总产 12 万 t 以上，是河北省最大的花生主产县，主要产区集中分布在卫河以东的金滩、张集、孙甘店等 8 个乡镇。大名（南李庄）花生交易市场位于县城东南 15 km 的南李庄村，始建于 1992 年，紧邻 106 国道和 313 省道，交通便利。该市场是"全国粮油市场二十强"、农业农村部"定点市场",是河北省最大的花生交易市场,也是长江以北最大的花生交易集散地之一,辐射周边 5 省数十个县市,年交易量达 25 万 t,交易额超过 10 亿元,市场主要产品为 99-1、冀花 5 号等。依托花生市场已建成投资 500 万元以上花生深加工企业 13 家,其中千万元以上的 2 家,年加工花生 10 万 t 以上。此外,孙甘店、张集、普明滩花生交易市场也是域内较大的花生交易市场。

上述地区均为河北省重要的花生主产区,其交易市场既是本地花生的主要销售平台,又是全国性的重要花生交易集散地,滦县、新乐、大名 3 个市场的常年交易量都稳定在 10 万 t 以上。

河北省花生在全省范围内广泛种植,非花生生产大县也基本建成了各自的花生交易市场,主要满足本地交易需要,其特点是规模适中、以本地花生为主,也有部分外省调入的花生。比如秦皇岛的昌黎、保定的清苑、高碑店、衡水的深州、邢台的沙河等地的花生交易市场也比较活跃,发展势头较好。

三、市场现存问题及对策建议

(一)河北省花生市场现存问题

1. 加工企业拉动能力亟待加强 河北省是花生原料输出大省,因产业链短、加工能力弱、附加值低而未能跨入产业强省行列。据统计,河北省油脂加工企业多为小作坊水平。除进驻省内的深州鲁花浓香花生油有限公司、石家庄益海嘉里粮油工业有限公司等企业外,唐山乐亇实业股份有限公司、滦县天申粮油有限公司等龙头企业产品市场占有率较低。加工副产品(花生粕、油渣等)主要被用作饲料,精深加工潜力挖掘不足。粗放的原料加工使花生产品的附加值一直处于低水平,无法挖掘其增值潜力,严重影响了农户的种植效益。据统计,在 4 个种植片区内加工企业与农户有直接联系的仅占统计数据的 25.2%,花生供应链只能停留在"农户生产—小贩收购—批发市场—分销市场"的初级阶段。

且到目前为止，河北省花生加工企业尚无专用的花生烘干设备，花生烘干目前常采用以下两种设施：一种是以柴油和天然气等为燃料的烘干机，另一种是以空气热能泵为动力的烘干房。花生脱壳属于花生收获后的初级加工工序。根据脱壳后花生的用途不同，可将脱壳机分为普通脱壳机和花生种子脱壳机。目前，花生脱壳多采用打击揉搓式的原理，工作时，在滚筒和凹板的冲击、挤压、揉搓作用下对花生进行强制脱壳，故脱净率低、破碎率高是目前花生脱壳机普遍存在的问题。由于花生生长的差异，花生果仁的大小存在差异，因此，要对花生米进行筛选，剔除发芽的、发霉的、破碎的，并对花生米进行分级，将花生分成一级米、二级米和三级米，运用花生分级机可以提高分级效率、提高分级准确性。

2. 交易市场软硬件建设亟待提升　虽然说河北省大名、滦县、新乐三大花生交易市场常年的交易量稳定在 10 万 t 以上，但整体规模偏小，市场软硬件水平较差。河北省武强主打花生制品，各类食品业和加工摊点 400 余家，从业人数 3 万多人，年销售收入达 3 亿多元，占全县工业利税总额的 15.6%。但受资金、技术、信息等条件制约，并未形成优势集散地或交易市场。

花生的产后流向决定了其主要流通模式，目前河北省花生进入市场的方式都是由贩销大户或经纪人到产地收购、农户直接到农贸市场将花生产品卖给消费者、进入当地批发市场与花生批发商直接交易等传统市场经营流通模式，存在产品流通经营成本高、交易效率低和信息不对称等突出问题，已经越发不能适应现代社会对产品质量、安全、便捷的要求。与此同时，花生贸易中形成的一些新型模式，如"公司＋农户""公司＋专业合作社（农业协会）＋农户"、电子交易市场、拍卖制等由于缺少相关法规和制度规范、市场主体不成熟等各种原因，不时出现毁约、人为操控市场交易等现象，给参与者带来严重损失。

3. 全国有影响力的品牌亟待培育　在生产端，河北省国家地理标志产品有"东路花生""新乐花生"等品牌，但域外影响力下降。在加工端，目前只有"＊友""＊花"和"大＊农合"能够占一定的市场份额（表8-4），但与临近的山东省和河南省相比，缺乏全国有影响力的高附加值的大品牌。

表8-4　河北省花生主要加工企业及品牌（花生产业经济岗位调研数据，2019）

企业名称	产品品牌	产品种类
河北 * 格制油有限公司	* 格	花生油
深州市 * 安食用油有限公司	* 安	高油酸花生油
邯郸市 * 福植物油有限责任公司	* 福	花生油
河北省枣强县正 * 红实业有限公司	正 * 红	花生油
冀中能源 * 矿集团油脂分公司	* 友	高油酸花生油
滦县 * 良食品厂	* 雷	烘烤油炸类
滦县 * 申粮油有限公司	富 * 生、益 * 花	花生油、花生酱
唐山市益 * 通食品有限公司	广 * 林	烘烤油炸类
唐山 * 香植物油有限公司	* 滴	花生油
唐山 * 丫实业股份有限公司	* 丫	花生油
唐山市乡 * 香生态农业开发有限公司	乡 * 香	花生油
保定市 * 园生态农业科技开发有限公司	易 * 人家	花生油、炒花生、花生酱
滦县 * 信花生种植专业合作社	大 * 农合	高油酸花生油、鲜食花生
东路 * 宝有限食品公司	东路 * 宝	花生制品、花生油

在河北省自主品牌培育的过程中，龙头企业的作用不容小觑。保定易园生态农业科技开发有限公司（表8-5）于2012年4月经保定市工商局注册登记，注册资金506万元，目前主要开展特色花生、小麦、玉米新品种培育及纯天然生态富硒、高油酸、绿色无公害农产品生产基地产业化开发。公司积极探索"公司＋合作社＋协会＋基地＋农户"的农业产业化运营新模式，先后培育出易花1212、易花1314、易花0910、鑫花5号、鑫花6号、华育308等17个高油酸花生新品种，有力推进了河北省高油酸花生产业化发展。

表 8 - 5　企业加工及销售情况（花生产业经济岗位调研数据，2019）

年份	资产总额（万元）	固定资产投资额（万元）	加工原料量（t）	销售利润（万元）	花生基地种植面积（亩）	职工人数（人）	销售方式	销往区域
2015	525.8	0.64	125		500	15	实体门店	全省
2016	730.35	14.42	125	5.30	500	16	淘宝、实体门店	全国
2017	928.19	14.42	500	51.00	2 000	17	产销对接、网络平台、实体门店	全国
2018	1 914.94	149.22	500	103.16	2 000	17	产销对接、网络平台、实体门店	全国
2019	2 018.94	425.96	1 600		4 000	18	产销对接、网络平台、实体门店	全国

（二）河北省花生市场发展建议

1. 助推加工企业转型升级，提升品牌影响力　近年来，河北省小型榨油厂、大中型加工企业及深加工企业对高油酸花生的需求呈猛增态势，因此需要通过政府政策引导与资金支持促进人才、资源、成果向加工企业流动，助推加工企业转型升级（表 8 - 6）。建议在油脂加工方面重点扶持保定冀中能源邢矿集团油脂分公司，运用"企业＋专业合作社＋基地"组织模式，从源头掌控产品质量，减少中间环节，做到农户增收企业增效。建议在食品加工方面着力打造武强食品城，使之成为华北最大的集科研、生产、加工、交易、集散于一体的基地。并逐步在冀东、冀中、冀南分别打造集花生油、花生酱、花生蛋白质粉等副产品，裹衣花生等休闲食品以及功能物质提取的精深加工大中型企业，促进高油酸花生绿色高质高效规模化示范基地与油脂、食品加工企业无缝对接。借势省地市农交会、丰收节等展市活动，深入挖掘花生产业文化，不断拓展和延伸产业链，提升品牌知名度、产品价格话语权。

表8-6　河北省高油酸花生品牌所获荣誉（花生产业经济岗位调研数据，2019）

年份	所获荣誉
2002	邯郸市大名县被河北省农业厅命名为"中国花生之乡"
2012—2013	＊友牌花生油先后获得"河北省名牌产品""河北省优质产品"称号
2017	＊友牌花生油被许可使用绿色食品标志
2013（12月）	保定市＊园生态农业科技开发有限公司注册"易＊人家"商标（用于高油酸鲜食花生）
2016（5月）	保定市＊园生态农业科技开发有限公司注册"易＊"商标（用于高油酸花生油）
2014	唐山市＊信花生专业种植合作社注册"大＊农合"商标（用于高油酸花生油和鲜食花生）
2016	唐山市滦县"东路花生"获得国家地理标志产品保护认证
2018	滦县被国家命名为"中国花生之乡"，被河北省政府命名为"花生特产之乡"
2018	滦县、滦南被农业农村部确定为"国家级商品油料生产基地县"
2018	新乐市"新乐花生"获得国家地理标志产品保护认证

2. 增强种植户生产信心，巩固花生种植规模　河北省花生在生产过程中存在种植分散、成本高、标准化程度低、效益不高等问题。有效解决上述问题的方法：①通过鼓励和推动农民专业合作社、家庭农场等新型农业经营主体发展扩大种植规模，在种植、管理各环节实行统一化操作的同时进一步提升机械化水平，有效降低生产成本。②农户要主动参加种植、管理、病虫害防治等相关专业知识学习培训，掌握相关本领，为增加花生产量提供有力支撑，此外，政府也可以请有关农业专家对农户进行培训。③农户要主动与市场对接，密切联系各大中专院校和科研院所，加大新品种引进力度，在确保花生产量的同时种植适销对路品种。④注重标准化管理，保证花生品质，提升市场竞争力，稳定农户种植收益。

3. 增强企业核心竞争力，提升花生加工能力　河北省花生产品市场具有一定潜力，消费者对花生产品的口感、品质等要求逐步提高，但加工企业整体发展相对较慢。针对上述问题，花生加工企业可进行如下操作：①加大对新技术的引进和研发力度，发展精深加工，提升花生的开发利用率，拓展产业链条，例如，开展对花生蛋白活性肽等高附加值产品的研究。同时要适度扩大生产经营规模，提高生产能力，增强市场竞争力。②要广泛开展市场调研，准确把握产品市场定位，生产适应消费者需求的产品，提高产品市场销量。③注重培树自身形象，扩大企业知名度，打造产品品牌，提升产品品质，增强产品市场公信度和影响力，增加产品附加值，提高企业经济效益。④规范经营，建立与农户的利益联结机制，不断增强对当地农户的示范带动作用，积极争取国家政策支持。

参 考 文 献

冯喜梅，聂江文，彭良斌，等，2021. 全球花生生产和贸易的时空动态变化研究 [J]. 花生学报，50（4）：1-8.

葛祎存，刘仕洋，陶佩君，2020. 今年第三、第四季度花生价格走势及市场分析 [N]. 河北科技报，11-07（3）.

韩鹏，董秀英，安艳阳，等，2019. 河北省花生产业发展现状及对策建议 [N]. 河北科技报，11-05（B2）.

胡欣然，2021. 中国大豆进口潜在风险及对策研究 [D]. 北京：中国农业科学院.

黄飞，2015. 技术性贸易措施对中国花生出口贸易的影响研究 [D]. 南京：南京农业大学.

李淞淋，曹永跃，2018. 世界花生和花生油生产、贸易发展动态及结构特征 [J]. 世界农业，11：113-119.

刘仕洋，张淑云，史峥，等，2019. 河北省花生产业发展现状及对策 [N]. 河北科技报，05-11（5）.

门爱军，庞国兴，胡东青，等，2016.中国花生出口面临的困境及应对措施［J］.
　　安徽农业科学，44（2）：257－258，261.

綦亚伟，2017.山东省花生出口问题研究［D］.淄博：山东理工大学.

史峥，刘仕洋，陶佩君，等，2018.今年河北省新花生产量及市场分析［N］.河
　　北科技报，10－20（3）.

孙玉鼎，2020（a）.出口花生检疫风险和管理策略［J］.全国流通经济（23）：
　　34－36.

孙玉鼎，2020（b）.花生产品出口贸易发展及其管理研究［J］.商讯（30）：9－10.

王红蕾，2021.浅谈中国2020年度大豆行业市场状况与区域竞争格局［J］.山西
　　农经（4）：104－105.

张立伟，王辽卫，2020.我国花生产业发展状况、存在问题及政策建议［J］.中
　　国油脂，45（11）：116－122.

赵明明，赵红娟，2018.山东省花生产品出口贸易对策研究［J］.对外经贸（2）：
　　54－56.

郑荣珍，2021.河北省高油酸花生品牌影响力提升研究［D］.保定：河北农业
　　大学.

第九章

河北省花生产业发展模式

农业产业化（agriculture industrialization）以市场为导向，以家庭经营和多元参与主体的共同利益为基础，依靠龙头企业及各种中介组织的带动，将农业生产的产前、产中和产后联结为一个完整的产业链条，融合传统农业生产、工业企业加工及第三产业服务等，实现了农业产品的再造升值，兼顾农业产业链条各个利益主体的利益。

第一节　河北省花生产业发展典型模式

近年来，花生产业政策支持力度不断加大。2017 年 12 月河北省政府印发了《河北省农业供给侧结构性改革三年行动计划（2018—2020 年）》。2018 年 3 月组建了河北省油料产业技术体系创新团队，为花生产业的发展提供了科技支撑。2018 年 8 月河北省政府印发了《关于深入推进农业供给侧结构性改革加快发展农业特色产业的意见》，要求全产业链打造、全价值链提升。同时，各地方政府（如新乐、滦县、迁安、大名等）依托项目对高油酸花生也给予了政策补贴，形成了初具规模的高油酸花生繁种与生产基地。河北省花生加工企业呈现小而多的形态，本节分别从合作组织、企业加工以及产业链条出发，分别选取河北省规模、产量等具有代表性的三个企业进行模式介绍，三个企业模式为河北省滦县百信花生种植专业合作社、冀中能源邢矿集团油脂分公司、保定市易园生态农业科技开发有限公司。

一、滦县百信花生种植专业合作社

(一)情况简介

河北省滦县百信花生种植专业合作社位于唐山市滦县滦州镇杨家院村西,于2010年3月发起、2011年1月成立。面对当地劳动力短缺、土地撂荒严重、资源丰富、气候适宜等现实状况,合作社主要负责采购和供应成员种植所需的生产资料、收购和销售成员生产的产品、引进新技术和新品种、开展技术培训和技术交流等工作,有效缓解了当地农机费用高、农户收益低、土地搁置的问题,受到当地农民的认可。

(二)运营模式

合作社通过为农户提供社会化服务帮助农户整合零散的土地规模化、专业化种植当地农作物,在不改变农民土地经营承包权的基础上探索出集标准化、机械化、品牌化、规模化于一体的运营模式。通过"土地托管＋土地入股＋收入保底＋盈余分红"的经营方式,形成"一托、五统、四代、三标"的模式,让种植户和村集体结成"利益共享,风险共担"共同体。"一托"指不改变土地的所有权,农民土地只是交给合作社经营管理;"五统"指实现统一采购、统一种植、统一管理、统一收获、统一销售;"四代"指代耕、代种、代收、代销;"三标"即无公害、绿色、有机,提高农民种植成果的附加值,走出一条分户承包和现代农业发展有效衔接的土地规模化经营之路。农民可以根据实际情况选择土地托管或入股的不同服务项目,有效地从土地上"解放"出来,降低生产成本、提高产出,实现省心、省钱、增产、增收。合作社和组织者可以从农业生产劳务服务和农副产品购销中获取一部分利润。此模式充分整合农民土地、科研院校、现代农业技术装备等社会资源,共同推进了农产品质量安全和农业现代化的发展(图9-1)。

1. 土地托管　滦县百信花生种植专业合作社服务内容广泛,可提供优产、性价比高的种子、廉价的化肥、农药等花生种植生产资

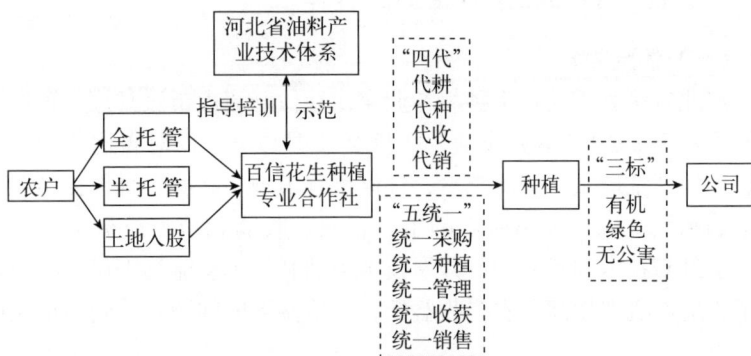

图 9-1 滦县百信模式

料；提供素质高的机手配合机耕、机播以及植保等各项农业生产服务；免费提供栽培、植保、施肥等各种农业技术培训；针对农村大量土地抛荒、劳动力短缺的现实状况定期聘请农业专家进行现场指导与诊断等。合作社通过分社托管农民土地把分户零散的地块整合起来进行规模化生产。农户可以根据自己的需求选择半托管，也可全托管，接受合作社一条龙服务，按需求缴纳托管费用（图 9-2）。

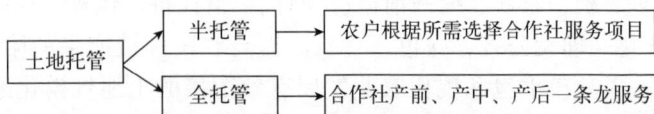

图 9-2 滦县百信土地托管

2. 土地入股规模经营 土地入股后，入股农户不需参与种植，农民每亩地可以获得最低保障金额 300 元，村委会每亩地获得最低服务费 30 元（计入生产成本）（图 9-3）。

取得纯收益后，农民再分红 60%，合作社分红 36%，村委会分红 4%。新的尝试不但解决了村委会零收入的问题，扩大了农村集体的经济来源，实现了百信农民合作社、合作社成员、村委会的三方共

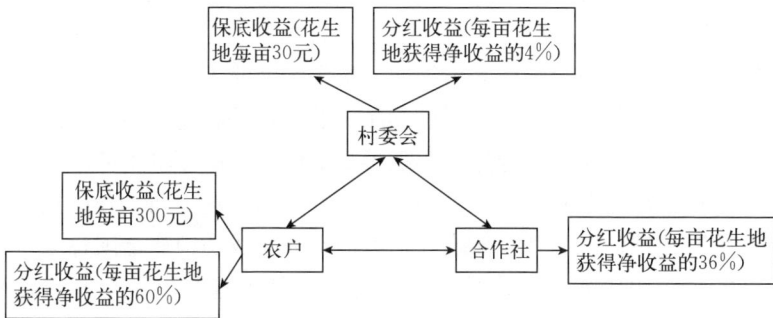

图 9-3　滦县白信土地入股三方共赢

赢，而且高效种植农作物，为乡村振兴提供了有效的产业支撑。目前，土地入股总面积达到 2 万亩，土地经营权入股业务已成为百信花生种植专业合作社仅次于土地托管的第二大主营业务，总计实现农民增收 500 万元左右。

3. 产业融合发展　合作社以科技为先导搭建科技创新平台，与中国农业科学院、唐山市农业科学院等多家科研单位及高等院校合作，成功实现了高校科研与基地生产的对接，根据筛选出的品种集成绿色高质高效生产技术，制定高油酸花生专绿和全程质量控制技术体系，已实现每亩增产 100 多 kg。同时，合作社与滦县天申粮油有限公司强强联合，利用其低温物理压榨花生油的工艺委托生产加工高油酸花生油，产品供不应求。投资 1 500 万元建成年产 5 万 t 的生物质燃料加工厂，实现田间秸秆综合利用、变废为宝，至少增产 10%，其燃烧的灰分又是品质较高的磷钾肥，促进农业转型升级。

（三）运行效果

合作社通过规模化种植、标准化管理、科学化精细加工和多品类多渠道销售等方式扩大农业种植的利润空间，依托村企联建、合作共赢、互惠互利的发展模式带动周边新型主导农产品的生产加工和农民就业，实现土地增收、农民就业、村集体分红共赢发展。目前已有注册成员 316 户、托管土地 12.7 万亩、土地入股 2 万亩，拥有大型农机具 300 多台（套），合作社 2018 年示范推广高油酸花生 2.7 万亩，2020 年示范推广 15 万亩，不仅带动了省内高油酸花生产业的发展，还辐射到辽宁、新疆、内蒙古等地，被评为河北十佳合作社、国家级农民合作社示范社。与美国玛氏食品、北京首都农业集团有限公司等大型花生加工企业展开合作，实现了高油酸花生的订单生产。品牌方面，合作社已注册并生产"大昭农合"牌高油酸花生油，并依托"东路花生"地理标志品牌宣传推广，目前产品已成功销往全国各地。

2015—2019 年，合作社花生基地面积逐年递增（表 9 - 1），由2015 年的 0.3 万亩发展到 2019 年的 2.0 万亩，销售利润由 2015 年的 12.60 万元增长到 352.85 万元，5 年间增长 340.25 万元，且由订单销售模式发展到互联网线上平台销售模式，规模化种植和加工能力不断提高，销售渠道多样化，经济效益显著增长。

表 9 - 1　企业加工及销售情况（花生产业经济岗位调研数据，2019）

年份	资产总额（万元）	固定资产投资额（万元）	加工原料量（万 t）	销售量（万 t）	销售利润（万元）	花生基地种植面积（万亩）	职工人数（人）	销售方式	销往区域
2015	821.23	30.00		3	12.60	0.3	10	订单	全国
2016	835.23	50.00		15	14.03	0.5	10	订单	全国
2017	940.01	50.00	95	500	124.79	1.2	26	订单	全国
2018	1 081.20	168.89	120	80	265.98	1.5	30	网络、订单等	全国
2019	981.64	168.89	145	145	352.85	2.0	35	网络、订单等	全国

二、油料压榨企业——冀中能源邢矿集团油脂分公司

（一）情况简介

冀中能源邢矿集团油脂分公司坐落于河北省沙河市十里亭镇，始建于 1997 年，是集生产、销售、研发于一体的食用油企业（图 9 - 4）。

河北广宗、隆尧和内丘都拥有规模种植、标准管理、科技支撑、产业运营的花生原料优质基地。二十多年来，油脂分公司专注于食用油行业，培养和积淀了过硬的团队，拥有先进的生产工艺、精良的生产设备和雄厚的技术力量，花生系列产品有古法小榨花生油、压榨一级花生油和高端花生油系列如富硒花生油、高油酸花生油等。

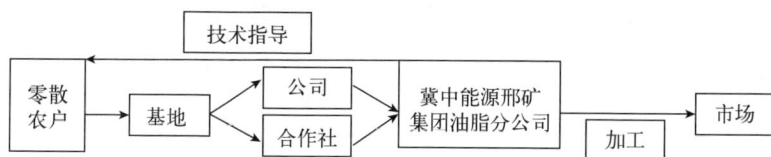

图9-4 冀中能源邢矿集团油脂分公司模式

（二）"公司＋合作社＋基地＋农户"运行模式

（1）公司从产品生产源头抓安全，实施绿色标准化种植，开展产品绿色原料种植基地建设，采取"企业＋合作社＋基地＋农户"模式，在隆尧、广宗等地建立了花生原料种植基地，大力推进绿色、规模化种植。2019年5月公司与临城县嘉农花生专业合作社建立合作，建立高油酸花生原料种植基地，2021年8月，又与河北创富盈农业科技有限公司签约，建成一个高油酸花生油原料种植基地，公司绿色原料基地建设再获突破。同时，公司聘请农业专家负责田间管理，实施标准化种植、规范化管理，推进了原料供给向上游延伸，使产品从田间确保了安全性。

（2）公司始终以打造"健康油专家"为目标，结合自身实际，打造了独具特色的"从农田到餐桌"全过程闭合管控体系，建立了从原料采购、验收、加工、质检到食用油储存、入出库等一整套严密系统的质量管理体系，公司现有储油罐17个，储存能力8 000 t。层层把关，环环相扣，严防、严管、严控食品安全风险，全力打造绿色、纯正、安全、放心的"宴友"食用油系列产品（图9-5）。

公司始终贯彻"质量是企业的生命"这一理念，优化全过程、各环节的质量管控。在质量管理上，进一步完善产品质量追溯体系和客

原料供应 ↔ 验收 ↔ 加工 ↔ 质检 ↔ 储存 ↔ 入出库

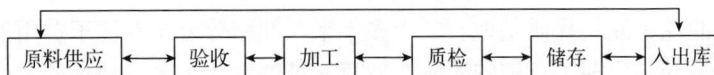

图 9-5 闭合管理体系

服体系，对原料、生产加工、产成品、灌装、装箱、出厂及购买客户都进行具体编码，并进行详细的登记，严格掌控每一个环节。运用企业运行 ISO9001 质量管理体系、IS22000 食品安全管理体系和 GB/T 28001 职业健康安全管理体系为消费者的健康保驾护航。采用先进的物理压榨工艺，继承传统的古法小榨技术，使用天然气炉直接焙炒生香，将传统工艺和现代科技完美结合，整粒压榨，去除油脂中的有害物质，杜绝食品不安全因素，保证了食品安全。关键风险因子控制技术经过行业鉴定达到国际先进水平。通过建立客户档案定时对客户进行回访，得到产品质量的反馈，全面了解客户对产品质量的需求，及时调整生产，满足市场对产品的要求，不断对产品质量进行再提升。

（3）秉着"安全生产，诚信经营"的宗旨，构建五位一体多元化营销模式，包括传统渠道、特通渠道、团购渠道、商超渠道、共享渠道，另外多平台互动，构建电子商务营销网，企业外网、微信、淘宝、工行融 e 购、建行善融商务、家乐园"速购网"6 条渠道结合，保证商品销售，保障品牌营销（图 9-6）。

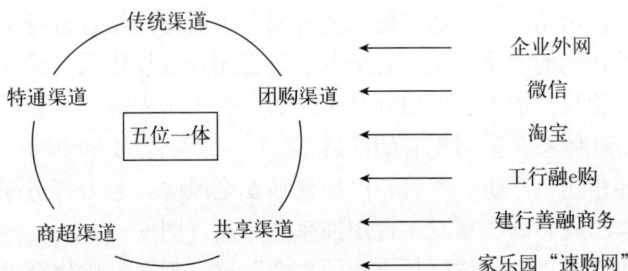

传统渠道

特通渠道 ← 团购渠道 ← 企业外网

五位一体 ← 微信

← 淘宝

← 工行融e购

← 建行善融商务

商超渠道 共享渠道 ← 家乐园"速购网"

图 9-6 多元化营销

（4）创新人才培养路径，实施校企合作加强实用型人才培养。企业在依靠科技创新不断提升企业发展质量和速度的同时，还与科研院校合作，借助科研院校技术、人才优势，强力推动企业发展。企业与高校建立长期稳定的产学研基地、人才培养基地，实现共赢。

（三）运行效果

凭借良好稳定的质量，公司产品被中国绿色食品发展中心认证为绿色食品，获得"河北省用户满意产品""河北省名牌产品""河北省著名商标企业""河北省质量安全示范企业""全国放心粮油进农村进社区示范工程示范加工企业"等荣誉称号，公司旗下"宴友"品牌荣获"河北省著名品牌""河北省著名商标""邢台市知名商标""3·15消费者喜爱消费品牌"等多项荣誉，打造了"宴友"区域强势品牌。"宴友"品牌已成为区域第一品牌。中包装油及酒店用油在邢台的市场占有率稳居第一，散装油主要销往邢台、邯郸和衡水等周边区域的食品厂和饲料厂。随着近年来外部市场开拓力度的不断加大和品牌知名度的提升，销售市场和规模连年提升。

2015—2019 年，公司植物油年加工原料量、销售量逐年递增（表 9-2），其中年加工原料量由 2015 年的 6 000 t 提高到 2019 年的 8 000 t；销售量由 2015 年的 11 000 t 提高到 2019 年的 18 300 t；销售利润由 2015 年的 20 万元提高到 2019 年的 200 万元。生产经营的"宴友"品牌系列产品通过直销、代销和网络销售等渠道销往全国。

表 9-2　冀中能源加工及销售情况

（花生产业经济岗位调研数据，2019）

年份	资产总额（万元）	固定资产投资额（万元）	加工原料量（t）	销售量（t）	销售利润（万元）	花生基地种植面积（亩）	职工人数（人）	销售形式	销往区域
2015	8 669	381	6 000	11 000	20	1 000	160	包装油或散油	全国
2016	9 050	275	6 800	12 300	50	1 300	155	包装油或散油	全国
2017	9 325	415	6 800	14 400	80	2000	170	包装油或散油	全国
2018	9 740	560	7 300	16 500	120	5 000	183	包装油或散油	全国
2019	10 300	1 800	8 000	18 300	200	8 000	191	包装油或散油	全国

三、全产业链企业——保定市易园生态农业科技开发有限公司

(一)情况简介

保定市易园生态农业科技开发有限公司(简称易园)于 2012 年 11 月登记注册,位于保定市易县,是集科研、生态种植、加工、销售于一体的综合性科技型现代农业企业。公司坚持以市场为导向,以科技为支撑,以农业增效、农民增收为目标的发展原则,遵循标准化、规范化、品牌化、产业化的发展思路,积极探索"公司+合作社+农户+基地+市场"的订单农业产业化新模式,实行统一规划、统一种植、统一管理、统一品牌、统一销售的"五统一"基地管理模式,实现了经济特色化、经营规模化、种植规范化、生产标准化和作业机械化的"五化"现代农业发展模式,延长产业链,提高产品科技含量与附加值,助推产业升级,为农业的产前、产中、产后提供全方位技术与信息服务。

(二)"公司+合作社+农户+基地+市场"运行模式

(1)易园在内蒙古、河南、海南、沧州、平山等地建立种植基地 115 个,主要用于品种研发、试验以及科技成果转化。与河北农业大学、河北省农林科学院、河南省农业科学院、中国农业科学院等科研院所建立合作关系,还承担河北省花生区域试验、生产试验等,为育种工作提供了有效支撑(图 9-7)。

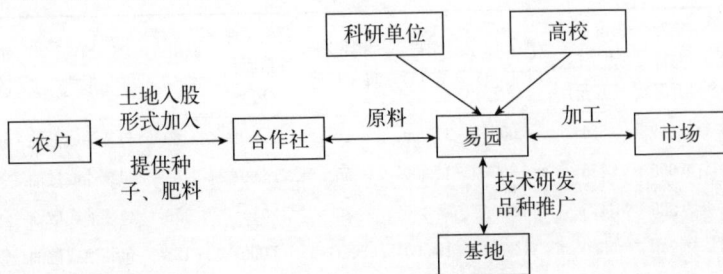

图 9-7 易园全产业链模式

（2）公司建立了易县源成鑫农作物种植农民专业合作社、易县易园农业科学研究所、易县特色农作物种植协会，农户以土地入股形式加入合作社，合作社为农户提供种子、化肥以及技术，收获季节，公司以高于市场价回收，再进行加工销售。公司通过基地、合作社辐射带动周围 23 个乡镇、140 余个自然村。2019 年，公司在县委县政府的大力支持下，在易县经济开发区占地 41.35 亩，用以建设花生蛋白粉及花生短肽项目，加工产品包括花生酱、花生碎、香酥花生、鲜食花生、冷榨花生油、花生蛋白及短肽等。

（三）运行效果

（1）培育出多个适宜易县山区的功能性花生新品种，其中 18 个在农业农村部登记，包括高油酸花生新品种易花 0910、鑫花 5 号、华育 308 等，其中易花 0910 已被列为河北省主推品种，是适宜作炒花生的小果花生，丰产性、稳产性好，深受种植户、食品加工企业的喜爱。

（2）公司 2013 年注册"易水人家"商标，2015 年注册"易禾"商标，2016 年注册"易花"商标，2019 年注册"荆荆"商标。2017 年 4 月通过国家无公害产品产地认证，实施品牌带动战略。2019 年河北省将易县列为唯一一家高油酸花生新品种提纯复壮基地。

（3）易园花生深加工已经进入经济开发区。目前开发出的系列产品已经销往全国多地。2015—2019 年，公司花生基地面积由 2015 年的 500 亩增加到 2019 年的 4 000 亩，年加工原料量从 2015 年的 125 t 发展到 2019 年的 1 600 t，年销售利润从 2016 年的 5.30 万元增长到 2018 年的 103.16 万元，资产总额从 2015 年的 525.80 万元增长到 2019 年的 2 018.94 万元（表 9 - 3）。

销售渠道逐渐多样化，从 2015 年的实体门店销售发展到 2019 年的产销对接、网络平台和实体门店多样化的销售方式。2016 年开始培育高产高油的高油酸花生品种，2017 年正式开始规模化种植，注重高油酸花生品种的培育和深加工产品的开发，2018 年销售利润和资产总额增加明显，2019 年侧重建设高油酸花生产品加工车间，在县委、县政府的大力支持下，2019 年公司花生酱、花生碎、卤味花生、冷榨花生油生产线已入驻县内经济开发区，在花生深加工方面为河北省高油酸花生产业的健康发展开拓了先河。

表 9 - 3　企业加工及销售情况（花生产业经济岗位调研数据，2019）

年份	资产总额（万元）	固定资产投资额（万元）	加工原料量（t）	销售利润（万元）	花生基地种植面积（亩）	职工人数（人）	销售方式	销往区域
2015	525.80	0.64	125		500	15	实体门店	全省
2016	730.35	14.42	125	5.30	500	16	淘宝、实体门店	全国
2017	928.19	14.42	500	51.00	2 000	17	产销对接，网络平台，实体门店	全国
2018	1 914.94	149.22	500	103.16	2 000	17	产销对接，网络平台，实体门店	全国
2019	2 018.94	425.96	1 600		4 000	18	产销对接，网络平台，实体门店	全国

四、三种企业模式的相同点

（一）"产学研"结合

"产学研"是指企业、高校、科研机构相结合，是科研、教育、生产不同社会分工在功能与资源优势上的协同与集成，是技术创新上、中、下游的对接与耦合，发挥各自优势，形成强大的研究、开发、生产一体化的先进系统并在运行过程中体现出综合优势。三家企业都将"产学研"进行有效的结合，滦县百信花生种植专业合作社与多家科研机构及高校合作，集成了绿色高质高效生产技术，制定了高油酸花生保纯和全程质量控制技术体系。冀中能源邢矿集团油脂分公司则是借助院校的技术、人才优势来推动企业发展。保定市易园生态农业科技开发有限公司与科研机构、高校合作，对新型品种、新型技术在基地进行试验示范。

（二）土地规模化

河北省农田以小地块为主，小农户种植农作物产量不易提高，也不便于管理，有效、新型技术难以有效推广，不利于农业实现现代化。三家企业通过自己的方式将土地整合起来，滦县百信花生种植专业合作社通过土地托管、土地入股的方式整合土地资源；冀中能源邢矿集团油脂分公司通过与其他公司、合作社合作建立原料基地；保定市易园生态农业科技开发有限公司采取农民以土地入股的形式加入合作社的方法，建设新品种、新技术基地。

（三）产业链的延长

产业链是产业经济学中的一个概念，是各个产业部门之间基于一定的技术经济关联，并依据特定的逻辑关系和时空布局关系客观形成的链条式关联关系形态。产业链又分为狭义产业链和广义产业链，狭义产业链是指从原材料一直到终端产品制造的各生产部门的完整链条，主要面向具体生产制造环节。广义的产业链则是在面向生产的狭义产业链的基础上尽可能地向上下游拓展延伸。产业链向上游延伸一般使得产业链进入基础产业环节和技术研发环节，向下游拓展则进入市场拓展环节。产业链的实质就是不同产业的企业之间的关联，而这种产业关联的实质则是各产业中的企业之间的供给与需求的关系。

三家企业在产业链条上都在努力延伸，通过原料种植基地来控制原料品质，在加工生产技术上大量投入，研发高品质、高效益产品，积极打造产品品牌，扩大产品市场。

第二节　河北省花生品牌与影响力展望

品牌是指消费者对某类产品及产品系列的认知程度。品牌的本质是品牌拥有者的产品、服务或其他优于竞争对手的优势能为目标受众带去同等或高于竞争对手的价值。广义的品牌是具有经济价值的无形资产，用抽象化的、特有的、能识别的心智概念来表现其差异性，从而在人们意识当中占据一定位置的综合反映。狭义的品牌是一种拥有对内对外两面性的"标准"或"规则"，是通过对理念、行为、视觉、听觉四方面进行标准化、规则化，使之具备特有性、价值性、长期性、认知性的一种识别系统，我们也称之为 CIS（corporate identity system）体系。

一、农产品品牌

农产品品牌就是赋予生产出来的农产品一定的特殊标识，使其具有独特性，同时对消费者产生一定的吸引力，是农产品品质和服务的象征。就品牌注册的商标性质而言，根据《中华人民共和国商标法》的分类，涉农商标可分为商品商标、服务商标、集体商标、证明商标。其中，以集体商标、证明商标注册的品牌，又可以称为区域公用品牌，以商品商标、服务商标注册的品牌为企业品牌或产品品牌（图9-8）。

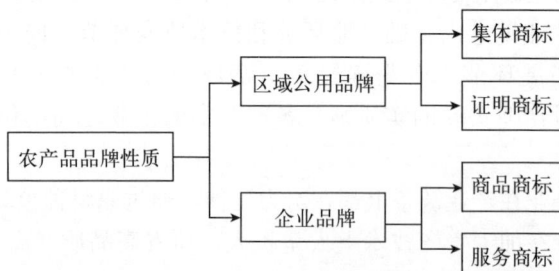

图9-8 农产品品牌性质

（一）农产品区域公用品牌

农产品区域公用品牌是指在一个具有特定自然生态环境、历史人文因素的区域内，由相关组织所有，由若干农业生产经营者共同使用的农产品品牌。该类品牌由"产地名＋产品名"构成，原则上产地应为县级或地市级，并有明确的生产区域范围。

农产品区域公用品牌具有特殊性：①一般须建立在区域内独特自然资源或产业资源的基础上及借助区域内的农产品资源优势；②品牌权益不属于某个企业或集团、个人拥有，而为区域内相关机构、企业、个人等共同所有；③具有区域的表征性意义和价值。特定农产品区域公用品牌是特定区域代表，因此，经常被称为一个区域的"金名片"，对其区域的形象、美誉度、旅游等都起到了积极的作用。

农产品区域公用品牌要求的条件：

（1）资源条件。要拥有独特自然资源及悠久的种植、养殖方式与加工工艺历史。

（2）生产过程。实行区域化布局、标准化生产、产业化经营和规范化管理。

（3）形象标识。以生产区域为名形成整体形象，产品通过国家地理标志认证或证明商标注册。

（4）市场地位。产品质量领先，市场占有率、品牌知名度和消费者满意度居行业前列。

（5）品牌管理。品种品质管理、品牌使用许可、品牌行销与传播等要有共同诉求与行动。

（二）农产品企业品牌

与区域公用品牌的"公共性"相比，企业品牌具有"专属性"，是由某家企业组织或个人独自拥有的，其他企业不能够分享企业品牌所带来的利益。具有明显的竞争性和排他性。企业品牌的优点是经营者相较于区域公共品牌更愿意主动为品牌建设贡献力量。

农产品企业产品品牌范围比企业品牌更小，只聚焦于某种产品，只是企业品牌的一部分，指向的是某类产品的名誉。通常一个产品品牌做砸了可以舍弃重来或直接放弃，而一个企业品牌做砸了却会影响该企业下属的所有产品的名誉。

二、农产品区域品牌

(一)滦县花生（东路花生）

滦县花生种植历史悠久，相传始于明代，清朝末期开始流向国际市场。当时出口都经天津的大沽口港口外运，各地的花生都集中到那里，人们就按照产地与大沽口的相对位置来给花生命名。产自山东、河南的称为南路花生，从陕西运来的称为西路花生，而滦县的花生就称为东路花生，由于其品质佳，东路花生声名远播，这个名号叫响了100多年，至今，人们还习惯性地称滦县花生为东路花生。

1. 品牌荣誉　1996年，滦县被农业部特产之乡命名委员会命名为"中国花生之乡"。

2000年，滦县花生在北京国际农业博览会上被评为名优农产品。

2002年，滦县花生在第六届中国（廊坊）农产品优种交易会上被评为优质农产品。

2014年，国家质量监督检验检疫总局批准对滦县花生实施地理标志产品保护。

2016年，核准滦县百信花生种植专业合作社使用中国地理标志保护产品专用标识。

2017年，被中国优质农产品开发服务协会授予"滦县花生"品牌。

2017年，被评为最受消费者喜爱的中国农产品区域公用品牌。

2018年，滦县被评为河北省首批55个特色农产品优势区之一。

2019年，滦县农业农村局申报的滦县花生（东路花生）被认定为河北省二十大农产品区域公用品牌。

2. 地域保护范围　滦县花生（东路花生）产地范围为河北省滦州市小马庄镇、茨榆坨镇、古马镇、滦州镇、雷庄镇、东安各庄镇、油榨镇7个镇现辖行政区域。

3. 专用标志使用　滦县花生（东路花生）产地范围内的生产者可向河北省滦县质量技术监督局提出使用"地理标志产品专用标志"的申请，经河北省质量技术监督局审核，报质检总局核准后予以公告。滦县花生（东路花生）的检测机构由河北省质量技术监督局在符合资质要求的检测机构中选定。

（二）新乐花生

新乐花生，河北省新乐市特产，中国国家地理标志产品。新乐花生栽培历史悠久，据《新乐县志》记载，公元9世纪花生在新乐县即有种植，距今有一千多年历史。

1. 品牌荣誉　2016年7月，国家质量监督检验检疫总局批准对新乐花生实施地理标志产品保护。

2. 地域保护范围　新乐花生产地范围为河北省新乐市木村乡、正莫镇、大岳镇、东王镇、承安镇、杜固镇、邯邰镇现辖行政区域。

3. 专用标志使用　新乐花生产地范围内的生产者可向新乐市质量技术监督局提出使用"地理标志产品专用标志"的申请，经河北省质量技术监督局审核，报质检总局核准后予以公告。新乐花生的检测机构由河北省质量技术监督局选定。

三、企业品牌

（一）易花、易水人家

保定市易园生态农业科技开发有限公司于2012年1月在保定市工商局注册登记。下辖单位有易县源成鑫农作物种植农民专业合作社、易县易园农业科学研究所、易县特色农作物种植协会等，于2017年4月通过国家无公害产品产地认证，实施品牌带动战略。

2013年12月在国家工商行政管理总局（现国家市场监督管理总局，下同）注册"易水人家"商标，用于鲜食花生。2015年9月在国家工商行政管理总局注册"易禾"商标。2019年2月在国家市场监督管理总局注册"荆荆"商标。2019年4月在国家市场监督管理总局注册"易花"商标，用于花生油。

（二）名福

邯郸市名福植物油有限责任公司于2004年9月2日在大名县工商行政管理局登记成立。2019年6月在国家市场监督管理总局注册"名福"商标。

（三）宴友

冀中能源邢台矿业集团有限责任公司油脂分公司隶属于世界500强企业冀中能源集团，始建于1997年，扩建于2002年。2014年4月在国家工商行政管理总局注册"宴友"商标。

（四）乐丫

唐山乐丫实业股份有限公司始建于2005年。2021年8月在国家市场监督管理总局注册"乐丫"商标。

四、产品品牌

（一）花生主要的加工产品

花生是100多种食品的重要原料，除可以榨油外，也是食品加工和轻工业的优质原料，通过粗加工可增值0.5～10.0倍，深加工则增值2～10倍。花生也是优质食品的生产原料。炒果、油炸、五香、香草、奶油花生米、咸花生、花生酱以及琥珀花生、花生酥、花生粘、鱼皮花生等种类众多的花生糖果都是人们喜爱的花生食品。

随着国内居民食物营养保健意识的增强，我国花生食用和综合利用花生的占比加大，食品加工花生的占比逐年上升，已接近50%；烤花生果、休闲花生食品、花生酱、花生蛋白饮料、高水分组织化蛋白产品、花生短肽等各类花生食品大量涌现，大力开发花生食品、满足消费者消费需求已成为花生食品加工的热点。

花生的加工产品可分为花生初级加工品、花生精深加工品和花生副产品加工品。花生加工产品的具体分类见表9-4。

表 9 - 4　花生加工产品的具体分类

项目	花生加工产品	具体分类
花生初加工品	花生全果加工	干、鲜花生果
		多味花生果
	花生仁加工	休闲花生食品（鱼皮花生、蜂蜜花生、麻辣花生、五香花生）
花生精深加工品	花生仁加工	花生酱、花生粉
		花生油
		花生分离蛋白
		花生糖果
		花生及花生牛奶或黑豆等复合蛋白饮料
		花生酥等烘烤食品
花生副产品加工品	花生壳	花生壳综合加工产品
	花生红衣	花生红衣综合加工产品
	花生茎叶	花生茎叶综合加工产品
	花生粕	饲料

（二）主要花生产品品牌

河北省花生加工产品主要围绕花生油和花生食品两种类型，河北省主要花生产品品牌见表 8 - 4。

五、品牌发展的挑战与机遇

（一）品牌发展优势

河北花生品质优良。河北省自然生态条件适宜花生生长，良种覆盖率达 60％以上，生产的花生外观品质好。河北省科研院校育成的适宜当地种植的高油、高油酸、鲜食花生新品种可充分满足全省加工企业对花生原料的专用化、差异化需求。

产地和区位优势。河北省位于首都北京周围,与天津市毗邻,为花生产业发展提供了良好的区位优势,为花生加工企业提供了良好的销售渠道。东南部和南部与山东、河南两大花生生产大省接壤,为其供应花生原料。东部濒临渤海,交通便利,有利于开拓国内市场。所以河北省花生产业和加工企业发展具有区位优势。

规模化生产不断发展与壮大。花生在我国大宗油料中优势凸显,具有比较效益高、附加值挖掘潜力大等特点,是近年来的供给侧结构性改革中承接玉米调减面积的主要作物之一。河北省通过土地流转、土地托管、土地入股等方式引导农民从事花生生产,发展壮大花生产业。

历史与文化资源优势。河北省种植花生历史悠久,文化灿烂,始于清代,至今已有 160 余年的栽培历史。播种面积常年稳定在 400 万亩左右,居全国第三位。并依托不同类型核心产区发展了大规模、全品类、高集中的大型花生交易市场。主要包括冀东区的滦县孟家屯、冀中区的新乐市承安镇和冀南区的大名县南李庄三大市场,其中冀东区的滦县已有 120 多年的花生种植历史,规模化种植程度不断发展,并以中国地理标志产品"东路花生"开展品牌化战略。

(二)品牌发展劣势

龙头企业少。河北省花生加工企业仍然以中小型为主,企业整体营销水平都不高,并且中高档产品少、销售渠道单一、强者不强,市场竞争并不激烈。还有很多小作坊自己生产花生油,但由于小作坊规模小且分散,大多没有形成自己的品牌。

产业链条短。生产端用于压榨高端油脂的商业专用品种不足,加工端深加工程度低。河北省花生品牌产品大多为花生油、鲜食花生和花生酱,精深加工的花生牛奶、花生蛋白粉等产品匮乏,阻碍了产业链条的延伸。

品牌推广力度不足。河北省花生主要是以初级形态(花生米)销往国内各地，以线下订单销售为主，对接商超和线上销售企业较少，销售渠道较窄，且品牌营销宣传方面投入较少。

地理标志品牌意识薄弱。河北省取得花生地理标志的只有"东路花生"和"新乐花生"，且推广使用存在很大的困难。虽然"东路花生"获得国家地理标志产品保护已 5 年，但仅百信滦州花生种植专业合作社被允许使用地理标志产品保护标志。企业普遍认为需要政府的帮助来宣传地理标志，自己宣传和投入的意愿较小。

（三）品牌发展挑战

消费者难以形成品牌忠诚度。河北省花生产品缺乏品牌规划，品牌定位也只停留在产品表面，很多品牌又刚起步建设，消费者本身认知度偏低，品牌又不能够深入人心，所以难以形成忠诚度。

外部市场竞争。随着加工技术的进步和宣传推广的发展，各种品牌花生产品充斥着市场，人们对花生产品有了更多的选择。如国内的花生油品牌"鲁花""福临门""金胜"等，花生酱品牌"四季宝""六必居"等，花生饮料品牌"银鹭""达利园"等，花生零食品牌"酒鬼花生""三只松鼠"等。这些知名品牌具有较高的市场竞争力。

替代产品的威胁。由于食用油脂外观无明显差异，消费者倾向于选择价格优惠的产品，花生油价格高于大豆油等食用油，所以就有被替代的风险，花生露有被杏仁露等替代的风险，花生零食有被葵花籽等零食替代的风险（图 9-9）。

图 9-9　花生产品替代风险

（四）品牌发展机遇

多元化产品类型提升空间大。河北省花生深加工产品只有花生油、花生酱和鲜食花生。但根据花生自身特点，其附加值可以进一步挖掘。花生果仁可以用于榨油，也可生食、炒食和煮食，还可以制作成副食，例如花生酱、花生糖、花生牛奶、花生蛋白粉、花生豆等，多元化的产品类型有很大的提升空间。

扶持政策的积极引导（表9-5）。河北省政府和地方积极开展多样化培训，针对不同层次的经营主体与农户进行花生宣传，引导和支持各地举办各类宣传推介活动。各主产区政府对于农产品品牌发展也给予了政策支持，河北省政府印发的《河北省供给侧结构性改革三年行动计划（2018—2020年)》《关于深入推进农业供给侧结构性改革加快发展农业特色产业的意见》均将花生列入十大类27个特色优质农产品，要求全产业链打造、全价值链提升。2018年组建了河北省油料产业技术体系创新团队，为花生产业的发展提供了科技支撑。

表9-5 河北省品牌扶持政策情况

机构	年份	文件	主要内容
河北省人民政府	2016	《关于加快农产品加工业发展的意见》	强化品牌建设，实施品牌战略，打造知名品牌
河北省农业农村厅	2017	《河北省农业供给侧结构性改革三年行动计划（2018—2020年)》	实施区域公用品牌培育工程、实施企业品牌价值提升工程、完善品牌服务体系
河北省人民政府	2018	《中国农产品品牌发展研究报告》	支持龙头企业强化质量控制，全面提高农产品质量，为品牌建设打牢坚实基础
河北省人民政府	2018	《河北省人民政府关于做大做强农业产业化龙头企业的意见》	引导龙头企业开展品牌设计、专题推介、品牌营销，持续提升品牌影响力

（续）

机构	年份	文件	主要内容
河北省人民政府	2018	《关于加快农业品牌发展的意见》	组建全国首个农业品牌咨询顾问团，强化了品牌建设的基础性工作
河北省农业农村厅	2019	《2019年河北省品牌农业工作推进方案》	引导农产品加工企业创建自主品牌，支持符合条件的申报驰名商标和著名商标
河北省农业农村厅	2019	《河北省2019年品牌农业重点工作实施方案》	坚持政府、协会、企业协作，积极开展农产品地理标志的申报和保护，打造地域品牌
河北省农业农村厅	2019	《河北省农业供给侧结构性改革三年行动计划》	实施区域公用品牌培育工程、实施企业品牌价值提升工程、完善品牌服务体系
河北省农业农村厅	2020	《河北省委省政府出台关于抓好"三农"领域重点工作确保如期实现全面小康的实施意见》	聚力打造品牌农业。发挥河北省农产品品牌发展联盟作用
河北省农业农村厅	2020	《河北省农业农村厅河北省发展和改革委员会关于印发〈2020年农产品"河北品牌"建设工作方案〉的通知》	为深入推进农业供给侧结构性改革，以"四个农业"为导向，全面加强品牌农业建设，加快培育农产品河北品牌
河北省农业农村厅	2022	《中共河北省委农村工作领导小组办公室 河北省农业农村厅2022年工作要点》	着力推动乡村产业高质量发展，扩大河北农业品牌影响力

第三节　河北省花生产业融合发展展望

近年来，河北省花生的单产略有下降，但播种面积和总产都有所增加。从全省范围来看，花生在品种选育、推广和栽培技术优化等方面均取得了突出进展。花生及其重要加工产品（花生油、花生粑）价格起伏波动，整体呈现先降后稳、稳中有升的特点。生产经营方式呈现新型经营主体占比增大的特征，交易流通方式一改先前以传统市场为主的特征，通过"线上＋线下"的模式进行宣传销售，以适应新冠肺炎疫情防控的需要。当前，河北省应通过不同产业或同一产业不同行业相互渗透、相互交叉，最终融合为一体，逐步形成新产业的动态发展，而花生产业融合已是产业发展的现实选择。

一、产业融合参与主体

参与主体是推动河北花生产业融合发展最有效的力量。当前河北省花生产业融合发展参与者主要是新型农业经营主体，尤其是龙头企业和合作社。龙头企业在资金、规模上具有显著优势，在制度、技术、业态和模式上具有创新性，对推动优质要素进入河北省花生产业、延伸产业链、提升价值链、推进产业融合发展具有重大作用。但部分河北省花生产业化政策在现实中已演变为龙头企业扶持政策，河北省部分花生企业以盈利为目的，不能充分顾及农户的利益。目前来看，河北省涌现出一批新型合作社，花生合作社不以谋取最大收益为主要目的，兼顾为社员提供服务，往往比农民单家独户更具资源整合能力，同时又比企业更能结合当地特色，有利于就地实现村庄内部资源的开发与整合。同时合作社是由农户自发组建的互助性经济组织，"入社自愿、退社自由"，较受农民信任和认可，是未来推动产业融合的关键力量。未来河北省花生规模化、标准化生产经营主要有三大模式：企业牵动型、合作社拉动型、种植大户带动型。

（一）企业牵动型

河北省花生加工企业发展较快，目前有花生压榨企业 500 多家，表 9－6 列举了河北省主要花生加工企业情况。可以看出，河北省花生主要加工企业有河北省的冀中能源＊矿集团油脂分公司、邯郸市＊福植物油有限公司。常年加工 200 t/d 以上规模的省内加工企业 4 家，年加工能力超过万吨的企业中，邢台广宗＊格制油有限公司、邯郸市＊福植物油有限公司、枣强县正＊红实业有限公司和滦县＊申粮油有限公司加工的产品花生油居多。年加工能力超过千吨的企业中，衡水市逗＊尚食品有限公司、武强县＊民食品有限公司、衡水＊方食品有限公司、＊宝食品有限公司和武强县＊根食品有限公司加工的产品以"日本豆"、蜂蜜花生等30多个裹衣花生食品为主，年营业额均在千万元以上，并在全国占有较大份额，出口美国、澳大利亚、日本等10多个国家和地区。除表9－6中企业外，绝大多数其他企业年加工能力在100 t以下，以初级加工为主，涉及花生油、花生碎、花生酱、裹衣花生等多个品类，尚未形成在全国有较大影响力的品牌。

表9－6　河北省花生主要加工企业（花生产业经济岗位调研数据，2019）

企业名称	产品种类	年加工能力（t）	年营业额（万元）
邢台广宗＊格制油有限公司	花生油	30 000	
深州市＊安食用油有限公司	花生油	4 000	2 000～5 000
邯郸市＊福植物油有限公司	花生油	38 000	
枣强县正＊红实业有限公司	花生油	20 000	
滦县＊良食品厂	烘烤油炸类	600	720
滦县＊申粮油有限公司	花生油、花生酱	17 000	80 000
唐山市益＊通食品有限公司	烘烤油炸类	4 000	5 000
唐山＊香植物油有限公司	花生油	300	700
冀中能源＊矿集团油脂分公司	高油酸花生油	8 000	10 300
保定市＊园生态农业科技开发有限公司	高油酸花生油、炒花生、花生酱	1 600	2 018
滦县＊信花生种植专业合作社	高油酸花生油等	10	40
唐山＊丫实业股份有限公司	高油酸花生油	1 080	800

（续）

企业名称	产品种类	年加工能力（t）	年营业额（万元）
乡＊香生态农业开发有限公司	高油酸花生油	60	45
衡水市逗＊尚食品有限公司	花生食品	2 000	1 800
武强县＊民食品有限公司	花生食品	1 300	1 200
衡水＊方食品有限公司	花生食品	1 200	1 000
＊宝食品有限公司	花生食品	1 300	1 200
武强县＊根食品有限公司	花生食品	1 100	1 000

（二）合作社拉动型

河北省现有花生合作社200多家，其中以滦县百信花生种植专业合作社和新乐市新乐助农种植专业合作社为代表的新型经营主体对河北省花生规模化种植的引领带动作用十分显著。其中，滦州百信花生种植专业合作社属于公司领办型，这种模式在使合作社和农户双双获利的同时带动本地经济发展。通过规模化、集约化种田的方式，由农民购买合作社全程服务，探索出一套成熟的"一托、一股、五统、三标、四代"的经营管理模式。

（三）种植大户带动型

专业的种植大户相对于传统小农户而言，首先属于家庭经营性质，以户为单位。其次，专业种植大户具有突出的专业，例如，专业种植大户应以种植为主要生产模式，且种植的产值应占家庭总收入的60％～70％。再次，专业大户具有一定的经营规模和相当的耕地面积。家庭农场是专业大户的升级，这种农业经营主体在成本节约、抵御风险、土地利用等方面的优势十分明显。具体而言，家庭农场整合并采用先进的农业技术成果，如良种、农机作业等，有效提高了单位面积农作物产量，最大限度节省了农业生产成本。种植大户是对一家一户精耕细作的小农户经营模式的升级，其以家庭为单位进行经营，相较于小农户而言，拥有更强的风险抵御能力，代表着更先进的耕作种植技术，种植规模更大，种植效率更高，单位面积产量更高。并且大面积种植往往会伴随着土地流转，可更好提高河北省耕地利用效率、减少耕地的浪费。

二、产业融合中的问题

（一）降水异常年度花生种植问题

在河北省的花生生育期内，3月至4月中下旬容易产生"倒春寒"现象，造成部分春播花生出苗困难，导致出苗期延长，形成病弱苗。主产区降水较常年偏多，气温不稳定，对春播地膜覆盖花生播种造成一定影响；5月中下旬，气温较高，日照充足，北部降雨适宜，南部较常年干燥，有利于春播花生播种和苗期生长；6月中旬，域内各地普降小到中雨，有利于冀中南麦后夏播花生播种。但7月至9月，河北省花生主产区已出现日照偏低、前期降水不足，后期降水偏多，局部地区洪涝性天气等现象。9月正是花生的结荚期和饱果成熟期，过量的雨水极易造成花生的果腐病，且对采收晾晒和存储等环节非常不利。以上这种自然条件对灌溉条件较差的平原区和浅山丘陵区花生的影响尤为严重，一般减产20％～30％，严重地块减产50％以上。综合来看，花生生长后期持续干旱、雨水不均，已导致花生生长发育迟缓、长势较弱、成果率低，对于后期的产量形成和品质有较大影响。

（二）新型经营主体社会化服务能力亟待提高

（1）河北省普遍存在种植规模小、组织化程度低的问题。据河北省油料产业创新团队农户调查，在冀东、冀中、冀南、黑龙港4个种植片区，70％的农户种植规模不足0.67 hm²。在1 185个有效农户中仅有131个农户加入花生种植专业合作社，合作内容和形式比较单一，利益连接方式大多限于提供"农资＋农技"服务的初级阶段，拉高了种植户生产成本，致使经济效益偏低。河北省花生生产人工、农资、土地流转等每亩总费用为1 328.62元，高于河南（1 117.05元）

和全国平均水平（1 197.44 元）。

（2）智慧农机作业基本空白。据调查，河北省冀东、冀中和冀南地区花生种、管、收各环节多以中小型通用机械为主，普遍存在机械功能单一、性能不足、损耗率高等问题，收摘环节损失率达20%以上，脱壳破损率达15%以上。目前，河北省大中型花生专用机械研发能力弱，智慧农机精准化作业尚未形成，主要是新型经营主体发育不良，导致社会化服务能力不足。

（三）品种与市场衔接松散亟待解决

河北省花生亩均用荚果20～25 kg，用种量较大，占产量的10%左右，且种植户习惯自留种。目前进入流通环节的花生种子主要被用于品种更替或调节余缺，数量有限，因此，良种更新速度和使用寿命均受到影响，种子企业利润有限，繁育基地建设滞后。花生尤其是高油酸花生对机械播种、收储、加工要求严格，食用、油用专用型品种尚缺少宜机型。品种混种混收严重，纯度和质量难以保证，无疑影响了机械化生产进程，增加了精深加工的成本。此外，与其他粮食作物在栽培环节逐步实现机械化相比，花生机械化栽培技术的研究与生产实际结合的紧密性欠缺，有待紧跟现阶段作物栽培管理的规模化、机械化、标准化步伐，这使得许多研究成果只能停留在理论上，尚无法在生产实践中得到应用。因此，提升适应产业化需求的育种科技创新、强化种子繁育基地建设迫在眉睫。

（四）有影响力的品牌亟待培育

在生产端，河北省国家地理标志产品如"东路花生""新乐花生"等的域外影响力下降。在加工端，目前只有"宴友""易花"和"大昭农合"占一定的市场份额，但与临近的山东和河南相比，缺乏全国有影响力的高附加值的大品牌。

河北省花生主要以初级形态（花生米）销往国内各地，以线下订单销售为主，对接商超和线上销售企业较少，销售渠道较窄，且品牌营销宣传还只限于传统销售方式，运用新媒体方式营销尚显不足，投入经费少，品牌推广力度不足。

三、产业融合发展趋势

(一) 各月价格走势预测

12 月为油脂消费的季节性旺季，河北省油脂行情预计整体偏强，提振了花生油市场经济，花生价格前低后高。预计第一季度花生油价格呈现稳中偏强态势。随着天气变冷，水产养殖进入淡季，饲料需求转弱，但在豆粕价格预期上涨的支撑下，预计前期花生粕市场呈现稳中偏强态势。进入 4 月，河北省春播花生即将进入播种季，随着天气转暖，不排除基层出货意愿增强的可能性。往年种植季前后农户集中售货的现象有所减轻。供应相对吃紧，能够在一定程度上对价格形成支撑。5 月，花生市场是传统的销售淡季，批发市场等需求或仍缺乏支撑，虽有五一劳动节及端午节等节日，但对花生的需求提振有限。同时，天气情况也对仓储起到一定的抑制作用，花生油方面也不会有趋势性变动，且第二季度末正值新旧花生交替的时节，花生价格仍有上调空间，但变化幅度不显著。7 月、8 月属于新旧产季交替阶段，价格变动不很明显。9 月随着主产区花生的集中上市，价格难免走低，10 月以后迎来油脂需求的旺季，油企全面入市，可支撑价格稳中有升。11—12 月，油脂消费再度增加，油脂市场处于坚挺格局中。

(二) 高油酸花生品种的发展趋势

依据"十四五"种业发展规划，河北省主要育种单位将继续开展基础性研究及重点育种项目，以加快高油酸兼高油含量油用新品种以及高油酸兼高糖、高蛋白含量食用新品种的培育，同时重点建设一批优质良繁基地，在建立高油酸花生繁种与示范基地 20.8 万亩的基础上，在大名、新乐、定州、易县、滦县、迁安、枣强、河间等优势产区进一步扩大主推品种繁育面积，良繁原种突破 2 万 t。涌现一批实力较强的种业龙头企业，健全商业化育种体系，同时育种人才、资源、成果向种子企业流动，使得河北花生品种在全国的市场份额扩大，促进花生育繁推一体化发展。

（三）加工企业转型升级趋势

通过政府政策引导与资金支持，促进人才、资源、成果向加工企业流动，助推加工企业转型升级。在油脂加工方面，保定市易园生态农业科技开发有限公司、冀中能源邢台矿业油脂分公司需加快转型升级步伐，运用"企业＋专业合作社＋基地"组织模式，从源头掌控产品质量，减少中间环节，实现农户增收企业增效。在食品加工方面，着力打造武强食品城，使之成为华北最大的集科研、生产、加工、交易、集散于一体的基地。并逐步在冀东、冀中、冀南分别打造集花生油、花生酱、花生蛋白质粉等副产品，裹衣花生等休闲食品以及功能物质提取于一体的精深加工大中型企业，促进高油酸花生绿色高质高效规模化示范基地与油脂、食品加工企业无缝对接。借势省地市农交会、丰收节等展示活动，深入挖掘花生产业文化，不断拓展和延伸产业链，提升品牌知名度、产品价格话语权。

四、产业融合发展建议

（一）依据花生价格特点，构建花生价格调控系统

河北省的花生生产方式还是以小农户家庭经营为主，种植面积的大小和品种的选择都由种植户自己决定，加上在群居环境下，种植过程也会受到周围人的影响，从众心理使得花生产量的变动不易受到市场的控制。由于种植户对于农业信息的收集、整理和把控的能力较弱，缺少获取农业信息的途径，对市场运行过程不够了解，获得的农业信息具有一定的滞后性，较易造成花生市场中供过于求、供不应求的极度不平衡现象，同时也会造成花生不同品种之间供给不平衡的现象，致使市场上的花生价格产生波动。

因此对花生价格进行科学、合理的预测，提高人们对花生市场上价格的理性认识，引导花生种植户进行合理种植，才能够使得市场机制发挥更好的作用，稳定河北省花生价格，为有关部门提供决策依据。①可以通过政府与第三方机构共同设计手机端 App，让花生种植户随时了解花生市场情况，建立完善的花生价格信息披露机制；

②由政府和企业共同出资组建一个专业的市场服务信息平台，对花生种植户免费开放，对其进行政策信息、市场信息、销售信息、花生种植等多方面的指导；③通过严格的法律制度强化花生价格信息化的顶层设计，进而规范花生市场行为，以防止市场中的虚假信息干预正常的市场秩序。

（二）构建"1+N+X"服务模式，调控河北花生市场

加大技术推广和培训服务、资金借贷服务以及农产品销售服务等社会化服务供给。要实现花生的优质优价，就要从农业技术和管理技术、资金信贷和市场开拓等方面入手，加大扶持力度，优化社会化服务供给。一方面要以技术、资金和销售3项社会化服务项目为抓手，推动农业社会化服务供给组织发展壮大；另一方面要创新社会化服务模式，构建1（合作社或龙头企业）+N（规模农户和小农户）+X（代耕代种、土地托管、互联网+农机作业）的服务模式，为农户提供种管收储销贷全程社会化服务。打通"经营主体直报需求、信贷公司提供担保、对接银行发放贷款"的信贷直通车体系，通过数据共享增信，为新型农业经营主体破解"融资难、融资贵"难题。

（三）运用农机购置补贴政策，促进农机农艺融合

按照国发〔2018〕42号文件要求，加强产学研联合攻关，加快农机农艺融合，促进良种、良法、良地、良机配套。运用农机购置补贴政策，优先扶持农机合作社、家庭农场等新型经营主体，通过规模化、标准化种植、机械化作业做给农民看、带着农民干，提升花生全程机械化作业水平。

1. 机艺融合，构建高效机械化生产体系 将适应机械化作为农作物品种审定、耕作制度变革、产后加工工艺改进、农田基本建设等工作的重要目标，推进农机农艺管理及技术人员定期协商交流机制、农业农机项目协调共建机制等制度建设，从本质上实现农机农艺的融合，从而发挥农机装备的最大收益，为全程机械化作业、规模化生产、标准化种植创造必要条件。

2. 创新驱动，加大新机具新技术推广应用 研发推广先进、适用、高效的花生生产机械，切实解决"无机可用、有机难用"的问题。充分发挥农机购置补贴政策扶持作用，积极开展花生新产品专项鉴定，加大农机购置补贴力度，让农民"想购买、有钱赚"。创新农机技术推广方式，积极开展"农机推广田间日""农机地头展""田间课堂"等农民直接参与、体验的观摩培训活动，打通农机技术推广"最后一公里"。

3. 项目带动，突破花生机械化生产薄弱环节 结合各地实际，科学确定花生生产短板和弱项，通过关键环节作业补助、农业生产社会化服务、农机购置补贴等项目的支持带动，优先扶持农机合作社、家庭农场等农业经营主体开展花生规模化、标准化种植，使其成为新机具新技术的试验田、全程机械化新模式的展览场，加大花生薄弱环节农机装备及技术等的推广力度，做给农民看，带着农民干，从而提升花生全程机械化作业水平。

参 考 文 献

郭佳君，李茜，2022. 土地资源禀赋度与农业产业布局研究：以山西省朔州市为例 [J]. 湖北农业科学，61 (1)：166-170.

韩鹏，董秀英，刘绪法，等，2018. 河北滦县百信合作社发展高油酸花生的思考 [J]. 中国农技推广，34 (12)：12-13，21.

刘晨阳，2021. 河北省花生产业发展分析及数据库构建 [D]. 保定：河北农业大学.

刘山，王晓，文军，2021. 崇左市江州区生产＋供销＋信用"三位一体"农业产业发展模式研究 [J]. 南方农机，52 (14)：63-64.

刘仕洋，2021. 河北省高油酸花生市场需求影响因素分析 [D]. 保定：河北农业大学.

刘希磊，2021. 国内特色农业产业发展典型模式的成功经验借鉴 [J]. 中小企业管理与科技（上旬刊）(8)：238.

刘张勇，2011. 河北省花生生产经济效益分析 ［D］. 重庆：西南大学 .

柳彤，2019. 浓浓花生香，隆隆农机会：农机地头展，走进"中国花生之乡"河北滦州 ［J］. 农机市场 （9）：4 - 7.

任咏梅，白丽，2012. 河北省花生产业发展的现状及对策 ［J］. 贵州农业科学，40 （9）：240 - 242.

阮倩红，2021. 现代农业发展模式的探讨 ［J］. 农家参谋 （22）：92 - 93.

王岩，王磊，周禹，等，2020. 唐山市花生种植概况与优良品种推广 ［J］. 农业开发与装备 （2）：215.

叶凡，卢华雨，陈向阳，等，2022. "校院企地"协作的山西有机旱作农业发展模式探索 ［J］. 山西农经 （4）：142 - 144.

章友德，杜建军，李勃延，2022. 特色农业产业推动乡村振兴的现状、问题及对策：基于上海特色农业产业的研究 ［J］. 北方经贸 （1）：9 - 11.

图书在版编目（CIP）数据

河北花生／刘立峰，李玉荣主编．—北京：中国
农业出版社，2023.10
ISBN 978 - 7 - 109 - 31005 - 6

Ⅰ.①河…　Ⅱ.①刘…②李…　Ⅲ.①花生－农业产
业－研究－河北　Ⅳ.①F326.12

中国国家版本馆 CIP 数据核字（2023）第 156425 号

中国农业出版社出版

地址：北京市朝阳区麦子店街 18 号楼
邮编：100125
责任编辑：郭银巧　文字编辑：郝小青
版式设计：杨　婧　责任校对：周丽芳
印刷：北京通州皇家印刷厂
版次：2023 年 10 月第 1 版
印次：2023 年 10 月北京第 1 次印刷
发行：新华书店北京发行所
开本：880mm×1230mm　1/32
印张：14.5
字数：470 千字
定价：98.00 元

版权所有·侵权必究

凡购买本社图书，如有印装质量问题，我社负责调换。

服务电话：010 - 59195115　010 - 59194918